데일 카네기

PUBLIC SPEAKING AND INFLUENCING MEN IN BUSINESS

성공대화론

데일 카네기

PUBLIC SPEAKING AND INFLUENCING MEN IN BUSINESS

성공대화론

데일 카네기

정내현 옮김

더스토리

PUBLIC SPEAKING
AND INFLUENCING MEN
IN BUSINESS

추천의 글

　전국에서 성인을 대상으로 한 교육이 열풍이다. 그 중심에 데일 카네기가 있으며, 그의 대중연설 강좌가 인기다. 그는 사람들의 연설을 누구보다 많이 듣고 논평한 인물이다. 로버트 리플리Robert Ripley의 카툰 〈믿거나 말거나!Ripley's Believe It or Not!〉에 따르면 그 횟수가 15만 번을 넘는다고 한다. 이 숫자가 얼마나 대단한가 하면, 콜럼버스가 미 대륙을 발견한 이래 약 450년간 날마다 한 편씩 듣고 논평한 것이나 다름없다. 한 사람이 3분씩 연설한다고 해도 15만 명분을 모두 들으려면 1년은 족히 걸린다.

　분야를 넘나드는 카네기의 다양한 경력은 사람이 독창적인 아이디어에 몰두하고 열정으로 불타오를 때 어떤 일을 해낼 수 있는지를 명확하게 보여준다.

기찻길에서 16킬로미터나 떨어진 미주리주 외딴 농장에서 태어난 카네기는 열두 살이 될 때까지 전차조차 구경해본 적이 없다. 마흔여섯 살이 된 지금은 홍콩부터 함메르페스트(노르웨이 북부에 위치한 세계 최북단 도시 중 하나)까지 세상의 구석구석 모르는 곳이 없을 정도다. 한번은 리틀아메리카 탐험 기지와 남극점의 거리보다 더 가까이 북극점에 도달하기도 했다.

어린 시절 시간당 5센트에 딸기를 따고 우엉을 자르던 시골뜨기가 이제는 대기업 임원을 상대로 자기표현법을 교육하며 분당 1달러를 받는다.

사람들 앞에서 연설할 기회가 있을 때 열 번에 다섯 번은 좌절을 맛보았던 이 소년이 지금 내 매니저 역할을 하고 있다. 그에게서 받은 훈련 덕분에 나도 성공할 수 있었다.

어린 시절 카네기는 힘들게 공부해야 했다. 미주리주 북서부에 있던 그의 가족 농장이 항상 불운에 시달렸기 때문이다. 그의 가족은 낙담한 나머지 농장을 팔고 미주리주 워렌스버그에 자리한 주립사범대학교 근처의 다른 농장을 샀다. 하루에 2달러만 내면 학교 근처에서 숙식을 해결하며 공부할 수 있었지만 카네기는 그럴 만한 돈조차 없었다. 그래서 학교까지 왕복 10킬로미터 거리를 날마다 말을 타고 다녔다.

당시 주립사범대학 재학생은 6백 명이었는데 카네기는 가까운 도시에서 하숙할 만한 여유가 없어 먼 길을 오가는 외톨이 여섯 명 중 하나였다. 그는 그곳 학교에서 영향력과 위신을 누리는 특정 집단이 있다는 사실을 알게 되는데, 바로 미식축구부원과 야구부원, 토론대회와 웅변대회 우승자들이었다.

자신은 운동에 소질이 없다는 사실을 잘 아는 카네기는 웅변대회에서 우승하기로 마음먹고 몇 달을 들여 대회를 준비했다. 말을 타고 학교를 오가는 동안에도 연습했고, 소젖을 짜는 동안에도 입을 가만히 두지 않았다. 헛간의 건초더미 위에 올라가 놀란 비둘기들을 대상으로 열정 넘치는 몸짓을 하며 일본인의 이민을 막아야 하는 이유에 대해 열변을 토했다.

이 모든 노력과 준비에도 불구하고 카네기는 한동안 실패를 거듭했다. 그러다 어느 날부터인가 상을 타기 시작했다. 갑자기 한 번도 아니고 학교에서 열리는 모든 웅변대회에서 우승하기 시작한다. 그러자 다른 학생들이 그에게 웅변을 가르쳐 달라고 부탁했고, 그들도 우승했다.

대학을 졸업한 그는 네브라스카 서부와 와이오밍 동부의 산지에 사는 목축업자들을 대상으로 우편 강좌를 판매하기 시작했다. 에너지가 넘치고 열정도 가득했지만 카네기는 좋은 성적을 내지 못했다. 카네기는 낙담한 나머지 한낮에 네브라스카주 얼라이언스에 있는 호텔방에 돌아와 침대에 몸을 던지고 절망감에 흐느꼈다. 다시 대학으로 돌아가기를, 삶이라는 가혹하고 힘든 싸움에서 도망치고 싶었지만 그럴 수 없었다. 그는 오마하로 가 다른 일자리를 구하기로 결심했다. 열차표를 살 돈이 없어서 두 칸에 실린 야생마들에게 물과 사료를 주는 조건으로 화물열차를 얻어 탔다.

사우스오마하에 내린 그는 아머앤드컴퍼니에서 베이컨과 비누, 라드 lard(돼지비계를 정제해 하얗게 굳혀 요리에 이용할 수 있게 한 식품)를 파는 일자리를 얻었다. 담당구역은 배드랜드와 사우스다코타 서부의 소와 원주민들이 사는 지역이었다. 그는 화물열차나 마차를 타고 직접 말을 몰면서 구역을 관리했다. 잠은 하얀 모슬린 천으로 방과 방 사이를 가린 여인숙에서 잤다. 영업에 관한 책들을 읽고, 날뛰는 야생마를 타고, 원주민과 포커를 치고, 수금하는 법을 익혔다. 내륙의 한 매장 주인이 베이컨과 햄을 주문하고 현금을 지불하지 못하자 카네기는 선반에서 십여 켤레의 신발을 가져가 철도 인부들에게 팔고 받은 돈을 회사로 대신 보내기도 했다.

카네기는 2년 만에, 사우스오마하의 29개 구역 중 매출로 25위인 사우스다코타를 1위로 올려놓았다. 아머앤드컴퍼니는 "당신은 불가능해 보이는 일을 이루었습니다."라며 승진을 제안했지만 그는 거절하고 회사를 그만두었다. 이후 뉴욕으로 가 미국극예술아카데미American Academy of Dramatic Arts에 다니면서 연극 〈서커스의 폴리Polly of the Circus〉에서 하틀리 박사 역할을 맡아 전국을 순회했다. 그는 절대 에드윈 부스Ediwin Booth나 라이오넬 배리모어Lionel Barrymore 같은 대배우가 될 수 없었다. 그도 그 사실을 모를 정도로 눈치가 없는 사람은 아니었다. 그래서 다시 영업 일로 돌아가 패커드컴퍼니에서 트럭을 팔았다.

그는 기계에 관심이 없었고 아는 것도 없었다. 그는 자기가 끔찍할 정도로 불행하다고 느꼈으며 날마다 자책을 거듭했다. 그에게는 공부할 시간과 대학 시절부터 쓰고 싶던 책을 집필할 시간이 간절했다. 그래서 일을 그만두었다. 낮에는 소설을 쓰고 밤에는 야간학교 교사로 일하며 먹고살 생각이었다.

무엇을 가르쳐야 할까? 그는 대학 시절을 돌아보았다. 용기를 주고 마음의 평정을 쌓게 하면서도 기업인들을 상대하는 데 가장 도움이 되었던 것이 대중연설이었다. 그동안 배운 지식을 모두 더한 것 이상이었다.

그래서 무턱대고 뉴욕 YMCA를 찾아가 기업인을 위한 화술 강의를 할 기회를 달라고 부탁했다.

화술 강의? 기업인을 달변가로 만든다고? 누가 봐도 터무니없는 소리였다. 이전에 비슷한 강의를 시도했지만 하나같이 결과가 시원치 않았다.

카네기는 하루 2달러를 강사료로 달라고 YMCA에 제안했다가 거절당했다. 결국 그는 수강자 수에 따라 수수료, 즉 수익의 일부를 받기로 하고 계약을 체결했다. 처음에는 이익을 볼 가능성이 거의 없어 보였다. 하지만 3년이 채 지나지 않아 YMCA는 카네기에게 하루 2달러가 아니라 30달러를 지급해야만 했다.

강좌의 규모는 계속 커졌다. 그의 강좌가 유용하다는 소문이 YMCA 다른 지부와 도시에 널리 퍼졌다. 카네기는 곧 뉴욕, 필라델피아, 볼티모어를 넘어 런던과 파리까지 순회하는 유명 강사가 되었다. 강좌에 몰려든 사람들은 당시 교과서가 지나치게 학술적이며 실용성이 떨어진다고 느끼고 있었다. 카네기는 이런 반응을 인지하자마자 조금의 망설임도 없이 《데일 카네기 성공대화론》을 썼다. 이 책은 지금 모든 YMCA뿐 아니라 미국은행가협회 American Bankers' Association와 전국신용조사협회 National Credit Man's Association의 공식 교재다.

현재 컬럼비아 대학교와 뉴욕 대학교에서 여는 화술 강좌보다 카네기화술 강좌의 수강생이 훨씬 많다.

데일 카네기는 누구나 화가 나면 말을 잘한다고 주장한다. 아무리 무지한 사람이라도 턱을 맞고 쓰러지면, 벌떡 일어나 전성기 시절의 윌리엄 제임스 브라이언 William Jennings Bryan(미국 역사상 인기 있는 연설자로 꼽히는 정치인)과 견줄 만큼 열렬하게, 박력 있게, 유창하게 말을 쏟아낼 것이라고 말한다. 또 자신감이 있고, 속에서 끓어오르는 생각이 있다면 연설을 잘할 수 있다고 주장한다.

이 자신감을 기르기 위해서는 두려운 일을 성공적으로 해낸 경험을 쌓아야 한다. 그래서 카네기는 수강생이라면 누구나 무조건 발표를 하게 한다. 발표라는 같은 상황에 놓인 수강생들은 서로에게 공감하며 줄기찬 연습으로 얻은 용기와 자신감, 열정을 지니고 말할 수 있게 된다.

카네기는 지금까지 자신이 화술을 가르친 게 아니라고 말할 것이다. 화술 교육은 부수적인 일일 뿐이다. 그는 사람들이 두려움을 물리치고 용기를 키우도록 돕는 일이 자신의 임무였다고 말한다. 처음에는 단순한 화술 강좌를 진행했다. 찾아오는 수강생들은 직장인이었다. 그들 중 다수는 30년 동안 무엇인가를 배운 적이 없었다. 대다수는 할부로 수강료를 냈고, 실질적인 효과를 원했다. 다음 날 일 때문에 만나 대화를 나누는 사람들 앞에서 바로 써먹을 수 있는 효과를 원했다 그래서 신속하고 실용적인 강의를 할 수밖에 없었다. 그 결과 독특한 훈련 시스템을 개발했다. 연설, 영업, 대인관계, 인성 개발, 응용심리학이 인상적으로 결합된 시스템이었다.

하버드 대학교 교수 윌리엄 제임스William James는 "평범한 사람은 대개 잠재력의 10퍼센트만 사용한다."라고 말했다. 데일 카네기는 모든 사람이 자기 안에 숨겨진 원석을 발견하고 갈고닦을 수 있도록 용기를 북돋는, 성인 대상 교육의 가장 중요한 흐름을 이끌고 있다.

로웰 토마스Lowell Thomas

데일 카네기 성공대화론

Dale Carnegie

| 차 례 |

3장 | 유명 연사들은 이렇게 준비했다

4장 | 기억력을 향상시켜라

14장 | 청중의 흥미를 돋우는 방법 357

15장 | 행동을 이끌어 내는 방법 383

16장 | 언어의 마술사가 되는 방법 409

DALE CARNEGIE

PUBLIC SPEAKING AND INFLUENCING MEN IN BUSINESS

"용기는 남자의 첫 번째 요건이다."
— 대니얼 웹스터(Daniel Webster)

"두려움의 눈으로 미래를 보는 것은 전혀 안전하지 않다."
— E. H. 해리먼(E. H. Harriman)

"절대로 두려움과 상의하지 말라."
— 스톤웰 잭슨(Edward Henry Harriman)의 좌우명

"어떤 일이 가능하다는 전제하에, 그것을 할 수 있다고 스스로를 설득한다면 그 어떤 어려움이 있더라도 당신은 그 일을 해낼 것이다. 하지만 정말 쉬운 일도 해내지 못할 것이라 생각한다면 당신은 두더지가 쌓아 놓은 흙더미를 보고도 엄청나게 큰 태산이라 여길 것이다."
— 에밀리 쿠(Emile Coue)

1장

용기와 자신감을 키워라

1912년 이래 내가 진행했던 여러 대중강연 관련 교육과정에 함께한 비즈니스맨들은 18,000명이 넘는다. 나는 그들에게 교육을 받는 목적, 그리고 그 과정을 통해 얻고 싶은 것이 무엇인지 적어 보게 했다. 표현 방식은 다양했지만, 그들의 글에 담긴 주된 요구와 기본적인 바람은 놀랍게도 동일했다. 1,000명이 넘는 그들의 고백은 다음과 같았다.

"많은 사람 앞에서 이야기하려 할 때면 너무 떨리고 두려워서 명확하게 생각하거나 집중할 수가 없고, 뭘 말하려고 했는지조차 잊어버리곤 합니다. 저는 자신감과 안정감, 그리고 재빠르게 생각하는 능력을 원합니다. 사업상의 모임이나 청중 앞에서 제 생각을 논리적으로 정리해서 명확하고 설득력 있게 전달하고 싶습니다."

구체적인 사례를 하나 살펴보자. 몇 년 전 D. W. 겐트 씨는 필라델피아에서 열린 대중강연 교육과정에 참여했다. 그는 첫 수업이 시작되고 얼마 지나지 않아 나를 공장주들이 모이는 점심식사에 초대했다. 중년의 겐트는 자신이 설립한 제조사의 사장이었고, 교회와 지역 사회에서도 지도자 역할을 하며 적극적인 삶을 살고 있었다. 점심을 먹던 중 그는 식탁에 기댄 채 이렇게 말했다.

　"그간 제게 연설을 해 달라는 요청이 여러 모임에서 몇 번이나 있었는데, 저는 아직 한 번도 그에 응한 적이 없습니다. 연설이란 말만 들으면 불안해지고 머릿속이 온통 하얗게 변해 버리거든요. 그래서 항상 거절을 해 왔는데, 이번에 대학 이사회 의장직을 맡으면서 제가 회의를 진행해야 하는 상황이 되었습니다. 간단한 말이라도 해야 하는데……. 이 늦은 나이에 연설을 배우는 게 가능하다고 생각하십니까?"

　"그렇게 생각하느냐고요, 겐트 씨? 더 생각할 것도 없습니다. 당연히 가능하고, 또 해내실 것이라고 확신합니다. 몇 가지 원칙과 교육내용에만 잘 따른다면 당신도 충분히 할 수 있고말고요."

　그는 이 말을 믿고 싶어 했지만, 아무래도 뜬구름을 잡는 소리처럼 들렸던 모양인지 "내게 용기를 주기 위해 하시는 말 같군요."라고 대답했다.

　교육과정이 끝난 후 겐트 씨와 나는 한동안 연락하지 못하다가 1912년에야 다시 만나 고급 식당에서 점심식사를 함께했다. 예전과 같은 자리에서 말이다. 나는 우리가 처음 나눴던 대화를 그에게 상기시키며 그때의 내 대답이 너무 낙관적이었는지를 물었다. 그러자 그는 작은 수첩을 주머니에서 꺼내 예약된 강연과 날짜가 적힌 리스트를 내게 보여 주며 이렇게 말했다.

"강연할 수 있는 능력, 강연을 통해 얻는 기쁨, 그리고 내가 지역 사회에 도움이 될 수 있다는 것, 이 모든 것에 저는 매우 만족하고 있습니다."

우리가 다시 만나기 얼마 전, 워싱턴에서는 군비제한을 위한 국제회의가 열렸다. 영국의 총리 로이드 조지David Lloyd George가 그 회의에 참석한다는 것을 알게 된 필라델피아 침례교파에서는 조지 총리에게 자신들이 열 대규모 집회에서 연설해 달라고 요청하는 전보를 보냈고, 총리는 자신이 워싱턴을 방문하게 된다면 그 초대에 응하겠다는 답신을 보냈다. 그리고 겐트 씨는 그 도시에 있는 많은 침례교인 중 바로 자신이 영국 수상을 소개하는 대표로 뽑혔다고 내게 말했다.

그는 불과 3년 전에 자신이 대중 앞에서 연설하는 것이 가능하겠냐고 진지하게 물었던 사람이다. 그의 연설 능력이 남들에 비해 유달리 빠르게 발전한 것 같은가? 그렇지 않다. 이와 비슷한 경우는 너무나 많기 때문이다.

구체적인 실례를 하나 더 들어보자. 몇 해 전, 브루클린에 사는 의사 커티스는 플로리다에 있는 자이언츠 팀 훈련장 근처에서 겨울을 보냈다. 열렬한 야구광이었던 그는 자주 자이언츠 팀 선수들의 훈련을 보러 갔고, 시간이 지나면서 그들과 친해져 만찬회에도 초대받았다. 만찬회에서는 사람들이 커피와 땅콩을 즐긴 뒤, 몇몇 저명한 손님들에게 '간단한 연설'을 요청하는 순서가 있었다. 그런데 사회자가 갑작스럽게 그를 가리키며 이렇게 말했다.

"오늘 이 자리에는 의사 선생님 한 분도 함께하고 계십니다. 커티스 박사님에게 야구 선수의 건강에 대한 강연을 들어 보겠습니다."

그는 이야기할 준비가 되어 있었을까? 물론이다. 두말할 필요도 없이 그는 어느 누구보다 잘 준비된 사람이었다. 위생에 대해 연구하며 거의 30년 정도 의료계에 몸담고 있었으니 그런 주제라면 편안히 의자에 앉은 채 옆자리 사람들에게 밤새도록 이야기할 수도 있었다. 하지만 아무리 적은 청중 앞이라도, 또 같은 주제에 대해 말하는 것이라 해도, '일어서서 말하는 것'은 전혀 다른 차원의 문제였다. 평생 연설이라는 것을 해 본 적이 없었던 커티스에게 그러한 상황은 손발이 마비되고 심장이 멎는 듯한 느낌을 주었고, 그의 머릿속에 있던 모든 생각까지 날려 버렸다. 커티스는 어떻게 해야 했을까? 청중들은 손뼉을 치며 그를 바라보고 있었지만 그는 머리를 가로저었다. 그러자 외려 그들은 더 큰 박수갈채를 보냈다.

"닥터 커티스! 연설! 연설!"

함성은 점점 더 커졌다. 곤란한 상황이었다. 그는 자신이 자리에서 일어선다 해도 몇 마디조차 하지 못할 것을 잘 알고 있었다. 자리에서 일어난 커티스는 결국 아무 말도 하지 않은 채 등을 돌리고 조용히 방을 나섰다. 그에게 있어 가장 당황스럽고 굴욕적인 순간이었다.

브루클린으로 돌아온 그가 처음으로 했던 일 중 하나는 YMCA 본부에서 진행하는 대중연설 과정에 등록한 것이었다. 사실 크게 놀랄 일은 아니었다. 커티스는 자신이 얼굴을 붉힌 채 한마디도 하지 못하는 상황을 다시는 만들고 싶지 않았으니 말이다.

그는 착실한 학생이었고 정말 열심히 공부했다. 그는 자신이 멋지게 연설할 수 있기를 간절히 원했기에 철저히 연설을 준비했고, 의지를 갖고 연습했으며 단 한 번도 강의를 빼먹지 않았다. 그리고 그런 태도를 가진 모든 학생이 해낸 것을 그 역시 멋지게 이뤄 냈다. 커티스 자신조차 놀랄 정도의 빠른 속도로 처음에 원했던 목표를 뛰어넘은 것이다.

초반의 몇 개 강의를 들으면서부터 연설에 대한 그의 두려움은 줄어들고 자신감은 점점 쌓이기 시작했다. 2개월이 지나자 커티스는 그룹에서 가장 뛰어난 발표자가 되었고, 얼마 지나지 않아 외부로부터의 강연 요청도 받아들였다. 지금 그는 강연이 주는 기쁨, 그리고 그로 인해 자신에게 집중되는 관심, 새롭게 사귀게 된 친구들을 매우 좋아한다. 커티스의 연설을 들은 뉴욕 시 공화당 유세 본부의 한 인사는 그에게 뉴욕에서의 순회유세 때 공화당 측의 연사가 되어 달라고 요청했다. 커티스가 불과 1년 전, 청중에 대한 공포로 혀가 움직이지 않아 창피와 혼란스러움에 휩싸인 채 공개 만찬회에서 도망쳐 나온 사람이라는 것을 그 정치인이 알면 얼마나 놀라겠는가!

대부분의 사람들은 자신감과 용기, 그리고 사람들 앞에서 연설을 하는 동안 차분하고 명확하게 생각하는 능력을 갖는 것이 어렵다고 생각하지만, 실제로는 그것의 10퍼센트만큼도 어렵지 않다. 그 능력은 신이 극소수의 사람에게만 부여한 선물이 아닌 데다가, 마치 골프 실력처럼 누구라도 충분한 의지만 있다면 자신의 잠재력을 계발할 수 있기 때문이다.

청중 앞에 섰다고 해서 당신이 명료하게 생각하지 못할 이유가 조금이라도 있는가? 물론 없다는 것을 잘 알 것이다. 사실 사람들 앞에 섰을 때에는 더 많은 생각을 해야 한다. 헨리 워드 비처 Henry Ward Beecher는 "훌륭한 연설가는 청중으로부터 자극과 영감을 받아 자신의 뇌를 더욱 명확하고 날카롭게 움직이게 한다."라고 말한 바 있다. 덧붙여 그는 "바로 그 순간, 당신이 가지고 있는 줄도 미처 몰랐던 생각과 사실, 아이디어가 연기처럼 떠돌아다닌다."라고 말했다. 당신은 손을 뻗어 그 따끔따끔한 것들을 잡아채며 그것을 경험해야 한다. 꾸준히 연습한다면 그것은 아마 무척 좋은 경험이 될 것이다.

어쨌든 이러한 사실은 어느 정도 믿어도 좋다. 훈련과 연습은 청중 앞에 설 때 느끼는 두려움을 사라지게 함과 동시에 자신감과 굳센 용기를 줄 것이다. 다른 사람들에게는 그렇다 해도 당신에게만은 그것이 어려울 것이라 생각하지 마라. 심지어 당대 최고의 유명한 연설가가 된 사람들도 처음에는 이 보이지 않는 맹목적인 두려움과 자신의 소심함 때문에 괴로워했다.

역전의 용사 윌리엄 J. 브라이언William J. Bryan은 자신이 처음 연설을 할 때 무릎이 덜덜 떨렸음을 인정했는가 하면, 마크 트웨인Mark Twain 역시 처음 강단에 섰을 땐 입에 솜이 가득 차 있고 맥박은 우승컵을 향해 달리는 것 같았다고 말했다. 또한 빅스버그를 점령하면서 인류 역사상 가장 강력한 군대를 이끌었던 율리시스 S. 그랜트Ulysses S. Grant 장군조차 처음 대중 앞에서 연설을 할 때는 마치 운동실조증 환자처럼 다리가 후들거렸다고 털어놓았다. 당대 프랑스가 배출한 가장 힘 있는 정치 연설가인 장 조레스Jean Jauregraves 역시 하원에서 입을 꾹 다물고 앉아 있던 상태로 1년이 지난 후에야 첫 연설을 할 수 있는 용기를 가졌다고 한다.

로이드 조지도 다음과 같이 고백한 적이 있다.

"처음 연설을 했을 때는 무척 괴로웠습니다. 혀가 움직이질 않더군요. 이건 비유가 아니라 글자 그대로의 사실입니다. 정말로 입이 천장에 딱 달라붙어서 한마디도 할 수 없었다니까요."

남북전쟁 때 영국에서 북부군과 노예해방을 옹호하면서 유명해진 존 브라이트John Bright는 어느 학교 건물에 모인 지역 주민들 앞에서 처음으로 연설을 했다. 그는 그곳으로 이동하는 도중에도 실패할 것이 두려워 동료에게 자신이 불안해할 때마다 박수를 쳐서 기운을 북돋아 달라고 부탁했다. 아일랜드의 위대한 지도자 찰스 스튜어트 파넬Charles Stewart Parnell도 처음 연설을 할 때 무척 당황해했다. 그의 형은 그가 연설 도중 종종 손톱이 살에 박힐 정도로 주먹을 꽉 쥐어 피가 났다고 증언하기도 했다. 영국의 정치가인 벤저민 디즈레일리Benjamin Disraeli 는 처음 하원의원들을 마주했을 때 차라리 돌진하는 기병대의 선두에 서는 편이 낫겠다는 생각이 들었다고 말했다. 당시 그의 개막 연설은 끔찍한 실패작이었다. 영국의 극작가이자 정치가인 셰리든Richard B. Sheridan 역시 그랬다.

사실 영국에서 유명하다는 연설가 중 많은 이들도 처음에는 실력이 형편없었다. 하원에서는 젊은 사람이 첫 연설을 성공적으로 마치면 그것을 불길한 징조로 여기기도 한다. 그러니 용기를 가져라. 나는 많은 연설가의 발전을 지켜봐 왔고, 또 어느 정도 도움을 준 장본인이기에 맨 처음 학생들이 당황하고 긴장한 모습을 보이면 오히려 반가웠다.

비록 20명 남짓의 사람들이 모인 사업상의 회의라고 해도 연설을 할 때는 어느 정도의 책임감, 긴장, 충격 그리고 흥분이 존재할 것이다. 연설가는 언제든지 순수한 혈통의 말처럼 단단히 긴장하고 있어야 한다. 그 유명한 키케로Marcus T. Cicero도 지금으로부터 2,000년 전에, 대중 연설의 진정한 가치는 바로 '긴장감'에 있다고 하지 않았는가.

연설가들은 이러한 긴장감을 라디오를 통해 이야기할 때도 종종 경험하는데, 이것을 '마이크 공포증'이라고 부른다. 찰리 채플린Charles Chaplin은 방송에서 할 모든 말을 미리 적어 놓곤 했다. 이미 1912년에 '무도회장에서 하룻밤을'이라는 보드빌 스케치를 가지고 미국 전역에서 순회공연을 했고, 그 이전에는 영국에서 정식 연극 무대에 서기도 했으니 그는 분명 청중에 익숙한 사람이었다. 하지만 그는 방음벽으로 둘러싸인 방에 들어가 마이크 앞에 서면 마치 폭풍이 휘몰아치는 2월의 대서양을 건너는 느낌이라고 고백했다. 유명한 영화배우이자 감독인 제임스 커크우드James Kirkwood도 이와 비슷한 경험을 했다. 그는 강연 무대의 스타였으나, 눈에 보이지 않는 청중에게 강연을 한 뒤 라디오 방송실에서 나와서는 이마에 흐르는 땀을 닦으며 "브로드웨이에서 개막 공연을 하는 것이 이것보다는 쉽겠네요."라고 털어놓았다.

아무리 자주 강연을 하더라도 이야기를 시작하기 전에 이와 같은 자의식을 종종 경험하는 사람들이 있다. 하지만 강연이 시작되면 그것은 금세 사라진다. 심지어 에이브러햄 링컨Abraham Lincoln도 연설을 시작할 때는 부끄러움을 느꼈다. 그의 법률사무소 동료인 윌리엄 H. 헌돈William H. Herndon은 이렇게 말했다.

"처음에 그는 굉장히 서툴렀습니다. 주변 환경에 자신을 맞추는 일이 무척 힘든 것 같았죠. 자신감도 없고 예민해 보였거든요. 저는 그 시기에 그를 찾아가 종종 위로를 건네기도 했습니다. 연설을 시작할 때, 그의 목소리는 날카롭고 가늘어 듣기에 좋지 않았습니다. 그의 태도, 자세, 그리고 검고 누르스름하고 주름진 얼굴, 자신감 없는 움직임, 그 모든 것은 그에게 불리하게 작용했죠. 하지만 그것은 잠시뿐이었습니다. 얼마 지나지 않아 그는 침착함과 열정을 되찾았고, 그의 진정한 연설은 그 때부터 시작되었습니다."

아마 여러분도 이와 비슷한 경험을 한 적이 있을 것이다.

이 훈련에서 최대의 효과를 거두기 위해, 그리고 그것을 빠르고 신속 하게 이끌어 내기 위해서는 다음의 네 가지 사항이 필수적이다.

❖ 첫째, 강하고 변치 않는 욕망을 가져라

이것은 당신이 생각하는 것보다 훨씬 더 중요한 요소다. 만약 당신을 가르치는 사람이 지금 당신의 정신과 마음을 들여다보고 욕망의 정도를 파악할 수 있다면, 그는 아마 당신의 성취 속도가 얼마나 빠를지도 알아 낼 수 있을 것이다. 당신의 욕망이 흐리고 의지가 약하다면 성취 또한 그 와 같을 것이다. 하지만 만일 당신이 고양이 뒤를 따라가는 불도그처럼 끈질기게 이 문제를 파고든다면 어떤 것도 당신의 앞날을 막을 수 없다.

그러니 이 연구에 대한 당신의 열정을 불러일으켜라. 그것의 장점들 을 열거하라. 당신이 얻을 자신감, 비즈니스 시 좀 더 설득력 있게 말하 는 능력이 당신에게 어떤 의미인지 생각해 보라. 그것은 당신의 경제력 에 영향을 미칠 수 있다. 아니, 반드시 영향을 미친다. 그것이 당신에게 의미하는 바가 무엇인지에 대해, 또 그것이 가져올 새로운 친구들과 새 로운 영향력, 새로운 리더십에 대해 생각해 보라. 그것은 어떠한 활동보 다도 더욱 당신의 리더십을 기르는 데 도움이 될 것이다.

미 상원의원이었던 천시 M. 데퓨Chauncey M. Depew는 "누구나 익힐 수 있는 능력 중 설득력 있게 말하는 능력만큼 빠르게 출세하고 확실한 명성을 갖게 하는 것은 없다."라고 말한 바 있다. 미국의 자산가 필립 D.

아머Philip D. Armour는 수백만 달러의 재산을 축적한 뒤 이렇게 말했다.

"나는 엄청난 자본가보다는 훌륭한 연설가가 되는 편을 택하겠다."

이것은 교육을 받은 사람이면 누구나 바라는 재능이다. 앤드루 카네기Andrew Carnegie가 죽은 후, 그의 서류들 중에서 그가 서른셋에 썼던 인생 계획서가 발견되었다. 그의 계획은 당시부터 2년간 사업을 잘 운영해 매년 5만 달러의 수입이 생기게 한 뒤, 서른다섯에 은퇴하여 옥스퍼드 대학에서 철저한 교육을 받으며 '대중연설에 특별한 관심을 기울이는 것'이었다.

이 새로운 힘을 발휘하면서 얻게 될 만족감과 기쁨을 상상해 보라. 나는 이 둥근 지구상의 많은 나라를 여행하며 다양한 경험을 했지만 참되고 오래 지속되며 내적 만족감을 주는, 청중 앞에서 그들이 내 생각을 따라오게끔 말하는 것에 비교될 만큼 근사한 일은 알지 못한다. 그것은 틀림없이 당신에게 강한 힘을 부여하고, 스스로 이룬 성취감에 대해 자부심을 갖게 하며, 당신을 동료보다 앞서게 할 것이다. 그곳에는 마법이, 그리고 결코 잊을 수 없는 짜릿함이 있다. 어떤 연설가는 이렇게 고백했다.

"연설 시작 2분 전에는 연설을 시작하느니 매를 맞는 편이 낫겠다 싶어요. 하지만 연설이 끝나기 2분 전에는 연설을 끝내느니 총을 맞고 싶다는 마음이 듭니다."

어떤 과정에서든 도중에 마음이 약해져 목적 달성에 실패하는 사람들이 있다. 그러니 당신의 욕망을 뜨겁게 불태우면서 이 과정이 당신에게 무엇을 의미하는지 끊임없이 상기하라. 당신은 끝까지 승리하며 모든 과정을 마칠 수 있을 정도의 열정을 준비해야 한다. 친구들에게 당신이 이 과정에 참여하게 되었음을 알려라. 1주일 중 하루는 이 가르침에 관해 읽고 연설을 준비할 시간을 따로 떼어 두라. 간단히 말하자면 최대한 전진하기 쉬운, 그리고 최대한 후퇴하기 어려운 상황을 만들라는 뜻이다.

율리우스 카이사르Julius Caesar가 골 지방에서부터 해협을 건너 영국이라는 땅에 도착했을 때, 그는 아군에게 승리에 대한 확신을 심어 주기 위해 매우 명쾌한 방법을 사용했다. 그는 병사들을 도버 해협에 있는 60미터 높이의 흰 절벽에 세우고, 그곳에서 그들이 타고 온 배가 불길에 휩싸이는 것을 바라보게 했다. 적지에 있는 자신들과 대륙을 이어 주는 마지막 끈이 사라지는 광경, 자신들이 후퇴할 수 있는 최후의 수단이 불타는 것을 똑똑히 목격하게 한 것이다. 그것을 본 병사들이 할 수 있는 것은 앞으로 나아가 승리하는 것뿐이었다. 그리고 그들은 정확히 그것을 해냈다. 이것이 바로 영원히 기억되는 카이사르의 정신이다. 청중에 대한 공포에서, 승리하기 위한 이 싸움에서 여러분이 그 정신을 보여 주지 못할 이유가 무엇이겠는가?

❖ 둘째, 말하려는 내용을 명확하게 꿰고 있어라

만일 연설가가 자신이 무엇을 이야기할지에 대한 계획 없이 청중 앞에 선다면 굉장히 난처할 것이다. 그것은 맹인이 맹인을 안내하는 것과 같기 때문이다. 이 같은 상황에서는 누구나 자신감이 떨어지고, 후회하며 자신의 태만을 부끄러워한다. 시어도어 루스벨트Theodore Roosevelt는 자신의 자서전에 다음과 같이 적었다.

1881년 가을에 의원으로 선출된 나는 주 의회에서 가장 젊은 의원이었다. 젊고 경험 없는 대부분의 사람들처럼 나도 연설이 상당히 부담스러웠다. 그러던 중 어느 완고한 시골 노인의 충고로 많은 것을 깨닫게 되었다. 그는 무의식적으로 웰링턴 공작의 말을 되풀이했지만, 그 공작 역시 다른 이의 말을 그저 옮겼을 것이다.

그 충고는 '당신이 말하려는 것이 확실해지기 전까지는 말하지 말고, 그것이 무엇인지 알았을 때가 되면 말하라.'라는 것이었다. 더불어 그 시골 노인은 루스벨트에게 긴장감을 극복하는 다른 방법에 대해서 이런 말을 덧붙였다.

청중 앞에 섰을 때의 두려움을 벗어 버릴 수 있는 무언가를 찾아보면 도움이 될 걸세. 그들에게 뭔가를 보여 주거나, 칠판에 적거나, 지도의 어떤 부분을 가리키거나, 책상을 옮기거나, 창문을 열거나, 책이나 논문을 옮기는 행동 같은 것들 말일세. 목적을 가지고 몸을 움직이는 것은 마음을 편안하게 해 준다네.

사실 연설 중에 그런 행동을 할 만한 구실을 찾기란 쉽지 않다. 하지만 할 수 있다면 처음 몇 번만은 그 충고를 받아들여라. 걸음마를 배운 아이는 더 이상 의자를 잡은 채 걸으려 하지 않게 되니 말이다.

❖ 셋째, 자신감 있게 행동하라

미국이 배출한 가장 유명한 심리학자 윌리엄 제임스William james 교수는 다음과 같이 말한다.

"행동은 감정을 따라오는 것처럼 보이지만 실제로 행동과 감정은 동시에 일어난다. 따라서 의지의 직접적인 통제를 받는 '행동'을 조절하면, 의지의 통제에서 먼 '감정'을 간접적으로 조절할 수 있다. 따라서 즐거운 감정이 사라졌을 때, 다시 즐거워지기 위한 최고의 자발적인 방법은 이미 유쾌한 것처럼 행동하고 이야기하는 것이다. 그러니 용감해지기 위해서는 이미 용감한 것처럼 행동하고 당신의 모든 에너지를 그 목적에 사용하라. 그러면 용감함이 두려움의 자리를 대신할 것이다."

제임스 교수의 충고를 연설 시의 상황에 응용해 보자. 당신이 청중 앞에서 용감해지고 싶다면, 이미 용감한 것처럼 행동하라. 물론 준비가 되어 있지 않다면 그런 행동들도 쓸모없어지겠지만, 당신이 하려는 말이 무엇인지 알고 있다면 용감하게 앞으로 나아가 숨을 깊게 들이쉬어라. 산소 공급량의 증가는 당신의 기분을 좋아지게 하며 용기를 부여한다. 위대한 테너인 장 드 레즈케Jean de Reszke는 '자신을 깔고 앉을 수 있을 만큼' 크게 숨을 들이쉬면 긴장감이 사라진다고 말했다.

중앙아프리카 퓰라니 부족의 젊은 남자는 성인이 되어 아내를 맞이할 때 채찍질당하는 의식을 거쳐야 한다. 부족의 여인들이 북소리에 맞춰 노래하며 박수를 치면 상반신을 벗은 지원자가 앞으로 걸어 나온다. 그리고 무시무시한 채찍을 가진 한 남자가 그에게 다가가 악마처럼 그의 맨몸을 채찍질한다. 채찍 자국이 몸에 남거나 종종 살이 찢겨 피가 흐르기도 한다. 평생 지워지지 않는 상처를 만드는 것이다. 매를 맞는 동안, 부족의 존경을 받는 원로는 희생자의 발아래 쪼그리고 앉아 그가 몸을 움직이는지 혹은 조금이라도 고통스러운 내색을 하지는 않는지 확인한다. 이 시험을 성공적으로 통과하기 위해 매 맞는 지원자는 고통스러운 시련을 견딤과 동시에 성스러운 노래까지 불러야 한다.

시대와 지역을 불문하고 사람들은 항상 용기를 찬양해 왔다. 당신의 심장이 아무리 몸속에서 미친 듯이 쿵쾅거리며 뛰고 있어도, 용감하게 걸어 나와 매를 맞는 중앙아프리카의 젊은이처럼 청중 앞에 조용히 서라. 그리고 그 젊은이가 보여 주었듯 지금 처한 상황을 즐기는 것처럼 행동하라.

당신 자신을 최고도로 끌어올리고 청중의 눈은 똑바로 바라보고, 그들을 마치 여러분에게 빚을 지고 있는 사람들인 것처럼 여기며 자신 있게 이야기하기 시작하라. 실제로 그들이 당신에게 빚을 졌고, 지금 당신에게 채무 기한을 연장해 달라고 요청하기 위해 그곳에 모였다고 상상하라. 그런 상상은 당신에게 심리적으로 긍정적인 효과를 미칠 것이다.

코트 단추를 손으로 만지작거리거나 손을 어디에 두어야 할지 몰라 하며 초조함을 드러내지 말라. 만약 초조함을 잊기 위한 움직임이 필요하다면 아무에게도 들키지 않도록 손을 등 뒤로 한 채 손가락을 꼬거나 발가락을 움직여라. 사실 일반적으로 연설가가 가구 뒤에 서는 것은 그리 좋은 것이 아니다. 하지만 탁자나 의자 뒤에 서서 그 가구들을 꽉 붙잡고 서거나 손바닥에 동전을 꼭 쥐고 있으면 어느 정도 용기가 생길 수도 있다.

그렇다면 루스벨트는 어떻게 용기와 자기 신뢰라는 특성을 가지게 되었을까? 애초 그는 천성적으로 모험적이고 용감했던 것일까? 전혀 그렇지 않다. 그는 자서전에서 다음과 같이 털어놓았다.

"어렸을 때 나는 몸이 약하고 여러 가지에 서툴렀으며, 긴장도 많이 하고 자신감 또한 없는 청년이었다. 나는 내 성향을 바꾸기 위해 몸뿐만 아니라 영혼과 정신까지 고통스러울 만큼 고된 훈련을 받아야 했다."

다행히 그는 그 변화를 이끌어 낸 방법에 대해서도 우리에게 말해 주었다.

"어렸을 때 메리엇의 책에서 읽은 인상 깊은 한 구절은 내게 항상 영향을 미쳤다. 대담해질 수 있는 방법에 대해 작은 영국 군함의 선장이 다음과 같이 주인공에게 설명하는 구절이었다. 작전에 참가하면 누구나 겁이 나지만, 그럴 때 그 사람이 해야 하는 것은 마음을 단단히 먹고 겁이 나지 않는 것처럼 행동하는 것이다. 이런 태도를 충분히 오래 지속하다 보면 그것은 정말로 현실이 된다. 즉, 대담한 시늉이 곧 실제로 대담한 성격이 되는 것이다.

내가 선택한 원리는 바로 이것이다. 처음에 나는 회색 곰들, 사나운 말들과 총잡이들에 이르기까지 모든 것이 다 무서웠다. 하지만 무섭지 않은 것처럼 행동하자 두려움은 점차 사라졌다. 대부분의 사람들도 그 원리를 선택한다면 이런 경험을 할 수 있다."

만약 당신이 원한다면 우리의 교육과정에서도 이 경험을 할 수 있다. 프랑스의 뛰어난 전략가였던 포슈Ferdinand Foch 사령관은 말했다.

"전쟁에서 최선의 방어는 공격입니다. 그러니 당신의 두려움을 공격하십시오. 기회가 있을 때마다 대담하게 두려움을 직시하고, 그것과 싸우며, 그것을 정복하십시오."

당신을 누군가에게 메시지를 전달하도록 지시받은 웨스턴 유니언 사의 배달부라고 상상하라. 사람들은 배달부에게는 아무런 신경도 쓰지 않는다. 그들이 원하는 것은 배달부가 아닌, 전달되는 내용이기 때문이다. 메시지! 중요한 것은 이것이다. 메시지에 집중하고, 메시지에 마음을 담아라. 당신은 당신의 손금을 보듯 그것을 훤히 꿰고 있어야 한다. 메시지를 진심으로 믿어라. 그런 다음 그것에 대해 이야기하려고 결정한 것처럼 말을 시작하라. 그러면 당신은 곧 어떤 상황에서든 주인이 될 수 있고, 틀림없이 당신 자신을 지배하는 주인이 될 것이다.

❖ 넷째, 연습하라! 연습하라! 연습하라!

여기서 제시하는 이 마지막 사항은 그 무엇보다 중요하다. 지금까지 읽은 내용 모두를 잊어버린다 해도 이것만은 기억해야 한다. 대중연설을 할 때 자신감을 기르는 첫 번째이자 마지막 방법이며 결코 실패하지 않는 방법이기도 한 이것은 다름 아닌, 실제로 연설을 해 보는 것이다. 연습하라. 연습하라. 연습하라. 이것이야말로 '시네 쿠오 논sine quo non', 즉 없어서는 안 되는, 반드시 필요한 것이다.

루스벨트는 이렇게 경고했다.

"어떤 초보자든지 처음 나선 사냥에서 사슴을 볼 때 생기는 '사슴열'을 갖게 된다. '사슴열'은 신경이 극도로 흥분되어 있는 상태로, 주저함과는 완전히 다른 것이다. 이것은 많은 대중 앞에서 처음 연설을 하는 사람에게도 나타나는데, 그 영향은 사슴 사냥에 나섰다가 처음으로 사슴을 발견한 사람, 혹은 전투에 처음 참가하는 사람들에게 미치는 영향과 꼭 같다. 그런 사람에게 필요한 것은 용기가 아닌, 신경을 통제하고 냉철한 정신 상태를 갖는 것이다. 이것은 오직 실제 훈련을 통해서만 얻을 수 있다. 각자에게 맞는 자기 극복 훈련을 반복하고 그것에 익숙해지다 보면 자신의 신경을 완벽하게 통제할 수 있게 된다. 이것은 대개 습관의 문제다. 꾸준히 노력하고 의지력을 사용하는 것을 반복해야 하기 때문이다. 만약 어느 정도의 가능성을 가진 사람이라면 이러한 연습을 통해 점점 강해질 수 있다."

끈질기게 노력하라. 주중에 업무로 바빠 제대로 준비하지 못했으니 교육에 참가하지 않겠다는 생각은 버려라. 준비를 했든 못했든 당신은 반드시 참석해야 한다. 교육과정에 참가한 후에는 강사나 같은 반 사람들이 당신에게 주제를 제시하도록 하라.

대중공포증을 없애고 싶은가? 그렇다면 그것의 원인이 무엇인지 살펴보라. 《정신의 형성The Mind in the Making》에서 제임스 하비 로빈슨 James Harvey Robinson 교수는 다음과 같이 말했다.

두려움은 무지와 불확실성에서 생겨난다.

다시 말해 두려움은 자신감 부족의 결과라는 것이다. 그렇다면 그 원인은 무엇인가? 그것은 당신이 실제로 무엇을 할 수 있는지 모르기 때문이다. 그리고 당신이 할 수 있는 것을 모르는 이유는 그와 관련된 경험이 부족하기 때문이다. 만일 당신에게 성공적인 경험이 있다면 두려움은 7월의 따스한 햇살 아래 사라지는 밤이슬처럼 녹아 버릴 것이다.

어쨌든 분명한 한 가지 사실은, 누구나 수영을 배우려면 물에 뛰어들어야 한다는 것이다. 당신은 이 책을 충분히 읽었으니 이제 책은 옆으로 치우고 실제 행동으로 옮겨 보자.

가능하면 당신이 잘 아는 주제를 선택해 3분 발표문을 만들어서 여러 번 연습하라. 그리고 당신의 모든 힘과 능력을 다해 그 발표문을 원래 의도한 상대 또는 반 사람들 앞에서 발표하라.

용기와 자신감을 키워라

1. 이 교육과정에 참가한 수천 명의 수강생은 자신이 왜 이 과정을 등록했고, 교육을 통해 얻고자 하는 것이 무엇인지를 이야기했다. 그들 중 대부분은, 소심함을 극복하고 사람들 앞에서 자신의 생각을 전달하며 청중의 수와 관계없이 자신감을 가지고 편안하게 말할 수 있는 능력을 갖고 싶어 했다.

2. 그러한 능력을 갖는 것은 어렵지 않다. 그것은 하늘의 선택을 받은 소수의 사람들에게만 주어진 재능이 아니기 때문이다. 마치 골프 실력을 쌓아 나가는 것처럼, 누구든 하고자 하는 의지만 있다면 자신이 지닌 잠재력을 계발할 수 있다.

3. 경험이 많은 연사들은 개인과 대화를 나눌 때보다 많은 사람 앞에서 이야기할 때 더 많이 생각하고 조리 있게 말한다. 그들에게 청중이라는 존재는 자극제이자 영감이 된다. 만약 당신이 성실하게 이 교육과정을 따라온다면 당신 또한 이것을 경험할 것이고, 기쁜 마음으로 연설을 고대할 것이다.

4. 당신의 경우가 특별하다고 생각하지 마라. 후에 유명 연사가 된 사람들 중에도 연설을 시작했던 초기에는 자의식과 청중에 대한 공포로 입이 거의 마비되었던 이들이 있다. 윌리엄 J. 브라이언, 장 조레스, 로이드 조지, 찰스 스튜어트 파넬, 존 브라이트, 디즈레일리, 셰리든 등 많은 이들이 그랬다.

5. 연설을 자주 하더라도 연설 초반에는 언제나 자의식을 경험하게 될

것이다. 하지만 그 자의식은 연설을 시작하고 얼마 지나지 않아 완전히 사라진다.

6. 이 교육과정에서 최대의 효과와 신속한 결과를 얻으려면 다음의 네 가지를 실천하라.

첫째, 강하고 지속적인 욕망으로 이 과정을 시작하라. 이 훈련이 당신에게 가져올 이점을 나열하고 당신의 열정을 불러일으켜라. 그것이 당신에게 재정적으로, 사회적으로, 그리고 영향력과 리더십 증대의 면에서 어떤 의미가 있을지 생각하라. 열정의 깊이에 따라 당신이 이루게 될 성취의 속도도 결정될 것이다.

둘째, 준비하라. 자신이 말하려는 것에 대해 알지 못하면 당신은 자신감을 가질 수 없다.

셋째, 자신감 있게 행동하라. 윌리엄 제임스는 이렇게 충고한다.

"용감하다고 느끼고 싶다면 이미 용감한 것처럼 행동하라. 그 목적을 위해 모든 의지를 사용하라. 그러면 틀림없이 용감함이 두려운 감정을 대신할 것이다."

루스벨트는 이 방법을 통해 회색 곰, 사나운 말, 총잡이들에 대해 가지고 있던 공포를 극복했다고 고백했다. 이 심리학적 사실을 이용하면 당신도 청중에 대한 두려움을 이겨 낼 수 있다.

넷째, 연습하라. 다른 무엇보다 이것이 중요하다. 두려움은 자신감 부족에서 오는 결과다. 자신감의 부족은 당신이 무엇을 할 수 있는지 모르기 때문에 생기는 것이고, 이것은 그와 관련된 경험이 적은 것에 기인한다. 그러니 성공적인 경험에 대한 기록을 만들어라. 그러면 두려움 또한 사라질 것이다.

DALE CARNEGIE

PUBLIC SPEAKING AND INFLUENCING MEN IN BUSINESS

"자신감을 얻는 최선의 방법은 당신이 정말로 하고 싶은 이야기에 대해 많은 것을 준비해 실패할 가능성을 최대한 줄이는 것이다."
— 록우드 소프(Lockwood-Thorpe), 《오늘날의 대중연설(Public Speaking Today)》

"'순간의 영감을 믿는다.'라는 말은 유망한 사람들을 실패로 이끈 치명적인 구절이다. 영감으로 가는 가장 확실한 길은 준비다. 나는 용기와 능력을 갖춘 사람이 노력 부족으로 실패하는 것을 많이 목격했다. 자신의 주제에 대해 잘 알고 있는 자만이 좋은 연설을 할 수 있다."
— 로이드 조지(Lloyd George)

"절대로 두려움과 상의하지 말라."
— 스톤웰 잭슨(Edward Henry Harriman)의 좌우명

"연설가는 청중 앞에 서기 전, 친구에게 이런 편지를 써야 한다. '나는 이런 주제에 대해 연설을 할 것이며 이런 내용을 전달하고 싶다.' 그런 뒤 그는 올바른 순서에 맞게 자신이 말하려는 내용을 열거해야 한다. 만약 이러한 편지에 쓸 말이 없다면, 그는 할머니가 편찮으시다는 핑계로 모임에 참석하지 못한다는 편지를 보내는 편이 더 낫다."
— 에드워드 에버렛 헤일(Edward Everett Hale) 박사

| 2장 |

준비를 잘하면 자신감이 생긴다

1912년 이래로 시즌마다 1년에 약 6,000건 정도의 연설을 듣고 비평하는 것은 나의 직업적 의무이자 즐거움이 되었다. 연설가는 주로 비즈니스맨이거나 전문직에 종사하는 사람이다. 이 과정을 통해 내가 가장 확실하게 느끼는 바는, 연설을 시작하기 전에 반드시 철저한 준비를 해야 한다는 것이다. 분명하고 명확한 어떤 것, 강한 인상을 남길 수 있는 어떤 것, 말하지 않고서는 견디지 못할 어떤 것을 준비하는 과정이 절대적으로 필요하다. 당신은 청중의 정신과 마음에 진정으로 메시지를 전달하길 원하는 연설가에게 무의식적으로 빠져들었던 경험이 있을 것이다. 이것이 바로 연설을 잘하는 비결이다. 연설가가 정신적이고 감정적인 상태에 있다면 그 연설은 저절로 이루어진다. 그 멍에는 매기 쉽고,

그 짐은 가벼울 것이다. 준비가 잘된 연설은 이미 90퍼센트가 청중에게 전달된 것이나 다름없다.

앞서 언급했듯이, 대부분의 사람이 이 강의를 듣는 주된 이유는 자신감, 용기 그리고 자기 신뢰를 획득하기 위해서다. 하지만 많은 사람이 저지르는 가장 치명적인 실수는 연설 준비를 소홀히 한다는 것이다. 전투에 나가는 사람이 젖은 화약이나 총알 없는 빈 총을 가지고 가거나 아무런 무장조차 하지 않고 나선다면 두려움이라는 적군, 초조함의 공격을 물리칠 수 있을까? 이런 상황일 때 청중 앞에서 마음이 불편한 것은 놀랄 일이 아니다. 링컨은 대통령 시절에 이렇게 말했다.

"아무리 나이가 들어도, 할 말이 없는 상황에서 당황하지 않고 연설할 수는 없을 것이다."

만약 당신이 자신감을 얻고 싶다면, 자신감을 갖기 위한 연습을 해야 한다. 사도 요한은 "완벽한 사랑은 두려움을 물리친다."라고 말한 바 있는데, 이는 완벽한 준비에 대해서도 똑같이 적용된다. 웹스터는 "준비가 덜 된 채 청중 앞에 서느니 옷을 덜 입고 나가는 편이 낫다."라고 말하기도 했다.

이 교육과정에 참가한 사람들이라면 더욱 더 철저히 연설을 준비해야 한다. 왜 그래야 하냐고? 어떤 사람은 무엇이 준비인지, 그리고 그것을 잘하려면 어떻게 해야 하는지 명확하게 이해하지 못하기 때문이다. 그래서 이번 장에서는 상세하고 명쾌하게 이 문제를 논의해 보고자 한다.

❖ 연설을 준비하는 올바른 방법

연설은 어떻게 준비해야 할까? 독서? 그것도 한 가지 방법이 되긴 하지만 가장 효과적인 것은 아니다. 책에서 박제된 사고를 꺼내 자신의 것인 양 바로 사용하려고 한다면 어딘가 부족한 부분이 있기 때문이다. 물론 청중은 그 부족한 부분이 무엇인지 정확히는 모르겠지만, 연설가로부터 감동을 느끼지는 못한다.

예를 들어 보자. 얼마 전, 나는 뉴욕 시에 있는 여러 은행 임원들을 위한 대중연설 강좌를 진행했다. 그곳에 모인 사람들은 굉장히 바쁜 시간을 보내기 때문에 자연히 충분한 준비를 하지 못하거나, 자신들이 준비라고 여기는 행위를 하지 못하는 경우가 빈번했다. 그들은 자신만의 시각으로 세상을 바라보고 자신만의 유일한 경험을 하며 살아 왔다. 이런 식으로 그들은 40년 동안 연설에 사용할 소재를 축적해 왔다. 하지만 그들 가운데는 이런 사실을 깨닫기 어려워하는 사람들도 있었다. 그들은 '속삭이는 소리를 내는 소나무와 전나무'만 볼 뿐 숲은 보지 못했다.

이 그룹은 매주 금요일 저녁 5~7시에 만났다. 어느 금요일, 시내 중심가 은행에서 근무하던 잭슨은 4시 30분이 된 것을 알고는 사무실에서 나와 〈포브스Forbes〉를 한 부 사서 지하철을 타고 강좌가 열리는 연방은행으로 향했다. 그리고 지하철 안에서 '성공을 위해서 남은 시간은 10년뿐'이라는 제목의 글을 읽었다. 특별한 관심이 있는 내용이어서가 아니라, 그것이 무엇이든 강의 시간에 자신에게 배당된 시간을 채워야 했기 때문이다.

한 시간 후, 그는 글의 내용에 대해 설득력 있고 흥미로운 연설을 시도했다. 결과는 어땠을까? 누구나 예상할 수 있듯, 그는 자기가 말하려는 것을 자신의 것으로 소화하지 못했다. 정확히 말하자면 그는 그저 '말하려고 노력'했다. 그는 정말로 노력했지만, 그에게는 진정한 메시지가 없었다. 그것은 그의 태도와 어조를 통해 드러났다. 자신이 감명받지 않으면서 어떻게 청중이 자신보다 더 감동하기를 기대할 수 있겠는가? 연설에서 그는 계속 자신이 읽었던 글의 내용만을 언급하고, 그 필자의 이야기만 청중에게 전달했을 뿐 자신의 이야기는 조금도 하지 않았다. 나는 그에게 이렇게 말했다.

"잭슨 씨, 우리는 그 글을 쓴 필자를 궁금해하는 것이 아닙니다. 그는 여기 없습니다. 우리는 그가 아닌, 당신과 당신의 생각을 알고 싶어요. 다른 사람이 한 이야기가 아닌, 당신이 개인적으로 생각하는 것을 말이죠. 다음 주에도 같은 주제에 대해 연설해 보는 것은 어떨까요? 오늘 읽었던 글을 다시 읽고 자신이 그 글에 동의하는지 아닌지 생각해 보세요. 만일 동의한다면 필자의 제안을 곰곰이 생각한 뒤 당신 자신의 경험에서 나온 관찰을 통해 이야기를 구체화해 보세요. 만약 동의하지 않는다면 왜 그렇게 생각하는지 말해 주세요. 그 글은 연설을 위한 출발점으로만 생각하고 말이죠."

그는 이 제안을 받아들여 그 글을 다시 읽어 본 뒤 자신이 필자의 의견에 전혀 동의하지 않는다는 결론을 내렸다. 이후 그는 지하철에 앉아서 시간을 때우기 위해 연설을 준비하는 행동은 두 번 다시 하지 않았다. 그는 연설 내용이 스스로 성장하게 했다. 그것은 순전히 그의 머리에서만 자라났고, 점차 성장해 실제 그럴듯한 몸짓을 갖게 되었다. 마치 그의 딸들이 그랬듯 그 글에 대한 그의 생각 역시 자신이 알지 못하는 사이에 끊임없이 성장했다. 그의 생각은 때로는 신문 기사를 읽을 때나 친구와 그 주제에 대해 이야기하고 있을 때 예기치 않게 떠올랐다. 그럴 때마다 그의 생각은 깊어지고 높아지고, 길어지고 두터워졌다.

잭슨이 그다음 주 강의시간에 그 주제에 대해 발표할 때 그는 자신의 광산에서 캐낸 광석이나 자신의 조폐국에서 찍어 낸 화폐를 가지고 있는 사람처럼 온전히 자신의 생각을 전달했다. 더구나 그 글의 필자와 다른 의견을 가지고 있었기에 그는 이전보다 훨씬 좋은 내용의 발표를 할 수 있었다. 어느 정도 반대되는 생각을 나타내야 하는 것만큼 사람을 분발시키는 것도 드물다. 불과 1주일 사이에 같은 사람이 같은 주제에 대해 한 발표였음에도 그 차이는 엄청났다. 제대로 된 준비는 이처럼 큰 변화를 가져온다.

또 다른 사례를 살펴보자. 워싱턴 D. C.에서 열린 교육과정에 플린이라는 한 남자가 참여했다. 어느 날 오후 플린은 수업 시간에 미국의 수도를 찬양하는 연설을 했다. 그는 워싱턴의 석간신문 〈이브닝 스타Evening Star〉의 후원 책자에서 여러 가지 피상적인 글을 모았다. 말 그대로 무미건조하고 연관성이 없는 그 글들은 당연히 그의 열정을 불러일으키지 못했고, 그는 자신이 말하려 한 것에 대해 깊이 생각하지도 않았다. 그의 발표는 밋밋했고 색깔도 없었다.

❖ 연설에서 절대 실패하지 않는 방법

그런데 2주 후, 플린에게 큰일이 벌어졌다. 공용주차장에 세워 둔 그의 캐딜락을 누가 훔쳐간 것이다. 경찰서에 달려간 그는 현상금까지 걸었지만 별 소용이 없었고, 한 경찰관은 '그런 범죄에 대처하는 것은 거의 불가능하다'고 그에게 말했다. 하지만 정확히 1주일 전, 손에 분필을 들고 거리를 걸어 다니던 그 경찰관은 플린에게 딱지를 끊었다. 주차 가능 시간을 15분 초과했다는 것이 이유였다. 모범적인 시민을 귀찮게 하느라 범죄자를 잡을 시간이 없다는 이 '딱지 경찰'은 그를 잔뜩 화나게 했다. 그는 굉장히 분노했고 이제야 할 이야기가 생겼다. 〈이브닝 스타〉에서 발간한 책이 아닌, 그 자신의 삶과 경험에서 나온 이야기 말이다. 그것은 살아 있는 사람이 생생하게 느낀 그 무엇, 그의 감정과 소신을 자극한 그 무엇이었다. 워싱턴을 찬양하는 연설에서는 한 문장 한 문장을 잇기가 힘겨웠던 그였지만, 지금은 일어서서 입만 열면 저절로 연설이 시작됐다. 경찰에 대한 비난이 베수비오 화산의 용암처럼 끓어오르고 넘쳐흘렀다. 이런 식의 연설은 누구나 성공할 수 있다. 경험에 사고가 더해져 실패할 확률이 거의 없기 때문이다.

❖ 진정한 준비란 무엇인가

연설을 준비한다는 것은 실수가 없는 문장을 몇 개 모아 적어 놓거나 외운다는 뜻일까? 아니면 당신에게 별로 의미 없는 생각들을 모은다는 뜻일까? 둘 다 전혀 아니다. 그것은 당신의 생각, 아이디어, 소신 그리고 충동 등을 모으는 과정을 의미한다. 그리고 여러분 모두에게는 그럴 만한 생각과 충동이 있다. 우리가 깨어 있는 동안은 물론 심지어 꿈속에서도 그런 것들은 저절로 모인다.

당신이란 존재는 온통 느낌과 경험으로 채워져 있다. 이런 것들은 바닷가의 조약돌만큼이나 두껍게 당신의 잠재의식 아래에 깔려 있다. 진정한 준비란 사색하고 기억을 떠올리고, 그중에서 당신에게 가장 인상 깊은 것을 선택한 뒤 그것을 다듬어서 어떤 형태로, 당신만의 고유한 무늬로 만들어 내는 것이다. 어려울 것 같은가? 그렇지 않다. 그저 목적을 향한 집중과 사고가 요구될 뿐이다.

지난 세대 동안 복음의 역사를 새로 쓴 미국 침례교의 드와이트 L. 무디Dwight L. Moody 목사는 어떻게 자신의 설교를 준비했을까?

이 질문에 대해 그는 "어떤 비결도 없다."라고 대답했다.

"저는 주제를 고르면 그 주제의 제목을 커다란 봉투 겉에 적어 둡니다. 제겐 이런 봉투가 아주 많습니다. 만약 제가 읽은 글이 설교하려고 했던 주제와 맞으면 저는 그 글을 해당 주제의 봉투에 집어넣습니다. 또 항상 공책을 가지고 다니면서 설교를 듣다가 어떤 주제를 더 잘 이해할 수 있게 해주는 말을 들을 때도 그것을 기록해서 집어넣죠. 저는 1년 혹은 그 이상 그런 과정을 지속하다가, 새로운 설교를 준비할 때가 되면 그동안 모은 자료를 활용합니다. 거기서 나온 것과 스스로 공부한 결과를 합치면 소재는 충분합니다. 그런 후 설교를 할 때마다 어떤 내용을 빼거나 첨가하면 항상 새로운 설교가 됩니다."

❖ 예일 대학교 브라운 학장의 현명한 충고

몇 년 전 예일 신학대는 창립 100주년 기념행사를 열었다. 그 행사에서 신학대 학장인 찰스 레이놀드 브라운Charles Reynold Brown 박사는 '설교의 기술'이라는 강좌를 진행했는데, 뉴욕의 맥밀런 출판사는 그 강좌를 같은 제목의 책으로 출간하기도 했다.

브라운 박사는 30년 이상 매주 자신의 설교를 준비해 왔고 다른 사람들의 설교 준비를 도왔다. 그러니 그는 이 주제에 대해 가장 현명한 충고를 해줄 수 있는 자격이 충분했다. 시편 91편에 대해 설교해야 하는 성직자든 노동조합에 대해 연설해야 하는 구두제조공이든, 그 누구에게나 그의 충고는 유익할 것이다. 브라운 박사의 글을 인용하면 다음과 같다.

당신이 정한 성경 구절과 주제에 대해 깊이 생각하십시오. 그것들이 말랑말랑해져 반응할 때까지 말입니다. 여러분이 거기에 들어 있는 자그마한 생각의 씨앗들을 확장하고 성장시킨다면 틀림없이 유익한 생각들을 많이 얻게 될 것입니다.

이런 과정은 오래 지속할수록 좋습니다. 일요일에 있을 설교에 대한 준비를 토요일 오전으로까지 미뤄 놓지 마십시오. 그 무렵은 여러분이 설교를 위한 마지막 준비를 해야 하는 때입니다. 어떤 진실에 대해 설교하고자 할 때, 그것에 대한 생각을 설교하기 1개월 혹은 6개월 전, 또는 1년 전부터 마음속에 가지고 있다면 새로운 생각들이 끊임없이 솟구쳐 나와 풍족한 열매를 맺을 것입니다. 여러분은 그 주제를 생각하면서 걸을 수도 있고, 기차를 타고 몇 시간을 가다가 눈이 피로해졌을 때 떠올릴 수도 있습니다. 심지어 한밤중에 생각할 수도 있습니다. 사실 잠자리에서까지 교회 일이나 설교 제목을 생각하는 것은 좋지 않은 습관입니다. 설교단은 설교를 하기에 좋은 자리이지 좋은 잠자리 친구는 아니니까요. 하지만 그럼에도 때때로 나는 머릿속에 뭔가 떠오르면 한밤중에라도 일어나 그것을 적어 두곤 합니다. 아침에 일어나면 잊어버릴지 모른다는 염려가 들어서죠.

당신이 실제로 어떤 특정 주제에 대한 설교를 하기 위해 소재들을 수집한다면 그와 관련되어 떠오르는 모든 것을 기록하십시오. 어떤 구절을 설교 주제로 선택했다면 단 몇 자라도 좋으니 그 구절에서 느끼는 바를, 또 그것과 관련 있는 모든 생각을 적으십시오. 그리고 마치 지금 읽는 책이 내 삶에서 읽는 마지막 책인 것처럼, 그 책에서 더 많은 것을 깨닫기 위해 노력하십시오. 이것은 당신의 생각이 더 많은 열매를 맺도록 훈련하는 길이고, 이 방법을 택함으로써 당신의 지적 능력은 개성 있고 창의적으로 유지될 것입니다.

당신 스스로 탄생시킨 모든 생각을 기록해야 합니다. 그것들은 당신의 지적 발현을 위해 루비나 다이아몬드 또는 순금보다도 더 소중한 것입니다. 그것을 적으십시오. 종잇조각에라도 좋고 오래된 편지 뒷면이나 봉투 한 귀퉁이, 휴지, 아니면 여러분 손에 닿는 그 어떤 것에든 기록하십시오. 이런 방법은 대형 인쇄용지처럼 멋지고, 길고, 깨끗한 종이 위에 기록하는 것보다 모든 면에서 훨씬 효과적입니다. 단지 경제적이기 때문만이 아닙니다. 기록물을 정리할 때는 조그만 종이가 생각을 배열하고 구성하는 데 더욱 편리하기 때문입니다. 당신 마음속에 떠오르는 생각들을 깊이 생각하고 기록하는 습관을 가지십시오. 서두를 필요는 없습니다. 이것은 가장 중요한 정신 활동 중 하나이고, 진정한 생산력이라는 측면에서 당신의 정신을 성장시킬 것입니다.

당신 스스로가 가장 즐거울 수 있는 설교, 청중에게 가장 좋은 영향을 줄 수 있는 설교는 대개 당신 안에서 나옵니다. 그것은 당신의 뼈 중의 뼈, 살 중의 살이고, 지적 노고의 산물이자 창조적 에너지의 결과물입니다. 여기저기서 조금씩 가져다가 이어 붙인 설교는 항상 남의 이야기처럼 어색하고 흔한 냄새가 납니다. 살아 움직이는 설교, 걷고 뜀뛰고 하나님을 찬양하는 성전에 입성하는 설교, 사람들의 마음속으로 들어가 그들을 솟아오르는 독수리처럼 날아오르게 하고 의무의 짐을 지고 걸어가더라도 지쳐 쓰러지지 않게 하는 설교, 이런 진정한 설교는 설교자가 가진 생명의 에너지에서 나오는 것입니다.

❖ 링컨의 연설 준비 방법

링컨은 어떻게 연설을 준비했을까? 다행히 그의 방법은 우리에게 잘 알려져 있고, 브라운 학장은 자신의 강의에서 70여 년 전 링컨이 사용한 방법 중 몇 가지를 추천한 바 있다.

링컨의 가장 유명한 연설 중 하나에는 다음과 같은 그의 선견지명이 담겨 있다.

"서로 나뉘어 싸우는 집안은 절대 일어설 수 없습니다. 저는 반은 노예, 반은 주인으로 나뉜 이 정부가 영원히 지속될 수 없다는 것을 믿습니다."

그는 평소에 일할 때, 밥을 먹을 때, 길을 걸을 때, 헛간에서 소젖을 짤 때, 회색 망토를 어깨에 두른 뒤 장바구니를 손에 쥐고서 재잘거리는 어린 아들을 데리고 정육점이나 가게로 갈 때도 연설에 대해 생각했다. 링컨은 자신의 아들을 전혀 의식하지 못하고 연설에 관한 생각에만 몰두해 성큼성큼 걸어가곤 했고, 아이는 그런 아버지 곁에서 혼자 재잘거리다가 종종 토라지기 일쑤였다.

생각에 몰두하는 동안 그는 빈 봉투나 종잇조각, 봉투에서 찢어낸 자투리 조각 등 손에 닿는 모든 것에 메모를 했다. 생각의 단편, 단어, 혹은 문장을 꾸준히 기록한 것이다. 그는 이런 자료를 모자에 넣고 다니다가 시간이 나면 자리에 앉아 그것들을 정리해 전체적인 글을 쓰고 재구성하여 연설과 출판에 적합한 형태로 만들었다. 1858년에 있었던 링컨과 더글러스 상원의원의 합동 토론회에서, 더글러스는 어디에 가서든 같은 연설을 반복했다. 하지만 링컨은 끊임없이 연구하고 사색하고 고민함으로써 과거의 연설을 반복하지 않고 매번 새로운 연설을 만들어 냈고, 주제도 계속 확장해 나갔다.

대통령이 된 링컨은 백악관으로 들어가기 얼마 전, 헌법 한 권과 세 개의 연설문 외에는 어떤 참고 자료도 없이 스프링필드의 한 가게에 있는 우중충하고 먼지 덮인 골방으로 들어갔다. 그리고 그곳에서 아무런 방해와 간섭을 받지 않고 자신의 취임 연설문을 작성했다.

그렇다면 링컨은 과연 어떻게 게티즈버그 연설문을 준비했을까? 불행히도 이에 대해서는 잘못된 보고서가 돌아다니고 있지만, 실제 이야기는 아주 재미있다. 한번 살펴보자.

게티즈버그 묘지를 책임지는 위원회는 공식 봉헌식을 하기로 결정하고 에드워드 에버렛에게 연설을 부탁했다. 보스턴 교회의 목사, 하버드 대학교 총장, 매사추세츠 주의 주지사, 미국 상원, 주영대사 및 국무장관을 지낸 그는 당시 미국에서 가장 유능한 연사로 인정받고 있었다. 처음 봉헌식은 1863년 10월 23일에 계획되었지만, 에버렛은 매우 현명하게도 그렇게 짧은 기간 동안 연설을 준비하는 것은 불가능하다고 답했다. 그래서 그에게 준비할 시간을 주기 위해 봉헌식은 거의 한 달이나 미뤄진 11월 19일로 변경되었다. 연설 준비 기간의 마지막 사흘 동안 그는 게티즈버그에 가서 전투 지역을 살펴보고 그곳에서 발생했던 모든 일을 몸으로 직접 체험하는 시간을 가졌다. 이런 식으로 생각하고 고민하는 과정은 연설을 준비하는 매우 뛰어난 방법이었다. 그러는 동안 진짜 '전투'가 그에게 다가왔다.

봉헌식 초대장은 의회의 모든 의원과 대통령, 각료들에게 발송되었는데 대부분의 이들은 참석을 거절했다. 그런데 정작 대통령인 링컨이 참석 의사를 밝히자 위원회는 깜짝 놀랐다. 대통령에게도 연설을 요청해야 하나? 계획에는 없던 일이었다. 링컨에게는 연설을 준비할 시간이 없을 것이라는 이유로 반대하는 사람들도 있었다. 게다가 시간이 있다고 해도 그에게 과연 연설 능력이 있는지에 대한 의문도 제기되었다. 사실 노예제 폐지를 위한 토론이나 쿠퍼 유니언에서 했던 그의 연설은 매우 뛰어났다. 하지만 누구도 그가 봉헌 기념사를 하는 것을 들은 적은 없다. 봉헌 기념사는 장엄하고 엄숙하기 때문에 아무에게나 연설 기회를 줄 수도 없었다. 링컨에게 연설을 요청해야 할지를 두고 그들은 고민에 고민을 거듭했다. 하지만 만약 그들에게 미래를 내다보는 능력이 있어서, 과연 연설 능력이 있을지 우려하던 링컨이 그 봉헌식에서 지금까지 사람들의 입에서 입으로 전해지며 역사에 길이 남는 명연설 중 하나를 할 줄 알았다면 그들은 오히려 1,000번은 더 고민했을 것이다.

봉헌식이 거행되기 2주 전에야 그들은 뒤늦게 링컨에게 '짧은 인사말'을 요청하는 초대장을 보냈다. 글자 그대로 '짧은 인사말'이라는 한마디만 적은 무례한 초대장을, 그것도 미국 대통령에게 보낸 것이다.

그러나 링컨은 그 즉시 연설을 준비하기 시작했다. 그는 에버렛에게 편지를 써서 이 권위 있는 학자가 준비한 연설문 사본을 받았다. 그리고 하루 이틀이 지났다. 사진관에 가서 사진을 찍을 때에도 링컨은 에버렛의 연설문 초고를 가지고 가서 시간이 날 때마다 읽었다. 그는 계속해서 연설에 대해 고민했고, 백악관과 전시戰時 사무실 사이를 이동하는 사이에도, 전시 사무실의 가죽 소파에 누워 전신 보고를 기다리는 중에도 생각을 멈추지 않았다. 그는 연설문 초고를 커다란 종이에 적어 자신의 큰 실크 모자 안에 넣고 다녔다. 끊임없이 연설을 고민하던 그는 점차 내용을 구체화했다. 연설을 하기 전 일요일, 그는 당시 그가 신임했던 기자인 노아 브룩스에게 이렇게 이야기했다.

"아직 완벽한 연설문을 쓰지 못했네. 완성이 안 됐어. 두세 번 정도 고쳐 쓰긴 했지만 만족하려면 좀 더 손을 봐야 할 것 같네."

봉헌식 전날 그는 게티즈버그에 도착했다. 인구 1,300명의 그 작은 마을에 1만 5,000명의 사람들이 순식간에 몰려들었으니 붐비는 것은 당연했다. 길은 꽉 막혀 움직일 수 없었고 남녀노소 모두 지저분한 거리에 익숙해져야 했다. 여기저기에서 밴드가 곡을 연주했고 사람들은 모여서 북부 연합군의 행진곡인 '존 브라운의 시체'라는 노래를 불렀다. 링컨이 머물고 있는 윌즈 씨의 집으로 몰려온 사람들은 링컨을 큰 소리로 부르며 연설을 요청했지만, 그는 간결하고 명확한 몇 마디로 그다음 날까지는 연설할 의사가 없음을 밝혔다. 사실 그는 밤늦게까지 자신의 연설을 한 번 더 다듬었고, 심지어는 옆집에 묵고 있던 시워드 국무장관을 찾아가 연설문에 대한 평을 요청하기도 했다. 다음 날 아침식사를 끝낸 그는 다른 사람들이 문을 두드리며 행사에 참석할 시간이 되었음을 알릴 때까지 연설문을 '다듬는 일'을 계속했다. 대통령 뒤에서 그를 수행했던 카 대령은 훗날 이렇게 말했다.

"대통령은 행렬이 시작되자 말 위에 꼿꼿이 앉아 군 지휘관을 바라보았지만, 행렬이 지나간 뒤에는 몸을 숙이고 팔을 늘어뜨린 채 머리를 숙였습니다. 마치 깊은 생각에 잠긴 것처럼 보였지요."

우리는 그가 그 순간에도 열 문장밖에 안 되지만 영원히 기억에 남게 될 자신의 짧은 연설을 다듬고 있었다고 추측할 수 있다. 링컨의 연설 중 그가 큰 관심을 두지 않았던 몇몇은 의심할 필요도 없이 실패작이었다. 하지만 노예 제도와 연방에 대해 연설할 때가 되면 그는 놀라운 능력을 발휘했다. 왜 그랬을까? 그 주제들은 링컨이 항상 끊임없이 생각하고 있던 것들이었기 때문이다. 일리노이 주의 한 여관에서 링컨과 같은 방을 썼던 한 직원은 다음 날 아침 일어났을 때, 침대에 앉아 벽을 바라보고 있는 링컨을 보았다. 그에 의하면 링컨의 첫마디는 다음과 같았다.

"반은 노예로, 반은 자유인으로 나뉜 이 정부는 영원할 수 없다."

그렇다면 예수는 어떻게 연설을 준비했을까? 그는 군중으로부터 물러나 곰곰이 생각했고, 홀로 광야로 나가 40일 동안 단식과 명상을 했다. 마태복음에는 "그때부터 예수께서 설교하기 시작했다."라고 기록되어 있다. 얼마 지나지 않아 예수는 세상에서 가장 유명한 연설 가운데 하나인 산상수훈山上垂訓, Sermon on the Mount(예수 그리스도가 서기 30년경에 그의 제자와 군중에게 신앙생활의 근본 원리에 대해 설교한 내용으로, 마태복음 5~7장에 기록되어 있음 – 옮긴이)을 설파했다.

당신은 이렇게 반박할지도 모른다.

"재미있는 이야기이긴 하지만, 나는 불멸의 연사가 되고 싶은 게 아니라 그저 모임에 나가 간단히 몇 마디만 하고 싶을 뿐입니다."

그렇다. 나는 당신이 무엇을 원하는지 충분히 알고 있다. 그리고 당신혹은 당신과 비슷한 다른 비즈니스맨들 역시 위의 사례처럼 뛰어난 연설을 할 수 있도록 돕는 것이 이 교육의 분명한 목적이다. 그러나 아무리 여러분의 연설이 평범한 종류의 것이라 해도, 과거의 유명 연설가들이 사용한 방법을 익히면 많은 도움이 될 뿐 아니라 그중 몇몇은 현실에서 실제로 적용할 수 있을 것이다.

❖ 당신은 연설을 어떻게 준비해야 할까

당신이 연설할 주제는 어떤 것인가? 당신이 흥미를 갖는 것이라면 무엇이든 좋다. 가능하면 당신 스스로 주제를 정하라. 마음에 드는 주제가 있다면 더 좋다. 하지만 가끔 강사가 주제를 제안하는 경우도 있다.

짧은 연설문에 많은 내용을 담는 일반적인 실수는 저지르지 마라. 한두 가지 정도의 관점만 선택하고 그것에 대한 내용을 충분히 제시하기 위해 노력하라. 특히 이 교육과정에서 피할 수 없이 작성해야 하는 짧은 발표문에서 그렇게 할 수 있다면 정말 다행스러운 일이다.

주제는 1주일 전에 정하라. 그리고 그 주제에 대해 생각할 시간을 충분히 가져라. 날마다 그 주제를 생각하고 매일 밤 그에 관한 꿈을 꿔라. 잠자리에 들어서도 그 주제에 대해 생각하라는 뜻이다. 다음 날 아침 면도할 때도, 세수할 때도, 차를 몰고 시내에 나갈 때도, 엘리베이터나 점심 혹은 약속 시각을 기다리면서도 그 주제에 대해 생각하라. 친구들과 그 주제에 관한 토론을 하고, 그 주제를 대화의 소재로 만들어라. 그 주제와 관련된, 가능한 한 많은 질문을 스스로에게 던져라. 예를 들어 당신이 이혼에 대해 연설할 것이라면 이혼은 왜 발생하는지, 이혼의 경제적 · 사회적인 효과는 무엇인지 스스로에게 질문하라. 어떻게 그 문제를 처리할 수 있을까? 연방 단위의 통일 이혼법을 만들어야 할까? 이혼을 아예 불가능하게 하거나 더 어렵게, 혹은 더 쉽게 할 수 있도록 해야 할까?

당신이 이 교육을 받기로 결정한 이유에 대해 발표한다고 가정해 보자. 이때 당신은 스스로에게 다음과 같은 질문을 해야 한다. 나의 문제점은 무엇인가? 이 과정을 통해 나는 무엇을 얻고자 하는가? 내가 대중 연설을 해 본 적이 있었나? 있다면 언제, 어디서였고 그때의 내 연설은 어땠는가? 나는 왜 이 교육이 내게 유용할 것이라고 생각하는가? 내가 아는 사람 중에 자기 확신, 존재감, 설득력 있는 말솜씨 덕분에 많은 돈을 버는 사람이 있는가? 내가 아는 사람 중에 이런 긍정적인 자신감이 부족해서 만족할 만한 성공을 거두지 못한 사람이 있는가? 만일 있다면 이름은 언급하지 말고 그 사람들에 대해 구체적으로 이야기해 보라.

일어서서 2~3분 정도 명확히 생각하며 사람들 앞에서 이야기하는 것, 그것이 처음 몇 번의 수업에서 당신에게 기대하는 전부다. 당신에게 있어 '내가 이 강의를 듣는 목적'과 같은 것은 아주 명확하기 때문에 매우 쉬운 주제에 해당한다. 그에 관한 이야깃거리를 찾고 다듬는 데 약간의 시간을 들이면 그 내용을 잊어버리는 일은 거의 없을 것이다. 왜냐하면 당신은 자신의 관찰과 욕망, 경험에 대해 이야기할 것이기 때문이다.

이번에는 당신이 자신의 사업이나 직업에 대해 발표하기로 결정했다고 가정해 보자. 그 발표에 대한 준비는 어떻게 시작해야 할까? 당신에게는 이미 그 주제에 대한 풍부한 자료가 있으니, 그중에서 적절한 것들을 선택하고 정리하기만 하면 된다. 3분 내에 모든 것을 말하려 하지 마라. 그렇게 할 수도 없는 데다가, 설사 한다 해도 지나치게 피상적이고 단편적인 이야기에 불과할 것이니 당신이 고른 주제의 한 면만을 선택하라. 그리고 그것을 확장하고 확대하라.

예를 들어, 당신이 현재의 특정한 사업 혹은 직업을 선택하게 된 사연에 대해 발표하는 것은 어떨까? 그것은 우연의 결과였는가, 아니면 선택의 결과였는가? 처음에 당신이 겪었던 어려움, 좌절, 희망, 승리에 대해 이야기하라. 한 인간의 관심사에 관한 이야기, 경험에 기초한 실제 인생의 그림을 제시하라. 듣는 이들을 불쾌하게 하지 않으며 조심스럽게 제시되는 한, 인간의 진실하고 내적인 이야기처럼 흥미로운 것은 없다. 그것은 거의 언제나 확실한 발표 소재가 된다.

혹은 당신 사업의 다른 측면에 대해 이야기해 보자. 그 일에는 어떤 문제가 있는가? 또 당신의 사업 분야에 진출하려는 젊은이에게 해줄 수 있는 조언으로는 어떤 것들이 있는가?

아니면 당신이 접하는 사람들 중 정직한 사람들과 그렇지 않은 사람들, 또는 직원들이나 고객들과의 문제에 대해 얘기해 보라. 당신은 사업을 통해 '인간의 본성'이라는, 세상에서 가장 흥미로운 주제에 대해 무엇을 배웠는가? 만약 당신이 사업의 기술적인 부분에 대해서만 말한다면 그것이 다른 사람들에게 얼마나 재미없는 발표가 될지 쉽게 예상할 수 있을 것이다. 하지만 사람들이나 성격, 이것은 거의 실패하지 않는 연설의 소재다.

무엇보다도 당신의 발표를 추상적인 설교로 만들지 마라. 그런 설교는 사람들을 지루하게 만든다. 당신의 이야기 안에 구체적인 사례와 일반적인 규칙을 케이크의 층처럼 반복적으로 배열하라. 당신이 본 구체적인 사례에 대해 생각하고, 그 사례에 나타난다고 판단되는 기본적인 진실에 대해 생각하라. 당신은 이런 구체적인 사례들이 추상적인 이론보다 훨씬 기억하거나 이야기하기 쉽다는 것을 알게 될 것이다. 또한 그런 사례들은 당신이 연설을 수월하게 하는 데 도움이 되고, 그것에 생기를 불어넣어 줄 것이다.

여기 굉장히 흥미로운 연설 방식이 있다. 다음은 경영진이 직원들에게 책임을 위임해야 할 필요성에 대해 B. A. 포브스B. A. Forbes가 쓴 글에서 발췌한 것이다. 사람들에 대한 일화에 주목해 보라.

현대의 대규모 기업들 중 많은 곳이 예전에는 1인 체제였다. 하지만 그들 대부분은 성장해서 그 형태를 벗어났다. 과거의 모든 훌륭한 조직은 한 사람의 거대한 그림자였지만, 지금의 사업과 산업은 굉장히 큰 구조로 이루어져 있어 아무리 거대한 거인이라 할지라도 필연적으로 주위의 모든 고삐를 다룰 수 있도록 현명한 협력자들을 끌어모아야 한다.

울워스는 내게 자신의 기업이 오랫동안 1인 기업에 바탕을 두고 있었다고 말한 적이 있다. 하지만 그는 건강을 잃어 병원에 누워 있던 때에야 비로소 자신이 원하는 대로 사업을 확장하려면 경영에 대한 책임을 나눠야 한다는 사실을 깨달았다.

오랫동안 1인 기업의 형태를 유지했던 철강회사인 베들레헴 스틸Bethlehem Steel은 찰스 M. 슈워브Charles M. Schwab가 기업 전체라고 해도 과언이 아니었다. 그러다가 유진 G. 그레이스Eugene G. Grace가 조금씩 성장하며 위상을 키워 나갔고, 마침내 슈워브보다 더 유능한 '철강맨'으로 성장했다. 오늘날의 베들레헴 스틸은 더 이상 슈워브 그 자체가 아니다.

이스트먼 코닥의 경우 역시 초기에는 조지 이스트만George Eastman이 기업의 전부였다. 하지만 그는 현명한 사람이었기에 이미 코닥을 오래전에 효율적인 조직으로 만들었다. 시카고의 대형 통조림 공장들은 설립자가 있는 동안 대부분 비슷한 경험을 했다. 하지만 일반적으로 알려져 있는 것과 달리 스탠더드 오일의 경우 어느 정도 규모를 갖춘 뒤부터는 한 번도 1인 기업 조직이 된 적이 없다. 또한 J. P. 모건J. P. Morgan은 그 자신이 위대한 거인이었지만 가장 유능한 파트너를 선택해서 그들과 책임을 공유해야 한다고 굳게 믿은 사람들 중 하나다.

야망을 가진 많은 기업가 중에는 아직도 기업을 1인 체제로 유지하고자 하는 사람들이 있지만, 현대 기업의 운영 규모는 엄청나기 때문에 그들은 원하든 원하지 않든 자신들의 책임을 타인에게 위임할 것을 요구받는다.

어떤 이들은 자신의 사업에 대해 연설하면서 용서받기 힘든 실수를 저지르는데, 그중 하나가 자신이 관심을 갖는 사실에 대해서만 이야기하는 것이다. 연설가는 자기 자신이 아니라 청중이 흥미로워하는 이야기를 하려고 노력해야 한다. 청중의 이기적인 관심에 호소해야 하는 것이다. 예를 들어 화재 보험 판매원이라면 어떻게 해야 화재를 예방할 수 있는지 얘기해야 하고, 은행원이라면 재무나 투자에 대한 조언을 해야 한다.

어떤 주제에 대한 연설을 준비할 때는 반드시 청중을 연구하라. 그들의 요구, 그들의 바람에 대해 생각하라. 시간이 있다면 그 주제와 관련된 책을 읽거나 그 주제에 대해 다른 사람들의 생각은 어떤지, 다른 이들은 어떻게 얘기했는지 알아보는 것이 좋다. 다만 스스로 생각을 정리한 다음 책을 읽어라. 이 점은 굉장히 중요하다.

충분히 머릿속이 정리되었다면 도서관에 가서 사서에게 당신이 찾는 책에 대해 말하라. 당신이 어떤 주제에 대해 연설하려고 한다고 얘기하고 솔직하게 도움을 청하라. 자료 조사에 익숙하지 않은 당신이라면 그의 도움에 깜짝 놀랄 것이다. 그가 내놓는 것은 당신이 선택한 주제에 대한 책일 수도 있고, 현안이 되고 있는 공적인 문제에 관한 토론에서

찬반 양측의 주된 주장이 담긴 개요나 보고서일 수도 있으며, 다양한 주제에 관해 잡지에 실린 글을 모아 둔 문학잡지 가이드일 수도 있고, 실록이나 세계 연감, 백과사전 혹은 기타 수십 종의 참고서일 수도 있다. 그런 자료들은 당신이 준비 작업을 하는 데 사용할 도구들이니 충분히 활용해야 한다.

❖ 여분의 능력이 가진 비밀

미국의 육종학자 루터 버뱅크Luther Burbank는 죽기 얼마 전에 이런 말을 했다.

"나는 종종 수백만 종의 식물 표본을 생산한 뒤, 그중 아주 뛰어난 품종 한두 개를 뺀 나머지 것들은 모두 폐기하곤 했다."

이와 마찬가지로 연설도 넉넉하면서도 까다로운 마음으로 준비해야 한다. 100개의 생각을 모은 뒤 그중 90개는 버려라. 더 많은 자료와 정보를 수집하라. 사용할 가능성이 없어 보이는 것까지 말이다. 그러면 추가적인 자신감 혹은 주제에 대해 상세히 알고 있다는 느낌이 들 것이고, 그것은 당신에게 심리적 안정을 줌과 동시에 연설을 하는 전반적인 태도에도 영향을 미칠 것이다. 이것은 준비 과정에서 무척이나 기본적이고 중요한 요인이다. 하지만 사적인 영역에서든 공적인 영역에서든 연설가는 이 점을 종종 잊곤 한다. 아서 던은 이렇게 말했다.

"저는 그동안 많은 세일즈맨과 외판원, 판매인들을 교육시키면서 그들의 주된 약점을 발견했습니다. 그것은 바로 자신이 파는 물건에 대한 모든 정보를 파악하고, 판매하기 전에 그 정보들을 머릿속에 꿰고 있어야 한다는 것의 중요성을 모른다는 점이었습니다. 많은 세일즈맨들이

제 사무실로 와서 상품 설명서와 판매 화술 몇 가지를 얻어 간 뒤 바로 판매를 시작하려고 했지만, 대부분은 1주일도 버티지 못했습니다. 심지어 48시간조차 버티지 못하는 사람들도 많았고요.

특히 식품 판매를 위한 세일즈맨과 외판원을 교육하고 훈련시키는 동안, 저는 그들을 식품 전문가로 만들기 위해 노력했습니다. 미국 농무부에서 발표하는 식품 영양표도 공부하게 했는데, 그 표에는 음식 내 수분, 단백질, 탄수화물, 지방, 회분 등의 함유량이 나타나 있었습니다. 또한 나는 그들에게 자신들이 파는 상품의 구성 성분을 연구하게 한 다음, 며칠 동안 학교에 보낸 뒤 시험을 치르게 했습니다. 그런가 하면 다른 세일즈맨들에게 자신의 상품을 판매하게 해서, 가장 뛰어난 판매 화법을 구사하는 사람에게 상을 주었습니다.

저는 팔아야 하는 상품에 대해 연구하는 시간을 힘들어하는 세일즈맨들을 가끔 봅니다. 그들은 이렇게 말합니다.

'식료품 주인에게 이런 걸 다 말해 줄 시간이 없습니다. 그 사람들은 너무 바쁘니까요. 단백질이니 탄수화물이니 하는 이야기는 들으려고 하지도 않겠지만, 설사 듣는다고 해도 제가 무슨 말을 하는지 이해하지 못할 겁니다.'

그러면 나는 이렇게 대답합니다.

'이 모든 지식에 대해 아는 것은 당신 고객을 위해서가 아니라 당신 자신을 위해서입니다. 만일 자신이 파는 상품에 대한 모든 것을 알고 있다면, 당신은 그 상품에 대해 뭐라 설명하기 어려운 굉장한 힘을 갖게 됩니다. 당신은 긍정적인 에너지로 충만하고 강한 사람이 됨으로써, 다른 이들이 거부하거나 정복할 수 없는 상대가 될 테니까요.'"

스탠더드 오일의 역사에 관한 책을 쓴 유명 언론인 아이다 M. 타벨 Ida M. Tabell은 수년 전 내게 이런 이야기를 해 준 적이 있다. 아이다가 파리에 머물 때 〈맥클루어즈 매거진〉의 설립자인 S. S. 맥클루어가 애틀랜틱 케이블에 관해 짧은 기사를 써 달라고 그녀에게 연락했다. 런던으로 간 아이다는 그 대형 통신사의 유럽 책임자를 만나 자신이 맡은 일을 하는 데 필요한 자료를 충분히 수집했다. 하지만 거기서 멈추지 않고 관련 사항에 대한 더 많은 사실이 궁금해진 그녀는 대영 박물관에 전시되어 있는 모든 종류의 케이블을 연구했고, 케이블 역사에 관한 책을 읽었으며, 심지어 런던 근교에 있는 케이블 제조 공장에 가서 제조 과정을 살펴보기도 했다.

그녀는 왜 자신이 사용할 수 있는 양보다 열 배나 더 많은 정보를 수집한 것일까? 그런 작업이 자신에게 여분의 능력을 줄 것임을 느꼈기 때문이다. 표현하지는 않았어도 그녀는 자신이 확실하게 파악한 사실들이 주는 힘과 색을 알고 있는 사람이었다.

에드윈 제임스 커텔은 대략 3,000만 명의 사람들에게 연설을 했다. 그는 그럼에도 자신이 연설에서 어떤 좋은 내용을 미처 말하지 못한 안타까운 날에는 집에 가는 길에 '이번 연설은 망쳤구나!'라고 생각한다고 한다. 왜 그랬을까? 그는 오랜 경험을 통해 자신에게 주어진 시간에 쓸 수 있는 양보다 훨씬 더, 과도할 정도로 많은 예비 자료가 갖추어질 때 진정 연설이 잘된다는 사실을 알고 있었기 때문이다.

당신은 이렇게 반박할지도 모른다.

"뭐라고요? 그 일을 모두 해낼 시간이 제게 있다고 생각하는 건 아니겠죠? 전 사업도 해야 하고 아내와 아이 둘, 강아지 두 마리도 키워야 한다는 걸 알아주셨으면 좋겠네요. 저는 박물관에 가서 케이블을 살펴보거나 책을 읽거나 대낮에 침대에 앉아서 연설문을 중얼거리고 있을 수는 없어요."

경애하는 여러분, 우리는 당신의 사정을 잘 알고 있고, 또한 충분히 배려하고 있다. 앞으로 다루게 될 주제는 이미 여러분이 상당히 고민해 본 적이 있는 문제들일 것이다. 때로는 연설에 대해 미리 준비하지 않은 상태인데도 청중 앞에서 쉬운 주제에 대해 즉석에서 연설해야 하는 상황이 생길 것이다. 이것은 당신이 남들 앞에 서서 떨지 않고 제대로 생각하게 할 것이라는 점에서 당신에게 가장 필요한 훈련이다. 사업적인 만남에서 여러분이 해야만 하는 종류의 일도 바로 이것이다.

교육에 참가하는 몇몇 사람들은 연설을 미리 준비하는 법을 배우는 데 관심이 없을지도 모른다. 그들은 그런 것보다는 다양한 사업상의 만남에서 벌어지는 토론에 참여해 사람들 앞에 서서 제대로 생각할 수 있길 바랄 것이다. 때때로 이런 학생들은 수업에 와서 다른 사람들의 발표를 듣고 몇 가지 배울 점을 얻는 것을 좋아한다. 제한적으로 사용한다면 이 방법도 나쁘지 않다. 하지만 지나치게 자주 사용하지는 마라. 이 장에서 제시하는 방법은 당신이 찾고 있는 편안함, 자유로움, 그리고 연설을 효과적으로 준비하는 능력을 선사할 것이다.

만약 당신이 발표를 준비하고 계획할 만한 여유가 생길 때까지 이 훈련을 미루기만 하면, 결코 그런 때는 오지 않을 것이다. 하지만 습관적이고 익숙한 일을 하는 것은 어렵지 않다. 그러니 1주일 중 특정한 날을 정해 8~10시에는 이 과제에만 전념하는 원칙을 세우라. 그것이 확실하고 체계적인 방법이다.

준비를 잘하면 자신감이 생긴다

1. 연설가가 다른 사람들의 가슴에 진정한 메시지를 담고자 하는 강한 내적 동기를 가지고 있다면 틀림없이 좋은 결과를 만들 것이다. 준비가 잘된 연설이라면 이미 10분의 9는 청중에게 전달된 것이나 다름없다.

2. 준비란 무엇인가? 상투적인 문장 서너 개를 종이 위에 기록하는 것일까? 아니면 좋은 구절을 암기하는 것일까? 그렇지 않다. 진정한 준비란 당신 마음속에서 무엇인가 퍼 올리는 것, 당신의 생각을 모으고 정리하는 것, 그리고 당신의 확신을 소중히 하고 발전시키는 것이다. 뉴욕에 사는 잭슨 씨가 〈포브스〉에 실린 글에 나타난 다른 사람의 생각을 단순히 반복하려고 했을 때는 연설에 실패했다. 하지만 그 글을 자신의 연설을 위한 출발점으로만 이용하고 자신의 생각을 발전시킨 뒤 자신의 사례를 제시했을 때, 그는 성공했다.

3. 자리에 앉아서 30분 안에 연설문을 만들려고 노력하지 말라. 연설은 스테이크처럼 바로 요리할 수 있는 것이 아니다. 연설문은 성장해야 한다. 미리 주제를 정하고 그 주제에 관해 틈틈이 생각하라. 그 주제를 곰곰이 생각하고, 생각하면서 잠들어라. 그 주제에 관한 꿈을 꿔라. 또한 그 주제를 대화의 소재로 삼고 친구들과 토론하면서 그 주제와 연관 있는 모든 문제를 살펴보라. 당신에게 떠오르는 모든 생각과 사례를 종이에 기록하고, 더 많은 것을 찾기 위해 계속 노력하라. 그러면 목욕을 하거나 차를 몰고 시내로 나가거나 저녁식사를 기다리는 중에도 아이디어, 제안, 그리고 사례들이 수시로 당신의 머릿속

에 떠오를 것이다. 이것이 링컨을 비롯한 성공적인 연사들의 대부분이 사용한 방법이다.

4. 독립적으로 생각을 정리한 후에, 시간이 된다면 도서관에 가서 당신이 선택한 주제에 관한 책을 읽어라. 그리고 사서에게 도움을 청하라. 사서는 당신이 연설문을 준비하는 데 커다란 영향을 끼칠 참고 서적을 찾아 줄 것이다.

5. 당신이 사용하려고 했던 자료보다 더 많이 수집하라. 루터 버뱅크의 방식을 사용하라. 그는 종종 매우 우수한 한두 개의 품종을 얻기 위해 100만 개의 식물 표본을 만들었다. 100개의 생각을 모으고 90개는 버려라.

6. 여분의 능력을 계발하는 방법은 당신이 사용할 수 있는 것보다 훨씬 더 많은 정보를 아는 것이다. 정보 저장고를 가득 채워라. 연설을 준비할 때는 아서 던이 세일즈맨들을 교육시키던 방법, 아이다 타벨이 애틀랜틱 케이블에 대한 기사를 준비할 때 사용했던 방법을 활용하라.

DALE CARNEGIE

PUBLIC SPEAKING AND INFLUENCING MEN IN BUSINESS

"머릿속에 어마어마한 양의 잡다한 사실들이 뒤죽박죽 들어 있는 것과, 정보가 잘 정리·분류되고 포장되어 있어 편하게 처리할 수 있고 즉시 전달될 수 있는 것에는 엄청난 차이가 있다."
— 로리머(Lorimer), 〈자수성가한 기업인이 아들에게 보내는 편지글〉 중에서

"교육을 받은 사람과 받지 않은 사람과의 큰 차이는 문제의 핵심을 파악하는 능력이다. 대학 교육을 통해 얻을 수 있는 가장 커다란 이득이 훈련된 정신의 습득이라는 사실에는 의심할 여지가 없다."
— 존 그리어 히번(John Grier Hibben), 프린스턴 대학 총장

"교육받은 사람임을, 그리고 교육받은 사람 가운데서도 더욱 뛰어난 정신을 갖춘 사람임을 다른 무엇보다 한눈에 알아볼 수 있게 해 주는 요소는 무엇일까? …… 우리가 그런 인상을 받게 되는 진정한 이유는 그 사람의 정신이 질서정연하기 때문이다."
— S. T. 칼리지(S. T. Coleridge)

3장

유명 연사들은 이렇게 준비했다

예전에 나는 뉴욕 로터리 클럽의 식사 모임에 참석한 적이 있다. 그날 초청 연사는 유명한 정부 관료였다. 높은 직위 덕분에 그는 돋보였고 그의 연설에 대한 우리의 기대도 커졌다. 그는 자신이 속해 있는 정부 부처의 활동에 대해 이야기하기로 되어 있었는데, 이것은 뉴욕에서 사업을 하는 사람이라면 누구나 관심 있을 내용이었다. 그는 자신의 연설 주제에 대해 잘 알고 있었고 실제 활용할 수 있는 양보다 훨씬 더 많은 정보도 가지고 있었다. 하지만 그는 말할 소재를 선별하거나 정리하는 등 연설에 필요한 준비를 하지 않았다. 그럼에도 무지에서 나오는 용감함 덕분에 그는 무작정 연설을 시작했다. 그는 어딘가로 가고 있었지만 자신이 어디를 향해 가는지도 몰랐다.

간단히 말해, 그의 머릿속과 그가 우리에게 대접한 '정신적인 만찬'은 완전히 뒤죽박죽이었다. 그는 먼저 아이스크림을 가져온 뒤 수프를 내놓았고 생선과 땅콩이 뒤따라 나왔다. 그리고 거기에는 수프와 아이스크림, 먹음직스러운 훈제 청어를 뒤섞어 놓은 요리도 있었다. 나는 그렇게 혼란스러운 연사는 한 번도 본 적이 없었다.

그는 즉석연설을 하려 했지만 어려웠는지 주머니에서 메모 한 뭉치를 꺼내며 비서가 자료를 수집해 줬다고 고백했다. 그의 말을 의심하는 사람은 아무도 없었다. 그 메모지들 또한 고철 더미를 잔뜩 싣고 있는 화물차처럼 전혀 정돈되어 있지 않았다. 그는 메모지들을 신경질적으로 뒤적거리며 어떻게든 그 혼란으로부터 빠져나오려 노력했지만 불가능했다. 청중에게 사과하고 물을 달라고 한 그는 떨리는 손으로 한 모금 마시더니 이미 했던 말을 다시 반복한 뒤 메모지를 보았다. 시간이 지날수록 그는 어떤 말을 해야 할지 몰랐고 길을 잃은 것에 당황해했다. 긴장 때문인지 이마에는 땀이 맺히기 시작했고 땀을 닦는 손수건은 바들바들 떨렸다. 자리에 앉아 그의 큰 실패를 바라보자니 동정심이 일어나고 난처한 마음까지 들었다. 그의 일이 마치 우리의 일인 것처럼 직간접적으로 당황스러움을 느꼈다. 하지만 신중하기보다 완고했던 그는 계속해서 메모를 뒤적거리고 사과를 하며 물을 들이켰다. 그를 제외한 모든 사람은 상황이 완벽한 실패에 가까워져 가는 것을 이미 알고 있었기에 그가 자리에 앉아 죽음과 같은 몸부림을 끝내는 것을 보고는 안도했다.

그것은 내가 들어본 연설 중 가장 듣기 힘든 연설이었고, 그는 내가 본 연사 중 가장 창피하고 수치스러운 사람이었다. 만일 루소가 연애편지 쓰는 법에 대해 연설했다면 그와 같았을지도 모르겠다. 그는 무슨 말을 해야 할지 모르는 상태에서 연설을 시작해서 무슨 말을 했는지도 모르는 채 연설을 끝낸 것이다.

이 사례에서 우리는 다음의 사실을 배울 수 있다.

"생각이 정리되어 있지 않은 사람은 생각을 많이 할수록 더욱 혼란스러워진다."

영국의 철학자 허버트 스펜서Herbert Spencer의 말이다. 제대로 된 사람이라면 설계도 없이 집을 짓지 않을 것이다. 그렇다면 그는 왜 전체적인 윤곽이나 순서도 없이 연설을 시작했을까?

연설은 목적이 있는 항해다. 그러므로 항해 지도를 미리 작성해야 한다. 어딘지 모르는 곳에서 출발한 사람은 대개 어딘지 모르는 곳에 도착한다. 나는 다음과 같은 나폴레옹의 말을 대중연설을 공부하는 학생들이 모이는 전 세계 모든 건물의 현관에 새빨간 글씨로 새겨 놓고 싶다.

"전쟁의 기술은 과학이다. 철저히 계산되고 고려되지 않으면 그 어떤 것도 성공하지 못한다."

이 말은 전투만이 아니라 연설에도 해당된다. 하지만 연설가는 이 사실을 알고 있을까? 알고 있더라도 그 원칙을 지킬까? 절대 그렇지 않다. 많은 연설문의 계획이나 구성은 보통 아일랜드 스타일의 스튜를 만들 때 양고기, 감자, 양파, 당근 등 흔한 재료를 넣어 평범하게 끓이는 것과 같다.

아이디어를 살리는 연설에 필요한 최선의, 그리고 가장 효과적인 구성은 무엇일까? 누구도 스스로 연구하기 전에는 이 질문에 답하지 못한다. 그것은 언제나 새로운 문제임과 동시에 연설을 준비하는 사람이라면 반드시 자신에게 몇 번이나 묻고 답해야 하는 영원한 숙제다. 어떤 원칙에든 오류가 있긴 하지만, 우리는 여기서 구체적인 사례를 통해 정돈된 구성이 무엇을 의미하는지 알 수 있다.

❖ 대상을 받은 연설은 어떻게 구성될까

다음의 글은 교육과정을 수강한 학생이 제13차 부동산중개인모임 전국연합연례회의에서 했던 연설이다. 여러 도시에서 제출된 스물일곱 편의 연설문을 누르고 대상을 수상한 이 연설은 구성이 좋고, 명확하며, 흥미로운 사실들을 제시했을 뿐 아니라 생명력과 속도감도 있어서 연구할 만한 가치가 있다.

"존경하는 의장님, 그리고 존경하는 회원 여러분.

144년 전, 위대한 미합중국은 필라델피아에서 탄생했습니다. 그러므로 이런 역사적인 기록을 갖고 있는 도시에 강한 미국 정신이 있고, 그 정신이 이 도시를 미국에서 가장 큰 산업중심지뿐 아니라 세계에서 가장 크고 가장 아름다운 도시 중의 하나로 만들었다는 사실은 당연합니다.

인구 200만 정도가 사는 필라델피아의 면적은 밀워키와 보스턴, 그리고 파리와 베를린을 모두 합친 것과 비슷합니다. 130제곱마일에 달하는 토지 중 8,000에이커 정도의 가장 좋은 땅을 공원, 광장, 거리로 만들어 지역 주민에게 휴식과 놀이를 위한 공간, 모범적인 미국인이라면 누구나 누려야 할 환경을 제공하고 있습니다.

회원 여러분, 필라델피아는 아름다운 도시일 뿐만 아니라 세계의 대규모 공장으로도 알려져 있습니다. 9,200개의 산업시설과 40만 명에 달하는 산업역군을 보유하여 근로일 기준으로 10분마다 10만 달러의 가치가 있는 유용한 상품을 생산하기 때문입니다. 어느 유명한 통계학자의 말대로 미국 내에는 양모, 가죽 제품, 편물, 직물, 펠트 모자, 하드웨어, 공구, 축전지, 강선 및 기타 수많은 품목의 생산에서 필라델피아에 필적할 만한 도시가 없습니다. 우리는 밤낮을 가리지 않고 두 시간에 한 대씩 철도 차량을 만들고, 이 위대한 국가의 국민 절반 이상이 필라델피아에서 만든 시내 전차를 이용합니다. 우리는 1분마다 1,000개의 시가를 제조하고, 지난해에 우리 시에 있는 115개의 양말 공장에서는 우리 국민 수의 두 배에 달하는 스타킹을 만들었습니다. 또한 영국과 아일랜드의 생산량을 합친 것보다 더 많은 카펫과 러그를 생산합니다. 사실 지난해 370억 달러에 달한 어음 교환액이 미국 전체의 자유 공채를 전부 갚을 만한 액수에 해당될 정도로 필라델피아 전체의 상공업 규모는 어마어마합니다.

우리는 필라델피아가 놀라운 산업 발전과 더불어 의료, 예술, 직업의 중심지 중 하나라는 점에 자부심을 느끼지만, 그보다 이곳에 있는 수많은 주택을 더 자랑스럽게 생각해야 합니다. 필라델피아에는 39만 7,000채의 단독주택이 있는데, 이 주택들을 너비가 7.5미터가 되도록 한 줄로 늘어세우면 필라델피아에서 캔자스에 있는 이 컨벤션 홀을 통과해 덴버에 이르기까지 총 1,881마일에 달하는 길이가 됩니다.

그러나 제가 여러분의 특별한 관심을 받고자 하는 이유는 우리 도시의 노동자들이 이렇게 많은 주택들을 가지고 있거나 그곳에서 거주하고 있다는 사실 때문입니다. 자신에게 거주할 수 있는 땅과 지붕이 있을 때, 사람들로 하여금 사회주의나 볼셰비즘이라고 알려진 수입된 질병에 걸리게 하는 IWW, 즉 세계산업노동자동맹 같은 논쟁은 발생하지 않습니다.

필라델피아는 유럽의 혼란이 자라나기에 좋은 땅이 아닙니다. 우리 필라델피아의 가정, 교육제도, 거대 산업은 우리 시에서 탄생한 진정한 미국 정신에 의해 만들어진, 우리 선조들의 유산이기 때문입니다. 필라델피아는 이 위대한 나라의 어머니 도시이자 미국 자유의 발상지이며 최초로 미국 국기가 만들어진 도시입니다. 또한 제1차 미합중국 대륙회의가 개최된 곳이자 독립선언문 서명이 이루어진 도시이며, 미국에서 가장 사랑받는 유물인 자유의 종이 수만 명의 남자와 여자, 어린이의 가슴을 뛰게 하던 도시입니다.

따라서 우리에게는 황금 송아지를 경배하는 것이 아닌, 미국의 정신을 널리 알리고 자유의 불꽃을 계속 타오르게 할 신성한 임무가 있다고 믿습니다. 하나님의 허락 아래, 워싱턴과 링컨, 그리고 시어도어 루스벨트 정부는 전 인류에게 정신적인 영감이 될 것입니다."

이 연설을 분석해 보자. 어떻게 구성되었으며, 어떤 효과를 가지는가? 우선 이 연설에는 시작과 끝이 있다. '친애하는 독자에게'와도 같은 첫 구절은 보기 드문 장점이다. 당신이 생각하는 것보다 훨씬 더 보기 드문 장점 말이다. 구체적인 지점에서 시작하는 이 연설은 날개를 펼친 기러기처럼, 지체하거나 잠깐의 시간도 낭비하지 않고 목적지로 바로 날아간다.

또한 이 연설문은 매우 신선하고 독창적이다. 연사는 다른 연사들이 자기 도시에 대해 말하지 못한 사실, 즉 자신이 사는 도시가 나라 전체의 탄생지임을 언급하며 연설을 시작한다.

그는 필라델피아가 세상에서 가장 크고 아름다운 도시 중 하나라고 말한다. 사실 이 말 자체 자체만 보면 일반적이고 진부하며 인상적이지도 않다. 이것을 알고 있었던 그는 '필라델피아의 면적은 밀워키와 보스턴, 파리와 베를린을 합친 것과 비슷하다.'라고 말함으로써 청중이 필라델피아의 규모를 시각화할 수 있도록 했다. 이런 방법은 명확하고 구체적임과 동시에 흥미롭고 놀라우며 시선을 집중시킨다. 통계치가 가득 적힌 종이 한 장을 제시하는 것보다 이런 표현이 더 명확한 인식을 갖는 데 도움이 된다.

그다음 그는 '필라델피아는 전 세계적인 대규모 공장으로 알려져 있다.'라고 말했다. 마치 선전문구처럼 과장된 것 같지 않은가? 만일 여기에서 그가 다음 문장으로 바로 넘어갔다면 아무도 그의 말을 확신하지 못했을 것이다. 하지만 그는 그러지 않았다. 그는 잠시 멈춰 '양모 제품, 가죽 제품, 편물, 직물, 펠트 모자, 하드웨어, 공구, 축전지, 강선' 등 필라델피아에서 생산되는 품목들 중 세계 시장을 선도하고 있는 것들을 열거한다. 이렇게 말하니 전의 문장과 달리 과장하는 느낌이 없다. 그렇지 않은가?

'필라델피아는 밤낮을 가리지 않고 두 시간에 한 대씩 철도 차량을 만들어 내고 국민 절반 이상이 필라델피아에서 만든 시내 전차를 타고 다닌다.'라는 말을 듣고 우리는 '음, 이건 몰랐던 사실이네. 아마 내가 어제 시내에 갈 때 탔던 전차도 필라델피아에서 만들었겠구나. 내일은 전차를 한번 살펴봐야겠다.'라는 생각을 하게 된다. 또한 '1분마다 1,000개의 시가 …… 남녀노소를 불문하고 우리나라 모든 국민 1인당 두 켤레의 스타킹……'이라는 구절에서 우리는 더 강한 인상을 받는다.

'그렇다면 내가 좋아하는 시가도 필라델피아에서 만들었을까? 그리고 내 양말도?'

다음에 연사는 무슨 말을 하는가? 필라델피아의 크기에 관한 주제로 돌아가서 미처 말하지 못한 사실을 다시 전달할까? 아니다. 전혀 아니다. 그는 한 가지 주제를 완전히 끝내면 다시 처음의 주제를 반복하지 않았다. 이 점에 대해서는 연사에게 고마워해야 한다. 저녁 무렵의 박쥐만큼이나 한 주제에서 다른 주제로 정신없이 왔다 갔다 하는 연사만큼 청중을 혼란스럽고 당황하게 하는 것은 없기 때문이다.

많은 연사들이 그렇게 자신이 하고 싶은 이야기를 순서대로 말하지 않는 실수를 저지르는 반면, 이 연사는 정해진 계획대로 진행한다. 절대 빈둥대거나 되돌아서지 않고, 왼쪽이나 오른쪽으로 빗나가지도 않는다. 그는 마치 자신이 연설에서 언급했던 철도 차량처럼 움직인다.

그가 자신의 연설 중 드러냈던 가장 취약한 부분은 '필라델피아는 이 나라에서 가장 큰 의료, 예술, 직업 중심지 중 하나'라고 단언한 것이다. 그는 이렇게 언급한 뒤 곧장 다른 이야기로 넘어간다. 생동감을 주어 생생하게 만들고 기억에 남도록 하기 위해 단지 열 개 남짓한 단어를 썼을 뿐이다. 여러 문장 속에 묻혀 가라앉아 있는 이 정도 개수의 단어로는 당연히 그렇게 하기가 어렵다. 어쨌든 그는 그 사실을 밝히는 데 극히 짧은 시간을 할애했고, 그 내용도 지나치게 일반적이고 모호하여 사람들에게 영향을 끼치지 못했다.

사실 그는 필라델피아가 세계의 공장이라는 사실을 이야기할 때 썼던 것과 같은 방법을 사용하면 된다는 것을 잘 알고 있었지만, 한편으로는 시합할 때 스톱워치로 시간을 재는 것처럼, 자신에게 주어진 시간이

5분이며 그것에서 단 1초도 넘기면 안 된다는 사실을 알고 있었다. 때문에 그는 그 주제에 대해서는 간략하게 말하는 대신 다른 것을 강조해야 했다.

'필라델피아에는 전 세계 어느 도시보다 단독주택이 많다.'라는 문장을 어떻게 더 인상적이고 설득력 있게 만들 수 있을까? 첫째, 그는 39만 7,000이라는 숫자를 제시한다. 둘째, 그는 그 숫자를 시각화한다.

'이 주택들을 너비가 7.5미터가 되도록 한 줄로 나란히 늘어놓는다면 필라델피아에서부터 캔자스에 있는 이 컨벤션 홀을 통과해 덴버에 이르기까지 총 1,881마일에 달하는 긴 줄이 될 것이다.'

청중은 아마 그가 이 문장을 끝낼 때쯤에는 앞에 말한 숫자를 잊어버렸을지도 모른다. 하지만 이미지도 잊어버렸을까? 그렇지 않다.

딱딱한 자료적 사실에 대해서는 이 정도로만 해 두자. 하지만 연설의 유창함은 사실 관계에서 나오는 것이 아니다. 클라이맥스 부분에 이르러 청중의 심금을 울리고 마음을 움직이려 했던 이 연사는 이제 마지막 부분에 이르러 감정적인 문제를 다룬다. 그는 집을 소유하고 있다는 것이 어떤 의미를 지니는지 얘기하고, '유럽의 혼란 …… 사회주의나 볼셰비즘이라고 알려진 수입된 질병'을 비난하며, 이어 필라델피아가 '미국 자유의 발상지'라고 찬양한다. 자유! 마법의 단어. 감정으로 가득 찬 단어, 수백만 명의 사람이 자신의 목숨을 바쳐 지키고자 했던 자유. 이 구절은 그 자체로도 좋지만 청중이 소중하고 신성하게 여기는 역사적 사건과 기록에 대한 구체적인 언급을 통해 강화되어 더 큰 효과를 거둔다.

'필라델피아는 최초로 미국 국기를 만들었고 제1차 미합중국 대륙회의가 열린 도시이자 독립선언문 서명이 이루어진 도시이며 …… 자유의

종 …… 하나님의 허락 아래, 워싱턴과 링컨 그리고 시어도어 루스벨트의 정부는 인류에게 정신적인 영감이 될 것입니다.' 이 부분이 바로 진정한 클라이맥스다.

이 연설의 구성에 대해서는 이쯤 하자. 구성 면에서는 감탄할 만하지만 만일 아무런 기백이나 생기 없이 조용히 이루어졌다면 이 연설은 별 볼 일 없는 것이 되었을 것이다. 하지만 연사는 자신이 구성한 그대로, 깊은 진심에서 우러나온 감정과 열정을 담아 연설했다. 이 연설이 대상작으로 선정돼 시카고 컵을 받았다는 것은 전혀 놀랄 일이 아니다.

❖ 콘웰 박사가 연설을 준비하는 방법

앞서 이미 말한 대로, 연설 구성 시 발생할 수 있는 문제점을 해결하는 완벽한 규칙은 없다. 대부분의 연설에 맞는 설계, 구조 혹은 지도 같은 것도 없다. 하지만 여기 유용한 연설 구성 몇 개를 제시해 보겠다. 《다이아몬드의 땅Acres of Diamonds》이라는 책의 저자 러셀 H. 콘웰Russell Herman Conwell은 언젠가 내게 자신의 수많은 연설을 다음의 순서로 구성했다고 말한 적이 있다.

1. 말하고자 하는 사실을 제시하라.
2. 사실로부터 논의하라.
3. 행동에 호소하라.

이 교육과정에 참여한 많은 학생은 이 계획이 도움과 자극이 된다는 것을 확인했다. 다음과 같이 간추릴 수도 있다.

1. 잘못된 것을 보여 주기
2. 어떻게 잘못을 고칠지 생각하기
3. 협조 구하기

또 다른 식으로 표현하면 다음과 같다.

1. 여기 개선이 필요한 상황이 있다.
2. 이 문제에 대해 우리는 이렇게 대응해야 한다.
3. 이것을 위해 당신은 이렇게 도와야 한다.

이 책의 15장 '행동을 이끌어 내는 방법'에는 이와 다른 연설 구성이 들어 있다. 그 부분을 요약하면 다음과 같다.

1. 흥미를 끌어내라.
2. 신뢰를 얻어 낼 자격을 갖춰라.
3. 사실을 제시하고 당신 주장에 대한 장점을 이해시켜라.
4. 사람들을 행동하게 하는 동기에 호소하라.

이 내용에 관심이 있는 사람은 지금 15장을 펼쳐 자세히 살펴보기 바란다.

❖ 베버리지 상원의원이 연설을 계획하는 방법

상원의원 앨버트 J. 베버리지Albert J. Beveridge는 《대중연설법The Art

of Public Speaking》이라는 매우 짧고 실용적인 책에서 다음과 같이 말했다.

연사는 자신의 주제에 대해 완벽히 알고 있어야 한다. 이것은 그 주제에 대한 모든 사실을 모으고, 정리하고, 연구하고, 그 내용을 충분히 소화하고 있어야 함을 의미한다. 데이터뿐만 아니라 모든 면에서 말이다. 그리고 그것들이 단지 가정이나 입증되지 않은 주장이 아니라 확실한 사실임을 확인해야 한다. 그 어떤 것도 당연하게 받아들이지 말고 모든 항목을 검토하고 확인하라. 이것은 고통스러운 과정일 것이다. 하지만 그래서 뭐가 어떻단 말인가? 당신은 지금 시민들에게 정보를 제공하고 충고하는 사람, 당신 자신을 권위자라고 내세우는 사람이지 않은가? 그러니 어떤 문제에 관한 사실을 모으고 정리하여, 그것에서 나온 해결책에 대해 철저히 생각하라. 그럼으로써 당신의 연설은 독창성과 고유의 힘을 지니게 될 것이다. 즉, 생명력이 있고 보다 강해질 것이다. 그런 뒤 당신의 생각을 가능하면 명확하고 논리적으로 기록하라.

그의 이야기를 달리 표현하자면, 사실의 양면 그리고 그 사실들에서 나온 명확하고 구체적인 결론을 제시하라는 것이다.

❖ 우드로 윌슨의 요지 구성법

제28대 미국 대통령인 우드로 윌슨Woodrow Wilson에게 자주 사용하는 연설 준비 방법을 물었더니 그는 이렇게 대답했다.

"나는 내가 다루고 싶은 소재를 나열해 마음속에서 그것들의 자연스러운 관계를 정리하며 시작합니다. 즉, 요지를 구성하는 것입니다. 그리고 그것들을 빠르게 기록합니다. 나는 시간을 절약하기 위해 속기하는 습관을 가지고 있습니다. 그런 다음 속기한 내용을 타이핑하면서 구절도 바꾸고 문장을 수정하고 소재도 추가합니다."

루스벨트는 자신만의 방법으로 연설을 준비했다. 그는 모든 사실을 찾아내 그것을 검토하고 평가하여 사실 관계를 결정한 뒤, 흔들리지 않을 정도의 확신을 가지고 자신의 결론에 도달했다. 그런 다음 종이를 가져와 자신이 말하는 것을 받아 적게 했는데, 그럴 때는 구술하는 속도를 빨리 함으로써 연설문 안에 속도감과 즉흥성 그리고 생동감이 느껴지도록 만들었다. 그러고서 타이핑된 원고를 보며 수정하거나 삽입 또는 삭제하면서 연필 자국으로 종이를 채운 뒤 전체를 다시 구술했다. 그는 이렇게 말했다.

"나는 많은 수고를 들여 최선의 판단을 하고, 미리 계획하며 작업하지 않고서는 어떤 결과를 만들어 낸 적이 단 한 번도 없다."

때때로 그는 비평가들을 불러 자신의 구술을 선보이거나 직접 그들에게 읽어 주었다. 이미 되돌릴 수 없을 정도로 마음을 확고히 먹은 그는 자신의 말이 현명한가를 두고 그들과 토론하는 것을 거절했다. 그가 듣고 싶은 것은 '무엇을 말할 것인가'가 아니라 '어떻게 말해야 하는가'였다. 그는 타이핑한 원고를 몇 번이나 검토하고 수정했다. 신문에 실린 그의 연설문은 모두 이러한 과정을 거친 것들이었다. 물론 그는 연설문을 외우지 않고 즉흥적으로 연설했기 때문에 가끔은 그가 실제로 한 연설과 신문에 실린 연설문에 조금 차이가 있긴 하다. 하지만 그의 연설 수정 작업은 굉장히 훌륭했다. 이 과정을 통해 그는 자신이 가지고 있는 자료에 익숙해졌을 뿐 아니라 자신이 전달하려는 내용의 요지에 맞게 그것을 정리할 수 있었다. 또한 다른 어떤 과정에서도 얻기 힘든 매끄러움과 확실성, 그리고 세련미를 가지는 데도 이 방법은 도움이 되었다.

영국의 저명한 물리학자인 올리버 로지Oliver Lodge 경은 내게 말하길, 빠른 속도로 내용을 담아 마치 실제 청중에게 하듯 연설문을 구술해 보는 것은 매우 뛰어난 준비 과정이자 훈련이라고 말했다. 이 교육에 참여한 많은 수강생은 자신의 연설을 녹음기에 담아 연습하고 듣는 과정에서 상당히 많은 것을 얻었다. 뭔가를 깨우치게 되는가 하면 때로는 환상이 깨지거나 벌을 받는 듯한 느낌도 들 수 있지만, 무척 유용한 것이기에 나는 이 훈련을 적극적으로 추천한다. 당신이 전달하고자 하는 것을 실제로 써 보는 것은 당신으로 하여금 생각하게 하고, 그것을 명료하게 만들어 주며, 기억에 각인시킨다. 더불어 당신의 지적인 방황도 최소로 줄이고 어휘력 또한 향상시킨다.

❖ 벤저민 프랭클린의 옛날이야기 활용법

벤저민 프랭클린은 자서전에서 자신이 어떻게 어휘력을 향상시켰고, 어떻게 어휘 활용력을 계발했으며 어떻게 생각을 정리하는 방법을 익혔는지 이야기했다. 그의 생에 관한 이 책은 문학 고전이기도 하지만 다른 고전들과 달리 매우 쉽게, 또 속속들이 즐길 수 있다. 평이하고 직설적인 문장들 또한 영문英文의 모범이 되므로 비즈니스맨이라면 누구나 이 책을 재밌게 읽고 많은 것을 배울 수 있을 것이다. 여러분 역시 이 책을 좋아하기를 바라며 그중 일부를 발췌해 여기에 싣는다.

이 시기에 나는 우연히 정치 주간지인 〈스펙테이터Spectator〉를 읽게 되었다. 나는 한 번도 그런 책을 본 적이 없었다. 나는 그 책을 사서 몇 번이나 읽으면서 큰 즐거움을 느꼈다. 글이 매우 뛰어나서 가능하다면 모방하고 싶을 정도였다. 이런 생각으로 나는 각 문장의 개요를 짧게 메모하고 며칠 동안 그대로 두었다. 그리고 책을 보지 않은 채 그 문장을 완성시키려고 노력했다. 메모된 각각의 요지를 상세히 표현하고 적합하다고 여겨지는 단어는 뭐든 사용해서 전에 표현되어 있던 것만큼 충분히 표현하려 애썼다.

이렇게 한 다음 내가 쓴 〈스펙테이터〉를 원래의 것과 비교해 내가 잘못 쓴 부분을 찾아 교정했다. 그 과정에서 만일 내가 운문 짓는 법을 훈련했더라면 더 많은 단어를 알고 있었을 것이고 또 그것들을 자유롭게 사용할 수 있었을 것이라는 사실을 깨달았다. 같은 의미를 가지면서 강약을 맞추기 위해 길이가 다른 단어를 찾거나, 운을 맞추기 위해 소리가 다른 단어를 끊임없이 찾는 일은 나로 하여금 항상 다양함을 추구하게 만들었을 것이고, 그 다양함을 확실히 익힘으로써 그런 일에도 능숙해졌을 것이기 때문이다. 그래서 나는 가끔 옛날이야기 가운데 일부를 골라 운문으로 만든 뒤, 원래의 내용을 완전히 잊을 때쯤 되면 그것을 다시 산문으로 만들어 보았다. 때로는 내가 적어 놓은 메모를 섞어 놓고 몇 주를 보낸 뒤, 내가 보기에 가장 좋은 순서가 되도록 추려내 완벽한 문장을 만들고 글을 완성했다. 이것은 나 자신에게 생각을 가다듬는 법을 가르치기 위한 것이었다. 나는 내가 작업한 것을 나중에 원본과 비교하면서 잘못된 부분을 찾아 고쳤다. 하지만 운 좋게도 때로는 사소한 부분에서 원문보다 더 나은 글을 썼다고 느끼기도 했다. 그럴 때면 나도 언젠가는 내가 그렇게 바라는 '글을 잘 쓰는 사람'이 될 수 있지 않을까 하는 강한 희망을 가질 수 있었다.

❖ 메모를 정리하고 선별하라

당신은 앞에서 '메모를 하라'는 조언을 들었다. 당신이 가진 다양한 생각과 사례들을 종이에 적은 다음 그것들을 가지고 놀이를 해라. 이렇게 모은 메모 묶음은 당신이 할 연설의 주요 내용이 되어야 한다. 그것들을 더 작은 단위로 나눠라. 필요 없는 부분은 버리고 가장 알차고 좋은 알맹이만 남겨라. 때론 그것조차도 사용하지 않고 구석에 두어야 한다. 제대로 작업을 한다면 누구든 자신이 모은 재료의 일부분밖에 사용할 수 없다. 연설문이 완성되기까지 이 수정 작업을 멈춰서는 안 된다. 심지어 연설문이 완성된 후에도 '이런 내용을 여기에 넣고, 이렇게 개선하고 다듬었어야 하는데……' 하는 아쉬움이 들 때가 있다. 좋은 연설가는 보통 연설을 마치고 나서 다음과 같은 네 종류의 연설이 있음을 알게 된다. 하나는 자신이 준비한 연설, 다른 하나는 그가 실제 전달한 연설, 또 다른 하나는 그가 연설했다고 신문에 난 연설, 마지막은 집으로 돌아가는 길에 '이런 식으로 할걸.' 하고 후회하는 연설이다.

❖ 연설할 때 메모를 사용해야 할까

즉흥 연설의 대가였던 링컨조차 대통령이 된 후로는 그 어떤 비공식적인 연설을 할 때에도 연설문을 미리 작성하지 않은 적이 없었다. 물론 그는 취임 연설 때에도 연설문을 읽어야 했다. 정부 공식 문서의 구체적인 어구들은 무척 신중히 선정해야 했기 때문이다. 하지만 그가 일리노이에 있을 때에는 연설을 할 때 메모도 사용하지 않았다. 그는 '메모는 언제나 청중을 피곤하게 하고 혼란스럽게 한다'고 말했다.

우리들 중 링컨의 말에 반박할 수 있는 사람이 있을까? 메모가 연설의 흥미를 떨어뜨리지는 않는가? 메모가 연사와 청중 사이에 존재해야 할 소통과 친밀감을 감소시키지는 않는가? 메모가 인위적인 느낌을 만들지는 않는가? 메모가 청중으로 하여금, 연사라면 반드시 가져야 할 자신감 혹은 여분의 능력에 대한 신뢰를 가지지 못하게 하지는 않는가?

다시 말하지만 준비를 할 땐 메모를 해야 한다. 그것도 정성을 다해서 말이다. 혼자 연습할 때 메모가 더 보고 싶을 수도 있다. 청중 앞에 있을 때도 메모지가 주머니에 있다면 마음이 더 편해질 수도 있다. 하지만 그 것들은 기차의 침대 차량에서 쓰는 망치와 톱, 도끼처럼 비상 도구의 역할만 해야 한다. 다시 말해 차량 전복이나 파손 등 죽음이나 재난의 위협을 당하는 경우에만 사용해야 한다는 뜻이다. 만약 메모를 사용해야 한다면, 커다란 종이에 큰 글자로 간략하게 적어라. 그리고 연설할 장소에 미리 가서 단상 위에 있는 책들 사이에 숨겨 놓아라. 꼭 봐야 할 때에만 보고, 이러한 약점을 청중에게 들키지 말라. 존 브라이트는 메모지를 자기 앞에 둔 모자 안에 숨겨 놓곤 했다.

하지만 메모를 이용하는 것이 현명할 때가 있다. 예를 들어, 연설을 몇 번 해 보지 않은 사람이라면 긴장감과 강한 자의식 때문에 미리 준비한 것들이 하나도 기억나지 않을 수도 있다. 그 결과는 어떨까? 연설은 이상한 곳으로 흘러갈 것이고, 연사는 힘들게 준비한 내용을 다 잊어버린 채 올바른 길을 벗어나 늪지에 빠져 허둥댈 것이다. 이런 사람들은 연설에 익숙해질 때까지 짧게 요약된 메모를 손에 가지고 다니는 것이 낫다. 아이들은 처음 걸음마를 시작할 때 가구를 잡고 일어선다. 하지만 그 기간은 그리 길지 않다.

❖ 연설문을 외우려 하지 마라

연설문을 글자 그대로 읽거나 외우려 하지 마라. 그것은 시간 낭비일 뿐만 아니라 연설을 실패작으로 만들기 때문이다. 이렇게 경고했음에도 여러분 중에는 이 방법을 시도하는 사람들이 있을 것이다. 연설문을 몽땅 외운 연사는 청중 앞에 서서 과연 뭘 생각하게 될까? 자신이 하고 싶은 말? 아니다. 그는 자신이 외운 어구를 정확히 기억해 내기 위해 노력할 것이다. 인간의 정신은 대개 작동하는 것과 정반대로, 즉 앞이 아닌 뒤로 생각을 진행한다. 당신과 당신의 연설은 전체적으로 딱딱하고 차가우며 아무런 개성도 없는 비인간적인 느낌을 줄 것이다. 나는 당신이 이런 일로 시간과 에너지를 낭비하지 않았으면 좋겠다.

중요한 만남이 있을 때 당신은 의자에 앉아서 할 말을 일일이 외우는가? 물론 그렇지 않을 것이다. 당신은 말할 내용이 명확히 정리될 때까지 심사숙고하고, 약간의 메모와 서류를 뒤져볼 수도 있다. 그리고 이런 생각을 한다. '이런 점에 대해 말해야겠군. 이 일을 해야 하는데, 이런 이유 때문이라고 하면 되겠지…….' 그러고는 이유를 나열하고 구체적인 사례도 덧붙인다.

사업상의 만남을 준비하는 방식도 이와 동일하지 않은가? 그런데 왜 연설을 준비할 때는 이런 상식적인 방법을 사용하지 않는가?

❖ 아포맷톡스에서의 그랜트 장군

남북전쟁 당시 남부 측의 로버트 E. 리Robert E. Lee 장군이 버지니아 주의 아포맷톡스Appomatox 청사에서 항복하며 조건을 적어 달라고 했을 때, 북부 연합군의 수장이었던 그랜트 장군은 파커 장군을 돌아보며 펜과 종이를 달라고 했다. 그랜트 장군은 자서전에서 다음과 같이 밝혔다.

항복 조건을 적을 때 어떤 말을 써야 할지 나는 전혀 몰랐다. 내가 아는 것은 내 생각뿐이었으니 나는 오해의 여지가 없을 정도로만 내 생각을 명확히 표현하고자 했다.

그랜트 장군은 어떤 말로 문서를 시작해야 할지 몰랐지만, 확고한 생각을 가지고 있는 것만으로도 충분했다. 그에게는 확신이 있었고, 간절히 그리고 명확하게 뭔가를 말하고 싶어 했다. 그 결과, 의식적으로 노력하지 않았음에도 그랜트가 자주 쓰는 구절들이 저절로 튀어나왔다. 다른 사람들도 마찬가지다. 의심스럽다면 길거리 청소부 한 사람을 때려눕혀 보라. 벌떡 일어선 그가 무슨 말을 해야 할지 몰라서 말을 더듬는 일은 전혀 없을 테니까.

2,000년 전 고대 로마의 시인 호라티우스Horatius는 이렇게 적었다.

어떻게 말할까 고민하지 말고 오직 사실과 생각을 추구하라.
그러면 말은 찾지 않아도 넘쳐날 것이다.

생각을 완벽하게 정리한 다음 연설의 처음부터 끝까지 연습하라. 길을 걷거나, 버스나 엘리베이터를 기다리는 동안 조용히 마음속으로 연습해 보라. 혼자 방에 있을 때는 큰 목소리로 몸짓을 곁들여 생명과 열정을 담아 연설해 보라. 캔터베리의 캐논 낙스 리틀은 "성직자는 같은 설교를 열 번 이상 해야 진짜 메시지를 전할 수 있다."라고 말했다. 그렇다면 당신이 그 정도의 연습을 하지 않고서 진짜 메시지를 전하는 것은 가능할까? 연습할 때는 당신 앞에 진짜 청중이 있다고 상상하라. 이런 상상을 정말 실감나게 한다면 당신은 실제 청중 앞에서도 그 상황을 이미 겪은 것처럼 자연스럽게 여길 수 있다. 많은 범죄자가 교수대로 향하면서 허풍을 떨 수 있는 것도 이 때문이다. 그들은 수천 번 머릿속에서 그 상황을 그려왔기에 두려워하지도 않고, 실제 처형을 당하는 순간조차 예전에 몇 번이나 겪은 일처럼 느낀다.

❖ 농부들은 왜 링컨이 게으르다고 생각했을까

이런 방식의 연설 연습법은 많은 유명 연설가가 보여 준 예를 충실히 따르는 것이다. 로이드 조지는 고향 웨일스에 있는 토론 모임의 회원이던 시절, 종종 시골길을 따라 걸으면서 나무와 울타리를 청중 삼아 몸짓을 섞어 가며 연습했다.

젊은 시절 링컨은 브레켄리지와 같은 유명 연설가의 연설을 듣기 위해 왕복 40마일가량 되는 거리를 걸어 다녔다. 연설을 듣고 집으로 돌아오는 길에 그는 굉장히 흥분해서 연설가가 되겠다고 결심했고, 가끔은 들판에서 일하던 다른 일꾼들을 불러 모으고 그루터기 위에 올라가 연설을 했다. 그러자 사장은 화가 나서 이 '게으른 놈'이 농담과 연설로 다른 일꾼을 망쳐 놓는다고 고함을 질렀다.

영국의 총리였던 하버트 애스퀴스Herbert Asquith는 옥스퍼드에 있는 학생 토론 모임에 적극 참여하면서 처음으로 연설을 익혔다. 그리고 그는 후에 직접 토론 모임을 창설했다. 우드로 윌슨도 토론 모임에서 연설하는 법을 익혔다. 헨리 워드 비처나 위대한 에드먼드 버크Edmund Burke 역시 마찬가지였다. 노벨 평화상을 받은 일라이휴 루트Elihu Root는 뉴욕 23번가에 있는 YMCA에서 열린 문학 모임에 참가하며 연설 실력을 길렀다.

유명 연설가의 경력을 보면 공통점을 발견할 수 있다. 바로 누구보다 열심히 연습했다는 것이다. 그리고 지금이 교육과정에서 가장 빠르게 실력이 향상되는 사람 역시 꾸준히 연습하는 자다.

연습할 시간이 없다고? 그렇다면 조지프 초트가 사용했던 방식을 사용하라. 그는 조간신문 한 부를 사서 그 속에 머리를 파묻었다. 그러면 방해하는 사람이 없었다. 의미 없는 스캔들과 사건 기사를 읽는 대신 그는 그런 모습으로 연설을 구상하고 기획했다. 천시 M. 데퓨는 철도회사 사장과 미국 상원의원을 지내며 무척 바쁜 삶을 살았다. 하지만 그는 거의 매일 저녁 연설을 했다.

"나는 연설이 내 사업을 방해하게 놔둘 생각이 없었습니다. 그래서 퇴근하고 저녁 늦게 집으로 돌아온 뒤에야 연설을 준비할 수 있었지요."

누구나 하루 중 3시간 정도는 자신이 원하는 일을 할 수 있다. 건강에 문제가 있던 다윈도 24시간 중 3시간을 현명하게 사용함으로써 유명해졌다.

루스벨트는 대통령으로 재임하던 시절 종종 오전 내내 짧은 인터뷰를 해야 했다. 하지만 그는 약속 사이사이에 생기는 몇 분의 여유라도 활용하기 위해 늘 책을 가지고 다녔다.

만일 시간이 부족하다면 아널드 베넷Arnold Bennett의 《하루 스물네 시간으로 살아가기》란 책을 읽어 보기 바란다. 그 가운데 100여 장을 뜯어내어 주머니에 넣고 여유가 날 때마다 읽어라. 나는 그런 식으로 이틀 만에 그 책을 다 읽었다. 그 책은 시간을 아끼는 법과 하루를 효율적으로 사용하는 방법을 가르쳐 준다.

당신에게는 규칙적인 작업으로부터의 변화와 여유가 필요하다. 가능하다면 이 과정에 참여한 다른 사람들과 함께 1주일에 한 번 정도 만나 연설 연습을 해라. 만약 시간이 없다면 가정에서 가족과 함께 즉흥 연설을 하는 놀이를 하는 것도 좋다.

❖ 더글러스 페어뱅크스와 찰리 채플린이 하던 놀이

영화배우 더글러스 페어뱅크스Douglas Fairbanks와 찰리 채플린이 충분한 휴양을 즐겨도 될 정도의 돈을 벌었다는 것은 잘 알려진 사실이다. 하지만 그러한 부와 명성에도 불구하고 그들에게 있어 저녁시간을 보내기에 가장 좋은 오락거리는 바로 즉흥 연설을 하는 것이었다. 몇 해 전 페어뱅크스는 〈아메리칸 매거진American Magazine〉에 기고한 글에서 다음과 같은 이야기를 했다.

어느 날 저녁, 나는 가벼운 농담을 하면서 찰리 채플린을 청중에게 소개하는 척했다. 물론 듣는 이는 아무도 없었지만 말이다. 그러자 그는 조금도 망설이지 않고 자리에서 일어나 보이지 않는 관중에게 능청스럽게 자신을 소개했다. 그날 한 가지 게임이 생겨났고 그때부터 우리는 거의 매일 저녁 그 게임을 한다. 메리 픽포드Mary Pickford와 나 그리고 채플린, 이 셋은 쪽지에 각각 한 가지 주제를 적은 뒤, 그것들을 모아서 섞은 다음 한 장씩 뽑는다. 어떤 단어가 뽑히든 각자 1분 동안 그 단어를 주제로 연설해야 한다. 단, 같은 단어는 사용하지 않으면서 연설이 새롭게 만들어지게 했다. 또한 우리는 온갖 종류의 단어를 사용했다.

어느 날 '믿음'과 '전등갓'이라는 두 개의 단어가 제시되었다. 그 가운데 '전등갓'이라는 단어가 내 몫이었다. 나는 그 주제로 1분 동안 연설을 하느라 어느 때보다 진땀을 흘렸다. 쉽다고 생각되는 사람은 한번 시도해 보라. '전등갓은 두 가지 용도가 있다. 하나는 불빛을 부드럽게 하는 것, 다른 하나는 장식의 효과다.' 당신이 나보다 전등갓에 대해 더 많은 것을 알고 있지 않다면, 이게 전부다. 어쨌든 나는 어렵게 연설을 끝냈다.

여기서 내가 말하고자 하는 것은 이 게임을 시작한 후부터 우리 세 사람은 무척 예민해졌다는 것이다. 우리는 잡다한 주제에 대해 상당히 많은 것을 알게 되었다. 그러나 그보다 훨씬 중요한 사실은 우리가 어떤 주제에 대해서든 아주 짧은 시간 안에 우리가 알고 있는 지식과 생각을 결합하고 그것을 간략하게 제시하는 법을 배우고 있다는 점이다. 우리는 남들 앞에 서서 생각하는 법을 배우고 있다. '배우고 있다'고 현재형으로 말하는 이유는 우리가 아직도 이 게임을 하고 있기 때문이다. 거의 2년 동안 우리는 이 게임에 싫증 난 적이 없는데, 그것은 우리가 여전히 성장하고 있음을 의미한다.

유명 연사들은 이렇게 준비했다

1. 나폴레옹은 "전쟁의 기술은 과학이다. 철저히 계산되고 고려되지 않으면 그 어떤 것도 성공하지 못한다."라고 말했다. 이 말은 전투뿐만 아니라 연설에서도 유용하다. 연설은 항해다. 따라서 미리 항해 지도를 준비해야 한다. 어딘지 모르는 곳에서 출발한 사람은 대개 어딘지 모르는 곳에 도착한다.

2. 생각을 정리하고 연설을 구성하는 것에 관한 규칙들 중 아무런 오류도 가지지 않은 것은 없다. 각각의 연설에는 그 나름의 문제가 있기 마련이다.

3. 연설가가 한 가지 내용을 다룰 때는 철저히 다루어야 하며 나중에 그 내용을 다시 언급하지 않는 것이 좋다. 일례로 필라델피아를 주제로 하여 대상을 받은 연설을 살펴보라. 저녁 무렵의 박쥐만큼이나 종잡을 수 없게, 한 주제에서 다른 주제로 훌쩍 넘어갔다가 되돌아오는 모습을 보이지 마라.

4. 콘웰 박사는 연설문을 만들 때 다음과 같은 구성을 사용했다.
   1) 말하려는 사실을 제시하라.
   2) 사실로부터 논지를 발전시켜라.
   3) 행동에 호소하라.

5. 다음과 같은 구성도 도움이 될 것이다.
   1) 잘못된 것을 제시하라.
   2) 잘못된 것을 어떻게 고칠지 제시하라.
   3) 협조를 구하라.

6. 잘된 연설 계획의 예다.(이에 관한 자세한 정보는 15장을 참고하라.)
   1) 흥미를 이끌어 내라.
   2) 신뢰를 얻어라.
   3) 자신의 경험을 제시하라.
   4) 사람들이 행동하게 하는 동기에 호소하라.

7. 앨버트 J. 베버리지 상원의원은 이렇게 조언했다.
   "당신이 다루는 주제의 양면에 관한 모든 사실을 수집·정리하고 연구하여 그 내용을 충분히 소화해야 한다. 그것들이 사실임을 증명하라. 그리고 그 사실에서 도출되는 해법에 대해 당신 스스로 철저히 검토하라."

8. 연설을 하기 전에, 링컨은 수학적 정밀함을 가지고 결론을 내렸다. 마흔 살에 의원이 된 후에 그는 유클리드를 공부했다. 궤변을 밝혀 내고 자신의 결론을 제시하기 위해서였다.

9. 루스벨트는 연설을 준비할 때, 모든 사실을 확인하고 평가한 뒤 매우 빠르게 구술하고 그것을 타이핑한 원고를 수정한 다음 마지막으로 한 번 더 구술했다.

10. 가능하다면 녹음기에 대고 연설을 한 후에 들어 보라.

11. 메모는 연설에 대한 청중의 관심을 반감시킨다. 메모를 피해라. 무엇보다 연설문을 읽지 마라. 청중은 그 모습을 참을 수 없을 것이다.

12. 연설문에 대한 구상이 끝났다면 거리를 걸으며 조용히 연습하라. 또한 혼자 있을 장소를 찾아서 처음부터 끝까지 연설을 연습하되 제스처와 함께 열정적으로 연습하라. 당신 앞에 진짜 청중이 있다고 생각하면서 말이다. 연습을 하면 할수록 실제 연설에서 편안한 마음을 갖게 될 것이다.

DALE CARNEGIE

PUBLIC SPEAKING AND INFLUENCING MEN IN BUSINESS

"사업에 있어 가장 짜증나고 비싼 대가를 치러야 하는 것 중 하나는 건망증이다. …… 어떤 인생길을 걸어가건 좋은 기억력은 측정할 수 없는 가치를 지닌다."

— 〈새터데이 이브닝 포스트(Saturday Evening Post)〉

"오래전에는 알고 있었지만 지금은 잊어버린 것을 다시 익히며 시간을 보내는 사람은 자신의 것을 유지할 뿐이지만, 한 번 습득한 것을 절대 놓치지 않는 사람은 언제나 성취하고 진보한다."

— 윌리엄 제임스(William James) 교수

"중요하다고 생각하는 것에 대해 연설하려 할 때, 나는 과연 내가 청중에게 전달하고자 하는 것이 무엇인지 생각해 본다. 나는 사실이나 주장을 적지 않는다. 대신 떠오르는 논지와 사실의 흐름을 두서너 장 정도의 종이에 메모한다. 그리고 구체적인 구절들은 연설을 할 때 떠오르는 것을 사용한다. 때로 짧은 구절들은 정확성을 기하기 위해 기록해 놓기도 하는데, 그런 것들의 대부분은 맺음말이나 결구다."

— 존 브라이트(John Bright)

4장

기억력을 향상시켜라

저명한 심리학자 칼 시쇼어Carl Seashore 교수는 다음과 같이 말했다.

"보통 사람은 자신이 실제 물려받은 기억력의 10퍼센트도 사용하지 못한다. 우리는 기억의 자연법칙을 위반하고 90퍼센트를 낭비하고 있다."

당신 역시 이런 보통 사람에 속하는가? 만약 그렇다면 당신은 사회적이고 금전적인 제약 안에서 발버둥 칠 것이다. 따라서 이 장의 내용은 당신에게 충분히 흥미롭고 유익할 것이다. 이 장에서는 '기억의 자연법칙'을 묘사·설명하고 있으며 연설이나 사업에서 이 법칙을 어떻게 활용할 수 있는지 보여 준다.

'기억의 자연법칙'은 아주 단순해서 그저 세 개의 법칙만 알면 된다. 소위 '기억 체계'라는 것은 이 법칙에 기반을 두고 있다. 간략히 말하자면 그 세 가지는 인상, 반복, 결합이다.

좋은 기억력을 갖기 위한 첫 번째 규칙은 '마음에 간직하고 싶은 것들에 대해 깊고 생생한, 지워지지 않을 인상을 가질 것'이다. 그러기 위해서는 집중이 필요하다. 시어도어 루스벨트는 놀라운 기억력으로 그를 만나는 사람마다 깜짝 놀라게 했다. 이런 탁월한 능력은 그가 사람들의 인상을 물이 아닌 철판에 기록하기 때문에 얻어진 것이다.

그는 끊임없이 연습하여 열악한 상황에서도 집중할 수 있도록 자신을 단련했다. 1912년 시카고에서 열린 불무스BullMoose 전당 대회 당시 그는 콩그레스 호텔에 대회 본부를 설치했다. 도로에 몰려든 군중은 깃발을 흔들며 "테디! 테디!" 하고 외쳤고, 그들의 함성에 맞춰 밴드는 연주를 했다. 많은 정치인이 정신없이 왔다 갔고 수시로 집회와 회의가 열렸다. 하지만 루스벨트는 그 모든 상황을 잊은 듯 흔들의자에 앉아 그리스 역사서 《헤로도토스》를 읽고 있었다. 브라질의 황량한 지역을 여행할 때도 마찬가지였다. 저녁 무렵 캠프장에 도착하자마자 그는 커다란 나무 아래 마른 곳에 간이 의자를 꺼내 앉아 기번이 쓴 《로마제국쇠망사》를 읽기 시작했다. 그는 곧 책에 빠져들어 비가 내리는 것도, 캠프장의 소음과 움직임도, 열대 우림에서 들려오는 소리도 다 잊은 듯했다. 그가 책의 내용을 기억한다는 것은 조금도 놀랄 일이 아니었다.

집중하며 보낸 5분은 의식이 몽롱한 상태로 보낸 여러 날보다 더 나은 결과를 가져온다. 헨리 워드 비처는 이렇게 적었다.

"꿈꾸듯 보낸 몇 년보다 집중한 한 시간이 더 낫다."

또한 베들레헴 스틸의 사장으로 1년에 100만 달러 이상을 벌어들이는 유진 G. 그레이스는 이렇게 말했다.

"내가 배운 것 가운데 가장 중요한 것은 '지금 하고 있는 일에 집중하라'는 것이다. 나는 매일 어떤 상황에서라도 그것을 위한 훈련을 한다."

이것이 기억력을 향상시키는 비결 가운데 하나다.

❖ 인식의 능력

토머스 에디슨Thomas Edison은 직원 가운데 스물일곱 명이 6개월 동안 매일같이 그의 전구 공장에서 뉴저지 주에 있는 본사 공장으로 이동할 때 딱 한 길만을 이용한다는 사실을 발견했다. 그런데 그들 중 그 길에 있는 벚나무의 존재를 알고 있는 사람은 단 한 명도 없었다.

에디슨은 이렇게 말했다.

"보통 사람의 뇌는 눈에 보이는 것 가운데 수천 분의 일도 인식하지 못한다. 우리가 가진 인식, 진정한 인식의 능력은 거의 믿기지 않을 정도로 형편없다."

어떤 사람에게 당신의 친구 두세 명을 소개했다고 하자. 만약 그가 평범하다면 2분만 지나도 소개받은 사람들의 이름을 하나도 기억하지 못할 가능성이 높다. 왜 그럴까? 그것은 그가 처음에 충분한 관심을 가지지 않았고, 그래서 그들을 정확하게 인식하지 않았기 때문이다. 당신은 그에게 기억력이 좋지 않다고 말할지 모르지만 실은 그렇지 않다. 그는 다만 관찰력이 좋지 않은 것이다. 그는 안개 속에서 찍은 사진이 잘 나오지 않았다고 해서 카메라 탓을 하진 않을 것이다. 하지만 그는 자신의 정신이 몽롱하고 흐릿한 인상을 지우지 않기를 기대한다. 물론 그런 일은 일어나지 않는다. 〈뉴욕 월드New York World〉를 창간한 퓰리처는 그의 편집실에서 근무하는 모든 직원에게 다음과 같은 세 단어를 책상에 적도록 했다.

정확성, 정확성, 정확성

우리가 원하는 것은 바로 이것이다. 정확하게 상대의 이름을 들어라. 만약 제대로 듣지 못했으면 다시 말해 달라고 요청하고, 어떻게 쓰는지도 물어라. 당신이 그렇게 관심을 보이면 상대는 기분이 좋아지고, 당신은 집중함으로써 상대의 이름을 기억하게 된다. 그렇게 당신은 깨끗하고 정확한 인상을 가질 수 있는 것이다.

❖ 링컨의 소란스러운 연습

링컨이 어렸을 때 다녔던 학교는 습자 교본에서 찢어 낸 기름종이가 유리창을 대신하고, 바닥은 판자로 되어 있는 곳이었다. 교과서는 한 권만 있었기 때문에 선생님이 큰 소리로 책을 읽으면 학생들은 선생님을 따라 반복했다. 그래서 수업 시간이 항상 시끄러웠던 이 학교를 동네 사람들은 '소란스러운 학교'라고 불렀다.

그 '소란스러운 학교'에서 링컨의 고정적인 습관 하나가 생겼다. 바로 자신이 기억하고 싶은 것은 언제나 큰 소리로 읽는 것이었다. 그는 매일 아침 스프링필드 사무실에 도착하자마자 볼품없는 다리 하나를 가까운 의자에 걸친 채 소파에 드러누워 큰 소리로 신문을 읽었다. 이에 대해 그의 동료는 이렇게 말했다.

"그는 참기 힘들 만큼 성가신 행동을 했습니다. 한번은 왜 그렇게 읽느냐고 물어보았더니 이렇게 설명하더군요. 소리 내어 읽으면 두 가지 감각을 사용하게 된다고요. 우선 읽을 때 눈으로 볼 수 있고, 그다음에 귀로 들을 수 있으니, 그러면 더 잘 기억할 수 있다고 했습니다."

그의 기억력은 매우 뛰어났다. 그는 이렇게 말했다.

"내 머리는 철판과도 같아서 뭔가를 새기기까지는 어렵지만 일단 새기고 나면 지워지지 않습니다."

그는 이렇듯 뭔가를 기억하는 데 있어 두 가지 감각을 동시에 사용하는 방법을 활용했다. 당신도 이렇게 해야 한다. 이상적인 방법은 기억해야 할 것을 보고 들을 뿐만 아니라 만져 보고 냄새 맡고 맛보는 것이다. 하지만 무엇보다 중요한 것은 '보는 것'이다. 인간은 시각 중심적인 동물이기 때문에 눈을 통해 새겨진 인상은 기억에 오래 남는다. 어떤 사람의 이름은 생각나지 않아도 얼굴을 기억하는 경우가 많은 이유는 그 때문이다. 눈에서 뇌에 이르는 신경망은 귀에서 뇌로 가는 신경망보다 20배나 더 넓다. 중국에는 '백문불여일견(百聞不如一見)'이라는 속담도 있다. 이름, 전화번호, 연설문의 개요 등 당신이 기억하고 싶은 것을 적고 눈으로 보라. 그리고 눈을 감고 불길이 타오르는 듯한 글자로 그것을 시각화하라.

❖ 메모 없이 연설한 마크 트웨인

시각을 활용하는 기억법을 발견한 덕분에 마크 트웨인은 수년간 연설을 망치던 메모를 버릴 수 있게 되었다. 그는 〈하퍼스 매거진Harper's Magazine〉에 실린 글에서 다음과 같이 이야기했다.

날짜는 숫자로 이루어져 기억하기가 어렵다. 숫자는 형태가 단조로워서 눈에 띄지 않고 잘 인식되지 않기 때문이다. 또한 숫자는 그림을 만들어 내지 않으므로 눈에 잘 들어오지도 않는다. 하지만 그림을 이용하면 날짜를 쉽게 기억할 수 있다. 그림은 날짜를 잘 기억나게 한다. 특히 당신이 그림을 만들어 냈다면 더욱 그렇다. 사실 여기에서 중요한 점은 당신 스스로 그림을 만들어야 한다는 것인데, 나는 경험을 통해 이 사실을 깨달았다. 30년 전 나는 매일 밤 강의를 했다. 머릿속으로 언제나 외우고 있는 강의였지만, 매일 저녁 헷갈리지 않기 위해 메모를 해야만 했다. 메모 내용은 각 문장의 첫 몇 마디들이었다. 예를 들면 다음과 같다.

1) 그 지역의 날씨는 ……
2) 그 당시 관습은 ……
3) 하지만 캘리포니아에서는 결코 ……

이런 식으로 총 열한 개의 문장들을 만들고, 강의 개요의 도입부에 이것들을 표시해서 내용을 건너뛰지 않게 했다. 하지만 종이 위에 적힌 내용은 종종 비슷해 보였다. 나는 그것들을 그림으로 만들지 않았다. 외우고는 있었지만 그 순서까지는 정확히 기억하지 못했던 탓에 나는 항상 메모지를 곁에 두고 수시로 바라보았다. 그러다가 한번은 메모지를 둔 곳을 잊어버렸는데, 그날 저녁 내가 겪은 공포는 누구도 상상할 수 없을 것이다. 그제야 나는 새로운 방법을 찾아야 한다는 사실을 깨달았다.

다음 날 저녁, 나는 문장 열한 개를 기억해 순서대로 놓고 각 문장의 첫 글자를 손가락 손톱에 잉크로 적은 뒤 연단에 섰다. 하지만 그것은 해결책이 되지 못했다. 얼마간은 손가락을 잘 따라갔지만 어느 순간 순서를 놓쳐 버린 것이다. 그다음부터는 내가 마지막에 보았던 손가락이 어떤 것인지 전혀 알 수 없었다. 나는 내가 읽은 손가락 글자를 침으로 지울 수 없었다. 물론 그렇게 하면 효과야 있겠지만, 연설 도중에 손톱에 침을 묻혀 글자를 지워 나가는 내 모습을 청중이 보면 궁금해할 수 있기 때문이다. 그리고 사실 청중은 이미 궁금해하고 있었다. 그들은 나를 연설 내용보다 손톱에 관심을 가진 사람으로 생각했을 것이다. 실제로 한두 사람은 연설이 끝나자 내 손에 무슨 문제가 있냐고 묻기도 했다.

그때 그림을 이용해야겠다는 생각이 떠올랐다. 그리고 문제는 해결되었다. 2분 만에 나는 펜으로 여섯 개의 그림을 그렸고 그 그림들은 열한 개의 문장에 대한 색인 역할을 완벽하게 해 주었다. 그리고 나는 눈을 감으면 떠올릴 수 있다고 확신했기 때문에 그 그림들을 간직하지 않고 버렸다. 이것은 벌써 25년이나 지난 일이고 그 강의에 대한 기억 역시 이미 20년 전에 잊어버렸다. 하지만 나는 언제든지 그 연설을 적을 수 있다. 왜냐하면 머릿속에 그림이 남아 있기 때문이다.

최근에 나는 기억에 관해 강연했는데, 이 장에서 설명하는 내용으로 강연을 진행하고 싶었다. 나는 그림으로 요점을 기억한다. 나는 사람들이 소리 지르고 밴드가 연주하는 중에도 창문 아래에서 역사책을 읽고 있는 루스벨트의 모습을 시각화했다. 또 벚나무를 바라보고 있는 토머스 에디슨을 떠올렸고, 신문을 큰 소리로 읽고 있는 링컨의 이미지를,

청중 앞에서 손톱에 묻은 잉크를 침으로 지우고 있는 마크 트웨인을 그려 보았다.

그렇다면 그림의 순서는 어떻게 기억했을까? 1, 2, 3, 4 이런 식으로? 아니다. 나는 그 숫자들을 그림으로 바꿔 각각의 개요에 해당하는 그림과 결합시켰다. 예를 들어 '1One'은 '달리다Run'와 발음이 비슷하다. 그래서 나는 1에 대한 상징으로 경주마를 선택했다. 나는 방 안에서 경주마에 올라탄 채 책을 읽고 있는 루스벨트의 그림을 만들었다. '2Two'에 해당하는 그림으로는 '동물원Zoo'을 골랐다. 나는 토머스 에디슨이 바라보고 있는 벚나무가 동물원의 곰 우리에 서 있는 그림을 떠올렸다. '3Three'을 위해서는 그것과 발음이 비슷한 '나무Tree'를 골랐다. 나는 링컨이 나무 위에 아무렇게나 드러누운 채 동료에게 큰 소리로 신문을 읽게 만들었다. '4Four'와 소리가 비슷한 '문Door'을 이용한 나는 열려 있는 문틈으로 마크 트웨인이 문설주에 기대어 청중에게 연설하면서 손가락에 묻은 잉크를 침으로 지우는 모습을 엿보았다.

독자 가운데 많은 이가 이 방법이 우스꽝스럽다고 생각할지 모른다. 하지만 이 방법이 효과가 있는 이유 중 하나는 바로 그 점 때문이다. 사람들은 비교적 이상하고 웃긴 것은 잘 기억할 수 있다. 내가 만일 숫자만으로 순서를 외우려고 했다면 아마 쉽게 잊어버렸을 것이다. 하지만 조금 전에 말한 방법을 사용한다면 잊어버리는 것은 거의 불가능하다. 만일 세 번째 요지를 생각하고 싶다면 나무 꼭대기에 뭐가 있는지 떠올리면 된다. 그러면 링컨의 모습이 바로 그려진다. 나는 1부터 20까지의 숫자를 그것의 발음과 비슷한 그림으로 바꿔 놓았다. 여기에 그 목록을 적어 두겠다. 30분 정도만 시간을 들여서 이 그림과 숫자를 기억한다면 20개 정도 항목들은 언제든지 앞뒤를 따지지 않고 여덟 번째가 무엇인지, 열네 번째 혹은 세 번째가 무엇인지 정확하게 순서대로 기억할 수 있을 것이다.

여기 그림 숫자들이 있다. 시도해 봐라. 틀림없이 깜짝 놀랄 것이다.

- 1 One — Run 달리다 — 경주마를 시각화한다.
- 2 Two — Zoo 동물원 — 동물원 우리에 있는 곰을 본다.
- 3 Three — Tree 나무 — 세 번째 항목은 나무 위에 올라가 있다.
- 4 Four — Door 문 또는 Wild Boar 멧돼지 — 발음이 비슷한 동물도 좋다.
- 5 Five — Bee Hive 벌집
- 6 Six — Sick 아프다 — 적십자 간호사를 본다.
- 7 Seven — Heaven 천국 — 천사들이 금으로 덮인 길에서 하프를 연주한다.
- 8 Eight — Gate 관문
- 9 Nine — Wine 와인 — 탁자 위에 병이 쓰러져 있고, 포도주가 바닥에 있는 물건 위로 떨어지고 있다. 어떤 장면에 움직임을 넣으면 기억하는 데 도움이 된다.
- 10 Ten — Den 동굴 — 깊은 숲 속 바위굴 안에 있는 야생동물의 소굴.
- 11 Eleven — Eleven 11명 — 열한 명의 축구팀이 힘차게 경기장을 달리고 있다. 열한 번째로 기억하고 싶은 항목을 높이 들고 달리는 모습을 떠올린다.
- 12 Twelve — Shelve 선반 — 무엇인가 선반에 얹으려고 한다.
- 13 Thirteen — Hurting 다침 — 상처에서 피가 나서 열세 번째 항목을

붉게 적시고 있다.

- 14^{Fourteen} — Courting^{연애 중} — 연인들이 어떤 것 위에 앉아 사랑을 속삭인다.
- 15^{Fifteen} — Lifting^{들어 올림} — 센 남자, 존 설리번 같은 사람이 머리 위로 무엇인가 들어 올린다.
- 16^{Sixteen} — Licking^{주먹다짐}
- 17^{Seventeen} — Leavening^{발효시킴} — 주부가 밀가루 반죽을 하는데, 열일곱 번째 항목을 반죽 속에 넣고 있다.
- 18^{Eighteen} — Waiting^{기다림} — 깊은 숲 속 갈림길에서 한 여인이 누군가를 기다리고 있다.
- 19^{Nineteen} — Pining^{슬퍼함} — 한 여인이 울고 있다. 눈물이 열아홉 번째 항목 위에 떨어지고 있다.
- 20^{Twenty} — Horn of Plenty^{풍요의 뿔} — 꽃, 열매, 곡식이 넘치는 풍요의 뿔.

만약 당신이 시도해 보고 싶다면 이 그림 숫자들을 외워 보길 바란다. 원한다면 자신의 그림을 만들어도 좋다. 10이라면 Ten과 비슷한 소리가 나는 것, 예를 들어 굴뚝새^{Wren}라든가 만년필^{Fountain Pen}, 암탉^{Hen} 혹은 구취제거제인 센센^{Sen-Sen} 같은 단어를 사용할 수 있다. 가령 열 번째로 기억해야 할 항목이 '풍차'라면 암탉이 풍차 위에 앉아 있다든가 풍차가 만년필에 채울 잉크를 길어 올린다고 생각하면 된다. 그런 뒤 만일 누가 열 번째 항목이 뭐냐고 물어보면 열 번째가 무엇인지는 전혀 고민하지 않고, 그저 암탉이 어디 앉아 있는지만 떠올리면 된다. 이 방법이 효과가 있을지 의아해하는 사람도 있겠지만, 한번 시험해 봐라. 사람들은 아마 당신이 보여 주는 뛰어난 기억력에 놀랄 것이다. 그것만큼 재미있는 일도 없다.

❖ 신약성서처럼 긴 책을 외우는 방법

세계에서 가장 큰 대학교 중의 하나는 카이로에 있는 알 아자르 대학으로, 이 이슬람계 대학에는 2만 1,000명의 학생이 있다. 입학시험은 코란을 암송하는 것이다. 코란의 길이는 신약성서와 비슷하며, 모두 암송하려면 무려 사흘이나 걸린다! 또한 중국 학생들, 이른바 '학동'들은 중국의 종교와 인문 관련 서적을 외워야 한다. 아랍과 중국 학생들 가운데 대다수는 그저 평범한 사람일 텐데 어떻게 그들은 누구나 이렇게 엄청난 기억력이 요구되는 입학시험을 통과할 수 있을까? 그것을 가능하게 하는 것은 기억의 두 번째 자연법칙, '반복'이다.

만약 당신이 자주, 충분히 반복하기만 하면 무한히 긴 내용도 외울 수 있다. 당신이 암기하고자 하는 지식을 반복 암기하고, 그것을 활용하고 적용하라. 새로 배운 단어를 대화에 사용하라. 소개받은 사람의 이름을 외우고 싶다면 그 사람의 이름을 자주 불러라. 당신이 대중연설에서 주장하고 싶은 내용의 요지를 대화에서 제시하라. 이렇게 사용된 지식은 기억에 오래 남는 경향이 있다.

❖ 현명하게 반복하라

하지만 맹목적이고 기계적으로 외우는 것만으로는 충분하지 않다. 우리가 해야 하는 것은 '현명한' 반복, 즉 확고하게 정립되어 있는 몇몇 정신적 특성들에 부합하는 반복이다. 예를 들어, 에빙하우스 교수는 학생들에게 'deyux', 'qoli' 등과 같은 무의미한 철자의 목록을 외우게 했다. 그는 학생들에게 사흘 동안 38회 반복 암기를 하게 하면 한 번에 68회 반복 암기할 때와 동일한 양의 단어를 외울 수 있다는 사실을 발견했다. 다른 심리학 테스트 역시 이와 비슷한 결과를 보여 준다.

이것은 우리의 기억이 작용하는 방법에 있어서 굉장히 중요한 발견이다. 이 발견은 뭔가가 외워질 때까지 의자에 앉아 하염없이 그것을 반복 암기하는 사람은, 적당한 시간차를 두고 반복해서 암기하는 사람에 비해 같은 결과를 얻기까지 두 배나 더 많은 시간을 보내야 함을 의미한다.

만약 '정신의 특색'이라는 표현이 적절한 것이라면, 정신이 갖고 있는 이러한 특색은 다음 두 가지 요소로 설명할 수 있다.

첫째, 반복을 하는 동안 우리의 무의식은 더 확고한 연관성을 만들기 위해 부지런히 움직인다. 제임스 교수의 현명한 지적대로 "우리는 겨울에 수영을 배우고 여름엔 스케이트 타는 법을 배운다."

둘째, 정신이 간격을 두고 움직이기 때문에 연속적인 활동에서 오는 긴장으로 피곤해지는 일이 없다. 《아라비안나이트Arabian Nights》의 저자 리처드 버튼Richard Burton은 스물일곱 가지 언어를 자유롭게 구사했다. 하지만 그는 어떤 언어든 한 번에 15분 이상 공부하거나 연습하지 않는다고 고백했다. "그 이후부터 뇌가 활력을 잃기 때문이다."

지금까지의 결과를 읽었다면, 상식이 있는 사람은 누구나 연설 전날 밤까지 하염없이 준비하는 미련한 일은 하지 않을 것이다. 만일 그런 사람이 있다면 그의 기억력은 반드시 자신의 잠재적인 효율성의 반밖에는 보여 주지 못할 것이다.

여기 망각하는 과정에 대해 굉장히 도움이 될 만한 발견이 있다. 많은 심리학적 실험은 우리가 학습한 새로운 내용 중 처음 여덟 시간 동안 잊어버리는 양이 그 후 사흘간 잊어버리는 양보다 더 많다는 것을 반복적으로 보여 준다. 얼마나 놀라운 비결인가! 그러니 회의에 들어가기 직전 혹은 연설하기 직전에 당신이 준비한 자료를 다시 보고 사실들을 점검해 기억을 새롭게 만들라.

링컨은 이 습관의 가치를 잘 알고 있었고 실제로 그것을 사용했다. 게티즈버그에서 열린 봉헌식에서 링컨은 대학자인 에드워드 에버렛 다음에 연설을 하도록 예정되어 있었다. 에버렛이 길고 장중한 연설의 막을 내릴 때가 다가오자 링컨은 자기 앞 사람이 연설할 때면 언제나 그랬듯 눈에 띄게 초조해졌다. 그는 급히 안경을 고쳐 쓰고 주머니에서 원고를 꺼내 속으로 조용히 읽으며 기억을 새롭게 했다.

❖ 윌리엄 제임스 교수가 말하는 좋은 기억력의 비결

기억에 관한 두 가지 법칙에 대해서는 이 정도만 다루겠다. 그러나 세 번째 법칙인 '결합'은 반드시 알아야 하는 요소다. 사실 결합은 기억 그 자체에 대한 설명이라고 할 수 있다. 제임스 교수의 말을 들어 보자.

"정신은 기본적으로 결합기계다. …… 내가 조용히 있다가 갑자기 명령하는 말투로 '기억해! 생각해!'라고 말했다고 가정해 보자. 당신의 기억력이 이 명령에 복종해서 과거로부터 특정한 영상을 불러올 수 있을까? 당연히 그렇지 않다. 당신의 기억은 빈 곳을 바라보며 이렇게 묻는다. '내가 뭘 기억하길 바라지?'

간단히 말해, 기억은 단서를 필요로 한다. 위와 달리 만일 내가 당신에게 내 생일이 언제인지, 아침에 무엇을 먹었는지 혹은 특정 멜로디에 대해 묻는다면 당신의 기억력은 즉시 요구되는 결과를 떠올릴 것이다. 단서는 무한히 잠재적인 사실로부터 특정한 사실을 도출한다. 이런 일이 일어나는 과정을 살펴보면 당신은 이내 연상되는 사물과 단서 사이에는 밀접한 관계가 있음을 알게 될 것이다.

'내 생일'이란 단어는 특정 날짜와 밀접한 관계를 갖고 있다. '오늘 아침식사'라는 말은 커피, 베이컨, 달걀로 이어지는 것을 제외한 모든 연상 경로를 끊어 버린다. '멜로디'는 정신적으로 '도레미파솔라시도'의 오래된 이웃이다. 사실 결합의 법칙은 외부에서 침입해 온 감각이 방해하는 경우를 제외하고는 거의 모든 사고의 흐름을 통제한다. 마음속에 떠오르는 모든 것은 이미 마음속에 존재하고 있는 기존의 어떤 것과 결합되어 소개된다.

이것은 당신이 생각하고 기억해 내는 모든 것에 적용된다. 훈련된 기억력은 결합에 대한 유기적 체계를 기반으로 한다. 그리고 그러한 기억력의 우수함 정도는 '결합의 지속성'과 '결합의 다양성'이라는 두 가지 특성에 달려 있다. 따라서 '좋은 기억력의 비결'이란 곧 우리가 간직하고자 하는 사실에 대해 얼마나 다양하고 많은 결합을 형성했는가의 문제와 같다. 그러나 이처럼 어떤 사실을 결합해서 형성하는 것, 이것은 그 사실에 대해 가능한 많은 생각을 요한다.

간략하게 정리하면 외적으로 비슷한 경험을 가진 두 사람 중 자신의 경험에 대해 더 많이 생각하고 그 경험들을 가장 체계적인 관계로 만드는 사람의 기억력이 더 뛰어나다는 것이다."

❖ 사실들을 결합시키는 방법

사실들을 엮어 체계적인 관계로 만드는 것은 무척 훌륭한 작업이다. 그런데 어떻게 하면 그렇게 할 수 있을까? 사실의 의미를 파악하고 사실에 대해 깊이 생각하는 것이 정답이다. 예를 들어 당신이 새로운 사실에 대해 다음과 같이 질문한다면 그 과정은 사실들의 체계적인 관계를 구축하는 데 도움이 될 것이다.

1. 왜 이렇게 되었는가?
2. 어떻게 이렇게 되었는가?
3. 언제 이렇게 되었는가?
4. 어디서 이렇게 되었는가?
5. 누가 이렇다고 말했는가?

예를 들어, '새로운 사실'이 낯선 이의 이름이고, 그것이 흔한 이름이라면 우리는 이 사실을 같은 이름을 가진 동료와 연결 지을 수 있다. 반대로 흔한 이름이 아니면 그에게 "흔한 이름이 아니군요."라고 말을 걸 수 있는데, 그럼으로써 그의 이름에 대해 그와 이야기할 기회를 갖게 된다.

일례로 나는 이 장을 집필하는 동안 소터 부인이라는 한 여성과 인사를 나누었다. 나는 그녀 이름의 철자를 물어보았고 그런 이름이 흔하지 않다고 말했다. 그녀는 "네, 정말 드물죠."라고 대답한 뒤, 자신의 시댁 가족이 그리스 아테네 출신이며 거기에서 고위 관료를 지냈다고 이야기했다.

113

나는 사람들로 하여금 자신의 이름에 대한 얘기를 하게 하는 것은 간단한 일이고, 그렇게 함으로써 그들의 이름을 더 잘 외울 수 있다는 사실을 깨달았다.

새로 만난 사람의 얼굴을 날카롭게 살펴보라. 그의 눈동자 색, 머리카락의 색을 확인하고 그의 생김새를 자세히 살펴라. 그의 옷차림에 주의를 기울이고, 그가 말하는 방식을 들어 보라. 그의 외모와 성격에 대해 정확하고 날카로우며 선명한 인상을 간직해라. 그리고 이것들을 그들의 이름과 연결시켜라. 이러한 선명한 인상은 그를 기억하는 데 도움이 될 것이다.

이미 두세 번 만난 사람인데 그의 직업은 기억나는 반면 이름이 생각나지 않았던 경험이 있을 것이다. 그 이유는 직업은 명확하고 구체적이며 의미를 가지고 있기 때문이다. 의미 없는 이름은 가파른 지붕에서 떨어지는 우박과 같지만, 직업은 반창고처럼 기억에 달라붙어 떨어지지 않는다. 결론적으로, 다른 이의 이름을 정확하게 기억하고 싶다면 그의 이름을 그의 사업과 연관 짓는 어구를 만들어야 한다.

이 방법의 효과에 대해서는 의심할 여지가 없다. 일례로 최근 필라델피아 주의 펜애슬래틱 클럽Penn Athletic Club에서는 이 교육과정에 참여하기 위해 20명이 모인 적이 있었다. 서로 모르는 사이였던 그들은 각각 일어나서 자신의 이름과 사업 분야를 소개하도록 요청받았다. 소개 후에는 그 두 가지를 연결시킬 수 있는 어구를 하나씩 만들었다. 몇 분이 지나자 모두가 다른 이들의 이름을 외운 것은 물론, 심지어 교육과정이 끝난 뒤에도 타인의 이름이나 사업 분야를 기억하고 있었다.

다음은 그때 모인 사람들의 이름을 알파벳순으로 적은 것이다. 그리고 옆에 있는 문장은 그들의 이름을 사업과 결합하기 위해 만든 것들이다.

- *G. P. Albrecht*(모래채취업) — 모래는 모든 것을 브라이트하게 만든다 Sand makes all bright.

- *George A. Ansley*(부동산중개업) — 부동산을 팔려면 앤슬리 매거진에 광고하라 To sell real estate, advertise in Ansley's Magazine.

- *G. W. Bayless*(아스팔트) — 아스팔트를 사용하고 돈은 적게 내라 Use asphalt and pay less.

- *H. M. Biddle*(모직업) — 비들 씨는 모직업에서 빈둥댄다 Mr. Biddle piddles about the wool business.

- *Gideon Boericke*(광산업) — 보어릭은 광산 판매 선수다 Boerickes bores quickly for mines.

- *Thomas J. Devery*(인쇄업) — 누구나 데브리의 인쇄가 필요하다(Every man needs Devery's printing).

- *O. W. Doolittle*(자동차매매업) — 노력하지 않으면 자동차를 팔지 못한다 Do little and you won't succeed in selling cars.

- *Thomas Fischer*(석탄) — 석탄 주문을 낚으려는 피셔 He fishes for coal orders.

- *Frank H. Godley*(목재) — 목재업에 골드가 있다 There is gold in lumber business.

- *J. H. Hancock*(새터데이 이브닝 포스트) — 〈새터데이 이브닝 포스트〉 구독 신청란에 존 행콕이란 이름을 적자 Sign your John Hancock to a subscription blank for the Saturday Evening Post.

❖ 날짜 외우는 법

날짜는 중요한 날과 연결시킬 때 기억에 오래 남는다. 예를 들어 수에 즈 해협의 개통년도를 미국인이 외우려면 '수에즈 해협이 개통된 해는 1869년'이라고 외우는 것보다 '수에즈 해협이 개통된 해는 남북전쟁 종전 4년 후'라고 외우는 것이 훨씬 쉬울 것이다. 또한 '호주에 유럽 사람이 처음 정착한 해는 1788년'이라고 외우려 한다면 그 날짜는 마치 자동차에서 느슨한 나사가 하나 빠지듯 쉽게 잊히겠지만, 그날이 미국 독립선언일인 1776년 7월 4일과 관련이 있으며 유럽인은 그로부터 12년 후에 정착했다고 기억한다면 그 날짜는 절대로 잊히지 않을 것이다. 이것은 마치 느슨한 나사를 조이는 일과 같다.

전화번호를 선택할 때도 이 원칙을 기억해 두면 좋다. 예를 들어 세계 대전 중에 필자의 전화번호는 1776번이었는데, 이 번호를 외우지 못하는 사람은 없었다(1776년은 미국의 독립선언이 있었던 해임 - 옮긴이). 만약 당신이 전화국에 말을 잘해서 1492, 1861, 1865, 1914, 1918 등의 번호를 받는다면 당신 친구들은 당신의 번호를 찾기 위해 전화번호부를 뒤지지 않아도 될 것이다(1492년은 콜럼버스가 미 대륙을 발견한 해이고 1861년과 1865년은 미국의 남북전쟁이 시작하고 끝난 해, 1914년과 1918년은 제1차 세계대전이 시작하고 끝난 해임 - 옮긴이). 또한 당신이 "제 전화번호는 콜럼버스가 미국을 발견한 해인 1492이라 쉽게 기억하실 겁니다."라고 말한다면 그들은 결코 그 번호를 잊지 못할 것이다. 물론 호주나 뉴질랜드 또는 캐나다에 사는 독자라면 1776, 1861, 1865 대신 각자 나라에 맞는 중요한 날짜를 선택하는 것이 좋다. 예를 들면 다음과 같다.

- 1564 – 셰익스피어 탄생
- 1607 – 영국 이주민, 미국 제임스타운에 최초로 정착
- 1819 – 빅토리아 여왕 탄생
- 1807 – 로버트 리 장군 탄생
- 1789 – 바스티유 감옥 붕괴

만일 북부연방에 가입한 13개 주를 순서대로 외우기 위해 기계적으로 반복하기만 한다면 틀림없이 지겹겠지만, 그것들을 이야기로 엮어서 외우면 시간과 노력을 훨씬 덜 들이고 쉽게 암기할 수 있다. 아래의 글을 집중해서 읽어 보길 바란다. 다 읽고 난 다음에는 당신이 13개 주를 순서대로 정확히 외우고 있는지 확인해 보라.

어느 토요일 오후, 델라웨어Delaware에서 온 젊은 부인이 바람을 쐬러 펜실베이니아Pennsylvania를 지나는 기차표를 샀다. 그녀는 가방에 뉴저지New Jersey에서 만든 스웨터를 넣고 친구 조지아Georgia를 만나러 코네티컷Connecticut으로 갔다. 다음 날 아침 두 사람은 미사Massachusetts에 참가했다. 메리Maryland네 땅에 있는 성당이었다. 그리고 그들은 집으로 가는 남행 열차South Carolina를 타고 새 햄New Hampshire으로 식사를 했다. 요리사 버지니아Virginia는 뉴욕New York에서 온 흑인이었다. 그들은 저녁을 먹고 북부행 기차North Carolina를 타고 아일랜드Rhode Island로 달려갔다.

❖ 연설의 요지를 기억하는 방법

뭔가를 생각해 내는 데는 두 가지 방법만이 존재한다. 하나는 외부 자극을 통해서고 다른 하나는 이미 기억하고 있는 것과의 결합을 통해서다. 이것을 연설과 관련지어 생각하면 다음과 같은 의미가 된다.

첫째, 당신은 메모와 같은 외부 자극의 도움을 받아 당신이 말하고자 하는 바를 기억할 수 있다. 하지만 누가 메모를 사용하는 연사를 좋아하겠는가? 둘째, 당신은 이미 기억하고 있는 무엇과의 결합을 통해 연설의 요지를 기억할 수 있다. 그럴 경우에는 논리적인 순서에 따라 마치 한 방의 문이 다른 방과 연결되듯, 첫 번째에서 두 번째로, 두 번째에서 세 번째로 이어지도록 배열해야 한다.

쉬운 방법인 것 같지만 공포 때문에 사고력이 마비되는 초보자들에겐 그렇지 않다. 그러나 쉽고 빠르게 당신의 요지를 통합시킬 수 있는 방법이 있다. 바보가 아니라면 누구나 사용할 수 있는 그것은 바로 비논리적인 문장을 사용하는 것이다. 가령 서로 아무런 연관도 없이 섞여 있어 기억하기 어려운 '소, 시가, 나폴레옹, 집, 종교'라는 단어들에 대해 토론하고 싶다고 가정했을 때, 다음과 같은 엉터리 문장을 이용해서 이 단어들을 사슬의 고리처럼 서로 단단히 엮을 수 없는지 확인해 보자.

소는 담배를 피우고 나폴레옹을 낚았으며, 집은 종교로 다 타 버렸다.

이제 손으로 위의 문장을 가리고 다음 질문에 답해 보라. 위에서 세 번째로 말한 항목은 무엇인가? 다섯 번째는? 네 번째는? 두 번째는? 첫 번째는?

이 방법이 효과적인가? 물론이다. 이 교육과정에 참여하는 사람이라면 이 방법을 사용해 보길 권한다. 어떤 대상이든 이런 방법으로 연결할 수 있으며 우스꽝스러운 문장을 사용할수록 더 기억하기 쉽다.

❖ 완전히 잊어버릴 경우의 대처법

연사가 충분히 준비하고 주의를 기울였음에도 연설을 하는 도중 머릿속이 하얘져 버리는 상황, 한마디도 하지 못하고 청중만 바라보는 상황과 맞닥뜨렸다고 가정해 보자. 정말 끔찍한 일이 아닐 수 없다. 당혹감과 패배감을 안고 주저앉기엔 자존심이 허락하지 않는다. 10초나 15초라도 주어진다면 어떤 말이라도 생각해 낼 수 있을 것 같지만, 청중을 앞에 둔 상태라면 사람을 미치게 할 것 같은 적막한 시간이 단 15초만 흘러도 상황은 파국에 가까워진다.

그러면 어떻게 해야 할까? 어느 유명한 상원의원은 최근 이런 상황에 처하자 청중에게 자신의 목소리가 충분히 큰지, 뒤쪽에도 목소리가 잘 들리는지 물어보았다. 물론 그는 자신의 목소리가 충분히 크다는 것을 알고 있었다. 그는 그 정보가 필요한 것이 아니었다. 다만 시간이 필요했을 뿐이다. 그리고 짧은 시간 동안 생각을 정리했고 연설을 이어 나갔다.

하지만 이런 정신적인 혼란 속에서 가장 좋은 구원책은 마지막으로 말했던 단어, 어구, 생각을 새로운 문장의 출발점으로 삼는 것이다. 다소 유감스러운 말이지만 이것은 영국의 시인 알프레드 테니슨Alfred Tennyson이 시에서 읊었던 개울처럼 아무 목적도 없이, 영원히 달려가는 무한 궤도를 만들어 낸다. 그럼 실제로 이 방법이 어떻게 사용되는지 알아보자. '사업에서의 성공'이라는 주제로 연설을 하던 한 연사는 다음과 같은 말을 한 뒤 정신적으로 막다른 골목에 이르고 말았다.

보통 종업원들이 성공하지 못하는 이유는 자신의 일에 대한 진정한 관심을 갖지 않고 주도성도 보여 주지 않기 때문입니다.

이 경우, '주도성'이라는 단어로 문장을 시작하라. 당신은 어떤 말을 해야 할지 또는 어떻게 문장을 끝내야 하는지 감을 못 잡고 있을 수 있다. 하지만 어찌 되었건 시작하라. 완전히 무너지는 것보다는 형편없는 연설이라도 하는 편이 낫다.

주도성은 독창성, 즉 지시받을 때까지 기다리지 않고 스스로 움직이는 것을 말합니다.

그다지 독창적인 문장도 아니고 훌륭한 연설 내용이라 할 수도 없지만, 고통스러운 침묵이 이어지게 하는 것보다는 이런 말을 하는 편이 좋지 않을까? 방금 그 문장의 마지막 말은 무엇이었나? '스스로 움직이는 것'이었다. 좋다. 그 말로 새로운 문장을 시작해 보자.

스스로 움직이지 않고 독창적 사고도 거부한 채, 끊임없이 지시받고 이끌리며 재촉당하는 종업원들. 그들은 우리가 상상할 수 있는 가장 짜증나는 부류의 사람들 중 하나입니다.

자, 한 단락은 마무리됐다. 다음 단락으로 가 보자. 이번엔 상상에 대해 얘기하겠다.

상상력, 이것은 우리에게 반드시 필요합니다. 비전을 가져야 합니다. 솔로몬은 이렇게 말했습니다.
"비전이 없는 백성은 멸망한다."

이제 아귀가 들어맞는 두 단락을 만들었다. 마음을 다잡고 계속해 보자.

해마다 비즈니스라는 전쟁터에서 멸망하는 종업원의 수는 정말 유감스러울 정도입니다. 확실히 유감스럽습니다. 약간의 충성심과 열정을 가졌더라면 그들은 성공과 실패를 가르는 경계선 안쪽에 설 수 있었을 것이기 때문입니다. 하지만 비즈니스에서의 실패는 절대로 그런 것을 용납하지 않습니다.

이런 식으로 계속하는 것이다. 즉석에서 평범한 의견을 말하는 동안 다른 한편으로는 자신이 원래 계획한 연설의 다음 요지, 본래 말하려 했던 것이 무엇이었는지를 필사적으로 생각해 내야 한다.

물론 이렇게 끝도 없는 방식으로 계속 연설하다 보면 연사는 자신도 모르게 요점에서 벗어난 얘기를 하게 될 수도 있다. 하지만 망각 증세로 인해 순간적으로 모든 것을 잊어버린 상처 받은 영혼에게는 이것만으로도 훌륭한 긴급 처방이 된다. 이 처방은 지금까지 절체절명에 처한 수많은 연설을 되살리는 수단이 되어 왔다.

121

❖ 특별한 결합

나는 이 장에서 생생한 인상을 얻는 방법, 반복하는 방법 및 사실들 간의 관계를 구축하는 방법을 어떻게 더 개선할 수 있을지에 대해 언급했다. 하지만 '기억'은 기본적으로 결합의 문제다. 따라서 제임스 교수가 지적했듯이 '기억력 향상'이란 오직 특별한 체계의 결합으로만 가능할 뿐, 전반적인 혹은 기본적인 기억력을 향상시킨다는 것은 불가능하다.

예를 들어 셰익스피어의 작품 한 구절씩을 외운다면 우리는 문학적인 어구 인용과 관련된 기억력을 놀라울 정도로 향상시킬 수 있다. 한 구절을 외울 때마다 그 구절은 우리 정신 속에서 수많은 친구를 찾아 관계를 맺는다. 하지만 햄릿에서 로미오에 이르는 그 모든 것을 외운다 해도 그것이 면사 시장이나 선철에서 실리콘을 제거하는 베서머법에 관한 사실들을 외우는 데는 도움이 되지 않는다.

다시금 이야기하자면, 이 장에서 제시한 원칙을 적용하거나 사용하면 무엇을 외우든 그 방법이나 효율성을 개선할 수 있다. 하지만 이 원칙들을 따르지 않는다면 야구에 대한 1,000만 가지 사실을 외워도 그것이 주식 시장에 대한 사실을 기억하는 데는 도움이 되지 않을 것이다. 이렇듯 서로 관련 없는 자료를 연결시킬 수는 없다. 우리의 정신은 기본적으로 '결합하는 기계'이기 때문이다.

기억력을 향상시켜라

1. 저명한 심리학자 칼 시쇼어 교수는 이렇게 말했다.

   "보통의 인간은 자신이 실제 물려받은 기억력의 10퍼센트도 사용하지 못한다. 우리는 기억의 자연법칙을 위반하고 90퍼센트를 낭비하고 있다."

2. '기억의 자연법칙'은 인상, 반복, 결합이다.

3. 당신이 기억하고 싶은 것에 대해 깊고 생생한 인상을 가져라. 그렇게 하기 위해서 다음과 같이 하라.

   1) 집중하라. 루스벨트가 뛰어난 기억력을 가졌던 비결도 이것이었다.

   2) 자세히 관찰하라. 정확한 인상을 얻어라. 안개 속의 카메라가 제대로 된 사진을 찍지 못하는 것처럼, 당신의 정신도 흐릿한 인상은 제대로 기억하지 못한다.

   3) 가능한 많은 감각을 통해 인상을 얻어라. 링컨은 기억하고자 하는 것의 시각적·청각적 인상을 얻기 위해 그것이 무엇이었든 소리 내어 읽었다.

   4) 무엇보다 시각적 인상을 얻기 위해 노력하라. 그것은 무엇보다 오래 남는다. 눈에서 뇌에 이르는 신경망은 귀에서 뇌에 이르는 신경망보다 20배나 넓다. 메모를 사용할 때 마크 트웨인은 연설의 개요를 기억하지 못했지만, 메모를 그만두고 그림을 활용해 다양한 요지를 기억하려 하자 모든 문제가 해결되었다.

4. 기억의 두 번째 법칙은 반복이다. 수천 명의 이슬람교 학생은 신약성서만큼이나 긴 코란을 외울 때 주로 반복이 가진 힘을 사용한다. 상

식의 범위 안에서 우리는 반복을 통해 무엇이든 암기할 수 있다. 하지만 반복과 관련해서는 다음과 같은 사실을 명심하라.

1) 뭔가를 기억에 새기려고 의자에 앉아 암기를 반복하지 말라. 한두 번 반복하고 멈춘 다음 나중에 다시 반복하라. 이처럼 간격을 두고 반복하면 한 번에 기억하려 할 때 필요한 시간의 절반만 들이고도 외울 수 있다.

2) 무엇인가 암기한 뒤 8시간이 지나는 사이에 우리는 사흘 동안 잊어버리는 것과 같은 양을 잊어버린다. 그러니 연설을 하기 전의 몇 분 동안이라도 메모를 다시 봐라.

5. 기억의 세 번째 법칙은 결합이다. 뭔가를 기억할 수 있는 유일한 방법은 그것을 다른 사실과 결합시키는 것이다. 제임스 교수는 "마음속에 떠오르는 모든 것은 소개를 받고 들어온 것이며 소개를 받을 땐 이미 마음속에 존재하는 것과 결합이 된다."라고 말했다. 자신의 경험을 더 많이 생각하고 그것들의 체계적인 관계를 구축하는 사람의 기억력이 더 좋다.

6. 이미 기억하고 있는 사실과 새로운 사실을 결합하고자 한다면 다음과 같은 질문을 던지며 새로운 사실을 다른 각도로 바라보라.
"왜 이렇게 되었는가? 어떻게 이렇게 되었는가? 언제 이렇게 되었는가? 어디서 이렇게 되었는가? 누가 이렇게 되었다고 말했는가?"

7. 새로 만난 사람의 이름을 기억하고 싶다면 "그 이름은 어떻게 쓰나요?"와 같이 이름에 관해 질문하라. 그리고 그의 외모를 자세히 살펴보고, 그의 얼굴과 이름을 연결시켜 봐라. 펜 애슬레틱 클럽에서 했던 것처럼 그의 비즈니스를 파악하고 그것과 그의 이름을 연결하는 우스꽝스러운 어구를 만들어 내라.

8. 날짜를 기억하고 싶다면 당신이 이미 기억하고 있는 유명한 날짜와 그것을 연결하라. 예를 들어 셰익스피어 탄생 300주년 기념일은 남

북전쟁 기간에 있었다.

9. 당신 연설의 요점을 기억하려면 그것들을 논리적인 순서가 되도록 배열함으로써 하나의 요점과 다른 요점을 자연스럽게 연결시켜야 한다. 덧붙여 중요 요점만으로 다음과 같은 비논리적인 예문을 만드는 방법도 있다.
   "소는 담배를 피우고 나폴레옹을 낚았으며 집은 종교로 다 타 버렸다."

10. 모든 준비를 했음에도 갑자기 하고 싶은 말이 생각나지 않을 때는 마지막 문장에서 사용한 마지막 단어를 새로운 문장의 출발점으로 사용하라. 이 방법은 완전한 실패로부터 당신을 구해 줄 것이고, 다음 요점을 떠올릴 때까지 이 과정은 계속될 수 있다.

DALE CARNEGIE

PUBLIC SPEAKING AND INFLUENCING MEN IN BUSINESS

"천재성은 곧 집중력이다. 성취할 가치가 있는 것을 발견한 사람은 고양이 뒤를 쫓는 불도그처럼 그의 모든 신경을 곤두세워 끈질기고 집요하게 목표물을 쫓아간다."
— W. C. 홀맨(W. C. Holman), 전 내셔널 캐시 리지스터 사(社) 판매담당 임원

"열정을 가진 사람은 남자건 여자건 간에 항상 자신이 만나는 사람들을 자석처럼 끌어당긴다."
— M. 애딩턴 브루스(M. Addington Bruce)

"진심을 다하라. 열정이 열정을 낳는다."
— 러셀 H. 콘웰(Russell H. Conwell)

"나는 열정으로 끓어오르는 사람을 좋아한다. 진흙탕보다 간헐천이 되는 것이 낫다."
— 존 G. 셰드(John G. Shedd), 전 마셜 필드(Marshall Field) 대표

"그는 최선을 다했기 때문에 하는 일마다 잘되었다."
— 구약성경, 〈역대기 하편〉

5장

청중을 깨어 있게 만들어라

셔먼 로저스와 나는 세인트루이스 주에서 열린 상공회의소 모임에서 연설을 한 적이 있다. 나는 셔먼보다 먼저 연설을 했는데, 만일 그때 적당한 핑계만 있었다면 나는 즉시 그 자리를 떠났을 것이다. 왜냐하면 그는 '벌목공 웅변가'라는 별명을 가지고 있었기 때문이다. 나는 솔직히 '웅변가'라고 하는 사람들을 왁스 플라워(화려하긴 하지만 꽃병에나 어울리는 조화 - 옮긴이)와 같은 종류로 생각하고 있었기에 그의 연설도 꽤 따분할 것이라 예상했다. 그러나 내 예상은 빗나갔고, 그의 연설은 내가 들었던 가장 훌륭한 연설 중 하나가 되었다.

그렇다면 과연 셔먼 로저스는 누구인가? 그는 서부 지역의 깊은 숲에서 일생을 보낸 진짜 벌목공이다. 그는 대중연설의 원칙에 관해 달변을 늘어놓은 책은 알지 못했고 그 내용 또한 신경 쓰지 않았다. 그의 연설은 세련되진 않았지만 예리했고, 문법에 어긋날 때도 있었지만 연설의 원칙을 벗어나진 않았다. 연설을 망치는 것은 그런 것들이 아닌, 장점의 부재다.

그의 연설은 벌목꾼의 수장으로 일하며 산 일대를 돌아다니다 이제 막 그의 인생에서 나와 생생하게 살아 움직이는 경험의 한 덩어리였다. 그의 연설에서는 책 냄새를 맡을 수 없었다. 그의 연설은 마치 살아 있는 것처럼 웅크리고 있다가 뛰어올라 청중을 덮쳤다. 그의 입에서 나오는 말 한마디는 그의 가슴에서부터 불꽃처럼 뜨겁게 피어올랐고, 청중은 전율을 느꼈다.

그처럼 경이로운 성공의 비결은 뭘까? 이에 대해서는 미국의 철학자이자 시인인 랠프 월도 에머슨Ralph Waldo Emerson이 했던 다음의 말을 참고해 보자.

"역사에 기록된 모든 위대한 성취는 곧 열정의 승리다."

마법의 단어인 '열정enthusiasm'은 '안'을 뜻하는 그리스어 'en'과 '신'을 뜻하는 그리스어 'theos'의 두 단어에서 유래되었다. 열정은 어원적으로 '우리 안에 있는 신'이라는 의미를 갖고 있는 것이다. 열정적인 연설가는 결국 '신들린 듯' 말하는 사람이다.

이것은 물건을 광고하거나 팔 때 혹은 어떤 일을 시작할 때 가장 효과적이고 중요한 요인이다. 30년 전 단일 품목으로는 지구상에서 가장 큰 규모의 광고를 하던 어떤 사람이 주머니에 50달러도 지니지 않은 채 시카고에 도착했다. 매년 3,000만 달러어치의 풍선껌을 파는 사람, 뤼글리의 사무실 벽에는 에머슨이 말한 구절을 담은 액자가 걸려 있다.

"열정 없이 이루어진 위대한 일은 없다."

나도 대중연설 기법을 중요하게 생각하던 때가 있었다. 하지만 시간이 지나면서 연설의 중요성을 더 신뢰하게 되었다. 윌리엄 J. 브라이언은 이렇게 말했다.

"설득력 있는 말은 자신이 하고 있는 말의 의미를 잘 알고, 진심으로 그것을 믿는 사람이 하는 말이다. 그 말에는 진심이 있다. 진심이 없는 연사에게 지식은 도움이 되지 않는다. 설득력 있는 연설이란 오직 마음에서 마음으로 전달되기 때문이다. 연사가 청중에게 자신의 감정을 속이는 일은 어렵다."

약 2,000년 전, 로마 제국의 시인은 이에 대한 자신의 생각을 "다른 이의 눈에서 눈물이 흐르게 하려면 자신이 먼저 슬픔을 보여 줘야 한다."라고 표현했다.

마르틴 루터는 이렇게 말했다.

"만약 내가 멋진 곡을 쓰거나 좋은 글을 쓰거나 기도를 잘하거나 설교를 잘하고 싶다면 반드시 분노해야 한다. 그래야 내 핏줄의 모든 피가 소용돌이 치고 감각이 예민해지기 때문이다."

당신과 내가 말 그대로 분노해야 할 필요는 없을지도 모르나, 우리가 깨어 있어야 하고 진지함과 진실함으로 충만해야 한다는 것은 분명하다. 심지어 동물도 격려의 말을 해 주면 영향을 받는다. 동물 조련사로 유명한 레이니는 말의 심장 박동 수를 10 이상 올리는 욕설을 알고 있다고 하는데, 청중도 말처럼 예민하다.

기억해야 할 중요한 점은 바로 이것, 연설할 때 청중의 태도를 결정하는 것은 언제나 연사라는 것이다. 청중은 연사의 손 안에 있다. 연사에게 열의가 없다면 청중의 열의도 없어지고, 연사가 우물쭈물한 태도를 보이면 청중 또한 그렇게 된다. 만약 연사가 연설에 조금만 마음을 둔다면 청중 역시 그럴 것이다. 하지만 연사가 자신이 말하려는 것에 대해 진지한 자세를 보이고, 마음에서 우러나 남에게 전해질 정도의 확신을 갖고 연설한다면 청중도 그의 태도에 영향을 받을 것이다.

뉴욕의 유명 만찬 연설가인 마틴 W. 리틀턴Martin W. Littleton은 이렇게 말했다.

"사람들은 자신이 이성으로 움직인다고 믿고 싶어 하지만, 사실 세상은 감정에 의해 움직입니다. 진지함이나 재치로 움직이려는 사람들은 쉽게 실패하지만, 진정한 확신을 가지고 호소하는 사람들은 절대 실패하지 않습니다. 연사가 말하려는 주제가 백색 레그혼종 닭의 사육법이든 아르메니아에서 기독교인들이 겪는 고난이든 국제연맹이든 상관없이, 그 말을 진정으로 전하고 싶다는 확고한 신념만 가지고 있다면 그 연사의 연설은 불꽃처럼 타오를 것입니다. 중요한 것은 그 연사가 자신의 확신을 어떻게 표현하며 나타내는가가 아니라, 어떤 진지함과 감정적인 힘을 가지고 그것을 청중에게 전달하는가입니다."

열의, 진지함 그리고 열정만 있다면 연사의 영향력은 넓게 퍼질 것이다. 500개의 단점이 있다 해도 그는 실패하지 않는다. 위대한 피아니스트 루빈스타인조차 틀린 건반을 누른 적이 많았지만 아무도 그것에 신경을 쓰지 않았다. 왜냐하면 그는 그 이전까지는 노을을 볼 때 창고 너머 지평선으로 지고 있는 크고 붉은 둥근 물체 말고는 아무것도 보지 못하던 사람들의 영혼에 쇼팽의 시를 들려주었기 때문이다.

아테네의 강력한 지도자 페리클레스(Pericles)는 연설을 시작하기 전, 신들에게 자신의 입에서 가치 없는 말은 한마디도 나오지 않게 해 달라는 기도를 올렸다고 역사는 기록하고 있다. 그가 하는 말엔 영혼이 담겨 있어 국민의 가슴 속으로 파고들곤 했다.

미국에서 가장 유명한 여류 소설가 가운데 한 사람인 윌라 캐서Willa Cather는 이렇게 말한다.

"모든 예술가의 비밀은 열정이다. 이것은 누구나 아는 비밀이지만 아무도 훔쳐 갈 수 없고, 영웅적 자질처럼 값싼 재료로는 흉내 내지 못한다."

모든 대중연설가는 예술가가 되어야 한다. 정열, 느낌, 영혼, 감정적 진실……. 당신의 연설에 이런 특징을 담아라. 그러면 청중은 당신의 사소한 단점을 용서해 줄 것이다. 아니, 전혀 인식하지 못할 것이다. 역사는 이런 사실을 보여 준다. 링컨은 불쾌할 정도의 높은 목소리로 연설했고, 고대 그리스 웅변가 데모스테네스Demosthenes는 말을 더듬었다. 후커의 목소리는 너무 작았고, 커런은 말 더듬기로 유명했으며, 셰일은 거의 쇳소리를 냈다. 최연소 영국 수상이었던 젊은 윌리엄 피트William Pitt The Younger의 목소리는 탁하고 듣기에도 불편했다. 하지만 이 모든 사람에게는 자신의 단점들을 물리칠 진실함, 열정 그리고 절실함이 있었다. 그리고 그것은 다른 모든 단점을 아무것도 아닌 것으로 만들었다.

❖ 간절하게 말하고 싶은 주제가 있어야 한다

브랜더 매튜스Brander Matthews 교수는 〈뉴욕 타임스New York Times〉
에 흥미로운 기사를 기고한 적이 있다.

좋은 연설의 핵심은 연사가 자신이 진정으로 말하고 싶은 무언가를
갖고 있는 것이다. 이것은 몇 년 전 내가 컬럼비아 대학에서 커디스
메달 수상자를 선정하기 위한 세 명의 선정위원이었을 때 깨달은 사
실이다. 후보는 대여섯 명의 대학생들이었는데, 모두 기교가 뛰어났
고 좋은 결과를 얻고자 노심초사했다. 하지만 단 한 명을 제외한 나머
지 학생들이 추구하는 것은 메달이었다. 그들에게는 누군가를 설득하
고자 하는 욕구가 거의 혹은 전혀 없었다. 그들은 웅변 기교를 드러내
기에 적합한 주제를 선택했는데, 자신들이 다룰 주제에 대해 개인적
으로 깊은 관심은 없는 것처럼 보였다. 따라서 그들의 연설은 웅변 기
교를 자랑하는 것에 불과했다. 하지만 줄루족의 왕자만은 예외였다.
그가 고른 주제는 '근대 문명에 기여한 아프리카'였다. 그는 자신이
내뱉는 모든 말에 깊은 느낌을 담았다. 그의 연설은 보여 주기 위한
것이 아닌, 살아 움직이는 것이자 강한 확신과 열정에서 비롯된 것이
었다. 자신의 백성과 대륙을 대표해서 나선 그에게는 간절히 말하고
싶은 것이 있었다. 그는 누구나 공감할 수 있을 정도로 진실하게 말했
다. 비록 기교면에서는 다른 두세 명의 경쟁자보다 부족했지만 결국
메달은 그에게 돌아갔다. 그의 연설에는 웅변이 가져야 할 진정한 열
정이 있었기 때문이다. 그의 열정적인 호소에 비교하면 다른 연설들
은 껍데기만 그럴듯했다.

많은 연설가가 이 부분에서 실패를 경험한다. 그들의 표현은 확신에서 나온 것이 아니며, 어떤 욕구나 힘 또한 없어서 마치 화약 없는 총을 쏘는 것과 같다. 어떤 이는 이렇게 말할지 모른다.

"네, 좋아요. 하지만 당신이 그렇게 높이 평가하는 진실함, 영혼, 열정은 어떻게 가질 수 있나요?"

분명한 한 가지는, 겉만 맴도는 연설을 통해서는 절대 그것을 얻을 수 없다는 것이다. 분별력을 지닌 사람이라면 누구나 당신이 피상적인 인상만으로 말하고 있는 것인지, 아니면 깊은 가슴에서 나오는 말을 하고 있는 것인지 구별할 수 있다. 마음을 다하라. 캐내라. 당신 안에 숨어 있는 자원을 찾아내라. 사실을 확인하고 그 뒤에 숨은 원인을 밝혀라. 집중하라. 사실에 빠져 고민하고 성찰해 그 의미를 찾아라. 결국 당신은 철저하고 올바른 준비에 모든 것이 달려 있음을 알게 될 것이다.

가슴으로 준비하는 것은 머리로 준비하는 것만큼 중요하다. 예를 들어 보자. 나는 예전에 미국은행협회 뉴욕 지부에 속한 사람들을 대상으로 절약 캠페인 기간에 연설을 하도록 교육했던 적이 있는데, 그들 중 강렬함이 부족한 사람이 한 명 있었다. 그가 연설을 하는 이유는 절약에 대해 강한 열정을 갖고 있어서가 아니라 그저 연설을 하고 싶기 때문이었다. 그에게 내가 처음 가르친 것은 정신과 마음을 뜨겁게 하는 것이었다. 나는 그에게 혼자만의 시간을 갖고 열정이 생길 때까지 그 주제에 대해 생각해 보라고 말했다. 또한 유언장 집행을 검토하는 검인 법원 기록에 의하면 뉴욕 주민 중 85퍼센트는 사망 시에 아무런 재산도 남기지 못하고 단지 3.3퍼센트만이 1만 달러 이상의 유산을 남긴다는 사실을 잊지 말라고 덧붙였다. 그는 끊임없이 자신이 사람들에게 부탁을 하는 것도 아니고, 사람들이 할 수 없는 일을 하도록 촉구하는 것도 아니라는 것을 되새겨야 했다. 더불어 그는 이런 생각을 해야 했다.

'나는 지금 이 사람들이 노년기에 의식주를 해결할 수 있도록, 그리고 사후에는 그들의 부인과 아이가 보호받을 수 있도록 준비시키고 있는 것이다.'

또한 그는 엄청난 사회봉사를 하러 가는 것임을 기억할 필요가 있었다. 그렇기에 그는 예수 그리스도의 복음을 실제적이면서 현실적인 내용에 맞게 설파하고 있다는 십자군 전사와 같은 믿음으로 충만해야 했다.

그는 이런 사실들을 곰곰이 생각하고 가슴 깊이 새긴 뒤 그것의 중요성을 깨달았다. 그는 그 주제에 큰 관심을 가지게 되었고 열정을 끌어냈으며 자신에게 주어진 사명이 신성하다고 여길 정도가 되었다. 그리고 마침내 그가 연설을 하러 나가자 그의 말에 확신이 담겨 있다는 느낌이 들었다. 실제로 절약에 관한 그의 연설은 큰 관심을 받아 미국 최대의 은행에서 그를 영입해 갔고, 그는 후에 남미 지역의 지점장으로 부임하는 영광까지 누렸다.

❖ 승리의 비결

한 젊은이가 볼테르Voltaire에게 소리쳤다.

"나는 살아야 합니다!"

그러자 볼테르는 이렇게 답했다.

"나는 그 필요성을 인식하지 못한다."

당신이 하는 말에 대해 세상이 보이는 태도는 대부분 이럴 것이다. 세상은 그 말의 필요성을 인식하지 못한다. 하지만 성공하고 싶다면 당신은 그 필요성을 느껴야 하고 그에 대한 확신을 가져야 한다. 지금 당장 그것을 세상에서 가장 중요한 일로 여겨야 한다.

드와이트 L. 무디 목사는 은총이라는 주제로 설교를 준비하다가 진리를 구하고자 하는 마음에 사로잡혀 모자를 집어 들고 서재에서 떠나 거리로 나갔다. 그리고 처음 만난 사람에게 갑작스러운 질문을 했다.

"은총이 무엇인지 아십니까?"

이런 진실한 감정과 열정으로 불타오르는 사람이 청중에게 마법과 같은 영향력을 행사하는 것은 조금도 놀랄 일이 아니다.

얼마 전 나는 파리에서 강의를 했는데, 며칠이나 감흥 없는 연설을 계속하는 한 사람이 있었다. 그는 괜찮은 수강생이었고 정확한 지식도 많이 갖고 있었지만, 뜨거운 열정이 없었기에 그는 자신이 말하고 있는 사실들을 하나로 결합시키지 못했다. 청중은 그가 중요한 무언가에 대해 얘기하고 있다고 여기지 않았고, 자연스럽게 주의를 기울이지도 않았다. 그가 중요성을 부여하는 딱 그 정도만큼만 청중도 그의 연설을 받아들인 것이다. 나는 몇 번이고 연설을 중단시키며 그에게 강렬해져야 하고 깨어 있어야 한다고 강조했지만, 이미 차가워진 라디에이터에서 뜨거운 김을 뽑아내려 애쓰고 있다는 느낌만 들었다. 교육 후반부가 되어서야 마침내 나는 그의 준비 방법이 잘못되었음을 설득하는 데 성공했다. 나는 그에게 머리와 가슴 사이에서는 아주 긴밀한 의사소통이 이뤄져야 한다는 사실을 납득시켰고, 연설은 사람들에게 단순한 사실을 제시하는 것이 아니라 그 사실에 대한 자신의 생각을 드러내는 것임을 인지시켰다.

다음 주에 그가 나타났을 때, 그는 표현할 만한 가치가 있다고 생각되는 어떤 생각을 품고 있었다. 마침내 뭔가에 대해 열정적인 관심을 갖게 된 것이다. 그는 마치 영국 작가 윌리엄 M. 새커리William M. Thackeray 가 영화 〈베니티 페어Vanity Fair〉에 나오는 여주인공 베키 샤프를 사랑하듯 그 메시지를 사랑하고 있었고, 그 일을 위해서라면 어떤 수고도 마다하지 않을 준비가 되어 있었다. 그의 연설은 뜨거운 박수를 받았다. 실로 극적인 승리였다. 그는 조금이나마 마음으로 느낄 수 있는 진실함을 만들고야 말았다.

이것이 바로 준비의 기본 요건이다. 2장에서 이미 보았듯이 연설, 그것도 진정한 연설을 준비한다는 것은 몇 가지 기계적인 어구를 종이에 적거나 암기하는 것이 아니고, 책이나 신문에 실린 남의 생각 서너 가지를 가져오는 것은 더더욱 아니다. 결코 그런 것이 아니다. 준비는 당신의 정신, 마음, 인생 그리고 그 깊은 곳으로 파고들어가 본질적으로 당신 자신의 것이라 할 만한 확신과 열정을 끄집어내는 것이다. 당신의 것! 당신 자신의 것! 그것을 파내고, 파내고, 또 파내라. 그것은 그곳에 있다. 그곳에 당신이 꿈도 꾸지 못했던, 금광과도 같이 엄청난 것들이 거기에 있음을 절대로 의심하지 말라.

당신은 자신의 잠재력에 대해 알고 있는가? 그렇지 않을 것이다. 제임스 교수는 보통 사람은 자신이 가진 잠재적인 정신력의 10분의 1도 계발하지 못한다고 했다. 이것은 엔진은 8기통인데 그 가운데 고작 실린더 하나에만 불꽃이 튀는 것보다도 더 나쁜 상황이다. 그렇다. 연설에서 중요한 것은 차가운 어법이 아니라 그 뒤에 있는 인간, 영혼, 확신이다.

버크와 피트, 윌버포스와 찰스 J. 폭스(Charles J. Fox) 같은 유명한 연설가들은 하원에서 셰리든이 워런 헤이스팅스(Warren Hastings)를 공격하는 연설을 듣고 그것이야말로 영국 땅에서 나온 가장 설득력 있는 웅변이었다고 말했다. 하지만 셰리든은 그 연설의 큰 장점이 차가운 문자 안에 있기엔 너무 정신적이고 사라지기 쉬운 것이라고 생각했기에 5,000달러짜리 출판 계약도 거절했다.

비록 오늘날 그 연설은 존재하지 않지만, 만일 우리가 그 연설문을 읽는다면 틀림없이 실망할 것이다. 연설을 위대하게 만든 특성은 사라져 버리고, 몸 안에 솜을 넣고 날개를 펼친 채 박제 가게에 걸린 독수리처럼 빈껍데기만 남았을 것이 분명하기 때문이다.

당신이 하는 연설에서 가장 중요한 요인은 당신 자신임을 항상 명심하라. 무한한 지혜를 담고 있는 에머슨의 명구에 귀를 기울여 보자.

"당신이 하는 말은 당신 자신이다."

이 말은 자기표현에 관한 기술 중 가장 중요한 말이다. 그러므로 한 번 더 반복하겠다.

"당신이 하는 말은 당신 자신이다."

❖ 재판을 승리로 이끈 링컨의 연설

링컨은 위의 구절을 읽은 적이 없을 수도 있지만, 그 진리를 이미 알고 있었다는 점은 분명하다. 어느 날 나이가 들어 허리가 굽은, 독립전쟁에서 남편을 잃은 한 노인이 다리를 절뚝이며 그의 변호사 사무실로 찾아왔다. 그녀의 연금업무 대행인이 그녀가 받아야 할 돈의 절반인

200달러를 수수료 조로 가져갔다는 사연이었다. 화가 난 링컨은 즉각 소송을 제기했다.

그는 이 사건을 어떤 방식으로 준비했을까? 링컨은 워싱턴 일대기와 독립전쟁에 관한 기록을 읽으며 열정적으로 임했다. 변론할 차례가 되자 그는 애국자들로 하여금 반발하고 자유를 위해 투쟁하게 만들었던 압제의 사례를 하나하나 열거했다. 더불어 그들이 겪은 보이지 않는 고난과, 계곡의 얼음과 눈 위에서 먹을 것과 신을 것 없이 피 흘리는 발을 끌며 견뎌야 했던 고통을 묘사했다. 그리고 분노로 가득 찬 채 그러한 영웅의 미망인으로부터 연금의 절반을 강탈한 악당을 향해 돌아섰다. 도무지 반론의 여지가 없을 정도로 통렬한 질타를 쏟아 내는 링컨의 눈은 활활 불타오르고 있었다. 그는 다음과 같이 결론지었다.

"세월은 지나갑니다. 독립전쟁의 영웅은 죽고 다른 곳에 부대를 만들었습니다. 그 용사들은 잠들어 있는데 다리를 절거나 앞을 보지 못하거나 상처 입은 미망인이 배심원 여러분에게, 그리고 제게 와서 그 억울함을 풀어 달라고 호소합니다. 그분이 늘 지금 같은 모습은 아니었습니다. 젊고 아름다운 여성이었던 그녀는 걸음걸이에 탄력이 있었고 얼굴은 희었으며 목소리는 예전 버지니아 산등성이에 울리던 그 어떤 소리보다 달콤했습니다. 하지만 지금 그녀는 가난하고 의지할 데조차 없습니다. 어릴 때 지내던 곳으로부터 수백 마일이나 떨어져 있는 일리노이 주의 넓은 벌판에서 그녀는 독립전쟁의 용사들이 쟁취한 특권을 누리고 있는 우리에게 동정심을 갖고 도와 달라고, 남자답게 자신을 보호해 달라고 호소합니다. 제가 묻고 싶은 것은, 우리가 그녀의 친구가 되어 줄 것인가 하는 것입니다."

변론이 끝나자 배심원들 가운데는 눈물을 흘리는 사람도 있었다. 배심원단은 그 노부인이 요구한 금액 전부를 배상하라는 판결을 내렸다. 링컨은 그녀가 부담해야 할 비용에 대한 보증인이 되어 주고 호텔 숙박비와 돌아가는 여비까지 부담했다. 수임료 역시 한 푼도 받지 않았다.

며칠 뒤, 링컨의 파트너는 사무실에서 작은 종잇조각을 발견했다. 그는 링컨의 변론이 적혀 있는 그 메모를 읽고 웃음을 터뜨렸다.

계약 없음 – 전문 서비스 아님 – 비상식적인 수수료 – 피고가 유보한 돈을 원고에게 전달하지 않음 – 독립전쟁 – 포지 계곡의 비참함을 묘사할 것 – 원고의 남편 – 입대하는 군인 – 피고 반론의 여지없음 – 끝

당신의 뜨거운 마음과 열정을 일으키기 위해 가장 먼저 해야 할 것은 이처럼 다른 사람에게 호소하고 싶은 진짜 메시지를 갖게 될 때까지 준비하는 것이다.

❖ 진실하게 행동하라

우리는 1장에서 제임스 교수가 지적한 다음의 말을 살펴봐야 한다.

"행동과 감정은 동시에 일어난다. 따라서 의지의 직접적인 통제를 받는 행동을 조절하면 의지의 통제에서 먼 감정을 간접적으로 조절할 수 있다."

그러므로 진실하고 열정적인 느낌을 갖기 위해서는 일어서서 진실하게, 또 열정적으로 행동해야 한다. 탁자에 기대지 마라. 몸을 똑바로 세우고 가만히 서 있어라. 몸을 앞뒤로 흔들지 마라. 위아래로도 움직이지

마라. 지친 말처럼 체중을 이쪽 발에 실었다 저쪽 발에 실었다 하지 마라. 즉, 당신이 초조하고 자신감이 없다는 표시가 될 만한 신경질적인 움직임을 많이 만들지 말라는 뜻이다. 자신의 육체를 통제하라. 그러면 안정감과 힘이 있다는 느낌을 줄 수 있다. '경주를 즐기는 강한 사람'처럼 똑바로 서라. 반복하겠다. 당신의 허파에 산소를 최대한 채우고, 청중을 똑바로 보라. 마치 뭔가 급하게 말할 것이 있고, 또 그것이 급하다는 점을 잘 알고 있다는 듯이 청중을 바라보라. 교사가 학생에게 그렇게 하듯 자신감과 용기를 갖고 청중을 응시하라. 지금 당신은 교사이고, 청중은 당신의 가르침을 받기 위해 모인 학생들이다. 그러므로 자신 있고 힘차게 말하라. 선지자 이사야는 이렇게 말했다.

"목소리를 높여라. 두려워하지 마라."

힘이 있는 제스처를 사용하라. 제스처가 아름다운지 우아한지는 신경 쓰지 말고 오직 힘차고 자연스러워 보이는지만 생각하라. 이 순간에는 당신의 동작이 남에게 전달할 의미를 위해서가 아닌, 당신 자신에게 전달할 의미를 위해서 제스처를 취하라. 그러면 기적이 일어날 것이다. 라디오를 통해 당신의 연설을 듣고 있는 청중을 위해서도 끊임없이 제스처를 사용하라. 물론 청중은 당신의 제스처를 볼 수 없지만 그 결과는 그들에게 전달된다. 적극적인 제스처는 당신의 어조와 전반적인 태도에 생동감과 에너지를 더해 줄 것이다. 나는 무척이나 자주, 활기 없는 연사의 연설을 중간에 멈추게 하고 그에게 강한 제스처를 취하게 했다. 처음에 억지로 취했던 그 신체적 움직임은 마침내 그 연사를 일깨우고 자극해서 결국엔 자발적 제스처까지 이끌어 내곤 한다. 연사는 심지어 얼굴까지 밝아지고, 전반적인 태도와 자세 또한 더 진실해지고 더 활발해진다.

진실한 행동은 진실한 느낌을 갖게 한다. 셰익스피어가 충고한 대로 어떤 미덕이 부족하면 그 미덕이 있는 것처럼 행동하라. 다른 무엇보다 입을 크게 벌리고 큰 소리로 말하라. 위커샴 법무장관은 전에 이런 말을 했다.

"보통의 대중연설가들은 10미터만 떨어져도 목소리가 들리지 않습니다."

너무 과장된 얘기 같은가? 나는 최근에 어느 명문 대학교의 총장이 하는 연설을 들었는데, 네 번째 열에 앉았음에도 그가 하는 말의 절반은 알아들을 수 없었다. 또 어느 유럽 주요국의 대사는 최근 유니언 대학의 졸업식에서 축사를 했는데, 지나치게 우물거리며 말하는 바람에 고작 20피트 정도 떨어진 곳에서도 그의 연설을 들을 수 없었다.

경험이 많은 연사들도 이런 잘못을 저지르는데 하물며 초보자들이야 더 말해 무엇 하겠는가? 그들은 청중 전체에게 들릴 정도로 목소리를 높이는 일에 익숙하지 않기 때문에, 만일 청중이 알아듣기 충분할 정도의 성량으로 연설을 하면 자신이 악을 쓰고 있어 사람들이 웃음을 터뜨릴지 모른다고 생각할 것이다. 하지만 대화하듯 하되 크고 강하게 말해야 한다. 작은 글씨는 눈에서 가까운 거리에 있을 때만 읽을 수 있고, 강단 맞은편에서도 볼 수 있으려면 큰 글씨가 필요한 법이다.

❖ 청중이 졸 때 가장 먼저 해야 할 일

어느 시골 목사가 헨리 워드 비처에게 "무더운 일요일 오후에 신자들이 조는 것을 막으려면 어떻게 해야 합니까?"라고 묻자, 비처는 "뾰족한 막대기를 든 사람을 옆에 두고 목사가 졸지 못하게 찌르면 됩니다."라고 말했다. 나는 이 일화를 무척 좋아한다. 상식을 높은 경지로 끌어올린 이 얘기는 연설 방법을 다룬 묵직한 그 어떤 학술서보다 초보자의 이해를 도울 것이다.

연설을 배우는 사람이 자신을 잊고 연설에 몰입할 수 있는 가장 확실한 방법은 자기 자신을 때려눕히는 것이고, 그것은 그의 연설에 정열, 혼, 생기를 줄 것이다. 배우들은 무대에 서기 전에 침착해지기 위해 애쓴다. 마술사 해리 후디니Harry Houdini는 무대 뒤에서 뛰어오르고 허공에 주먹을 휘두르며 보이지 않는 적과 싸움을 했다. 여배우 제인 맨스필드Jayne Mansfield는 때때로 스태프의 숨 쉬는 소리가 신경 쓰인다고 트집을 잡아서라도 일부러 화를 내곤 했는데, 그것은 아마 그렇게 함으로써 자신이 원하는 에너지를 얻고 그것을 고양시킬 수 있다고 생각했기 때문일 것이다. 심지어 나는 무대 입구에서 자신의 차례를 기다리며 가슴을 세게 내리치는 배우를 본 적도 있다. 나 역시 잠시 후 연설해야 하는 수강생들에게 옆방에 가서 맥박이 뛰고 얼굴과 눈가에 생기가 돌 때까지 자신의 몸을 치라고 했다. 또한 연설을 준비하는 과정에서 수강생들에게 큰 제스처와 함께 목소리를 높여 격렬하게 'A, B, C'를 반복하게 했다. 마치 앞으로 달려 나가려는 순혈마처럼 청중 앞에 서는 것이 더 바람직하지 않겠는가?

연설 직전에는 가능하다면 충분한 휴식을 취하라. 가장 이상적인 것은 편한 옷차림으로 몇 시간 정도 잠을 자는 것이다. 그리고 가능하다면 그다음에는 찬물로 샤워를 하며 온몸을 세게 문질러라. 이보다 더 좋은, 훨씬 더 좋은 방법은 수영을 하는 것이다.

영국의 연극 제작자이자 극장주였던 찰스 프로먼Charles Frohman은 배우를 고용할 때 그가 활발한 사람인지를 본다고 말하곤 했다. 연기와 연설은 많은 신경을 써야 하며 상당한 체력을 소모시키는 일임을 그는 잘 알고 있었던 것이다. 나는 히코리나무를 베어 장작을 만들어 보았고, 한 번에 두 시간씩 연설도 해 보았다. 내 경험으로 보건대 이 두 가지 일이 사람을 지치게 하는 정도는 거의 비슷했다.

제1차 세계대전 때 더들리 필드 말론Dudley Field Malone은 뉴욕 센추리 극장에서 굉장히 열정적인 연설을 했다. 연설을 시작하고 1시간 30분이 지나 절정에 이르렀을 무렵, 그는 탈진해 의식을 잃고 무대에서 실려 내려왔다.

영국의 작가 시드니 스미스Sydney Smith는 미국의 정치가이자 명연설가인 대니얼 웹스터를 두고 '바지 입은 증기 기관'이라고 평했다. 비처는 다음과 같은 말을 하기도 했다.

"성공적인 연설가들은 엄청난 생명력과 회복력, 그리고 무엇보다 자기 자신이 하고 싶은 말을 표현할 수 있는 폭발력을 가진 사람들이다. 그들은 투석기投石器와도 같아서 그 앞에 선 사람들은 쓰러지고 만다."

❖ 애매한 표현은 삼가라

당신이 하는 말에 힘을 불어 넣고 분명하게 말하라. 하지만 너무 단정적이면 안 된다. 무지한 사람들만이 매사에 단정적인 법이다. 이와 반대로 나약한 사람들은 '……한 것 같습니다.', '아마', '제 생각에는'이라는 말을 서두에서 사용하곤 한다. 연설을 처음 시작하는 사람들에게 나타나는 거의 보편적인 문제는 그들이 지나치게 단정적인 표현을 사용한다는 것이 아니라 이와 같은 약한 표현을 씀으로써 연설의 효과를 떨어뜨린다는 것이다.

나는 뉴욕의 한 비즈니스맨이 자동차를 타고 코네티컷을 돌아본 경험을 발표하던 것을 기억한다. 그는 "길 왼편에는 양파 같은 것을 심은 밭이 있었습니다."라고 말했다. '양파 같은 것'은 없다. 양파면 양파고 아니면 아닌 것이다. 그리고 그 물체가 양파인지 아닌지 알아차리기 위해 비범한 능력이 필요한 것도 아니다. 얼마나 말도 안 되는 표현인가.

루스벨트는 이런 표현을 가리켜 '족제비 어구'라고 했다. 족제비는 알의 내용물만 빨아 먹고 빈 껍질만 남기기 때문이다. 위의 표현들 역시 이런 역할을 한다. 움츠리고 변명하는 어조, 빈껍데기 같은 어구는 듣는 이에게 신뢰나 확신을 주지 못한다. 사무실 벽에 다음과 같은 표어가 붙어 있다고 상상해 보라.

— 결국 당신이 사게 될 기계는 언더우드일 것 같습니다.
— 우리 생각에 푸르덴셜은 지브롤터의 힘을 가지고 있는 것처럼 보입니다.
— 우리는 당신이 언젠가는 결국 우리 밀가루를 사용하시리라 생각합니다. 그러니 지금 사용하는 것이 어떻겠습니까?

민주당의 윌리엄 J. 브라이언이 처음으로 미국 대통령 선거에 나섰던 1896년, 어린아이였던 나는 그가 왜 그렇게 자신이 당선될 것이고 경쟁자 매킨리William McKinley는 떨어질 것이라는 말을 강조하고 반복하는지 궁금했다. 그 이유는 간단하다. 브라이언은 대중이 강조와 증명을 구분하지 못한다는 사실을 알고 있었던 것이다. 만약 자신이 어떤 말을 충분히 자주, 충분히 강하게 얘기한다면 대부분의 청중은 그것을 믿게 될 것이라는 점도 그는 간파하고 있었다. 세계적으로 위대한 지도자들은 마치 그들의 주장을 뒤집을 만한 가능성은 전혀 없다는 듯이 강하게 말했다. 부처는 죽음을 앞두었을 때 합리화하거나 애원하거나 논쟁하지 않고, 오직 권위를 가진 사람으로서만 말했다.

"내가 가르친 대로 걸어라."

수백만 명의 인생을 지배하던 요소인 코란에서는 예비 기도가 끝나면 곧바로 다음과 같은 구절이 시작된다.

"이 책에 대해 아무 의심도 가지지 마라. 이것은 명령이다."

빌립보 감옥의 수감자가 바울에게 "제가 어떻게 구원받을 수 있겠습니까?"라고 묻자 그의 대답은 논쟁이나 얼버무림, 또는 '이런 것 같다'거나 '나는 이렇게 생각한다'와 같은 것이 아니었다. 바울의 대답은 선생으로서의 엄연한 명령이었다.

"주 예수 그리스도를 믿어라. 그러면 구원받을 것이다."

하지만 앞서 말했듯 모든 경우에 너무 단정적이면 안 된다. 시간, 장소, 주제, 청중에 따라 지나친 확고함은 도움보다는 외려 방해가 될 수 있기 때문이다. 일반적으로 청중의 지적 수준이 높을수록 단정적인 주장의 효과는 낮아진다. 그런 사람들은 안내받기를 원하지 끌려다니는 것을 원하는 것은 아니기 때문이다. 그들은 사실을 들은 뒤 자신이 스스로 결론짓기를 바라고, 질문받는 것은 좋아하지만 직접적인 진술을 계속해서 듣는 것은 좋아하지 않는다.

❖ 청중을 사랑하는 태도

몇 년 전 나는 영국에서 몇몇의 대중강연자를 고용해 교육시켰다. 고통스럽고 비용도 많이 들었던 시도 끝에 그들 중 세 명은 해고되었고 한 명은 3,000마일이나 떨어진 미국으로 돌려보내졌다. 그들의 주된 문제는 진심으로 청중에게 마음을 다하지 않는다는 것이었다. 그들은 주로 다른 사람이 아닌 자기 자신과 급여 봉투에만 관심을 가졌다. 누구라도 그것을 느낄 수 있었다. 그들은 청중에게 차가웠고 청중도 그들에게 차가웠다. 결과적으로 이 연사들은 소리를 내는 나팔이나 딸랑거리는 심벌즈와 매한가지였다. 사람들은 연사가 하는 말이 눈썹 위에서 나오는지 가슴뼈에서 나오는지 빠르게 알아차린다. 심지어 강아지조차 그런 것을 눈치 챌 수 있다.

나는 대중연설가인 링컨에 대해 아주 특별한 연구를 했다. 그가 미국이 낳은 가장 사랑받는 사람이자 미국 최고의 연설가라는 사실은 의심할 여지가 없다. 비록 천재적인 부분도 있긴 하지만 나는 청중을 압도하는 그의 능력 중 많은 부분이 그의 동정심, 정직성 그리고 선량함에서 나온 것이라 믿는다. 그는 사람들을 좋아했다. 그의 아내는 말했다.

"그의 가슴은 그의 긴 팔처럼 넓었습니다."

그는 예수를 닮았다. 2,000년 전 연설 기술에 관해 쓰인 첫 번째 책에서 연설을 잘하는 이는 능숙하게 말하는 착한 사람이라고 묘사되고 있다. 유명한 프리마돈나인 슈만하잉크Ernestine Schumann-Heink는 이렇게 말했다.

"내 성공의 비밀은 청중에 대한 절대적인 헌신입니다. 그들은 모두 나의 친구이고, 나는 그들 앞에 서는 순간 유대감을 느낍니다."

이것이 그가 세계적으로 성공을 거둔 비밀이다. 우리도 이런 마음을 기르자. 연설에서 가장 중요한 것은 육체적인 것도 아니고 정신적인 것도 아닌, 바로 영혼이다. 죽어 가는 대니얼 웹스터의 머리맡에 있던 책은 모든 연설가가 살아 있을 때 책상에 둬야 할 책, 바로 성경이었다. 사람들을 진정으로 사랑한 예수는 그와 함께 길을 걷는 사람들의 마음을 뜨겁게 했다. 만약 대중연설에 관한 뛰어난 책이 필요하다면 신약성서를 읽어 보는 것은 어떨까?

청중을 깨어 있게 만들어라

1. 연설을 듣는 청중의 태도를 결정하는 것은 바로 당신이다. 만약 당신
이 열정적이지 않다면 청중도 그럴 것이다. 만약 당신이 조금만 관심
을 가진다면 청중도 그럴 것이다. 만일 당신에게 열의가 있다면 청중
은 당신의 활기에 영향을 받을 것이다. 열정은 연설을 전달하는 데
있어 최대 요건은 아닐 수 있지만, 그 가운데 하나인 것은 분명하다.

2. 마틴 W. 리틀턴은 이렇게 말한다.
"진지하려고 노력하거나 재치 있어 보이려 하는 사람은 쉽게 실패하
는 반면 진정한 확신을 가지고 호소하는 사람은 절대 실패하지 않는
다. 만약 사람들에게 하고 싶은 말이 있다고 진정으로 확신하는 연사
라면 그의 연설은 불꽃처럼 타오를 것이다."

3. 감염이 되는 확신이나 열정의 중요성이 강조됨에도 대부분의 사람은
그것을 가지고 있지 않다.

4. 브랜더 매튜스 교수는 이렇게 말한다.
"좋은 연설의 핵심은 연사가 진심으로 말하고 싶은 것을 가지고 있
다는 것이다."

5. 사실에 대해 생각하고 그것의 중요성을 마음에 새기라. 다른 사람을
설득하기 전에 당신이 열정을 가지고 있는지 확인하라.

6. 머리와 가슴 사이에서 의사소통이 이뤄지게 하라. 우리는 사실만이
아니라 그 사실에 대한 사람들의 태도를 알고 싶어 한다.

7. 어떤 언어를 사용하든 당신 자신이 아닌 말은 할 수 없다. 연설에서

중요한 것은 말이 아니라, 그 뒤에 숨은 그 사람의 정신이다.

8. 진정성을 개발시키고 열정을 느끼기 위해 열정적으로 행동하라. 똑바로 서서 청중을 바라보라. 확고한 제스처를 사용하라.

9. 무엇보다 입을 크게 벌리고 당신의 말이 잘 들리게 말하라. 10미터만 떨어져도 목소리가 들리지 않는 연사들이 많다.

10. 시골의 한 목사가 헨리 워드 비처에게 무더운 일요일 오후 신자들이 조는 것을 막기 위해 어떻게 해야 하는지에 대해 묻자 비처는 "뾰족한 막대기를 든 사람을 옆에 두고 목사가 졸지 못하게 찌르면 됩니다."라고 말했다. 이것은 대중연설의 기술에 대한 가장 뛰어난 충고 중 하나다.

11. 당신의 연설을 "그런 것 같다.", "제 생각으로는"과 같은 '족제비 어구'로 약하게 만들지 말라.

12. 청중을 사랑하라.

DALE CARNEGIE

PUBLIC SPEAKING AND INFLUENCING MEN IN BUSINESS

"나는 어떤 환경에서든 절대 낙담하지 않는다. 가치 있는 것을 성취하기 위한 세 가지 필수 요소는 근면, 끈기, 상식이다."
— 토머스 A. 에디슨(Thomas Alva Edison)

"훌륭한 연설도 마지막 노력이 부족해서 실패하는 경우가 많다."
— E. H. 해리먼(E. H. Harriman)

"절대 절망하지 말라. 혹시 절망했다면 절망 속에서 최선을 다하라."
— 에드먼드 버크(Edmund Burke)

"모든 문제의 가장 좋은 치료법은 인내다."
— 플라우투스(Plautus), 기원전 225년

"인내심이 완벽하게 일할 수 있도록 하라."
— 러셀 H. 콘웰(Rusell H. Conwell) 박사의 좌우명

"할 수 있다고 믿는 사람은 승리할 수 있다. 매일의 두려움을 극복하지 못하는 사람은 인생의 첫 번째 교훈을 배우지 못한 사람이다."
— 랄프 왈도 에머슨(Ralph Waldo Emerson)

"승리는 의지다."
— 나폴레옹(Napoleon)

| 6장 |

성공적인 연설의 필수 요소

이 글을 쓰는 1월 5일은 어니스트 섀클턴Ernest Shackleton 경의 추도일이다. 그는 퀘스트 호를 타고 남극을 탐험하러 가던 중 세상을 떠났다. 퀘스트 호에는 다음과 같은 글이 새겨져 있었다.

만약 꿈을 꾸더라도 그 꿈의 노예가 되지 않는다면,
만약 생각을 하더라도 생각 자체를 목표로 보지 않는다면,
만약 승리와 재앙을 같이 만나더라도
그 두 거짓을 똑같이 대할 수 있다면,

만약 마음, 신경, 근육이 약해졌을지라도

155

다시 사용하려고 노력한다면,

'계속하자'는 의지를 제외하고는

아무것도 남아 있지 않더라도 계속한다면,

가차 없이 지나가는 1분을

60초의 가치 있는 달리기로 채울 수 있다면,

세상과 그 안에 있는 모든 것들이 너의 것이 될 것이며

무엇보다도 그때 너는 남자가 된단다. 내 아들아.

섀클턴은 이 시를 '퀘스트 호의 정신'이라고 불렀다. 이는 진실로 남극으로 떠나는 사람이 지녀야 할 정신이자 대중연설에서 자신감을 갖기 위해 갖춰야 할 정신이기도 하다. 덧붙이자면, 유감스럽게도 처음 대중연설을 시작하는 사람들은 이 정신을 가지고 있지 않다. 몇 해 전 교육 사업을 막 시작했을 때, 나는 여러 종류의 야간 학교에 등록한 사람들 중 많은 이가 목표에 이르기도 전에 중간에 지쳐 포기한다는 사실을 목격하고 깜짝 놀랐다. 그 숫자가 내 마음을 아프게 했고 놀라게 했다. 이것은 인간 본성에 대한 슬픈 설명이다.

이번 장은 강의의 여섯 번째 시간에 해당하는데, 내 경험에 비춰 보면 이 글을 읽고 있는 사람 중에서도 6주라는 짧은 시간 동안 대중 공포를 극복하고 자신감을 획득하지 못했다는 사실에 실망하는 사람들이 있을 것이다. 참 안타까운 일이다.

"인내심이 없는 자들이여, 불쌍하도다. 조금씩 아물지 않는 상처가 어디 있겠는가?"

❖ 끈기의 필요성

프랑스어든 골프든 대중연설이든 우리가 뭔가 새로운 것을 배울 때, 실력은 꾸준히 발전하거나 일정하게 나아지는 것이 아니라 어느 순간 갑자기 향상된다. 그리고 나서는 그 정체기에 계속 머물거나 실력이 퇴보해서 전보다 더 나빠질 수도 있다. 심리학자들 사이에서 이미 널리 알려진 이 정체기 혹은 퇴보기는 '학습 곡선의 고원高原'이라 불린다. 대중연설을 배우는 학생들은 때로 이 정체기에 몇 주씩 빠져서, 아무리 열심히 해도 빠져나오지 못한다. 약한 사람들은 절망감에 포기한다. 끈기를 지닌 사람만이 어느 날 갑자기 어떻게, 왜 그렇게 되었는지 모른 채 엄청나게 발전한 자신의 모습을 발견할 수 있다. 어느 순간 요령을 깨닫고 대중연설에서의 자연스러움, 힘, 자신감을 얻게 된 그들은 비행기처럼 고원 위를 오른다.

다른 곳에서 본 대로 당신은 항상 사람들 앞에 서는 두려움을 겪었을 것이다. 처음 몇 분간 느껴지는 일종의 충격, 초조한 불안감 말이다. 존 브라이트는 그의 바쁜 생애가 끝날 때까지 그것을 느꼈고, 윌리엄 글래드스턴William Gladstone, 윌리엄 윌버포스William Wilberforce와 같은 영국 정치가들, 그리고 많은 유명 연사들 역시 그러했다. 심지어 셀 수 없이 여러 차례 무대에 섰던 위대한 음악가들도 종종 그런 느낌을 받았다. 파데레프스키Ignacy Paderewski는 항상 피아노 앞에 앉기 직전에 불안에 떨며 소매 끝을 만지작거렸다. 노르디카Lilian Nordica는 심장이 경주하듯 뛰는 것을 느꼈고 폴란드 출신의 소프라노 젬브리히Marcella sembrich와 에마 임스Emma Eames 등 20세기 초반의 유명한 디바들도 그랬다. 하지만 대중 공포는 8월의 햇살 속에서 안개가 사라지듯 빠르게 사

157

라졌다.

이제 그들의 경험은 당신의 것이 된다. 당신이 끝까지 해낸다면 초반에 느끼는 대중 공포를 제외한 모든 것을 없앨 수 있다. 그 공포도 처음의 공포일 뿐, 그 이상은 아니다. 몇 마디 하고 나면 자신을 통제할 수 있고 연설을 즐길 수 있을 것이다.

❖ 끊임없는 도전

법학을 공부하고 싶은 열정으로 가득한 한 젊은이는 어느 날 링컨에게 조언을 구하는 편지를 보냈는데, 링컨은 다음과 같이 답했다.

"법률가가 되고 싶다는 결심이 확고하다면 이미 절반 이상은 이루어진 걸세. 항상 성공하겠다는 결심은 다른 무엇보다 중요하다는 사실을 명심하게나."

이것은 링컨 자신이 경험했기에 잘 알고 있는 사실이었다. 그가 받은 정규 교육은 전 생애를 통틀어 1년도 채 되지 않는다. 그렇다면 책은 읽었을까? 링컨은 집에서 50마일 이내에 있는 모든 책을 빌려 읽었다. 그의 오두막에는 밤새 불이 꺼지지 않았고 그는 불빛 옆에서 책을 읽었다. 링컨은 늘 통나무 사이에 있는 틈새에 책을 끼워 놓았고 책을 읽을 수 있는 아침이 오면 나뭇잎 더미에서 일어나 눈을 비비고 다시 책에 열중했다.

그는 연설을 듣기 위해 약 30마일 정도의 거리를 걸어 다녔고 집에 돌아오는 길에는 들판이든 숲이든, 젠트리빌에 있는 존스네 가게에 모인 사람들 앞에서든 열심히 연설 연습을 했다. 또한 그는 뉴세일럼과 스프링필드의 문학과 토론 모임에도 참여해 이 수업을 듣고 있는 당신들

158

만큼 열심히 연습에 몰두했다.

그는 항상 열등감에 힘들어했다. 여성과 함께 있을 때는 수줍음을 탔고 말이 없었다. 메리 토드와 연애를 할 때에도 얼굴을 붉힌 채 조용히 그녀가 말하는 것을 듣기만 했다. 하지만 훈련과 학습을 거친 끝에 뛰어난 연설가인 더글러스 상원의원과도 토론을 벌일 수 있게 된 사람이 바로 링컨이다. 게티즈버그에서의 두 번째 취임 연설에서 인류 역사상 누구도 도달하지 못한 수준의 훌륭한 연설을 한 사람이 바로 이 사람이란 말이다. 그가 가진 치명적인 약점과 안쓰러운 노력을 봤을 때 그가 다음과 같은 글을 쓴 것은 놀랄 일이 아니다.

"만약 법률가가 되고 싶은 결심이 확고하다면 이미 절반 이상은 이루어진 걸세."

백악관 대통령 사무실에는 에이브러햄 링컨의 멋진 초상화가 걸려 있다. 시어도어 루스벨트는 다음과 같이 말했다.

"무엇인가 결정해야 할 때, 또는 복잡해서 해결하기 어려운 일, 권리나 이해관계가 충돌하는 일이 있을 때 나는 링컨의 초상화를 바라보며 만약 그가 내 자리에 있었다면 어떻게 했을지 생각해 봅니다. 이상하게 들릴 수 있지만, 솔직히 그렇게 하면 문제를 해결하는 것이 쉬워집니다."

루스벨트의 방법을 사용해 보면 어떨까? 만약 당신이 무척 낙담하고 연설가가 되기 위한 배움을 포기하고 싶단 생각이 든다면, 지갑에서 링컨이 그려진 5달러짜리 지폐 한 장을 꺼내 그라면 이런 상황에서 어떻게 했을지 질문해 보라. 당신은 링컨이 어떻게 했을지 알고 있다. 상원의원 선거에서 스티븐 A. 더글러스에게 패배한 후 링컨은 지지자들에게

"한 번 졌다고 포기하지 말고, 백 번을 져도 포기하지 말라."라고 말했다.

❖ 보상의 확신

내가 당신에게 1주일간 아침마다 식탁에서 이 책을 꺼내 유명한 심리학자 윌리엄 제임스 하버드 교수가 한 말을 외우게 할 수 있다면 얼마나 좋을까.

"어떤 교육을 받든 젊은이는 자신이 받는 교육의 결과에 대해 걱정하지 않아도 된다. 만약 그가 매 시간을 성실하게 공부하며 바쁘게 보낸다면 최종 결과로부터 자유로울 수 있다. 어느 화창한 아침에 일어나 보면 그는 무엇을 연구했든 자신의 동료보다 훨씬 뛰어난 실력을 갖춘 사람이 되어 있음을 발견할 것이다."

유명한 제임스 교수의 말을 빌려 나는 이렇게 말하고 싶다. 만약 당신이 이 교육과정을 열정적으로 충실하게 잘 따라오고 현명하게 연습한다면, 어느 화창한 아침에 일어나 분명 당신 자신이 지역 사회나 모임에서 유능한 연설가가 되어 있는 것을 발견할 것이라 확신해도 된다고 말이다. 당신에게 터무니없게 들릴지 모르지만, 이 말은 일반적인 원칙처럼 사실이다. 물론 예외는 있다. 지적인 면과 인격적인 면이 열등하고 얘기할 거리가 하나도 없는 사람이 하루아침에 대니얼 웹스터처럼 되긴 어렵다. 하지만 상식적인 수준에서는 위의 말이 정확하다.

구체적인 예를 들어 설명하겠다. 뉴저지의 주지사였던 스톡스는 트렌턴에서 열린 대중연설 강의의 수료 파티에 참석했다. 저녁에 그는 수강생들의 연설이 워싱턴의 상원이나 하원에서 들었던 연설들처럼 훌륭하다고 말했다. 그날 트렌턴에서 연설한 사람들은 몇 달 전만 해도 대중 공포로 혀가 굳어 한마디도 하지 못했던 비즈니스맨들이었다. 그들은 키케로Marcus Tullius Cicero처럼 뛰어난 웅변가가 아니라, 단지 뉴저지에 사는, 미국 도시 어디에서나 볼 수 있는 그런 평범한 사람들이었지만, 어느 날 아침 일어나 보니 지역에서 무척 뛰어난 연설가가 되어 있었다.

당신이 연설가로 성공할 수 있는지의 여부는 다음의 두 가지에 달려 있다. 타고난 재능, 그리고 당신 욕망의 깊이다.

제임스 교수는 이렇게 말했다.

"어떤 문제에서든지 당신을 구하는 것은 열정이다. 당신이 어떤 결과를 충분히 원하기만 한다면 그것을 얻을 수 있다. 부자가 되길 바라면 부자가 될 수 있고, 학식 있는 사람이 되길 바라면 학식 있는 사람이 될 수 있으며, 선한 사람이 되길 원하면 선한 사람이 될 수 있다. 그렇게 되기 위해 당신은 그 일만을 진심으로 원해야 하고, 그 일과 양립할 수 없는 일을 동시에 바라면 안 된다."

제임스 교수는 진실성을 가지고 다음과 같이 덧붙였을지도 모른다.

"만약 당신이 자신감 있는 대중연설가가 되고 싶다면 그렇게 될 수 있다. 단지 진심으로 그렇게 되길 원하기만 한다면 말이다."

나는 글자 그대로 수천 명의 사람이 대중 앞에서 연설할 수 있는 자신감과 능력을 갖기 위해 노력하는 것을 주의 깊게 보았다. 성공한 사람

중에 특별한 재능이 있는 사람은 소수에 불과했고, 대부분은 어디서나 흔히 볼 수 있는 평범한 비즈니스맨들이었다. 하지만 그들에게는 끈기가 있었다. 똑똑한 사람들은 쉽게 낙담하거나 돈을 버는 것에 지나치게 몰두해 큰 성과를 이루지 못한다. 하지만 끈기와 목적의식을 지닌 평범한 사람들은 마침내 큰 성과를 이뤄 냈다. 이것은 인간적이고 자연스러운 일이다. 사업에서나 직장에서 종종 이런 일이 일어난다는 사실을 당신도 알고 있지 않은가?

록펠러John Rockefeller는 사업에서 성공하기 위한 첫 번째 필수 조건은 인내라고 말했다. 이와 마찬가지로 이 교육과정에서 성공하기 위한 첫 번째 필수 조건 역시 인내다. 포슈 장군은 지금까지 세상에서 찾아볼 수 없을 정도로 막강한 군대를 상대로 승리했다. 그는 자신이 지닌 한 가지 미덕이 '절망하지 않는 것'이라고 밝혔다.

프랑스가 1914년에 마른 지방으로 후퇴하자 조프르 사령관은 200만의 군대를 이끌고 있던 장군들에게 후퇴를 멈추고 공격하라고 지시했다. 인류 역사상 가장 중대한 전투가 벌어진 지 이틀째 되던 날, 조프르 사령관을 지휘하고 있던 포슈 장군은 전쟁사에서 가장 유명한 전문電文 가운데 하나인 다음의 글을 보냈다.

중앙 지역 무너짐. 우측 부대 후퇴 중. 상황은 최고. 공격하겠음.

그 공격이 파리를 구했다. 그렇다. 전투가 가장 힘들고 희망이 없을 때, 중앙이 무너지고 우측 부대가 후퇴할 때가 가장 좋은 시기다. 공격하라! 공격하라! 공격하라! 그러면 당신은 당신에게서 가장 뛰어난 부분인 용기와 신념을 구할 것이다.

❖ '와일더 카이저'에 올라라

몇 해 전 여름, 나는 오스트리아 쪽에 있는 알프스 산맥 가운데 하나인 '와일더 카이저Wilder Kaiser'라는 봉우리에 오른 적이 있다. 《베데커Baedeker》라는 여행 안내서에는 길이 험해서 아마추어 등산객은 반드시 가이드와 함께해야 한다고 적혀 있었다. 하지만 친구와 나는 가이드가 동행하지 않는 아마추어 등산객이었고, 그래서인지 또 다른 친구가 우리에게 그 산을 오를 수 있겠느냐고 물었다. 우리는 "물론이지!"라고 답했다. 이유를 묻는 그에게 나는 이렇게 답했다.

"가이드 없이도 등반에 성공한 사람들은 이미 있으니 이건 상식적으로 가능한 일이라고 생각하네. 게다가 나는 실패를 예상하며 일을 시작하는 어리석은 행동은 하지 않거든."

등산가로서의 나는 서투른 왕초보에 불과했지만, 대중연설 훈련을 받든 에베레스트 등반에 도전을 하든 이것은 모든 일을 하는 데 있어 필요한 정신자세다. 이 교육과정에서 성공한다고 생각하라. 완벽하게 자신을 통제하면서 대중 앞에서 연설하는 모습을 상상해 보라. 어려운 일이 아니다. 당신이 반드시 성공한다고 믿어라. 강하게 믿으면 당신은 성공하기 위해 반드시 해야 할 일을 하게 된다.

듀퐁 제독은 자신이 찰스턴 항구로 전투함을 파견하지 않은 여섯 가지 이유를 제시했다. 말없이 듣고만 있던 패러것 제독은 이렇게 말했다.

"당신이 아직 얘기하지 않은 이유가 하나 있군요."

듀퐁 제독이 물었다.

"그것이 무엇입니까?"

그의 대답은 이러했다.

"당신이 그 일을 해낼 수 있다고 믿지 않은 것입니다."

대중연설 강좌를 통해 대부분의 사람이 얻는 가장 가치 있는 것은 자신감이 높아지고 성취할 수 있다는 믿음이 커진다는 점이다. 어떤 일을 하든 성공하는 데 있어 이것보다 더 중요한 것이 뭐가 있겠는가?

❖ 승리에 대한 의지

엘버트 허바드Elbert Hubbard의 현명한 조언을 여기에 인용하겠다. 만약 평범한 사람이 그 안에 담긴 지혜를 삶에서 적용하고 실천한다면 더 행복해지고 부유해질 것이다.

집에서 나설 때, 턱은 아래로 당기고 고개는 들고 햇살 아래서 숨을 최대한 들이마셔라. 미소를 지으며 친구를 맞이하고, 진심을 담아 악수를 나눠라. 오해받을까 두려워하지 말고 적을 염려하며 시간을 낭비하지 말라. 당신이 무엇을 하고 싶은지 마음에 정확히 새기기 위해 노력하라. 그러면 방향을 잃지 않고 곧장 목표를 향해 갈 수 있다. 당신이 하고 싶은 위대하고 훌륭한 일에 대한 포부를 품어라. 날이 갈수록 산호가 조류에서 필요한 영양분을 섭취하듯, 자신도 모르는 중에 꿈을 이루는 데 필요한 기회를 잡고 있는 자신을 보게 될 것이다. 당신이 되고자 하는, 유능하고 성실하며 유용한 사람의 이미지를 그려보라. 그러면 그 생각이 매 시간 당신을 그런 사람으로 변화시킬 것이다. 모든 것은 생각으로 결정된다. 올바른 정신 자세를 견지하라. 용기, 솔직함 그리고 쾌활함이 그것이다. 바르게 생각하는 것은 곧 창조하는 것이다. 모든 것은 욕망에서 탄생하며, 모든 진실한 기도는 응답을 받는다. 우리는 우리의 마음에 따라 변한다. 턱을 당기고 고개를 들어라. 인간은 고치 안에 들어 있는, 준비 단계에 있는 신이다.

나폴레옹, 웰링턴, 리, 그랜트, 포슈 같은 위대한 군 지휘관들은 승리에 대한 의지와 확신이 다른 무엇보다도 그 군의 승리를 결정한다는 사실을 알고 있었다. 마셜 포슈 장군은 이렇게 말한다.

"전쟁에서 패배한 9만의 병사가 전쟁에서 승리한 9만의 병사보다 먼저 후퇴하는 이유는 그들이 정신적 저항 끝에 승리를 믿지 않았고 그로 인해 의기소침해졌기 때문이다."

달리 표현하면, 후퇴한 9만의 병사들은 육체적이 아닌 정신적으로 지쳤기 때문에 용기와 자신감을 잃어버렸다는 것이다. 그런 군대에 희망이 없는 것처럼 그런 사람 역시 희망이 없다. 미 해군의 유명한 군목(軍牧)인 프래지어 목사는 제1차 세계대전 때 군목으로 근무하겠다고 지원한 사람들을 대상으로 면접을 실시했다. 그에게 해군 군목으로 성공하려면 어떤 필수 요건이 있냐고 물었을 때, 그는 다음과 같은 4G로 대답했다.

"은총Grace, 진취성Gumption, 기개Grit, 용기Guts."

이것들은 또한 대중연설에서 성공하기 위한 필수 조건이기도 하다. 이것들을 당신의 모토로 삼아라. 로버트 서비스가 지은 시를 당신의 투쟁가로 삼아라.

숲에서 길을 잃고 아이처럼 두려워할 때,

죽음이 눈앞에 닥쳤을 때,

종기가 난 것처럼 마음이 아플 때,

보통의 방법은 방아쇠를 당겨…… 목숨을 끊는 것.

하지만 용기 있는 사람은 이렇게 말한다.

"최선을 다해 싸워라."

자기 소멸은 금지다.

배고픔과 비통함 속에서 포기하는 것은 쉬운 일.

어렵고 힘든 일은 아침이 올 때까지 싸우는 것이다.

너는 이 게임에서 지쳤구나. 그건 창피한 일이다.

너는 젊고 용감하며 현명하다.

너는 푸대접을 받았다. 나는 안다.

그렇지만 소리 지르지 마라.

힘을 내서 최선을 다해 싸워라.

승리의 길은 끝까지 최선을 다하는 것.

그러니 친구여, 숨지 말고 용기를 내라.

그만두는 것은 쉬운 일이다.

어려운 일은 용기를 갖는 것이다.

맞아 쓰러질 때 소리 지르는 것은 쉬운 일이다.

가재처럼 기는 것은 쉬운 일이다.

그러나 희망이 보이지 않아도 싸우고 또 싸워라.

데일 카네기 성공대화론

그것이 진짜 사는 것이다.
잔인한 싸움에서 내려올 때마다
부러지고 맞고 상처 입더라도
한 번 더 붙어라.
죽는 것은 쉽고,
계속 살아가는 것은 어렵다.

성공적인 연설의 필수 요소

1. 골프 실력도, 프랑스어 실력도, 대중연설 실력도 점차적으로 쌓이는 것이 아니다. 실력은 어느 날 갑자기 향상되고, 갑작스럽게 발휘되기 시작한다. 또한 몇 주 동안 정체기에 머무는가 하면 심지어 이전에 성취했던 것의 일부를 잃어버릴 수도 있다. 심리학자들은 이런 정체기를 '학습 곡선의 고원'이라고 부른다. 아무리 벗어나려 애써도 그 고원을 벗어나 더 높은 곳으로 가지 못할 수도 있다. 이런 사실을 모르는 사람은 이 고원에서 낙담하고 모든 노력을 포기한다. 이것은 정말 안타까운 일이다. 만약 잘 버티고 계속 연습하기만 한다면, 하룻밤 사이에 비행기가 날듯 급격하게 실력이 향상되는 것을 발견할 수 있을 것이다.

2. 연설을 시작하려 할 때 초조한 불안감이 계속될 수도 있다. 브라이트, 글래드스턴, 윌버포스는 그들의 생을 마칠 때까지 처음 연설을 시작할 때의 불안감을 항상 느꼈다. 하지만 인내심을 갖고 계속 노력한다면 당신은 곧 이 모든 불안감을 없앨 수 있고, 그 불안감은 연설을 시작한 뒤 시간이 조금 지나면 사라진다.

3. 제임스 교수는 교육의 결과에 대해 걱정할 필요가 없다고 지적했다. 만약 충실하게 하루하루를 보낸 사람이라면, 어느 화창한 아침에 일어났을 때 분명 자신이 추구하는 부분에서 다른 이들보다 월등히 앞서 있는 사람이 되어 있음을 알게 될 것이다. 하버드 대학의 저명한 석학이 발견한 심리학적 진리는 대중연설을 연습하는 당신에게도 적용된다. 여기엔 의심의 여지가 없다. 이 교육과정에서 성공한 사람들

은 일반적으로 비범한 능력을 가진 사람들이 아닌, 오직 끈기와 완강한 결단력을 지닌 사람들이었다. 그들은 계속했고, 결국 성공했다.

4. 대중연설에서 성공한다는 생각을 하라. 그러면 당신은 성공하기 위해 필요한 것을 할 수 있다.

5. 만약 의욕을 잃어버렸다면 루스벨트가 그랬던 것처럼 링컨의 사진을 보면서 '링컨이라면 이 상황에서 어떻게 했을까?'라고 질문해 보라.

6. 제1차 세계대전 때 미 해군의 어느 유명한 군목은 군목으로 성공하기 위해서는 4G의 필수 자질이 요구된다고 했다. 그것은 무엇인가?

DALE CARNEGIE

PUBLIC SPEAKING AND INFLUENCING MEN IN BUSINESS

좋은 연설의 비법

"사실을 정확히 이해하고 받아들여라. 가장 중요한 것은 열정이며, 열정은 진실함에서 나온다."
— 랄프 왈도 에머슨(Ralph Waldo Emerson)

"연설할 때는 그 주제에 대한 지식 이상의 것이 요구된다. 당신은 발표할 때 진심을 담아야 한다. 사람들이 반드시 알아야 할 무엇인가를 말하듯이 해야 한다."
— 윌리엄 제닝스 브라이언(William Jennings Bryan)

"당신 마음에서 나온 조언을 들어라. 왜냐하면 당신만큼 자신을 신뢰하는 사람은 없기 때문이다. 이것은 때로 높은 탑에 올라가 앉아 있는 일곱 명의 야경꾼보다 당신에게 더 많은 것을 보여 줄 수 있다."
— 러디어드 키플링(Rudyard Kipling)

"한 번에 한 가지 일을 하되, 그것이 마치 당신의 인생을 좌우할 것처럼 하라."
— 유진 G. 그레이스 베들레헴 스틸 사 회장의 좌우명

| 7장 |

좋은 연설의 비법

냉전이 끝나고 얼마 지나지 않아 나는 로스 스미스와 키스 스미스 형제를 런던에서 만났다. 런던에서 오스트레일리아까지 비행하는 데 최초로 성공한 그들은 오스트레일리아 정부에서 주는 5만 달러의 상금을 받았고, 영국에 센세이션을 일으키며 왕실에서 주는 기사 작위도 받았다.

풍경 사진의 대가로 알려진 캡틴 헐러Captain Hurler는 그들과 함께 여행을 하며 영화를 찍었다. 스미스 형제는 사진을 곁들여 자신들의 여행 이야기를 해야 했고, 그 작업을 돕게 된 나는 그들이 여행담을 잘 전달할 수 있도록 훈련시켰다. 런던의 필하모닉 홀에서 형제 중 한 사람은 오후에, 한 사람은 밤에 두 차례씩 넉 달 동안 연설을 연습했다. 그들은 동일한 경험을 했고 세계의 반을 나란히 앉아 비행했다. 그런데 각각 연

173

설에서 사용하는 단어까지 거의 일치했음에도 그 둘의 연설은 왠지 모르게 달라 보였다.

연설에는 단어보다 중요한 무언가가 있다. 그것은 바로 연설할 때 느껴지는, 연설의 맛이다.

"무엇을 말하는지가 아니라 어떻게 말하느냐가 중요하다."

예전에 나는 어떤 음악회에서, 악보를 보면서 파데레프스키의 쇼팽 연주를 감상하던 한 젊은 여성의 곁에 앉은 적이 있다. 그녀는 도저히 이해할 수 없다는 표정이었다. 파데레프스키의 손가락은 그녀가 이전에 연주했을 때 눌렀던 것과 정확히 같은 건반들을 누르고 있었다. 같은 곡이었는데도 그녀의 연주는 평범했던 반면 파데레프스키의 연주는 영감이 넘쳤고 놀라울 만큼 아름다워 관객을 전율시켰다.

보통 사람과 천재의 차이는 단순히 그가 연주하는 멜로디 자체가 아니라 그 사람이 연주하는 방식, 예술적인 기교, 그가 그 연주에 불어넣은 자신의 인간적인 매력이었다.

러시아의 위대한 화가인 브률로프Karl P. Bryullov는 언젠가 어느 학생의 그림을 조금 고쳐 준 적이 있었다. 그 학생은 그가 고친 그림을 보고서는 너무 놀란 나머지 큰 소리로 외쳤다.

"아주 작은 부분을 손보셨을 뿐인데 어떻게 이렇게 다른 그림이 될 수 있죠?"

브률로프는 답했다.

"예술은 그 작은 부분에서부터 시작한다네."

연설도 그림이나 파데레프스키의 연주와 같다. 말을 다룰 때에도 이 것은 마찬가지다. 영국 의회에는 "모든 것은 무엇을 말하느냐가 아니라 누가 말하느냐에 달려 있다."라는 오래된 격언이 있다. 이것은 영국이 로마 제국의 식민지였던 시절 마르쿠스 F. 퀸틸리아누스Marcus F. Quintilianus가 한 말이다. 대개의 옛 격언들이 그렇듯 이 말도 에누리해서 들을 필요가 있긴 하지만, 어쨌든 좋은 연설에서는 별 내용 없는 말도 그럴 듯하게 들린다. 내가 대학교 경연 대회에서 종종 확인하는 사실은, 좋은 주제를 가진 연설가가 늘 우승하는 것은 아니란 것이다. 그보다는 오히려 자신이 말하려는 내용이 가장 훌륭히 전달되도록 말을 잘하는 학생이 우승했다. 몰리 경은 언젠가 다음과 같이 장난스러운 냉소가 담긴 말을 했다.

"연설에는 세 가지 요소가 있다. 누가 말하고, 어떻게 말하고, 그리고 무엇을 말했느냐가 그것이다. 그중에서 가장 중요하지 않은 것은 마지막 요소다."

과장된 것 같다고? 그럴지도 모른다. 하지만 그 표면을 긁어 보면 당신은 그 아래에서 반짝이고 있는 진실을 보게 될 것이다.

논리, 추론, 작문 등에 관해 에드먼드 버크가 남긴 매우 뛰어난 연설문들은 오늘날에도 전체 대학교의 절반에 이르는 곳에서 고전 웅변의 모델로 학습되고 있다. 하지만 연설가로서의 버크는 악명 높은 실패자였다. 그에게는 자신의 훌륭한 연설문을 재밌고 강렬하게 만들 능력이 없었다. 때문에 그는 하원에서 '만찬을 알리는 종'이라고 불렸다. 그가 말하려고 일어서면 다른 사람들이 기침을 하거나 딴청을 부리거나 무리 지어 나가 버렸기 때문이다.

누군가를 향해 있는 힘껏 총알을 던져 보라. 아무리 강철로 만들어진 총알이라도 그것을 그저 손으로 던졌을 때는 맞는 사람의 옷에 아무런 흔적도 남기지 못한다. 그러나 한낱 양초라도 그 안에 화약을 넣으면 송판을 뚫고 나갈 것이다. 이렇게 말해서 유감이지만, 화약을 가진 볼품없는 양초와 같은 연설 능력은 강철로 싸여 있어도 아무런 힘을 발휘하지 못하는 연설보다 강한 인상을 준다. 그러니 이야기를 전달하는 것에 주의를 기울여라.

❖ 전달이란 무엇일까

백화점에서 당신이 산 물건을 '전달'해 준다고 할 때 그것은 무엇을 뜻하는 것일까? 그저 운전사가 당신의 뒷마당에 물건을 던져 놓고 가 버리는 것인가? 단지 다른 사람의 손으로부터 물건을 받았다는 말이 곧 전달받았다는 말과 같은 뜻일까? 전보를 배달하는 소년은 받아야 할 사람에게 직접 그 전보를 전한다. 하지만 대부분의 연설가들은 어떤가?

많은 사람이 얘기하는 전형적인 예를 보자. 나는 스위스 알프스 산에 있는 여름 리조트인 뮈렌에 머물렀던 적이 있다. 그때 나는 런던의 한 회사가 운영하는 호텔에 묵었는데, 그 회사는 영국에서 매주 두 명의 연사를 보내 손님들에게 강연을 하게 했다. 그들 중에는 영국의 유명한 여류 소설가도 있었는데 그녀의 연설 주제는 '소설의 미래'였다. 그런데 그녀 자신이 인정했듯, 그 주제는 그녀가 직접 고른 것이 아니었다. 그러니 그녀는 그 주제를 가치 있는 것으로 표현하는 데 필요한 관심 또한 충분히 갖고 있지 않았다. 정리되지 않은 메모를 가지고 청중 앞에 선 그녀는, 청중에게는 눈길도 주지 않거나 때론 그들의 머리 너머나 메모, 혹은 바닥을 바라보았다. 그녀의 말 한마디 한마디는 그녀의 눈에 담긴 먼 시선, 그녀의 목소리에 담긴 아득한 울림과 함께 허공으로 사라져 버렸다.

그것은 연설이라고 할 수 없다. 의사소통의 개념이 없는 그런 말하기는 흡사 독백과도 같다. 의사소통, 그것이 연설의 첫 번째 필수 요소다. 청중은 연설 내용이 연설가의 마음에서 자신의 마음으로 전달되고 있음을 느껴야 한다. 내가 예로 든 연설은 모래로 가득한 불모지인 고비 사막에서 했다고 해도 느낌이 다르지 않았을 것이다. 솔직히 그 강연은 살아 있는 사람에게 연설하는 것보다는 정말 그런 곳에서 하는 것처럼 들렸던 것이 사실이다.

이야기를 전달하는 것은 아주 간단하면서도 매우 복잡한 과정이다. 또한 제대로 이해되지 못하고 정당히 다루어지지 않는 경우도 많으니 주의해야 한다.

❖ 전달을 잘하는 비결

전달에 관한 터무니없는 글은 수도 없이 많을 뿐 아니라 온갖 규칙, 관습과 연관되어 신비스럽게 보이기까지 한다. 신과 사람들의 눈에 거슬리는 구식 '웅변술' 때문에 우스꽝스러워지는 경우도 적지 않다. 도서관이나 서점에 깔려 있는 수많은 '웅변술' 관련서는 비즈니스맨들에게 전혀 도움이 되지 않는다. 다른 방면에서는 큰 발전을 거두었음에도 미국에서는 아직도 거의 모든 주의 학생들이 대니얼 웹스터와 로버트 G. 잉거솔Rovert G. Ingersol의 수사적인 웅변을 암기하도록 강요받고 있다. 그것들은 이제 잉거솔 부인과 웹스터 부인이 부활한다면 그들이 머리에 쓰고 있을 모자만큼이나 오늘날의 정신과 문체에 뒤떨어진 것이 되어 버렸는데도 말이다.

남북전쟁 이후 연설의 흐름은 완전히 달라지고 있다. 시대정신에 맞춰, 그것은 〈새터데이 이브닝 포스트〉만큼이나 현대적이고 전보만큼 직접적이며 자동차에 있는 광고만큼이나 효율적이다. 예전에는 인기 있었던 언어의 불꽃놀이들이 현 시대를 사는 이들에게는 더 이상 받아들여지지 않는다.

열댓 명이 있는 업무 회의실에서든 1,000명이 모인 천막 안에서든, 오늘날의 청중은 연사가 편하게 이야기를 나누듯이, 즉 청중 한 사람과 대화를 나누는 것처럼 직접적으로 말해 주기를 원한다. 단, 태도는 그와 같되 목소리의 크기는 달라야 한다. 만약 목소리의 크기도 똑같이 한다면 연사의 목소리는 청중에게 들리지 않을 것이다. 자연스럽게 보이기 위해서는 한 사람에게 말할 때보다 마흔 명에게 말할 때 훨씬 더 노력해야 한다. 건물 꼭대기에 있는 동상이 거리에 있는 행인에게 실물과 같은 크기로 보이기 위해서는 실물보다 더 커야 하는 것처럼 말이다.

네바다 주의 광산 캠프에서 마크 트웨인이 강연을 끝낼 때쯤, 한 광부는 그에게 "평소에도 이렇게 말씀하시나요?"라고 물었다. 청중이 원하는 것은 바로 이것, 즉 '자연스러운 목소리 톤'과 '조금 크게 말하는 것'이다.

상공회의소에서 연설을 할 때는 존 헨리 스미스라는 이름을 가진 어떤 한 개인에게 말하는 것처럼 하라. 결국 상공회의소의 미팅도 몇 명의 존 헨리 스미스가 모여서 열린 것이 아니겠는가? 각각의 개인을 대상으로 성공을 거둘 수 있는 방식이라면 한꺼번에 모아 놓은 사람들을 대상으로 해도 성공적이지 않을까?

나는 앞서 어떤 여류 소설가의 연설을 예로 들었다. 그녀가 연설했던 바로 그 강연장에서 나는 며칠 뒤에 올리버 로지 경의 강연을 듣는 기쁨을 누렸다. 그의 주제는 '원자와 세계'였다. 그는 반세기 이상 그 주제에 대해 생각하고 연구하고 실험하고 조사해 왔다. 그는 그의 가슴, 마음, 인생의 일부인 그것에 대해 너무도 말하고 싶어 했다. 신에게 감사해야 할 일이지만 그는 자신이 연설을 하고 있다는 사실을 잊어버렸고 나 역시 그랬다. 강연 자체에 대한 생각은 그의 머릿속에 없었다. 그는 오직 원자에 대해서 청중에게 정확하고 명료하고 생생하게 말하기 위해 노력했고, 자신이 보고 느낀 것을 우리도 보고 느낄 수 있게 하기 위해 진심으로 노력했다. 그 결과는 어땠을까? 매력과 힘을 모두 갖춘 그의 연설은 무척 깊은 인상을 남겼다. 그는 특별한 능력을 가진 연사지만 그 자신은 그렇게 생각하지 않을 것이라고 나는 확신한다. 그의 강연을 들은 사람 중에 그를 대중연설가로 기억하는 사람은 거의 없었다.

만약 당신의 대중연설을 들은 청중들이 당신은 대중연설에 관해 훈련받은 사람임을 조금이라도 알아챘다면, 그것은 당신을 가르친 사람에게 빚을 지는 일이다. 당신의 스승은 당신의 연설이 매우 자연스러워 훈련받은 티가 나지 않는 것을 원할 것이다. 좋은 유리는 그 자체로 사람들의 시선을 끄는 것이 아니라, 그저 빛을 들일 뿐이다. 좋은 연사도 마찬가지다. 좋은 연사는 무척 자연스럽게 연설을 하기 때문에 청중은 그가 말하는 방식에 대해 신경 쓸 겨를조차 없다. 사람들은 단지 그가 말하는 내용에만 주의를 기울이게 된다.

❖ 헨리 포드의 충고

"포드 자동차는 모두 한 치의 오차도 없이 똑같습니다. 그러나 똑같은 두 사람은 있을 수 없습니다. 모든 새로운 생명은 태양 아래 새롭습니다. 그와 같은 것은 전에도 없었고, 이후에도 없을 것입니다. 젊은이들은 자신에 대해 그런 생각을 가져야 합니다. 자신을 다른 사람들과 다르게 만드는 개성의 불꽃을 찾아내 자신의 가치를 높이기 위해 노력해야 합니다. 사회와 학교는 당신을 다른 이와 똑같이 만들려고 합니다. 모든 사람들을 획일적인 틀에 넣으려 하는 것입니다. 그러나 그 불꽃이 사라지지 않게 해야 합니다. 그것이 바로 당신이 중요한 진정한 이유이기 때문입니다."

대중연설은 헨리 포드Henry Ford의 위와 같은 말이 두 배쯤은 더 잘 들어맞는 분야다. 이 세상 누구도 당신과 같을 수는 없다. 수백만 명의 사람들이 두 개의 눈과 한 개의 코, 한 개의 입을 가지고 있지만 당신과 똑같이 생겼거나 같은 성격, 행동 방식, 마음씨를 가진 사람은 그중 한 명도 없다. 또한 당신이 자연스럽게 연설할 때와 같은 방식으로 연설하거나 표현하는 사람도 없다.

다시 말해, 당신은 당신만의 개성을 가지고 있다. 연사에게 있어 개성은 가장 중요한 자산이다. 그것에 매달려라. 그것을 소중히 여기고 발전시켜라. 그것은 당신의 연설에 힘과 진실함을 더해 줄 것이다. "그것이 바로 당신이 중요하다고 말할 수 있는 이유다."

올리버 로지 경은 다른 이들과 다르게 말한다. 다른 사람들과 다르기 때문이다. 그의 강연 방식은 본질적으로 그의 턱수염이나 대머리처럼 그가 가진 개성의 한 부분이다. 만일 그가 로이드 조지를 따라 하려고 했다면 그는 가짜밖에 되지 않았을 것이고, 결국 실패했을 것이다.

1858년 일리노이 주의 초원에 있는 작은 도시에서는 스티븐 A. 더글러스와 에이브러햄 링컨이 벌인, 미국 역사상 가장 유명한 논쟁이 있었다. 링컨은 키만 컸고 어딘가 어색했던 반면, 더글러스는 키가 작고 품위 있는 모습이었다. 그들은 각자의 체격만큼이나 성격, 사고방식, 개성과 기질이 달랐다. 더글러스는 누구보다 교양 있는 사람이었고, 링컨은 양말도 신지 않은 채 손님을 맞으러 가는 '시골 나무꾼'이었다. 더글러스의 몸짓은 우아했고 링컨은 볼품없었다. 더글러스는 유머가 없었지만 링컨은 세상이 알아주는 이야기꾼이었다. 더글러스는 비유를 거의 사용하지 않았지만 링컨은 지속적으로 비유와 사례를 들어 논쟁했다. 더글러스는 거만하고 지배적이었으나 링컨은 겸손하고 너그러웠다. 더글러스는 재빠르게 생각하는 스타일이었고 링컨은 사고가 느렸다. 더글러스는 말할 때 회오리바람처럼 강했고 링컨은 더 조용하게, 깊게 생각했다.

이렇게 달랐음에도 그들은 자신에 대한 용기와 지각을 갖춘 사람들이었다. 둘 중 어느 한쪽이 다른 한쪽을 따라 하려 했다면 분명히 끔찍하게 실패했을 것이다. 하지만 그들은 자기가 가지고 있는 고유의 재능을 최고로 발휘해 개성 있고 파워풀한 논쟁을 벌였다. 당신도 이렇게 하라.

방향을 제시하는 것은 간단하다. 그러나 그 길을 따라가는 것도 쉬울까? 절대 그렇지 않다. 페르디낭 포슈 장군은 전쟁의 기술에 대해 이렇게 말했다.

"개념을 잡는 것은 간단하지만, 불행하게도 그것을 실행에 옮기는 것은 복잡하다."

청중 앞에서 자연스러워지려면 연습을 해야 한다. 배우들은 그것을 안다. 당신이 네 살 먹은 어린아이였을 때는 연단에 올라 뭔가를 자연스럽게 말하는 것이 가능했을 것이다. 하지만 스물네 살 또는 마흔네 살인 당신이 연단에 서서 말하려 할 때는 무슨 일이 생길까? 당신이 네 살 때 가졌던 무의식적인 자연스러움이 여전히 존재할까? 물론 그럴 수도 있겠지만, 당신은 아마 몸이 굳고 부자연스러워질 것이며 기계처럼 딱딱해지는 데다가 거북이처럼 껍질 안으로 숨으려 할 것이다.

연설을 가르치고 훈련할 때 가장 중요한 점은 그 사람의 장애물을 제거해서 그가 마치 반사작용처럼 자연스럽고 자유롭게 말하게끔 하는 것이다. 수백 번이나 나는 사람들의 연설을 중단시키고 "좀 더 자연스럽게 말해 주세요."라고 부탁했고, 자연스럽게 말하는 방법을 연습시키느라 완전히 지쳐서 집으로 돌아오곤 했다. 그만큼 자연스럽게 말한다는 것은 결코 간단한 문제가 아니다. 높은 하늘 아래 넓은 자연스러움의 재주를 가질 수 있는 유일한 방법은 연습뿐이다. 연습을 하다가 자신이 말하는 것이 어색하게 느껴지면 말을 잠시 멈추고 스스로에게 냉정하게 말해 보자.

"뭐가 문제지? 뭔가 어색해. 다시 정신 차리고 자연스럽게 해 봐야지."

그리고 청중 중 가장 멍청해 보이는 한 사람에게 말을 걸어라. 다른 사람들은 다 잊어버리고 그와 이야기하라. 그가 당신에게 던진 어떤 질문에 당신이 대답한다고 상상하라. 만약 그가 일어서서 당신에게 말하고 당신이 그에게 대꾸를 해 준다면, 이야기는 예기치 않게 자연스럽고 직접적으로 바뀔 것이다. 그러므로 그런 일이 정말 일어나는 것처럼 상상하라. 실제로 청중에게 질문하고 답하는 것도 좋다. 예를 들어 연설 중간에 이렇게 말해도 좋다는 뜻이다.

"이 주장에 대한 근거를 물으시는 분이 계실지도 모르겠습니다. 저는 그에 대한 충분한 증거를 가지고 있고 그것은……."

이런 식으로 그 가상의 질문에 대한 답을 스스로 하라. 이 방식은 굉장히 자연스러워 보이며, 연설의 단조로움을 없애 직접적이고 듣기 편한 느낌을 줄 것이다. 솔직함과 열정 그리고 성실함이 당신을 도와줄 수 있다. 진정한 자아는 감정의 영향을 받을 때에야 비로소 표면 위에 드러난다. 빗장이 열리고 감정의 열기는 모든 장애물을 사라지게 한다. 그는 자연스럽게 행동하고, 마음에서 우러나듯 말한다. 그는 자연스럽다. 결국 전달을 잘하는 비결 역시 이 장에서 몇 차례 반복하며 강조하는 것과 같다. 즉, 당신의 말에 마음을 담아라.

예일 신학대의 브라운 학장은 설교에 대해 강의할 때 이렇게 말했다.

"저는 한 친구가 런던 시에서 참석한 예배에 대해 했던 말을 잊을 수 없습니다. 설교자는 조지 맥도널드였는데, 그가 그날 아침 성경 낭독 시간에 읽은 부분은 히브리서 11장이었습니다. 그는 이렇게 말했습니다.

'믿음을 가진 이 사람들의 이야기는 여러분 모두 이미 들어 보셨을 겁니다. 그러니 저는 믿음이란 무엇인가에 대해서 말하지 않겠습니다. 그런 이야기라면 저보다 더 잘해 줄 신학 교수들이 많으니까요. 제가 이곳에 온 이유는 여러분이 믿음을 가질 수 있도록 돕기 위해서입니다.'

이 말을 통해 그는 보이지는 않지만 영원히 존재하는 실체에 대한 자신의 신앙고백을 간결하면서도 장엄하게 전달했고, 사람들의 마음과 가슴에 신앙심이 자리 잡게 만들었습니다. 그의 말에는 그의 마음이 담겨 있었고, 그 설교는 내면의 순수한 아름다움에서 비롯된 것이기에 더없이 효과적이었습니다."

"그의 말에는 그의 마음이 담겨 있었다." 이 말에 비결이 있다. 물론 이렇게 모호하고 분명하지 않은 충고는 인기를 얻지 못한다는 것을 나는 알고 있다. 대부분의 학생은 누구나 이해할 수 있는 규칙을 원한다. 정확하고 손으로 만질 수 있는 것, 포드 자동차 사용 설명서만큼 정확한 규칙 말이다. 그런 규칙이 바로 사람들이 원하는 것이다. 나도 그런 규칙을 알려줄 수 있다면, 그래서 나도 편해지고 듣는 사람들도 편해질 수 있다면 좋겠다. 물론 그런 규칙들이 실제로 존재하긴 하지만 거기엔 작은 문제가 하나 있다. 바로 효과가 없다는 것이다. "그것들은 연설의 자연스러움, 자발성 그리고 생동감을 빼앗아 간다. 젊은 시절 나도 그런 규칙들을 연습하느라 많은 시간을 낭비했던 경험이 있기 때문에 잘 알고 있다. 유명한 유머 작가 조시 빌링스Josh Billings가 "아무짝에도 쓸모없는 지식은 아무리 많이 알아봤자 소용없다."라고 얘기했듯이, 그런 규칙은 당신에게 불필요하기에 이 책에 적지도 않았다.

❖ 대중연설 연습, 이렇게 하라

이제 더욱 분명하고 더욱 생기 있는 연설을 하는 데 필요한 '자연스러운 연설'의 특징을 살펴볼 것이다. 그런데 이렇게 말하면 누군가는 분명히 "아, 알겠다. 이렇게 하면 되겠구나!" 하고 생각할 것 같아서 상당히 망설였던 것이 사실이다. 여기 나와 있는 것들만 의식적으로 연습한다면 당신의 몸은 나무나 기계처럼 뻣뻣해질 것이다.

음식을 소화하는 데 있어 의식이 필요하지 않듯, 자연스러운 연설에 필요한 대부분의 원칙들은 당신이 어제 누군가와 대화를 나누며 이미 사용했을 것이다. 바로 그것이 원칙을 사용하는 방법이고, 그렇게 무의식적으로 사용하는 수준에까지 도달하는 방법은 이미 말했듯이 연습밖에 없다. 좀 더 구체적인 연습 방법은 다음과 같다.

데일 카네기 성공대화론

첫째, 중요한 단어는 강하게 말하고 중요치 않은 단어는 약하게 말하라.

대화를 할 때 우리는 단어의 특정 음절 하나에 강세를 두고 나머지 음절들은 마치 떠돌이 일꾼의 무리를 지나치는 택시처럼 흘려보낸다. 예를 들어 매사'추'세츠MassaCHUsetts, 어'플릭'션afFLICtion, 어'트랙'티브니스atTRACtiveness, 인'바이'런먼트enVIRonment와 같이 말이다. 문장도 이와 같다. 우리는 뉴욕 시에서 가장 오래되고 유명한 초고층 건물인 울워스 빌딩이 브로드웨이 전경에서 불쑥 튀어나와 있는 것처럼, 전체 문장에서 한두 개의 중요한 단어만 그렇게 돋보이도록 말한다. 이것은 이상하거나 비정상적인 현상이 아닌 데다가 항상 주변에서 일어나고 있는 것이기도 하니 잘 들어 보라. 당신 스스로도 어제 100번, 아니 1,000번쯤은 이렇게 말했을 것이고, 내일도 분명히 수백 번은 그렇게 할 것이다.

예를 들어 보자. 다음 인용문에서 밑줄 친 부분을 강하게 발음하고 나머지는 빨리 지나치며 읽어 보라. 어떤 효과가 있는가?

나는 무슨 일이든 열심히 노력하기 때문에 <u>성공해 왔다</u>. 나는 <u>한 번도 주저하지</u> 않았다. 이것이 나를 다른 사람들보다 <u>뛰어나게</u> 만들어 주었다.

— 나폴레옹

이 문장을 반드시 이렇게 읽어야 한다는 것은 아니다. 다른 사람은 아마 다른 방식으로 읽을 것이다. 또한 그때그때 상황에 따라 읽는 방법도 달라질 테니 단어들을 강조하는 데 있어 반드시 지켜야 할 엄격한 규칙이 있는 것 또한 아니다.

다음 문장을 요지가 명확하고 설득력 있게 들리도록 크고 진지하게 읽어 보라. 거창하고 의미 있는 단어에는 힘을 주게 되는 반면 그 외의 단어들은 빨리 읽게 되지 않는가?

만일 당신이 졌다고 생각하면 진 것이다.
만일 당신이 감히 할 수 없다고 생각하면 하지 못한다.
만일 당신이 이길 수 없다고 생각하면
이기지 못하는 것은 당연하다.
인생의 전투에서 항상 힘세고 빠른 사람이 이기는 것은 아니다.
늦거나 빠르긴 해도 인생에서는
이길 수 있다고 생각하는 사람이 이긴다.

— 저자 불명

굳은 결심보다 중요한 성격적 요소는 아마 없을 것이다. 위대한 사람이 되거나 어디서든 성공하겠다는 꿈을 가진 사람은 단지 많은 장애물을 극복하겠다는 결심뿐만이 아니라 많은 거부와 패배가 있더라도 승리하겠다는 결심을 가져야 한다.

— 시어도어 루스벨트

둘째, 목소리 높이에 변화를 주어라.

대화할 때 우리 목소리의 높이는 위아래로 오르락내리락 하며 잠시도 쉬지 않고 바다의 수면처럼 움직인다. 왜 그럴까? 그 이유는 아무도 모

186

데일 카네기 성공대화론

르고, 또 아무도 신경 쓰지 않는다. 결과적으로 이것은 기분 좋게 들리게 끔 말하는 자연의 법칙이다. 비록 배우거나 의식해 본 적은 없지만 우리는 어렸을 때부터 이것을 알고 있었다. 하지만 자리에서 일어나 청중을 바라볼 때면 우리의 목소리는 네바다 주의 알칼리 사막처럼 둔하고 낮고 단조로워질 것이다. 평소에 고음의 목소리를 가진 당신이 단조롭게 말하고 있다는 것이 느껴지면 잠시 멈추고 스스로에게 이렇게 말하라.

"내가 목각 인형처럼 말하고 있구나. 사람이 이야기하듯, 자연스럽게 사람들에게 말해 보자."

자신에게 던지는 이런 잔소리가 어느 정도의 효과는 있을 것이다. 잠시 멈추기만 해도 도움이 될 것이다. 연습을 통해서 각자에 맞는 해결 방식을 찾아야 한다. 중요한 구문이나 단어에 이르러 갑자기 목소리를 낮추거나 높이기만 해도 그것들을 앞마당의 푸른 월계수처럼 돋보이게 할 수 있다. 브루클린의 유명한 조합 교회 목사인 캐드먼 박사는 자주 그렇게 했고, 올리버 로지 경, 브라이언, 루스벨트 등 대부분의 유명 연사들 또한 거의 모두가 그랬다.

다음 예문에서 밑줄 친 단어들을 나머지 단어보다 훨씬 낮은 소리로 말해 보라. 어떤 효과가 있는가?

내게 한 가지 장점이 있다면 절대 포기하지 않는 것입니다.
— 포슈 장군

교육의 위대한 목표는 지식이 아니라 행동입니다.
— 허버트 스펜서Herbert Spencer

> 나는 86년을 살아오면서 많은 사람이 성공을 향해 나아가는 것을 보았습니다. 그런데 성공하는 데 필요한 중요한 요소들 가운데에서도 <u>가장 중요한 것은 믿음이었습니다.</u>
>
> — 기번스 추기경Cardinal Gibbons

셋째, 말의 속도에 변화를 주어라.

어린아이가 말하거나 우리가 평소 떠들 때, 말의 속도는 계속해서 변한다. 그 편이 듣기에도 자연스럽고 좋다. 무의식적으로 이뤄지는 일이지만 그럼으로써 당신의 말에는 강약이 생긴다. 실제로 이것은 당신의 생각을 돋보이게 하는 좋은 방법들 중 하나이기도 하다.

월터 B. 스티븐스Walter B. Stevens가 미주리 주 역사학회에서 출간한 《기자의 눈에 비친 링컨Repoter's Lincoln》이라는 책에는 링컨이 연설을 결론으로 이끌 때 자주 사용하던 방법이 소개된다.

링컨은 몇 단어를 굉장히 빠르게 말하고 자신이 강조하고 싶은 단어나 문구에서는 목소리를 낮추고 속도를 늦췄다. 그리고 나서 그는 번개처럼 문장의 끝까지 달렸다. 그는 자신이 강조하고 싶은 한두 단어에는 중요하지 않은 대여섯 개의 단어에 들이는 것과 맞먹는 시간을 할애했다.

이런 방법은 언제나 관심을 받는다. 일례로 나는 종종 대중강연에서 기번스 추기경의 말을 자주 인용하는데, 한번은 '용기'를 강조하고 싶었다. 그래서 나는 인용문을 말하면서 내가 그 말에 감동을 받은 것처럼 밑줄 친 단어에 시간을 오래 끌었다.

기번스 추기경이 세상을 뜨기 전에 이런 말씀을 하셨습니다.

"나는 86년을 살았고 수많은 사람이 성공을 향해 나아가는 걸 보았습니다. 그런데 성공하는 데 필요한 중요한 요소들 가운데에서도 가장 중요한 것은 믿음이었습니다. 용기를 갖지 못한다면 그 누구도 위대한 일을 할 수 없습니다."

이렇게 한번 해 보라. '3,000만 달러'라는 단어를 그다지 큰돈도 아닌 것처럼 대수롭지 않게 빨리 말해 보라. 그리고 이번에는 '3만 달러'라는 말을 천천히 감정을 담아, 마치 너무도 많은 돈이라 엄청난 감동을 받은 것처럼 말해 보라. 3만 달러가 3,000만 달러보다 훨씬 더 큰 금액처럼 들리지 않는가?

넷째, 중요한 생각의 앞과 뒤에서 멈춰라.

링컨은 종종 연설을 하다 말을 멈추곤 했다. 청중의 마음에 깊은 인상을 남기고 싶은 구절에 이르면 그는 몸을 앞으로 구부리고 잠시 그들의 눈을 바라보며 아무 말도 하지 않았다. 그런 갑작스러운 침묵은 갑작스러운 소음처럼 주의를 환기시키는 효과가 있어서, 사람들은 그다음에 무슨 이야기가 나올지 바짝 긴장한 채 귀를 기울인다.

예를 들어 더글러스와의 그 유명한 논쟁이 끝날 무렵, 모든 지표는 링컨의 패배를 가리켰다. 낙담에 빠진 그는 가끔씩 오랜 습관처럼 우울한 모습을 보였고, 단어 하나하나에는 애절함이 묻어 나왔다. 그렇게 결론

부분에 이르렀을 때, 링컨은 갑자기 아무 말도 없이 가만히 서 있었다. 그리고 언제나 그렇듯 금방이라도 눈물을 흘릴 것처럼 지치고 깊게 패인 눈으로 자기 앞에 앉아 있는, 절반은 무관심하고 절반은 친근한 사람들의 얼굴을 바라보았다. 그는 마치 속수무책으로 다가오는 패배 앞에서 지친 것처럼 팔짱을 끼고 특유의 단조로운 목소리로 이렇게 말했다.

"여러분, 미국 상원의원으로 더글러스 판사와 저 둘 중 누가 선출된다고 해도 차이는 거의 없을 것입니다. 하지만 제가 여러분에게 제시한 쟁점은 개인적인 이익이나 정치적인 운명을 뛰어넘는 것입니다."

링컨은 여기서 다시 멈췄고 청중은 그의 말에 집중했다.

"더글러스 판사와 저의 초라하고 연약하며 더듬거리는 혀가 무덤에 들어가 조용해질 때에도 이 쟁점들은 살아 숨 쉴 것입니다."

링컨의 전기 작가 중 한 사람은 이렇게 적었다.

"이 단순한 말과 태도는 그곳에 있던 사람들의 마음에 뜨거운 감동을 주었다."

링컨은 또한 자신이 강조하고 싶은 구문에서도 멈췄다. 그는 침묵함으로써 사람들의 가슴 속에 그 의미가 서서히 녹아 그 임무를 다하도록 자신이 한 말의 효과를 더했다.

올리버 로지 경은 자주 연설의 중요한 부분의 앞과 뒤에서 멈췄고 종종 한 문장에 서너 번씩 쉬기도 했는데 그 모습이 무척 자연스럽고 무의식적으로 보여 그의 연설 방법을 분석하지 않는다면 아무도 알아채지 못했을 것이다. 소설가 루디야드 키플링은 "침묵을 통해 말하게 되리라."라고 말했다. '침묵은 금'이라는 말도 있지만, 연설에서 현명하게 사용하는 침묵보다 더 빛나는 금은 없다. 이것은 결코 무시할 수 없을 정도로 중요하고 강한 무기인데도 대부분의 초보 연설가들은 이 점을 소홀히 여긴다.

다음의 글은 홀먼Holman이 쓴 《자극적인 말Ginger Talks》이란 책에서 발췌한 것이다. 연설가가 적당히 쉴 자리가 어디인지 표시해 두긴 했지만, 반드시 그 자리에서 쉬어야 한다거나 그곳이 쉬기에 가장 좋은 곳이라고 말하려는 것은 아니다. 어디에서 쉬는가에 대해서는 엄격한 규칙이 없다. 그것은 의미, 그리고 말하는 사람의 기질과 감정에 따르는 문제이기 때문이다. 오늘 하는 연설에서는 이 부분에서 쉬었더라도, 내일은 다른 부분에서 쉴 수 있다.

다음의 예문을 멈추지 말고 크게 읽어 보라. 그러고 나서 내가 표시한 부분에서 숨을 고르고 다시 읽어 보라. 쉴 때 어떤 효과가 있는가?

영업은 전쟁입니다. (쉬면서 전쟁이라는 개념이 스며들게 한다.) 따라서 전사들만 이길 수 있습니다. (쉬면서 요점이 배어들게 한다.) 이런 조건이 마음에 들지 않을 수도 있지만, 그 조건을 만든 것은 우리가 아니기에 어떻게 바꿀 방법도 없습니다. (쉰다.) 영업이란 게임에 뛰어들 때에는 용기를 가지십시오. (쉰다.) 그렇지 않으면 (멈추고 1초 동안 긴장을 지속한다.) 배트를 휘두를 때마다 아웃이 되어 결과적으로는 1점도 득점하지 못할 것입니다. (쉰다.) 투수를 두려워하는 타자치고 3루타를 기록한 사람은 아무도 없습니다. (멈추고 당신의 요점이 스며들게 한다.) 이 점을 기억하십시오. (멈추고 요점이 더 깊게 배어들게 한다.) 장타를 치거나 담장 밖으로 홈런을 친 사람은 항상 타석에 가까이 다가가는 사람입니다. (멈추고 이 대단한 선수에 대해 당신이 뭐라고 말하려는지 긴장감을 고조시킨다.) 그것도 마음속에 굳은 의지를 담은 사람…….

다음 인용문의 의미를 생각하면서 큰 소리로 힘차게 읽어 보라. 그리고 당신이 자연스럽게 쉬게 되는 곳이 어딘지 살펴보라.

미국의 거대한 사막들은 아이다호나 뉴멕시코, 애리조나에 있는 것이 아니다. 그것은 평범한 사람들의 모자 아래에 있다. 미국의 거대한 사막은 물리적인 사막이 아닌 정신적인 사막이다.

— J. S. 녹스J. S. Knox

인간의 질병에 만병통치약은 없다. 그것과 가장 가까운 것이 있다면 그것은 이미 널리 알려진 것이다.

— 폭스웰Foxwell 교수

내게는 내가 꼭 기쁘게 해줘야 하는 두 존재가 있다. 하나는 하나님이고 다른 하나는 가필드 가족이다. 나는 이 세상에서는 가필드 가족과 함께 살고 사후에는 하나님과 함께 살아야 한다.

— 제임스 A. 가필드James A. Garfield

이 장에서 제시한 원칙들을 잘 지키는 연설가라고 해도 여전히 결점이 많을 수 있다. 그는 일상 대화를 할 때와 똑같이 대중 앞에서 연설함으로써 결과적으로는 듣기에 거슬리는 목소리를 낼 수 있고, 문법에 맞지 않게 얘기할 수도 있으며, 어색해하거나 공격적인 태도를 취하는 등 대중의 기분을 나쁘게 하는 많은 잘못을 저지를 수도 있다. 평상시 대화를 하는 것처럼 말하는 방법 역시 많은 개선을 필요로 한다. 일상에서 말하는 방식을 완벽하게 만들고 그 방식을 연단에서 그대로 사용해보라.

좋은 연설의 비법

1. 말에는 단지 단어의 뜻 외에도 다른 무엇이 있다. 그것은 이야기가 전달될 때 생기는 맛이다. "'무엇을 말하는가'보다 중요한 것은 '어떻게 그것을 말하는가'다."

2. 많은 연사가 청중을 무시하고 그들의 머리 너머나 바닥을 바라보는데, 그것은 독백을 하는 것이나 다름없다. 거기에는 청중과 연사 사이에 주고받는 의사소통의 개념이 없기 때문이다. 연사의 그런 태도는 청중과의 의사소통은 물론 연설도 망친다.

3. 좋은 강연이란 대화체와 명쾌함을 더 확장시킨 것이다. 상공회의소에서 연설을 할 때 존 헨리 스미스에게 말하듯이 하라. 상공회의소란 결국 존 헨리 스미스가 여러 명 모인 곳이다.

4. 모든 사람에게는 강연을 할 수 있는 능력이 있다. 만약 이 말에 의구심이 든다면, 당신이 알고 있는 사람들 중 가장 무지한 이를 때려눕혀 보라. 그는 몸을 일으키고 무슨 말이든 하겠지만, 그가 말하는 방식에는 아무 결점도 없을 것이다. 당신은 대중 앞에서 그렇게 자연스럽게 연설해야 하고, 그 방식을 발전시키는 연습을 해야 한다. 다른 사람을 따라 하지 않고 자발적으로 말한다면 당신은 세상 누구와도 다르게 말할 수 있을 것이다. 연설에 당신의 개성과 인격을 담아라.

5. 청중에게 말할 때는 마치 그들이 잠시 자리에서 일어나 당신에게 질문한다고 상상하며 말하라. 만약 그들이 일어서서 당신에게 질문을 던진다면 당신의 연설은 틀림없이 크게 발전할 것이다. 따라서 누군

가 당신에게 질문을 하고 당신이 그것을 되풀이하고 있다고 상상하라. 큰 소리로 이렇게 말하라. "여러분은 제가 어떻게 이걸 알고 있는지 궁금해할 것입니다. 그래서 말씀드리자면……." 이런 말은 완벽하게 자연스러운 데다가 당신의 형식적인 어조까지 깨뜨릴 것이고, 당신의 연설 태도를 따뜻하고 인간적인 것으로 만들 것이다.

6. 연설에 당신의 마음을 담아라. 감정적인 진실함은 세상의 모든 규칙을 뛰어넘는다.

7. 일상 대화에서 우리는 무의식적으로 다음의 네 가지 방식을 사용한다. 그러나 대중 앞에서 얘기할 때에도 그렇게 하는가? 대부분은 그렇지 않다.

첫째, 당신은 중요한 단어를 강조하고 중요하지 않은 단어는 약하게 말하는가? 당신은 '그, 그리고, 그러나'를 포함한 모든 단어를 똑같이 강조하는가, 아니면 매사추세츠를 발음할 때처럼 한 부분만 강조하는가?

둘째, 어린아이가 말할 때처럼 목소리가 높은음에서 낮은음으로, 다시 낮은음에서 높은음으로 오르락내리락하는가?

셋째, 말하는 속도에 변화를 주는가? 중요하지 않은 단어는 빠르게 말하고 돋보이게 하고 싶은 단어에서는 속도를 늦추는가?

넷째, 중요한 단어들의 앞과 뒤에서 잠시 멈추는가?

DALE CARNEGIE

PUBLIC SPEAKING AND INFLUENCING MEN IN BUSINESS

"행동은 웅변이다. 무지한 사람들의 눈은 귀보다 더 밝다."
— 셰익스피어(William Shakespeare)

"몸짓이 너무 많거나 너무 적으면 부자연스럽다. 아이들은 몸짓의 적절한 사용을 알고 있고, 길에서 만난 이웃과 이야기를 나누는 사람들에게서도 그런 예를 찾아볼 수 있다. 이런 점을 고려했을 때, 중용의 미덕을 가진 경우를 보기 힘들다는 것은 참 이상한 일이다."
— 매튜스(Matthews), 《연설과 연설가(Oratory and Orators)》

"연설할 때는 몸짓을 완전히 잊어버려라. 당신이 무엇을 말하려 하는지, 왜 그것을 말하려고 하는지에 대해서만 집중하라. 당신의 생각을 표현하는 데 열정과 영혼을 불어넣어라. 열정을 드러내고, 진지해져라. 진지해지고 또 진지해져라. 그러면 자연스러운 몸짓이 나오게 된다. 당신의 내적생각과 충동을 강하게 만든다면 당신을 가로막는 제약은 사라질 것이다. 당신의 몸은 그러한 것들을 표현하기 위한 몸짓들을 만들어 낼 것이다. 실제 연설을 하는 동안 당신이 말하고 싶은 것에 대해서만 생각하라. 미리 몸짓을 계획하지 말라. 자연스러운 충동이 행동을 결정하게 하라."
— 조지 롤랜드 콜린스(George Rowland Collins), 《연단에서의 연설(Platform Speaking)》

| 8장 |

연단에 서기 전에 준비해야 할 것들

언젠가 카네기공과대학Carnegie Institute of Technology에서 100명의 유명한 사업가를 대상으로 지능검사를 한 적이 있다. 전쟁 때 군대에서 실시하는 검사와 같은 유형의 것이었는데, 검사 결과 사업의 성패는 뛰어난 지능보다 성격에 달려 있다는 것이 증명되었다. 이것은 무척 중요한 사실로, 사업가뿐만 아니라 교육자와 전문직 종사자들 그리고 강연자에게도 굉장히 의미심장한 것이다.

엘버트 허바드는 "유창한 연설은 말이 아닌 태도가 결정한다."라고 말했다. 보다 정확히 말해서, 연설을 결정하는 것은 태도와 아이디어다. 하지만 성격이라는 것은 그 정체가 애매한 데다 제비꽃 향기처럼 정의하거나 규정하기도 어렵다. 육체적이고 영적이고 정신적인 모든 것의 총체라 할 수 있는 '성격'은 사람의 생김새, 좋아하는 것, 성향, 기질, 마음가짐, 활력, 경험, 교육 그리고 인생을 모두 포함하기 때문에 아인슈타인의 상대성 이론만큼이나 복잡해서 이해하기 어렵다.

사람의 성격은 대개 유전이라 태어나기 전에 결정되어 있다. 사실 후천적인 환경과도 어느 정도 관련이 있지만 대체로 성격을 바꾸거나 개선하기는 굉장히 어렵다. 하지만 신경을 씀으로써 보다 강한 또는 보다 매력적인 성격을 만드는 것은 가능하다. 어쨌든 우리는 자연이 준 이 신비로운 것을 최대한 활용하기 위해 노력할 수 있다. 이 문제는 우리에게 엄청나게 중요하다. 비록 완전히 바꿀 수는 없지만 성격을 개선할 수 있는 논의와 연구는 계속되고 있고, 가능성 또한 충분하기 때문이다.

만약 당신이 개성을 드러내고 싶다면 휴식을 취한 뒤에 청중 앞에 서라. 피곤한 사람은 다른 사람들을 흡입하지 못하고, 매력적이지도 않다. 준비와 계획을 마지막까지 미루고 미루느라 잃어버린 시간을 보충하기 위해 서두르는 바람에 저지르는 흔한 실수를 하지 않도록 조심하라. 그렇게 하면 육체에는 독이, 뇌에는 피로가 쌓여 당신을 지치게 만든다. 당신은 기력도 쓰지 못하고 뇌와 신경이 모두 쇠약해질 것이다. 만약 당신이 오후 4시에 위원회에서 중요한 연설을 해야 한다면 점심식사를 한 뒤 사무실에 들어가지 말고, 가능하다면 집에 가서 가볍게 점심을 먹고 낮잠을 자며 기분을 전환하라. 몸과 마음 그리고 신경의 휴식은 반드시 필요하다.

유명한 오페라 가수이자 영화배우였던 제럴딘 패러Geraldine Farrar는 새로 사귄 친구들을 남편에게 맡기고 자신은 일찍 잠자리에 들어 그들에게 충격을 주곤 했다. 그녀는 예술이 무엇을 요구하는지 알고 있었던 것이다. 노르디카는 프리마돈나가 된다는 것은 곧 자신이 좋아하는 모든 것, 즉 사교 생활과 친구들, 맛있는 음식을 포기하는 것을 뜻한다고 했다.

중요한 연설을 해야 할 때는 시장기에 유의해야 한다. 수행 중인 수도 승처럼 조금만 먹어라. 헨리 워드 비처는 항상 크래커와 우유를 제외하고는 일요일 오후에 아무것도 먹지 않았다. 오스트레일리아의 소프라노 가수 넬리 멜바Nellie Melba는 이렇게 말했다.

"저녁 공연이 있는 날에는 5시에 생선이나 닭고기 또는 송아지 내장과 사과 구이, 그리고 물 한 잔으로 아주 가벼운 식사를 해요. 오페라나 콘서트가 끝나고 집에 가면 항상 배가 고프죠."

내가 전문 강사가 되어 매일 상당한 양의 저녁식사를 하고 두 시간에 걸친 강연을 하기 전까지는 멜바와 비처의 행동이 얼마나 현명했는지 미처 알지 못했다. 신선한 사과를 곁들인 가자미 혀 요리, 비프 스테이크, 튀긴 감자, 샐러드, 채소, 그리고 디저트를 먹은 뒤 한 시간 동안 서 있는 것이 나 그리고 내 강연 주제나 몸에 적절하지 않다는 것을 나는 경험을 통해 알았다. 내 머리에 있어야 할 피가 뱃속에 있는 스테이크, 감자와 싸우느라 아래로 내려갔기 때문이다. 파데레프스키의 말이 옳았다. 그는 콘서트를 앞두고 먹고 싶은 것을 다 먹으면 내면에 있는 동물적인 힘이 세지고 심지어 손끝으로 몰려가 움직임을 방해하고 연주를 망친다고 했다.

❖ 다른 연사보다 주의를 끄는 비결

당신의 힘을 약하게 하는 일은 어떤 일도 하지 마라. 힘은 다른 이들을 강하게 끌어당긴다. 활력, 생기, 열정, 이것들은 내가 연설가와 지도

자를 뽑을 때 첫 번째로 생각하는 것이다. 야생 거위가 밀을 찾아 가을 들판에 모이는 것처럼, 사람들은 에너지가 넘치는 사람에게 모인다. 나는 런던 하이드파크의 야외 연설에서 그 예를 쉽게 본다. 마블 아치의 출입구 근처는 모든 인종의 사람과 모든 사상가가 모이는 곳이다. 일요일 오후에는 교황무오설을 설명하는 가톨릭 신자나 마르크스의 경제 이론을 복음처럼 설파하는 사회주의자, 이슬람교도가 네 명의 아내를 두는 것이 왜 정당하고 합당한지를 설명하는 인도인 가운데 자신이 원하는 쪽을 골라 들을 수 있다. 어떤 연사에게는 수백 명의 청중이 따르는 반면 그 옆의 연사 앞에는 몇 안 되는 사람들만 모여 있다. 왜 그럴까? 연사들의 흡인력이 다른 이유가 언제나 그들이 말하는 주제가 다르기 때문이라는 것 하나밖에 없을까? 아니다. 답은 연사를 보면 알 수 있다. 연설에 더 깊은 관심을 가지는 연사에게는 청중도 더 큰 관심을 갖는다. 그런 연사는 더 실감 나고 더 생동감 있게 연설한다. 그는 활력과 생기를 내뿜고 그럼으로써 사람들의 시선을 끈다.

❖ 옷차림이 끼치는 영향

심리학자이며 대학 총장인 어떤 교수가 많은 사람을 대상으로 옷차림이 사람에게 끼치는 영향에 대한 설문조사를 했다. 그 결과 거의 만장일치로 사람들은 자신이 깔끔하고 흠 잡을 데 없는 옷차림임을 인지하면 설명하기는 어렵지만 매우 명확하고 현실적인 효과가 있다고 답했다. 그런 옷차림은 자신감을 주고 자신에 대한 신뢰를 높임으로써 자존감도 향상시킨다는 것이다. 그와 더불어 성공한 사람처럼 옷을 입으면 성공을 꿈꾸고 이루는 것도 더 쉬워진다고 답했다. 옷차림이 당사자에게 끼치는 영향은 이 정도다.

그러면 청중에게는 어떤 영향을 줄까? 연사라는 이들인데도 헐렁한 바지에 형편없는 코트와 신발 차림인 데다가 윗옷 주머니에는 만년필과 연필이 끼워져 있고, 옷깃 사이로는 신문이나 담배 파이프, 또는 담뱃갑이 튀어나와 있는 경우를 나는 자주 봤다. 그리고 그가 자신의 외적 요소에 자부심을 갖고 있지 않은 것만큼 청중도 그에 대한 존경심이 없다는 것을 알게 되었다. 청중들이 그 연사의 정신 또한 그의 헝클어진 머리와 구질구질한 신발만큼 엉망일 것이라고 여기는 것은 당연하지 않겠는가?

❖ 그랜트 장군의 한 가지 후회

버지니아의 애퍼매톡스 청사에서 북군의 그랜트 장군에게 항복하던 날, 남군의 수장인 리 장군은 새 군복으로 깔끔하게 차려입고 비싼 검을 차고 있었다. 그에 반해 그랜트 장군은 외투나 검도 없이 이등병의 셔츠와 바지만 입고 있었을 뿐이었다. "나는 멋지게 차려입은, 키가 6피트나 되는 그 사람과 비교되었을 것이 뻔하다." 역사적인 순간에 제대로 옷을 차려입지 않았다는 것은 그의 인생에 있어 진정으로 후회스러운 일 중 하나였다.

워싱턴의 농림부 실험 농장에는 수백 개의 양봉대가 있다. 각각의 통에는 안을 비추는 확대경이 있어 버튼을 누르면 전깃불이 내부를 밝히기 때문에 낮이나 밤이나 벌들을 관찰할 수 있다. 연사도 이와 같다. 그는 확대경 아래에 있으며 스포트라이트 안에서 모든 사람의 시선을 받는다. 비록 아주 작다 해도 그의 외모에 부조화적인 요소가 있다면, 그것은 마치 평지에 록키산맥의 파이크스 봉우리가 우뚝 솟아 있는 것처럼 커 보일 것이다.

❖ 우리는 연설 시작 전에도 비난받거나 칭찬받는다

몇 년 전 〈아메리칸 매거진〉에 어느 성공한 뉴욕 은행가의 삶에 대한 글을 연재했던 적이 있다. 나는 그 은행가의 친구에게 그의 성공 요인을 알려 달라고 요청했는데, 그는 그 은행가의 '미소' 때문이라고 답했다. 처음에는 과장처럼 들릴 수 있지만 나는 진심으로 그것이 정답이라고 믿는다. 그보다 더 경험이 많고 재정적으로도 그와 같은 판단을 내린 사람들이 많이 있었겠지만 그는 다른 사람들에게 없는 특별한 장점, 즉 아주 유쾌한 성품을 지녔다. 따뜻하고 사람을 반기는 웃음이 그의 가장 큰 장점이었고 그는 그것으로 사람들의 신뢰와 호의를 신속하게 얻을 수 있었다. 우리는 그런 사람이 성공하는 것을 보고 싶어 한다. 그리고 그런 사람을 도와주는 것은 큰 즐거움이다.

'웃지 않는 사람은 장사를 하면 안 된다.'라는 중국 속담이 있다. 계산대 뒤에서뿐만 아니라 청중 앞에서도 이런 미소는 환영받기 마련이다. 브루클린 상공회의소에서 이루어졌던 대중연설 강의에서, 한 수강생은 항상 자신이 이 자리에 있어 기쁘고 자기에게 주어진 일이 즐겁다는 느낌을 주면서 청중 앞에 섰다. 그는 항상 미소를 머금었고 우리를 만나서 기쁜 것처럼 행동했다. 얼마 지나지 않아 청중은 그에게 따뜻한 마음을 가지게 되었고 진심으로 그를 환영했다.

하지만 유감스럽게도 같은 강의를 수강한 학생들 중 일부는 마치 하기 싫은 일을 억지로 하는 사람처럼, 이 시간이 얼른 끝났으면 좋겠다는 듯 차갑고 형식적으로 걸어 나왔다. 그리고 그로 인해 청중인 우리들도 같은 느낌을 갖게 되었다. 이런 태도는 전염성이 있다.

저명한 심리학자 해리 A. 오버스트리트Harry A. Overstreet 교수가 쓴 《인간 행동에 영향을 미치는 방법Influencing Human Behavior》에는 다음과 같은 말이 있다.

"뿌린 대로 거둔다. 우리가 청중에게 관심을 가지면 그들도 우리에게 같은 관심을 가질 것이고, 우리가 청중을 못마땅하게 생각하면 그들도 우리를 탐탁지 않게 여길 것이다. 만약 우리가 소심하고 어리둥절하다면 그들 역시 우리에 대한 신뢰를 잃을 것이고, 우리가 뻔뻔하고 잘난 척한다면 그들도 자신들의 방어적인 이기주의로 반응할 것이다. 우리는 연설 시작 전에도 비난받거나 칭찬받는다. 그러므로 우리는 청중의 따뜻한 반응을 끌어낼 수 있도록 행동해야 한다."

❖ 청중을 모아라

대중연설가로서 나는 종종 오후에 몇 사람이 흩어져 있는 넓은 홀에서도 연설해 본 적이 있고, 저녁에 많은 사람이 가득한 작은 홀에서도 연설한 적이 있다. 저녁시간의 청중은 오후의 청중이었다면 미소 지으며 넘겼을 것에 큰 소리로 웃어 주고, 오후의 청중이 전혀 반응을 보이지 않았던 부분에서도 후하게 박수갈채를 보낸다. 왜 그럴까?

그 이유는, 오후 연설의 청중들인 나이 든 아주머니나 아이들은 저녁시간의 연설에 오는 청중보다 활발한 반응을 보여 주지 않기 때문이다. 그러나 이것은 부분적인 이유이고, 진짜 이유는 흩어져 있는 청중들은 쉽게 감동하지 않기 때문이다. 청중들 사이에 놓여 있는 넓고 텅 빈 의

자들만큼 분위기를 가라앉히는 것은 없다. 헨리 워드 비처는 예일 대학교에서 이루어진 설교 관련 강의에서 이렇게 말했다.

"사람들은 종종 '적은 수의 사람에게 강의하는 것보다 많은 사람에게 강의하는 것이 더 힘들지 않습니까?'라고 묻습니다. 저는 아니라고 대답합니다. 나는 그들이 모여서 앉아 주기만 한다면 열두 명에게도 1,000명에게 하듯 강의할 수 있습니다. 하지만 1,000명의 사람일지라도 그들이 4피트씩 떨어져 앉는다면 빈 방에서 말하는 것과 같습니다. 청중을 모여 앉게 하십시오. 그러면 당신은 절반의 노력으로 그들을 울고 웃게 할 수 있습니다."

사람들은 많은 청중 속에 있을 때 자신의 개성을 잃어버리는 경향이 있다. 군중의 한 사람이 되면 혼자 있을 때보다 훨씬 쉽게 마음을 움직인다. 만약 그가 여섯 명의 청중 중 한 명이었다면 혼자일 때는 아무런 감동을 받지 않을 얘기에도 웃고 박수 칠 것이다. 사람들을 전체로 행동하게 하는 것은 개별적으로 행동하게 하는 것보다 훨씬 쉽다. 예를 들어 전투에 나가는 사람들은 세상에서 가장 위험하고 무모한 일을 하고 싶어 한다. 즉, 한데 뭉쳐 있기를 원하는 것이다. 제1차 세계대전 때 독일군들이 종종 서로 팔짱을 낀 채 전투에 임했다는 사실은 이미 잘 알려져 있다.

군중! 군중! 군중! 그들은 무척 특이하다. 위대한 대중운동이나 개혁은 군중 심리 덕분에 이뤄졌다. 이 주제를 다룬 흥미로운 책이 바로 에버릿 딘 마틴Everett Dean Martin의 《군중행동The Behavior of Crowds》이다.

몇몇 사람에게 연설할 때는 작은 방을 선택해야 한다. 작은 공간의 통로에까지 사람들이 차 있는 것은 방음장치가 되어 있는 조용하고 넓은 방에 사람들을 채우는 것보다 낫다. 만약 청중이 흩어져 있으면 가깝게

붙어 앉으라고 부탁하라. 연설을 시작하기 전에 이렇게 부탁하고 그 상태를 유지하라. 청중이 많지 않고 연설을 해야 하는 진짜 이유가 없다면 연단에 서지 마라. 청중과 같은 높이에 서서 그들과 가까이 자리하라. 형식적인 것을 없애고 친근하게 접촉해 자연스럽게 대화하는 것처럼 하라.

❖ 창문을 깬 폰드 장군

신선한 공기를 유지하라. 대중연설에서 산소는 후두, 인두, 후두개만큼이나 중요한 역할을 한다. 키케로의 웅변, 브로드웨이의 화려한 쇼 〈지그펠드 폴리스Ziegfeld Follies〉의 여성스러운 아름다움도 나쁜 공기로 오염된 방 안에서는 관객을 깨어 있게 할 수 없다. 그래서 나는 연설할 때 내 차례가 되면 창문을 열어 두고 청중에게 2분 정도 일어나 쉬게 한다.

제임스 B. 폰드James B. Pond 장군은 헨리 워드 비처가 유명한 대중연설가로 한창 인기 있던 14년간 그의 매니저로 활동하며 미국과 캐나다를 여행했다. 폰드 장군은 홀이든 교회든 극장이든 간에 비처가 갈 장소라면 청중이 오기 전에 그곳에 미리 가서 조명, 좌석, 실내 온도 그리고 환기 상태 등을 점검했다. 폰드는 고함치는 장교 출신의 노인이라 권위를 드러내는 것을 좋아했다. 그래서 강연할 곳이 너무 덥고 공기가 탁한데 창문을 열 수 없는 경우에는 책을 집어 던져 유리창을 깨 버렸다. 아마도 그는 하나님의 은총 다음으로 좋은 것이 바로 산소라고 믿었던 것 같다.

❖ 조명의 효과

많은 사람 앞에서 심령술을 보여 줄 것이 아니라면 가능한 한 방 안을

207

빛으로 가득 채워라. 보온병 속처럼 어두컴컴한 방에서 청중들의 열광적인 반응을 이끌어 내기란 메추라기를 길들이는 것만큼이나 어렵다.

미국의 유명한 극작가 데이비드 벨라스코David Belasco가 연극에 관해 쓴 글을 보면 연설가들이 적절한 조명의 중요성을 전혀 모르고 있다는 사실을 알 수 있다. 조명이 당신의 얼굴을 비추게 하라. 사람들은 당신을 보고 싶어 한다. 당신 얼굴을 스쳐 지나가는 작은 변화도 자기를 표현하는 과정의 일부다. 때로 그것은 당신의 말보다 더 큰 의미를 전달한다. 게다가 조명 바로 밑에 혹은 바로 앞에 서면 얼굴에 그늘이 질 수 있으니 연설을 시작하기 전에 조명이 당신을 가장 돋보이도록 비추는 지점을 미리 확인해 두는 것이 현명한 행동일 것이다.

❖ 연단을 정리하라

테이블 뒤에 숨지 마라. 사람들은 연사의 전신을 보고 싶어 하고, 그것을 위해서는 심지어 통로로 몸을 기울이기도 한다.

어떤 이는 연사를 잘 대접하기 위해 테이블 위에 물주전자와 잔을 갖다 놓을 것이다. 그러나 목이 마르면 약간의 소금이나 레몬을 맛보는 것이 나이아가라 폭포수를 마시는 것보다 갈증 해소에 좋다. 연사에게는 물도, 주전자도 필요 없다. 연단에는 그 어떤 불필요하고 지저분한 방해물이 있어서는 안 된다. 브로드웨이에 있는 다양한 자동차 매장은 아름답고 정돈되어 있어 보기 좋고, 향수와 보석을 파는 파리의 거대한 매장들은 예술적이고 호화스럽다. 왜 그럴까? 그래야 장사가 되기 때문이다. 사람들은 그렇게 잘 꾸며진 매장을 더 존중하고 신뢰하며 동경한다. 이와 같은 맥락에서 연설가들은 주변 환경을 기분 좋게 만들어야 한다.

내 생각에 가장 이상적인 준비는 연단에 아무 가구도 두지 않는 것이다. 진한 푸른 벨벳 커튼 외에는 연설가의 뒤 혹은 양옆에 사람들의 관심을 끌 만한 것은 아무것도 두지 말라. 연설가의 뒤편에 지도, 표지판, 테이블, 그리고 먼지가 수북이 내려앉은 의자들이 쌓여 있을 수도 있다. 그렇다면 결과적으로 그곳의 분위기 또한 싸구려 같고 정신 사나운 데다 지저분할 것이다. 그러니 모든 불필요한 물건을 치워라. 헨리 워드 비처는 "연설에서 가장 중요한 것은 사람이다."라고 말했다. 그러니 스위스의 푸른 하늘로 우뚝 솟은 융프라우의 눈 덮인 정상처럼 연사를 두드러져 보이게 하라.

❖ 연단 위에 게스트를 들이지 마라

나는 예전에 캐나다 온타리오 주에 있는 런던 시에서 캐나다 수상의 연설을 들은 적이 있다. 때마침 긴 장대를 가진 관리인이 방 안의 공기를 환기한답시고 이 창문에서 저 창문으로 돌아다녔다. 어떤 일이 벌어졌을까? 거의 모든 청중은 잠시나마 연사를 무시한 채 그 관리인이 기적이라도 행하는 것처럼 뚫어지게 바라보았다. 움직이는 것을 보려는 유혹은 결코 뿌리칠 수 없다. 아니, 뿌리치려 하지 않는 것일지도 모른다. 연설가가 이러한 진실만 잘 기억한다면 불편과 불필요한 성가심을 없앨 수 있다.

첫째, 연사는 손가락을 돌리거나 옷을 만지작거리는 일, 혹은 초조함을 드러내는 사소한 행동을 하지 않음으로써 청중의 시선이 분산되는 것을 막을 수 있다. 나는 뉴욕의 어느 유명한 연설가가 연설 중에 계속 연단 덮개를 만지작거리는 바람에 청중이 30분 동안 그의 손만 바라보던 일을 기억한다.

둘째, 연설가는 가능하면 청중들의 자리 배치에 신경을 써서 사람들이 나중에 들어오는 이들을 쳐다보느라 시선이 흩어지지 않도록 해야 한다.

셋째, 연설가는 연단 위에 어떤 게스트도 앉게 하지 말아야 한다. 몇 해 전에 레이먼드 로빈스가 브루클린에서 강연을 한 적이 있었다. 나는 몇몇 이들과 함께 게스트로 초대받아 연단 위에 앉아 있기를 요청받았지만 연설가에게 좋지 않을 것 같아 거절했다. 그날 저녁 나는 많은 게스트가 몸을 움직이거나 다리를 꼬는 등의 모습을 보았다. 그리고 그들이 움직일 때 청중은 연설가 대신 게스트를 쳐다보았다. 다음 날 나는 로빈스에게 그 사실을 말해 주었고 그는 현명하게 연단을 홀로 차지했다. 벨라스코는 너무 많은 시선을 끈다는 이유로 빨간 장미도 연단에 올려 두지 못하게 했는데, 하물며 왜 연설가가 자신이 얘기하는 동안에 가만히 있지 못하는 사람들을 청중과 마주 보게 해야 하는가? 그래서는 안 된다. 현명한 연사라면 절대 그러지 않을 것이다.

❖ 착석의 기술

연설가가 연설을 시작하기 전에 청중과 마주 앉는 것이 과연 좋아 보일까? 오래된 것보다는 새로 나온 신상품처럼 나중에 나타나는 것이 더 낫지 않을까? 하지만 반드시 그래야 하는 상황이라면 주의를 기울여야 한다. 당신은 폭스하운드가 밤을 지내기 위해 누울 자리를 찾는 것처럼 의자를 찾기 위해 두리번거리는 연설가를 보았을 것이다. 여기저기 둘러본 뒤 자신이 앉을 의자를 발견하면 그들은 털썩 주저앉으며 자기 통제의 무거운 짐을 벗어 버린다. 하지만 앉는 법을 아는 사람은 다리 뒤쪽을 의자에 붙이고 머리에서 엉덩이에 이르는 허리를 곧게 세우고 앉는다.

❖ 몸의 균형

앞서 얘기했듯이 옷을 만지작거리는 행동은 삼가라. 청중의 관심을 분산시켜서이기도 하지만 다른 이유도 있다. 그런 행동에서는 힘이 느껴지지 않을 뿐 아니라 자기 통제가 부족하다는 느낌도 준다. 당신의 가치를 더하지 않는 모든 움직임은 시선을 분산시킨다. 중립적인 움직임은 없다. 절대로. 그러니 가만히 서서 자신의 움직임을 제어하면 그것은 정신적으로 통제된 느낌과 더불어 침착하다는 인상을 줄 것이다.

연설을 하기 위해 청중 앞에 서면 처음부터 서두르지 말라. 그것은 당신이 아마추어라는 사실을 증명하는 행동이기 때문이다. 숨을 깊게 들이마셔라. 그리고 청중을 바라보라. 만약 장소가 시끄럽고 소란스럽다면 조용해질 때까지 침묵하라. 가슴을 쫙 펴라. 청중 앞에 서는 순간에까지 가슴을 펴지 않을 이유가 있는가? 평소에도 꾸준히 그 자세를 유지하는 것은 어떨까? 그러면 당신은 무의식적으로 대중 앞에서 가슴을 펼 수 있을 것이다.

유명한 행정학자 루터 H. 귤릭Luther H. Gulick은《효율적인 생활The Efficient Life》이란 책에서 이렇게 말한다.

"자신을 가장 멋지게 보이게 하는 사람은 열 명 중에 한 명도 안 된다. 목을 꼿꼿이 들고 옷깃에 가까이 두라."

그리고 그는 다음과 같은 운동을 추천했다.

"가능한 천천히, 크게 숨을 들이마심과 동시에 목을 옷깃에 바싹 붙여라. 이 자세를 오래 유지하라. 이 동작은 지나쳐도 해가 되지 않는다. 이것의 목적은 양 어깨 사이를 펴는 것이고 이렇게 함으로써 가슴을 넓힐 수 있다."

그러면 손은 어떻게 해야 할까? 손은 잊어버려라. 두 팔은 자연스럽게 양 옆에 두는 것이 가장 이상적이다. 두 손이 바나나 송이처럼 느껴질 수도 있겠지만 당신의 손에 관심을 기울이는 사람은 아무도 없다. 두 팔은 몸의 양 옆에 편안하게 있을 때 가장 보기 좋다. 그러면 팔이 관심을 끌지 못할 것이다. 심지어 비판적인 사람도 그 자세를 욕할 수 없다. 게다가 팔은 구속받지 않고 자유롭기 때문에 움직이고 싶을 때 편하게 움직일 수 있다.

그러나 당신이 너무 긴장해서 뒷짐을 지거나 주머니에 넣어야만 자의식을 떨쳐 버릴 수 있을 것 같다는 생각이 든다고 가정해 보자. 어떻게 해야 할까? 상식을 사용해라. 나는 이 시대의 유명 연사들의 연설을 많이 들었다. 대부분은 아니지만 많은 이가 연설을 할 때 손을 주머니에 찔러 넣곤 했다. 브라이언, 천시 M. 데퓨, 루스벨트도 그랬음은 물론, 까다로운 영국의 디즈레일리 수상까지도 때로 이 유혹에 굴복했다. 그러나 그날 하늘이 무너지지는 않았고, 기상 예보에 따르면 그다음 날에도 평소처럼 해가 떴다고 했던 것이 기억난다. 만약 할 말이 있는 연사라면 그가 자신의 손과 발로 무엇을 하든 상관없다. 머리에 말할 내용이 가득

차 있고 가슴에서는 열정이 부풀어 오른다면 그 외의 사항들은 중요하지 않다. 결국 연설에서 가장 중요한 것은 손과 발의 위치가 아니라 심리학적인 측면인 것이다.

❖ 제스처라는 이름으로 교육되는 우스꽝스러운 것

이제 많은 이들이 질문하는 '제스처'에 대해 이야기하겠다. 대중연설에 대해 내게 처음으로 강의해 주신 분은 중서부에 있는 한 대학의 학장이었다. 내가 기억하기로 그의 수업은 대개 제스처에 관한 것이었다. 하지만 그 강의는 그리 유익하지 않았고 잘못된 생각을 가지게 했기 때문에 오히려 해가 됐다. 내가 배운 바에 의하면 손바닥은 뒤로 향하게 하고 팔에 힘을 뺀 채 옆으로 늘어뜨리며 반쯤 주먹을 쥔 뒤 엄지손가락으로 다리를 만져야 했다. 나는 또한 우아한 곡선을 그리면서 팔을 올리는 방법과 손목을 사용해 고전적으로 손을 흔들고 검지로 시작해서 중지를 지나 새끼손가락까지 펴도록 훈련받았다. 그렇게 미학적이고 장식적인 움직임을 하고 난 뒤에 내 팔은 우아하고 부자연스러운 곡선을 그리며 다리 옆으로 되돌아와야 했다.

그 모든 행동은 나무처럼 뻣뻣하고 가식적이었으며, 합리적이고 정직한 면이라고는 하나도 없었다. 나는 누구도 해 보지 않은 방식으로 훈련을 받았다. 그 움직임에 내 개성을 넣으려 하거나, 적절한 감정을 불러일으켜 제스처가 저절로 나오게끔 하는 시도 같은 것은 없었다. 자아를 잊어버리고 그 과정에서 삶의 열정을 담아 자연스럽고 무의식적이며 불가피한 동작을 만들려는 노력이 없었음은 물론, 내 안의 나를 깨뜨리고 나와 인간처럼 말하고 행동하게 하려는 노력 역시 전무했다. 모든 유감스러운 동작은 타자수처럼 기계적이었고 새가 떠나 버린 둥지만큼이나 생기 없었으며 영국의 전통 인형극 〈펀치와 주디Punch and Judy〉처럼 우스꽝스러웠다. 그때는 무려 1902년이었다. 그런 터무니없는 것을 20세기에도 가르쳤다는 사실을 믿기란 어렵겠지만, 지금도 여전히 그런 교육은 진행되고 있다.

몇 년 전 한 교수는 제스처에 관한 책을 한 권 냈다. 이 문장에선 이런 손짓을 해야 하고, 한 손이나 두 손을 사용해야 할 때, 손을 높게 들거나 중간 정도로 또는 낮게 들어야 할 때, 이 손가락을 내밀 때와 저 손가락을 내밀 때 등을 알려 주는 그 책은 사람을 로봇으로 만들려는 책과도 같았다.

나는 어느 수업에서 20명의 학생이 똑같은 단어에서 정말 똑같이 손짓하는 모습을 본 적이 있다. 이런 행동은 가식적이고 시간을 낭비하는 일인 데다 기계적이고 모욕적이기까지 하다. 이 때문에 많은 이가 대중연설 강의에 대해 악평을 할 정도였다. 매사추세츠의 한 대학 학장은 최근 대학 내에 대중연설 수업을 개설하지 않았는데, 이유는 자신이 지금껏 실용적이거나 상식적인 대중연설 강의를 들어 본 적이 없기 때문이라고 했다. 나 역시 그 말에 동의한다.

제스처에 관한 책 중 10분의 9는 엉터리다. 심지어 좋은 종이와 검은 잉크로 된 쓰레기보다 더 나쁘다. 책에 있는 제스처는 무엇이든지 간에 쓰레기처럼 보인다. 제스처는 당신 자신, 당신의 가슴과 머리, 어떤 주제에 대한 당신의 관심, 당신이 보는 그대로 다른 사람 역시 그것을 보게 하고 싶은 욕구 그리고 당신 자신의 충동에서 나와야 한다. 한 번을 하든 두세 번을 하든, 가치 있는 제스처는 순간의 충동에서 나온다. 1온스의 자발성이 1톤의 규칙보다 낫다.

제스처는 야회복 재킷처럼 마음대로 입는 것이 아니라 키스, 복통, 웃음, 뱃멀미처럼 내면의 상황이 밖으로 표출되는 것이다. 또한 제스처는 칫솔처럼 개인적인 것이어야 한다. 사람이 제각각인 것처럼 자연스러운 제스처는 사람마다 달라야 한다. 누구도 똑같은 제스처를 하도록 훈련받아서는 안 된다. 앞 장에서 나는 링컨과 더글러스의 차이에 대해 말했다. 키가 크고 어색하며 생각도 느린 링컨이 빨리 말하고 성급하고 세련된 더글러스와 똑같은 제스처를 취한다고 상상해 보라. 분명히 우스울 것이다.

링컨의 전기 작가이자 동료 법률가였던 윌리엄 헌돈은 다음과 같이 밝혔다.

"링컨은 머리를 움직이는 만큼 손을 사용하진 않았다. 그의 머리는 그가 종종 자신의 말을 강조하고자 할 때 움직이며 중요하게 사용됐다. 그는 마치 전기가 가연성 물질에 불꽃을 튀기듯 순간적으로 머리를 움직였다. 링컨은 다른 웅변가들이 하듯 허공에 손을 휘젓지도 않았고, 절대로 무대 효과를 위해 행동하지 않았다. …… 연설 태도에 있어 그는 움직임이 자유로웠고 불편함도 줄어드는 것 같았고 우아해 보였다. 그는 완벽하게 자연스러웠으며 그의 개성도 강하게 나타났다. 그만큼 더 위엄 있어 보였다. 그는 화려함, 허세, 틀에 박힌 형식과 거짓을 경멸했다. …… 그가 청중의 마음에 여러 생각들을 전달할 때 그의 긴 오른손은 의미와 강조의 세계가 되었다. 때로 즐거움과 기쁨을 표현하기 위해 그는 손바닥을 위로 하고 양손을 50도 정도로 들어 올렸다. 마치 사랑하는 어떤 정신을 끌어안고 싶어 하는 것처럼 말이다. 노예제처럼 자신이 혐오하는 것을 말할 때면 그는 주먹을 쥐고 두 팔을 위로 올려 공기를 쓸면서, 진정으로 숭고해 보일 정도로 증오를 표현했다. 그가 가장 효과적으로 사용한 제스처 중 하나는 자신이 혐오하는 대상을 끌어내려 땅에 밟아 버리겠다는 강한 의지를 생생하게 보여 주는 동작이었다. 그는 항상 발의 끝과 끝을 나란히 하고 섰으며, 결코 한 발이 홀로 앞으로 나가는 일이 없었다. 무언가를 만지거나 기대는 일도 없었다. 간혹 서 있던 자리와 자세를 바꿀 뿐이었다. 연단 위에서 소리를 지르거나 앞뒤로 움직이는 일도 없었다. 엄지손가락을 세운 왼손은 팔의 동작을 편하게 하기 위해 외투를 잡고 있었지만 오른손은 항상 움직일 수 있어 자유로웠다."

미국의 조각가 어거스터스 세인트 고든스Augustus Saint-Gaudens는 시카고에 있는 링컨 공원에 이런 링컨의 모습을 조각해 세웠다. 이것이 링컨의 방법이었다.

시어도어 루스벨트는 더 활기차고 열정적이고 적극적이었다. 그의 얼굴에는 감정이 살아 있었고 그의 몸은 하나의 표현 도구였다. 브라이언은 자주 손을 펴서 앞으로 내밀었고, 글래드스턴은 종종 테이블을 치거나 주먹을 쥔 손으로 다른 손을 치거나 한 발로 바닥을 쿵쿵 구르곤 했다. 로즈버리Rosebery 경은 오른손을 올렸다가 엄청난 힘과 속도로 끌어내리는 방법을 사용했다. 하지만 우선 기억해야 할 것은 연사의 생각과 신념에 힘이 있어야 한다는 점이다. 그래야만 강하고 자발적인 제스처가 나오기 때문이다.

자발성과 생동감……. 이것들이 움직임의 핵심이다. 버크의 제스처는 딱딱하고 어색했다. 피트는 어설픈 광대처럼 허공을 갈랐다. 헨리 어빙Henry Irving 경은 다리를 절어 확실히 움직임이 이상했고, 연단 위에

216

서의 매콜리Macaulay 경이 보인 행동도 볼품없었다. 아일랜드의 정치가 그라탄Henry Grattan도, 파넬도 그랬다. 케임브리지 대학의 커즌Curzon 경은 '의회 연설'이란 주제의 강연에서 다음과 같이 말했다.

"위대한 대중연설가들은 모두 각자의 제스처를 가지고 있다는 것이 정답입니다. 따라서 잘생긴 겉모습과 우아한 행동은 틀림없이 도움이 되지만, 설사 못생기고 어색한 사람이라 해도 문제 될 것은 없습니다."

몇 년 전 영국의 유명한 복음전도사인 집시 스미스Gypsy Smith의 설교를 들었을 때, 나는 수천 명을 예수 그리스도에게로 이끈 그 사람의 웅변에 사로잡혔다. 그는 많은 제스처를 사용했지만 마치 숨 쉬는 것처럼 매우 자연스러워 보였다. 이것이 가장 이상적인 방법이다.

친애하는 독자 여러분, 지금까지 열거된 원칙을 적용하고 연습한다면 당신도 위의 사람들처럼 제스처를 사용할 수 있다. 나는 제스처에 대한 어떤 원칙도 제시할 수 없다. 모든 것은 연사의 기질과 준비 상황, 열정과 성격, 주제와 관객 그리고 상황에 달려 있기 때문이다.

❖ 도움이 되는 제안들

그래도 여기 부분적이나마 도움이 될 만한 제안이 몇 가지 있다. 하나의 제스처만 반복하지 마라. 팔꿈치에서 시작하는 짧고 갑작스러운 움직임은 피하라. 연단에서는 어깨부터 움직이는 것이 좋다. 제스처를 너무 서둘러 끝내지 마라. 만약 당신의 생각을 납득시키기 위해 검지를 사용한다면 그 문장이 끝날 때까지 그 제스처를 사용하라. 그렇지 않으면 흔하면서도 심각한 실수, 즉 당신이 강조하는 부분을 왜곡해서 작은 것들은 중요하지 않게 만들고 정작 중요한 부분은 시시한 것으로 보이게

217

끔 하는 잘못을 저지르기 쉽다.

청중 앞에서 연설을 하는 경우라면 자연스러운 제스처만 사용하라. 하지만 함께 배우는 다른 수강생들 앞에서 연습하는 것이라면 필요할 때 일부러라도 제스처를 사용해 보라. 5장에서도 말했듯이 이렇게 실제로 해 봐야 나중에는 굳이 의식하지 않고도 제스처를 사용할 수 있기 때문이다.

책 따위는 덮어라. 인쇄된 종이로는 제스처를 배울 수 없다. 당신이 연설할 때 스스로 느끼는 충동, 그것이야말로 어떤 스승이 말해줄 수 있는 것보다 더 신뢰할 수 있고 더 값진 것이 된다. 설사 제스처와 전달에 대해 앞서 내가 말한 모든 것을 잊어버린다 해도 이것만은 기억하라. 자신이 해야 할 말에 열중해 있다면, 청중에게 자신의 메시지를 전하는 데 너무 열중한 나머지 자기 자신조차 잊어버리고 말과 행동을 자발적으로 하는 사람이라면 제스처나 의사전달의 방법을 굳이 공부하지 않아도 흠잡을 데가 없을 것이다. 만약 이 말이 의심스럽다면 지나가는 사람을 때려눕혀 보라. 벌떡 일어선 그가 당신에게 하는 말은 거의 흠이 없는 데다 연설로서도 완벽하다는 것을 알게 될 것이다.

아래는 내가 강연이란 주제에 대해 읽은 어구들 중 가장 훌륭한 것이다.

술통을 채워라.
마개를 따라.
'자연'이 알아서 뛰어놀게 하라.

연단에 서기 전에 준비해야 할 것들

1. 카네기공과대학이 실시한 검사에 따르면 사업의 성공을 결정하는 요인은 사업가의 뛰어난 지식이 아닌 성격이다. 이것은 연설에서도 마찬가지다. 하지만 성격은 뭐라 말할 수 없고 규정하기 힘든 막연한 것이기에 그것을 계발할 수 있는 안내서를 만든다는 것도 거의 불가능하다. 그러나 이 장에서 제시된 몇몇 제안들은 당신이 최상의 모습을 가진 연사가 되도록 도울 것이다.

2. 피곤할 때는 연설을 하지 마라. 쉬면서 원기를 되찾고 에너지를 충전하라.

3. 연설하기 전에는 약간의 음식만 먹어라.

4. 에너지를 약하게 하는 것은 어떤 일도 하지 마라. 에너지에는 사람을 끄는 힘이 있다. 마치 밀을 찾아 야생 거위가 가을 들판에 몰려오듯, 사람들은 에너지가 넘치는 사람에게 모인다.

5. 깔끔하고 매력적인 옷을 입어라. 옷을 잘 차려입었다는 사실은 자존심과 자신감을 높여 준다. 연사라는 사람이 헐렁한 바지와 형편없는 외투, 후줄근한 신발 차림인 데다 윗옷 주머니에는 만년필과 연필이 꽂혀 있고, 옷깃 사이로는 신문이나 파이프 담배 혹은 담뱃갑이 삐죽 나와 있다면 연사 스스로도 자신감이 떨어지고 청중 역시 그를 존경하지 않을 것이다.

6. 미소를 지어라. '여러분이 이곳에 있어 기쁘다'고 말하는 것처럼 보이게끔 행동하며 청중 앞에 나가라. 오버스트리트 교수는 이렇게 말

219

했다.

"호감은 호감을 가져온다. 연사가 청중에게 관심을 가진다면 그들 역시 연사에게 관심을 가질 것이다. 연설하기 전부터 연사는 이미 비판과 칭찬을 듣는다. 그러므로 연사는 어떤 일이 있어도 청중으로부터 따뜻한 반응을 얻어낼 수 있는 태도를 가져야 한다."

7. 청중을 모아라. 흩어져 있는 사람들에게 인상을 남기는 것은 어려운 일이다. 사람들에게는 청중이 여기저기 흩어진 큰 공간에서 듣거나 혼자 들었을 때라면 의심하며 반대했을 내용도 여럿이 한데 모인 자리에서 들으면 그것에 쉽게 웃고 박수를 치며 동의하는 경향이 있다.

8. 몇몇 사람에게 연설을 하는 경우라면 작은 방 안에서 그들이 붙어 앉게끔 하라. 또한 연단에 서지 말고 그들과 같은 높이에서 친밀하고 격식 없는 대화를 하듯 자연스럽게 얘기하라.

9. 신선한 공기를 유지하라.

10. 조명은 충분히 준비하라. 또한 당신의 표정이 잘 보이도록 조명이 잘 비치는 곳에 서라.

11. 가구 뒤에 서지 말라. 테이블과 의자는 한쪽으로 밀어 버리고, 연단을 지저분하게 만드는 보기 싫은 표지와 불필요한 물건들도 모두 치우라.

12. 만일 연단 위에 게스트를 둔다면 그들은 가끔씩 몸을 움직일 것이고, 청중은 연사가 아닌 그 게스트에게 관심을 가질 것이다. 그것이 물건이든 동물이든 사람이든, 청중은 움직이는 것을 보려는 유혹을 이겨낼 수 없다. 왜 그런 것들이 당신과 경쟁하게끔 해야 하는가?

13. 의자에 털썩 주저앉지 마라. 상체는 꼿꼿이 세우고 다리는 의자에 딱 붙이고 천천히 앉아라.

14. 가만히 서 있어라. 불안한 행동도 많이 하지 마라. 그러면 나약한 인상을 주게 된다. 당신에게 도움이 되지 않는 움직임은 당신의 가치를 떨어뜨린다.

15. 두 팔을 옆으로 편하게 둬라. 그것이 이상적인 자세다. 하지만 등 뒤 혹은 주머니에 손을 두는 것이 편하다면 그것도 문제는 되지 않는다. 당신이 말하려는 것으로 당신의 머리와 가슴이 가득 차 있다면 이런 부수적인 것들은 저절로 해결될 것이다.

16. 책에서 제스처를 배우려 하지 말고, 당신의 충동에서 그것이 나오게 하라. 마음이 가는 대로 하라. 제스처의 필수 요소는 자발성, 생명력과 자유분방함이지 우아한 동작을 연구한다거나 규칙을 따르는 것이 아니다.

17. 한 가지 제스처만 지겹도록 반복하거나, 팔꿈치에서부터 짧고 갑작스럽게 움직이지 마라. 무엇보다 움직임의 절정과 생각의 절정이 동시에 맞아떨어질 때까지 제스처를 지속적으로 유지하라.

DALE CARNEGIE

PUBLIC SPEAKING AND INFLUENCING MEN IN BUSINESS

"만일 당신이 청중에게 자신의 경험과 관련지어 연설을 한다면 적절한 구성에 대해 이런 말을 종종 들을 것이다. '처음과 끝에 더 공을 들이고 나머지는 당신이 좋을 대로 하라.'"

— 빅터 머독(Victor Murdock)

"좋은 시작은 대중연설에서 매우 중요하다. 연설은 모든 과정이 어렵지만 그중에서도 가장 어려운 것은 청중과 편하고 능숙하게 만나는 것이다. 대부분의 경우 그것을 결정짓는 것은 연사의 첫인상과 첫마디다. 청중을 사로잡느냐의 여부는 처음 몇 문장으로 알 수 있다."

— 록우드 소프(Lockwood–Thorpe), 《오늘날의 대중연설(Public Speaking Today)》

"인간은 그가 가진 능력에 비해 겨우 절반 정도만 깨어 있다. 우리는 우리가 지닌 육체적·정신적 자원의 극히 일부분만을 사용할 뿐이다. 일반화하여 이야기하자면 개개의 인간은 그럼으로써 자신의 한계에 훨씬 못 미치는 삶을 살고 있다. 하지만 인간에게는 습관상 활용하지 못하고 있는 다양한 종류의 능력이 있다."

— 윌리엄 제임스(William James) 교수

9장

연설을 훌륭하게 시작하는 방법

나는 전에 노스웨스턴 대학교 총장을 역임한 린 해럴드 허프Lynn Haroldm Hough 박사에게 연설가로서의 오랜 경험을 통해 얻은 것 중 무엇을 가장 중요하게 생각하는지 물어보았다. 그는 잠시 생각하더니 이렇게 답했다.

"매력적인 시작입니다. 사람들의 관심을 단번에 끌어야 하니까요."

그는 연설의 시작과 끝에 할 말을 미리 정확하게 계획해 두곤 했다. 존 브라이트, 글래드스턴, 웹스터, 링컨도 그랬다. 실제로 상식과 경험이 있는 연설가라면 그렇게 했다.

하지만 초보자라면? 거의 이 부분을 무시한다. 계획이라는 것은 시간, 생각, 의지를 필요로 한다. 사고하는 것은 고통스러운 과정이다. 토머스

에디슨은 18세기 영국의 유명한 초상화가 조슈아 레이놀즈Joshua Reyn-olds의 다음과 같은 말을 공장 벽에 붙여 놓았다.

"생각이라는 진정한 노동을 피할 수 있는 방법은 없다."

초보자들은 대개 한순간의 영감을 기대하지만 그 결과는 '위험과 덫으로 가득한 길을 방황하게 될 뿐'이다. 주급을 받는 직원 신분에서 영국에서 가장 부유하고 영향력 있는 신문사의 주인이 된 비스카운트 노스클리프Viscount Northcliffe 경은 자신이 읽은 다른 어떤 글보다도 파스칼Blaise Pascal의 짧은 말이 성공에 큰 역할을 했다고 말했다.

"예견하는 것은 지배하는 것이다."

이 말은 연설을 계획할 때 책상에 두고 새겨 볼 만한 가장 훌륭한 모토다. 정신이 맑아 당신이 하려는 말을 다 이해할 수 있을 때 연설을 어떻게 시작할지 그리고 마지막에는 어떤 인상을 남길 것인지 예측해 보라.

아리스토텔레스 시대부터 이 주제를 다룬 책들은 연설을 서론, 본론, 결론의 세 부분으로 나눴다. 비교적 최근까지 서론 부분은 마차를 타고 유람하는 듯 여유로웠고, 또 그렇게 한다 해도 큰 문제가 되지 않았다. 당시의 연설가는 뉴스를 전달하는 사람이자 연예인이기도 했다. 100년 전에 그는 오늘날의 신문, 라디오, 전화, 극장이 하는 역할을 담당했다.

그러나 상황은 놀랍게 바뀌어, 지금은 완전히 다른 세상이 되었다. 지난 100년간의 다양한 발명 덕분에 우리의 삶은 바빌론의 벨사자르 왕과

네부카드네자르 왕 이후의 어떤 시대와도 비교되지 않을 정도로 빠르게 달려왔다. 자동차, 비행기 그리고 라디오를 통해 우리가 움직이는 속도는 더욱 빨라졌고, 연설가 역시 이 속도를 따라야 한다. 서론은 광고판의 문구처럼 짧아야 한다. 이것은 평균적인 현대 관객의 성향과 관련이 있다. 그들은 아마 다음과 같이 요구할 것이다.

"하고 싶은 말이 있다고요? 좋아요. 그럼 쓸데없는 말은 빼고 빨리 해봐요. 웅변은 필요 없으니 요점만 빨리 말하고 자리에 앉아요."

우드로 윌슨이 잠수함 전투에 관한 최후 통첩과 같은 중요 사안에 대해 의회에서 연설했을 때, 그는 매우 짤막하게 주제를 노출시킴으로써 청중의 관심을 끌었다.

"우리나라의 외교 관계에 한 가지 문제가 발생했습니다. 저는 이것을 여러분께 솔직하게 알려 드리는 것이 제 의무라고 생각합니다."

찰스 M. 슈워브는 뉴욕 펜실베이니아 소사이어티에서 연설할 때 두 번째 문장부터 바로 연설의 핵심으로 들어갔다.

"현재 미국 국민의 마음속을 차지하고 있는 문제들 중 가장 중요한 것은 '지금의 경기 침체가 무엇을 의미하고, 앞으로는 어떻게 될 것인가'입니다. 개인적으로 저는 낙관주의자입니다."

아래는 내셔널 캐시 레지스터 사의 영업부장이 사원들에게 했던 연설의 첫 부분이다. 단 세 문장인데도 알아듣기 쉽고 힘차며 박력이 넘친다.

"우리 공장 굴뚝에서 연기가 계속 피어오를 수 있는 것은 수주를 하는 여러분 덕입니다. 그런데 지난여름 두 달 동안 굴뚝에서 나왔던 연기는 들판을 검게 물들이기에 매우 역부족이었습니다. 이제 힘든 시간은 지나가고 회복기를 맞아 여러분에게 더 많은 연기를 보여 달라고 단도

직입적으로 부탁드리겠습니다."

하지만 경험 없는 연설가들이 이런 인정받을 만한 신속함과 간결함을 보여 줄 수 있겠는가? 대개 그렇지 못하다. 훈련받지 않고 능숙하지 못한 연설가들은 대개 두 가지 방법 중 하나로 시작하는데, 둘 다 좋은 방법은 아니다. 우선 이 문제에 대해 이야기해 보자.

❖ 유머로 시작할 때 주의하라

어떤 유감스러운 이유에서인지 초보자는 연설가로서 자신이 재미있어야 한다고 생각한다. 그의 천성은 어쩌면 백과사전만큼이나 엄숙하고, 가벼움이라고는 전혀 없을지도 모른다. 그러나 연설을 위해 일어나는 순간 그는 자신에게 마크 트웨인의 혼이 들어왔다고 상상한다. 그래서 그는 연설 첫 부분에서 웃긴 이야기를(특히 만찬이 끝난 자리일 경우) 하기 원한다. 그 결과는? 갑자기 맛깔나는 이야기꾼으로 바뀐 그 철물점 상인의 이야기는 사전만큼이나 무거워 사람들의 반응을 얻기 힘들 것이다. 햄릿의 불멸의 언어로 표현하면 그것은 '싫증나고 진부하며 무익한 헛소리'일 뿐이다.

만일 어떤 연예인이 돈을 내고 쇼를 보러 온 관객에게 그런 실수를 한다면 사람들은 야유를 보내고 "저 사람을 당장 쫓아내!"라고 외칠 것이다. 그에 비해 연설을 듣는 청중은 이해심이 깊어서 몇 번이라도 웃어주기 위해 최선을 다하지만, 마음속으로는 재미있는 연설가가 되려 애쓰는 그의 실패를 측은하게 여길 것이다. 청중도 편하지 않다. 독자 여러분도 이런 낭패를 여러 번 목격한 적이 있지 않은가? 나는 그런 경험이 많다.

연설은 모든 부분이 어렵지만 그중에서도 청중을 웃게 하는 능력보다 더 어렵고 귀한 능력이 무엇이겠는가? 유머는 민감한 부분이고 상당 부분 개성과 성격과 관련된다. 그것은 당신이 유머를 타고났는가의 여부에 달린 문제다. 다시 말해 당신이 갈색 눈을 가지고 태어났는지 그렇지 않은지와 비슷한 문제라는 뜻이다. 두 가지 경우 모두에 대해 우리가 어떻게 할 수 있는 것은 별로 없다.

이야기 자체가 재미있는 경우는 흔치 않다는 것에 유념하라. 이야기가 유머로서의 효과를 내는가의 여부는 그것이 전달되는 방식에 달렸다. 마크 트웨인을 유명하게 만든 이야기라 해도 그것을 똑같이 써먹는 100명 중 99명은 비참하게 실패할 것이다. 일리노이 주 제8재판구의 술집에서 링컨이 했던 이야기들, 장거리임에도 사람들이 기꺼이 운전해 가서라도 들었다는 이야기들, 사람들이 밤을 새우면서 들었다던 이야기들, 원주민들로 하여금 '배꼽을 잡고 데굴데굴 구르게 했다'는 그 모든 재미난 이야기들을 읽어 보라. 그리고 가족들 앞에서 크게 읽어 보고 과연 당신이 그들을 웃음 짓게 하는지 보라. 여기 링컨이 사람들을 웃게 하는 데 크게 성공한 이야기가 있으니 당신도 한번 해 보라. 단, 청중 앞에서가 아닌 사적인 자리에서 말이다.

"한 여행자가 늦은 밤, 일리노이 주 초원 지대의 진흙길을 걸어 집으로 돌아오는 길에 폭풍을 만났다. 칠흑처럼 아주 어두운 밤이었다. 비는 마치 하늘에 있는 댐이 무너진 것처럼 퍼부어 댔고, 번개는 폭탄이 터지는 소리를 내며 성난 구름을 흩어 놓았다. 번갯불은 주위에 쓰러진 나무들을 비쳤고 엄청나게 큰 소리는 귀를 멀게 할 정도였다. 그 소리는 그가 지금까지 들은 소리 중에서 가장 컸고 소름 끼치게 무서웠다. 결국 그는 무릎을 꿇고 말했다. 평소에는 기도를 하지 않던 그였지만 그날은 겁에 질려 숨을 헐떡거리며 '오, 하나님! 당신께 문제만 되지 않는다면 차라리 제게 조금만 더 빛을 주시고 저 소리는 줄여 주세요!' 이렇게 기도했다. "

당신은 유머의 재능을 타고난 운 좋은 사람일지 모른다. 만일 그렇다면 어떻게 해서든 그 재능을 발전시켜라. 당신이 연설을 한다면 사람들은 어디서든 당신을 굉장히 반길 것이다. 그렇지만 만약 당신의 재능의 다른 데 있다면 천시 M. 데퓨를 따라 하려는 어리석은 행동은 하지 말라. 그것은 어리석은 데다 엄청난 반역 행위다.

만일 당신이 데퓨, 링컨, 또는 잡 헤지스Job Hedges의 연설문을 연구한다면 특히 그들이 서두에서 재미난 이야기를 한 적은 거의 없다는 사실에 놀랄 것이다. 에드윈 제임스 커텔Edwin James Cattell은 유머 그 자체를 위해 재미있는 이야기를 한 적은 전혀 없다고 말했다. 재미있는 이야기는 말하고자 하는 주제와 관련이 있어야 하며 핵심을 보여 줘야 한다. 연설에 있어 유머는 그저 케이크에 입히는 설탕 옷이나 케이크 층의 사이사이를 장식하는 초콜릿 정도여야 하지 케이크 자체가 되어서는 안 된다.

미국 최고의 유머 강사인 스트릭랜드 질리랜Strickland Gillilan은 연설을 시작한 3분 동안 아무 말도 하지 않는 것을 규칙으로 삼는다. 유머의 달인인 질리랜도 그렇게 하는데 당신이나 내가 굳이 아니라고 우길 필요는 없지 않은가.

그렇다면 서두는 딱딱하고 진지하며 코끼리처럼 무거워야 할까? 전혀 그렇지 않다. 만약 할 수 있다면 연설하는 지역 혹은 행사와 관련된 사항을 말하거나 다른 이의 말을 빌려 쓰는 식의 방법으로 청중들의 유머 감각을 살짝 건드려 보라. 코미디 영화의 등장인물, 장모님이나 염소를 소재로 하는 진부한 농담보다는 이런 종류의 이야기로 성공할 가능성이 수십 배나 더 높다.

즐거움을 유발하는 가장 쉬운 도구는 아마 자신을 소재로 한 농담일 것이다. 우스꽝스러우면서도 당황스러운 상황에 처한 자신의 모습을 묘사해 보라. 이것이 유머의 핵심에 닿아 있는 소재다. 에스키모인들은 심지어 다리가 부러진 사람을 보고도 웃고, 중국인들은 2층 창문에서 떨어져 죽은 개를 보고도 킥킥거린다. 우리는 그들보다는 좀 더 동정적이지만, 바람에 날리는 모자를 쫓아가는 사람이나 바나나 껍질에 미끄러진 사람을 보고 어떻게 웃지 않을 수 있겠는가?

유머를 위해 거의 누구나 사용할 수 있는 방법으로는 서로 어울리지 않는 생각이나 성격을 조합하는 것이 있다. 일례로 어떤 신문기자는 '아이들, 돼지의 위, 그리고 민주당원을 싫어한다.'라고 썼다.

키플링이 정치 연설의 서두에서 어떻게 청중을 웃게 만드는지 주목해 보라. 그는 지어낸 일화가 아닌, 자신의 일부 경험을 전하며 정치인들의 부조화를 유쾌하게 강조한다.

신사 숙녀 여러분, 저는 젊었을 때 인도의 한 신문사에서 일하며 범죄 사건을 보고하곤 했습니다. 위조범, 횡령범, 살인자, 그리고 그런 부류의 노름꾼들까지 만날 수 있었으니 재미있는 일이었죠. (웃음) 그들의 재판을 취재한 뒤에는 때때로 복역 중인 제 친구들을 방문하기도 했습니다. (웃음) 살인죄로 무기징역을 받은 한 친구가 기억납니다. 똑똑하고 말도 아주 유창하게 하던 그 친구는 소위 자기의 인생담을 제게 늘어놓으며 이렇게 말하더군요. "내 분명히 말하는데, 사람이 한 번 잘못된 길로 들어서면 계속 그런 길을 가게 된다네. 그러다가 다시 제대로 된 길로 가려 하면 다른 누군가를 해쳐야 할 상황에 처하게 되지."(웃음) 그 친구의 말이 바로 현재 내각의 상황을 정확하게 묘사해 주고 있습니다. (웃음과 환호)

윌리엄 하워드 태프트 William Howard Taft 역시 메트로폴리탄 생명보험사 간부들의 연례 연회장에서 이런 식의 유머를 선보였다. 그는 유머를 함과 동시에 청중에게 우아한 경의를 표하는데, 이것이 바로 유머의 매력이다.

회장님, 그리고 메트로폴리탄 생명보험사 임직원 여러분.

9개월 전, 저는 예전에 살던 집에서 한 신사의 식후 연설을 들은 적이 있습니다. 그분은 연설을 하면서 조금 떨었습니다. 그는 식후 연설 경험이 많은 자신의 친구와 상의를 했다고 고백하더군요. 그 친구는 '식후 연설가에게 가장 좋은 청중은 지적이고 학식이 높으면서 약간 술에 취한 사람들'이라는 조언을 했다고 합니다. (웃음과 박수) 지금, 저는 여러분들이 제가 지금까지 만나 본 최고의 청중이라고 말할 수 있습니다. 모두들 정신이 맑은 상태라는 것이 조금 아쉽긴 하지만 그 부족한 것을 보충할 만한 것이 이곳에 있습니다. (박수) 그리고 저는 그것이 메트로폴리탄 생명보험사의 정신이라고 생각합니다. (계속되는 박수)

❖ 사과로 연설을 시작하지 마라

초보자가 연설 서두에서 저지르는 두 번째 어리석은 실수는 사과를 하는 것이다. 예를 들어 "저는 말을 잘하지 못합니다. 준비를 많이 하지 못했는데, 뭐라 말을 해야 할지……"처럼 말이다.

절대 이렇게 시작하지 말라. 키플링의 시 중 처음 이렇게 시작되는 것이 있다. "더 가도 아무 소용이 없다." 이와 마찬가지로, 연설가가 그런 식으로 연설을 시작할 때 청중은 더 이상 들을 것이 없다고 생각하게 된다.

물론 당신이 준비가 덜 되었다면 눈치 빠른 사람들은 그 사실을 알아차릴 수도 있겠지만, 그렇지 않은 사람도 분명 있을 것이다. 그런데 무엇 때문에 그들에게 굳이 그 사실을 알려주는가? 왜 당신이 그 연설을 준비할 만한 가치가 없다거나, 먹다 남은 음식을 손님에게 대접하듯 청중에게 대충 아무 말이나 해도 된다고 생각한다는 사실을 암시함으로써 청중을 모욕하는가? 절대 그래서는 안 된다. 청중은 이런 식의 사과를 원하지 않는다. 그들은 어떤 정보, 그리고 재미를 위해 그 자리에 있는 것이다. 이 점을 기억하라.

청중 앞에 서는 순간 당신은 자연스럽게, 또 불가피하게 그들의 관심을 받는다. 처음 5초 동안은 그들의 관심을 끌기 쉽지만 그다음 5분 동안에도 그것을 유지하기란 어렵다. 일단 청중의 관심을 잃으면 그것을 되찾는 것은 두 배로 힘들다. 그러니 첫 문장은 뭔가 흥미로운 내용으로 시작하라. 두 번째 문장도, 세 번째 문장도 아니다. 바로 첫 문장! 첫 번째 문장이다!

당신은 그럼 어떻게 해야 하냐고 물을 것이다. 솔직히 이 질문에 답하기는 쉽지 않다. 그 답을 구하기 위해 우리는 굽이지고 확실하지 않은 길을 가야 한다. 왜냐하면 그 길에는 당신 자신, 청중, 주제, 자료, 시기 등 고려해야 할 요소가 너무나 많기 때문이다.

부디 이 장 뒤에서 논의되고 실제로 보여 줄 시험적인 제안들이 유용하고 가치 있는 것이 되길 바란다.

❖ 호기심을 유발하라

다음은 호웰 힐리Howell Healy가 필라델피아의 펜 애슬레틱 클럽에서 본 대중연설 강좌 전에 했던 이야기의 첫 부분이다. 어떤가? 당신의 흥미를 불러일으키는가?

"82년 전 이맘때쯤, 불후의 명작이 될 작은 책 한 권이 런던에서 출간되었습니다. 많은 사람은 그것을 '세상에서 가장 위대한 작은 책'이라고 불렀습니다. 막 출간되었을 때 거리에서 만난 친구들은 그 책을 읽었는지 서로에게 물었고, 그 대답은 언제나 "당연하지. 그에게 신의 축복이 있기를!"이었습니다.

책은 출간 첫날 1,000부, 2주 안에는 1만 5,000부가 판매됐습니다. 그 후 그 책은 재판을 거듭했고 하늘 아래 존재하는 모든 언어로 번역되었습니다. 몇 년 전, J. P. 모건은 엄청난 거금을 주고 그 친필 원고를 구매했습니다. 그리고 그 원고는 지금 그가 자신의 도서관이라 부르는 뉴욕의 거대한 화랑에서 다른 귀한 보물과 함께 소장되어 있습니다. 그 유명한 책은 무엇일까요? 바로 디킨스의 《크리스마스 캐럴》입니다."

성공적인 서두 같은가? 당신은 이 이야기에 관심이 가고 흥미가 고조되었는가? 그렇다면 그 이유는 무엇인가? 이 이야기는 당신의 호기심을 일으키고 긴장감을 주었기 때문이다.

호기심! 모든 사람은 호기심에 민감하다.

나는 숲속에 있는 새들이 단순한 호기심으로 나를 바라보며 한 시간 정도 날아다니는 것을 보았다. 내가 아는 알프스 고원 지대의 한 사냥꾼은 자신의 몸에 침대 시트를 걸치고 이곳저곳을 기어 다니면서 영양의 호기심을 자극해서 유인한다. 개나 고양이는 물론, 인간을 포함한 모든 동물들에게는 호기심이 있다. 그러니 첫 문장으로 청중의 호기심을 자극하라. 그러면 그들의 관심을 끌 수 있을 것이다. 나는 토머스 로렌스 Thomas Lawrence 대령의 아라비아 모험에 관한 강연을 다음과 같은 말로 시작했다.

"로이드 조지는 로렌스 대령을 현대에서 가장 로맨틱하고 환상적인 사람 중 하나로 여긴다고 말했습니다."

이러한 시작에는 두 가지 장점이 있다. 첫째, 유명 인사의 말을 인용했기에 상당한 관심을 유발한다. 둘째, 호기심을 일으킨다. 예를 들어, "왜 로맨틱하지?"라는 질문이 자연스럽게 생기고, "어째서 환상적인 사람이라는 거지?", "나는 그 사람 얘긴 처음 듣는데…… 그 사람은 뭘 했지?" 하는 궁금증이 끊이지 않고 떠오른다.

로웰 토머스는 로렌스 대령에 대한 강연을 이렇게 시작했다.

"어느 날 저는 예루살렘의 기독교 거리를 걷다가 동양의 군주나 입을 것 같은 화려한 옷을 걸친 한 남자를 만났습니다. 그의 허리에는 예언자 모하메드의 후손들만이 지닐 수 있는 구부러진 황금 칼이 자리 잡고 있더군요. 그런데 그는 아랍 사람처럼 보이지는 않았습니다. 아랍인의 눈은 검은색이나 갈색인데, 그의 눈은 파란색이었죠."

이 정도면 호기심이 생길 법하지 않은가? 당신은 더 많은 이야기를 듣고 싶어질 것이다. 그는 누구일까? 왜 그는 아랍 사람처럼 차려입고 다니지? 그는 무슨 일을 했을까? 또 나중에는 무엇이 되었을까?

어떤 학생은 다음과 같은 질문으로 말문을 열었다.

"오늘날에도 17개 국가에 노예 제도가 있다는 사실을 알고 계십니까?"

이 학생은 청중에게 호기심뿐만 아니라 충격까지 안겼다. "노예 제도? 지금도? 17개국에나? 믿을 수 없어. 대체 어디에 있는 어떤 나라지?"

또 다른 방법은 결과부터 먼저 던짐으로써 그 원인을 궁금해하게끔 만드는 것이다. 예를 들어, 한 학생은 다음과 같이 깜짝 놀랄 문장으로 연설을 시작했다.

"최근 주 의회 의원 한 분이 입법 회의 중에 모든 학교의 반경 2마일 범위 내에서 올챙이가 개구리로 자라는 것을 금지하는 법을 통과시키자고 건의했습니다."

당신은 웃을 것이다. 연사가 농담하는 건가? 뭐 저렇게 어이없는 소리가 있지? 저게 실제로 있었던 일인가? …… 그렇다. 연설가는 설명하기 위해 말을 계속했다.

〈새터데이 이브닝 포스트〉에 실린 '조폭과 함께'라는 제목의 기사는 다음과 같은 문장으로 시작된다.

조폭들은 정말 조직을 만들까? 그렇다. 그런데 과연 어떻게?

이 몇 마디 문장을 통해 기자는 자신의 주제를 말하고 독자에게 정보를 주었으며 조폭들이 어떻게 조직을 이루는지에 대한 독자의 호기심을 자극했다. 굉장히 훌륭하다. 대중연설을 하려는 사람이라면 누구든지 잡지 기자들이 독자의 흥미를 한눈에 끌기 위해 사용하는 기법을 연구해야 한다. 인쇄된 연설문 수십 개를 읽는 것보다 연설을 시작하는 방법에 대해 더 많은 것을 배울 수 있을 것이다.

❖ 관심을 끄는 이야기

해럴드 벨 라이트Harold Bell Wright는 자신이 쓴 소설로 1년에 10만 달러가 넘는 수입을 올렸다고 인터뷰에서 밝혔다. 부스 타킹턴Booth Tarkington과 로버트 W. 챔버스Robert W. Chambers도 그와 비슷하게 벌었다. 더블데이 페이지 앤드 컴퍼니 사는 17년 동안 대형 인쇄기 한 대를 갖다 놓고 진 스트래턴 포터Gene Stratton Porter의 소설만 인쇄했다. 이렇게 해서 팔려 나간 소설은 1,700만 부가 넘었고 그녀는 300만 달러가 넘는 인세를 받았다. 이런 수치들을 보면 이야기를 좋아하는 사람들이 정말 많은 것 같다. 우리는 특히 다른 이의 경험이 담긴 이야기를 좋아한다. 러셀 H. 콘웰은 '다이아몬드의 땅'이란 강연을 6,000번 이상 했고 수백만 달러를 벌었다. 그렇게 놀라운 인기를 얻는 강연은 어떤 말로 시작되었을까? 여기 그 도입부가 있다.

"1870년에 우리는 티그리스 강으로 갔습니다. 우리는 바그다드에서 안내원을 고용했는데, 그는 페르세폴리스, 니네베, 그리고 바빌론으로 우리를 안내했습니다."

이것이 청중의 관심을 끄는 그만의 방법이다. 이런 강연은 실패할 걱정이 없다. 이야기는 움직이고 행진하기 마련이며, 청중은 이야기를 쫓아간다. 우리는 무슨 일이 일어날지 궁금해 한다. 이 책의 3장에도 이야기로 시작하는 방법이 적용되었다.

다음은 〈새터데이 이브닝 포스트〉에 실린 두 편의 이야기에 나온 도 입부다.

권총이 날카로운 소리를 내고 불을 뿜으며 정적을 깼다.

7월 첫 주, 그 자체로는 사소하지만 그것이 끼치는 결과는 엄청난 사건이 덴버에 있는 몬트뷰 호텔에서 일어났다. 거주 지배인인 괴벨 은 그 사건에 호기심을 느꼈고, 며칠 뒤 몬트뷰를 비롯한 여섯 개 패 러데이 호텔의 소유주인 스티브 패러데이가 호텔에 정기 방문을 했을 때 그 사건을 보고했다.

이 두 서두는 행위를 표현하고 있다. 그들은 무엇인가 시작되었음을 알리며 당신의 호기심을 자극한다. 당신은 계속 읽어 나가면서 무슨 일 이 일어난 것인지 알고 싶어 한다.

경험이 적은 초보자도 이야기를 이용해 청중의 호기심을 일으키면 일 단 성공적인 시작을 한 것이라 할 수 있다.

❖ 구체적인 예를 들어라

일반적인 청중에게 있어 추상적인 말을 오래도록 따라가기란 어렵고 고된 일이다. 이럴 때는 예를 들어 주면 훨씬 이해하기 쉬워진다. 그렇 다면 뭐가 문제일까? 그렇게 시작하면 되지 않을까? 사실 나도 시도해 봤지만 이 방법이 쉽지는 않다. 연설가들은 일반적인 진술을 먼저 해야 한다고 생각하는데, 이것은 착각이다. 우선은 실제적인 예를 들어 청중의 관심을 유발한 후에 일반적인 진술을 하는 편이 좋다. 이 기술의 예시를 원한다면 이 책 5장의 서두나 7장을 읽어 보라.

지금 당신이 읽고 있는 이 장은 시작에서 어떤 방법을 사용했는가?

❖ 시각 자료를 활용하라

사람들의 관심을 끄는 가장 쉬운 방법은 아마도 그들이 볼 수 있게 무엇인가를 들어 올리는 일일 것이다. 야만인이나 멍청한 사람들, 요람 속의 아기나 상점에 진열된 원숭이, 길거리에서 어슬렁거리는 개들도 이런 자극에만큼은 관심을 가진다. 이것은 때로 세련된 청중에게도 효과가 있는 방법이다. 필라델피아의 S. S. 엘리스 씨는 엄지와 집게손가락 사이에 동전을 쥐고 어깨 위로 높이 올리면서 강연을 시작했다. 자연히 그를 바라보는 사람들에게 그는 물었다.

"여기 계신 분들 중에 혹시 길에서 이런 동전을 주운 분이 계십니까? 그분에게는 어느 부동산 개발회사에서 땅 1평을 공짜로 준답니다. 그냥 찾아가셔서 동전만 보여 주시면 됩니다……."

계속해서 그는 예민하고 민감한 문제에 대해 이야기했고 그것과 연관하여 오해의 소지가 있는 비윤리적인 관례들을 비난했다.

❖ 질문을 던져라

엘리스의 서두에는 또 다른 뛰어난 특징이 있다. 질문으로 시작함으로써 청중이 연설가와 함께 생각하고 호응하게 했다는 것이 그것이다. 〈새터데이 이브닝 포스트〉 기사는 처음 세 문장 중 두 문장을 질문으로 시작한다.

조폭들은 조직을 만드는가? 어떻게 만드는가?

질문을 던진 뒤 해답을 보여 주는 것은 연사가 청중의 마음의 문을 열고 그 안으로 들어갈 수 있는 가장 간단하고 확실한 방법이다. 다른 방법이 효과가 없다면 항상 이 방법을 사용해 보라.

❖ 유명 인사의 말을 인용하라

유명한 사람들의 말은 주목받기 마련이다. 따라서 인용을 적절하게 사용하는 것은 연설을 시작하기에 좋은 방법이다. 기업의 성공에 대한 토론이라면 다음과 같이 시작하는 것은 어떤가?

"'세상은 오직 한 가지에게만 돈과 명예라는 큰 상을 줍니다.' 이것은 엘버트 허바드가 한 말입니다. 그 한 가지는 바로 솔선수범하는 태도입니다. 그럼 솔선수범이란 무엇입니까? 그것은 누가 시켜서가 아니라 스스로 알아서 자신이 할 일을 하는 것입니다."

여기에는 몇 가지 좋은 점이 있다. 첫 문장은 호기심을 일으킨다. 그것은 청중을 앞으로 끌어당기고 다음 말을 더 듣고 싶게 만든다. 만약 연설가가 기술적으로 "엘버트 허바드가 한 말입니다."라고 말한 뒤 잠시 멈춘다면 긴장감은 더욱 높아질 것이다. '대체 세상이 무엇에게 큰 상을 준다는 거야?' 청중은 빨리 답을 듣고 싶어 한다. 당신의 생각에 동의하지 않을 수도 있지만, 일단 당신 생각이 무엇인지 들어는 보자는 것이다. 두 번째 문장은 청중을 곧장 주제로 이끈다. 그다음 질문 형식의 세 번째 문장은 청중을 토론에 참여시켜 무엇인가 생각하게 만든다. 청중은 이런 방식을 좋아한다. 네 번째 문장은 솔선수범에 대한 정의를 내린다. 이런 서두가 끝나고 연설가는 그 자질을 설명하면서 인간적인 흥미를 이끌어 내는 이야기를 시작한다. 이 연설 구성에 관해 신용평가기관 무디스의 설립자는 아마 최고 등급인 'Aaa'를 주었을 것이다.

❖ 청중의 관심사와 주제를 연결하라

청중의 개인적인 관심사와 관련 있는 이야기로 연설을 시작하는 것은 가장 좋은 방법이다. 이런 방법은 반드시 청중의 주의를 끈다. 사람들은 자신에게 중요하고 중대한 것에 흥미를 갖게 되어 있으니 말이다.

하지만 이 방법은 좀처럼 잘 사용되지 않는다. 일례로 최근 나는 정기적인 건강검진의 필요성에 대한 연설을 들은 적이 있다. 그런데 그는 생명연장협회의 역사와 조직, 서비스에 대한 이야기로 서두를 시작했다. 정말 어처구니가 없었다! 청중은 그 회사가 어떻게 설립되었는지에 대해서는 관심 없다. 그들이 영원히 변치 않는 관심을 가지는 대상은 오로지 자기 자신뿐이다. 왜 이런 기본적인 사실을 모르는가? 그보다는 회사가 그들에게 왜 중요한 의미가 될 수 있는지를 분명히 이해시켜야 하지 않겠는가?

"생명보험 계산표에 따른 여러분의 예상 기대수명이 얼마나 되는지 알고 계십니까? 그에 따르면 예상 기대수명은 여든에서 현재 나이를 뺀 수의 3분의 2라고 합니다. 가령 여러분이 서른다섯 살이라면 80에서 35를 뺀 45의 3분의 2인 30년을 더 살 수 있다는 것입니다. 이 정도면 충분하신가요? 아닐 것입니다. 우리는 그보다 더 오래 살고 싶어 합니다. 하지만 그 계산표는 수백만의 기록을 바탕으로 한 것입니다. 여러분과 제가 그 기록을 깰 수 있을까요? 우리가 적당히 조심한다면 가능합니다. 가장 먼저 우리가 해야 하는 일은 철저한 건강검진을 받는 것입니다……."

이렇게 서두를 시작한 후 정기 건강검진의 필요성을 자세히 설명한다면 청중은 이런 서비스를 제공하기 위해 설립된 회사에 관심을 가질지 모른다. 하지만 처음부터 개인과 관련 없이 그 회사의 일반적인 이야기를 늘어놓는다면 연설은 완전히 처참하게 끝날 것이다.

다른 예를 보자. 지난 시즌 동안, 나는 한 학생이 숲을 보존하는 일이 굉장히 긴급한 사안이라고 연설하는 모습을 보았다. "우리 미국인은 천연자원에 대해 자부심을 가져야 합니다……."라는 문장을 시작으로 그는 우리가 얼마나 무분별하게 목재를 낭비하고 있는지 지적했다. 하지만 이 연설의 시작 부분은 좋지 않다. 너무 일반적이고 너무 애매하기 때문이다. 그는 그 주제의 심각성을 청중에게 전달하지 못했다. 청중 중에는 인쇄업자가 한 명 있었는데, 숲의 파괴는 그의 사업에 매우 중요한 의미를 가질 것이다. 또한 숲의 파괴는 우리 모두의 번영에도 영향을 끼치기 때문에 그곳에 있던 은행가도 그것으로부터 자유롭지 못할 것이다. 그렇다면 이렇게 연설을 시작하는 것은 어떨까?

"오늘 제가 말하려는 주제는 애플비 씨, 소울 씨를 비롯한 여러분 모두의 사업에 영향을 끼치는 것입니다. 사실 그것은 우리가 먹는 음식의 가격과 우리가 지불하는 임대료에도 영향을 줄 것입니다. 즉, 우리 모두의 복지와 번영과 관련된 문제라는 뜻입니다.

숲을 보존하는 것의 중요성을 너무 과장한 것 같은가? 나는 그렇게 생각하지 않는다. 그저 '그림을 크게 그리고, 사람들이 시선을 돌리지 않을 수 없게끔 사물을 배치하라.'라고 한 엘버트 허바드의 조언을 따른 것뿐이다."

❖ 충격적인 사실의 힘

자신의 이름으로 잡지사를 설립한 S. S. 매클러S. S. McClure는 "훌륭한 잡지 기사는 일련의 충격적인 사건들을 기록한 것"이라고 말한 바 있다. 그들은 우리를 몽상에서 빠져나오게 하고 우리를 사로잡으며 우리의 관심을 끈다. 여기 몇 가지 예가 있다. 볼티모어 출신의 N. D. 발렌타인은 '라디오의 경이로운 업적The Marvels of Radio'이란 연설을 이렇게 시작한다.

"여러분, 파리 한 마리가 뉴욕에 있는 유리창을 기어가는 소리를 라디오로 전하면 중앙아프리카에서는 나이아가라 폭포 소리만큼 크게 들릴 수 있다는 사실을 알고 계십니까?"

뉴욕 시 해리 G. 존스 컴퍼니의 해리 G. 존스 시장은 '범죄 상황Criminal Situation'이란 연설을 이렇게 시작했다.

"미국 대법원장 윌리엄 하워드 태프트 판사는 '우리의 형법 운용은 문명에 대한 수치다.'라고 선언했습니다."

이런 시작은 내용이 충격적일 뿐만 아니라 그것이 법학 분야 권위자의 말을 인용한 것이라는 두 가지 장점을 갖는다. 필라델피아의 전 낙천주의자 클럽 회장이었던 폴 기번스Paul Gibbons는 범죄에 대해 다음과 같은 매력적인 말로 연설을 시작했다.

"미국인은 세계적으로 최악질의 범죄자들입니다. 이 말에 놀라시겠지만, 이는 명백한 사실입니다. 오하이오 주 클리블랜드에서 일어난 살인 사건의 수는 런던의 여섯 배입니다. 인구 비례로 보면 강도 건수는 런던의 170배에 해당합니다. 매년 클리블랜드에서 강도를 당하거나 강도의 공격을 받는 사람들의 수는 잉글랜드, 스코틀랜드, 그리고 웨일스의 전체 인구를 합한 수보다 많습니다. 뉴욕의 살인 사건은 전체 프랑스, 독일, 이탈리아, 또는 영국보다 많습니다. 더 슬픈 사실은 이 범죄자들이 처벌을 받지 않는다는 것입니다. 만약 당신이 살인을 저지른다 해도 그로 인해 처형될 가능성은 100분의 1도 안 됩니다. 무고한 시민인 여러분들이 암으로 죽는 확률이 사람에게 총을 쏘고 교수형 당할 확률보다 열 배나 높다는 것입니다.”

이 서두는 성공적이었다. 왜냐하면 기번스의 말에는 꼭 필요한 힘과 진지함이 담겨 있었기 때문이다. 그의 말은 살아 움직였다. 다른 학생들도 어느 정도 비슷한 예를 사용해 범죄 상황에 대한 연설을 했지만 그 시작이 형편없었다. 왜일까? 구조적 짜임에서는 흠이 없었지만 말에서 아무런 힘이 느껴지지 않았기 때문이다. 그들의 말투는 연설을 방해할 뿐이었다.

❖ 평범한 시작의 가치

다음과 같은 서두는 마음에 드는가? 그렇다면 왜 그런가? 메리 E. 리치먼드는 뉴욕여성유권자연맹New York League of Women Voters 연례 모임에서 아동 결혼을 금지하는 법안이 채택되기 전에 이렇게 연설했다.

“어제, 기차가 이곳에서 멀지 않은 도시를 지나갈 때, 저는 몇 년 전 그곳에서 열렸던 결혼식을 떠올렸습니다. 이 주에서 열린 다른 많은 결혼도 그 결혼처럼 급하게 이뤄졌다가 파장에 이르는 경우가 많기 때문에, 오늘 저는 그 사건의 내용을 자세히 소개하는 것으로 연설을 시작하려 합니다.

12월 12일, 그 도시에 사는 열다섯 살 난 고등학교 여학생이 이제 막 성인이 된 대학생을 만났습니다. 그리고 겨우 사흘 뒤인 12월 15일에 그들은 소녀가 열여덟 살이라고 거짓으로 선서함으로써 결혼 승인서를 받았습니다. 열여덟 살이면 부모의 동의가 필요하지 않기 때문이죠. 그들은 결혼 승인서를 가지고 시청에서 나와 바로 사제에게 갔습니다. 왜냐하면 소녀는 가톨릭 신자였거든요. 하지만 사제는 그들의 결혼을 허락하지 않았습니다. 이 사제가 알려 줬기 때문인지는 모르지만 그 아이의 어머니는 그들의 결혼 이야기를 듣게 되었습니다. 그러나 어머니가 딸을 찾기도 전에 판사는 그 둘을 부부로 결합시켰습니다. 신랑은 신부를 호텔로 데려갔고 그곳에서 이틀 밤낮을 보냈지만, 그 뒤 신부를 버렸고 다시는 그녀와 살지 않았습니다."

개인적으로 나는 이 서두가 마음에 든다. 특히 첫 문장 말이다. 그것은 흥미로운 회상이 이어질 것이라고 암시한다. 청중은 더 자세한 이야기를 듣고 싶어 할 것이다. 우리는 흥미로운 이야기를 들을 준비를 한다. 게다가 그것은 밤새 열심히 공들여 준비한 느낌이 들거나 딱딱하지도 않고 매우 자연스럽게 흘러간다. "어제, 기차가 여기에서 멀지 않은 도시를 지나갈 때, 저는 몇 년 전 그곳에서 열렸던 결혼식을 떠올렸습니다." 무척 자연스럽고 즉흥적이며, 인간적으로 들린다. 누군가 재밌는 이야기를 해 주는 것 같다.

청중은 이런 것을 좋아한다. 하지만 너무 공을 들이거나 미리 계획된 느낌이 드는 것은 꺼리기 마련이다. 청중은 기교를 원하기는 하지만, 그런 티가 드러나지 않는 쪽을 좋아하는 것이다.

연설을 훌륭하게 시작하는 방법

1. 연설의 시작은 매우 어려우면서도 중요하다. 시작하는 시점의 청중은 마음이 열려 있고 비교적 쉽게 감동을 받기 때문이다. 운에만 맡겨 두기엔 매우 중요한 부분이기 때문에 미리 세밀하게 준비해야 한다.

2. 연설의 서두 부분은 한두 문장 정도로 짧아야 한다. 아니면 전혀 없어도 괜찮을 때가 많다. 가능하면 최소한의 몇 단어로 주제의 핵심에 뛰어들어라. 이것에 이의를 제기하는 사람은 없을 것이다.

3. 초보자들은 재미있는 이야기를 늘어놓거나 사과를 함으로써 연설을 시작하려는 경향이 있다. 이 두 방법의 결과는 대개 부정적이다. 유머러스한 이야기를 성공적으로 소화할 수 있는 사람은 극히 드물다. 이 시도는 청중들을 즐겁게 하기보다는 당황스럽게 만든다. 이야기는 상황에 적절해야 하고 단지 이야기 자체만을 위해 사용해서는 안 된다. 유머는 케이크 자체가 아니고 케이크에 입힌 설탕 옷일 뿐이다. 또한 사과를 하는 것도 안 된다. 그것은 청중에 대한 모욕이고 그들을 지루하게 만든다. 그러니 곧바로 당신이 하고 싶은 말을 빠르게 끝내고 자리에 앉아라.

4. 연설가는 다음의 방법으로 청중의 관심을 빠르게 사로잡을 수 있다.
   1) 호기심을 불러일으키기 (예: 디킨스의 《크리스마스 캐럴》 이야기)
   2) 인간적으로 흥미로운 이야기를 활용하기 (예: '다이아몬드의 땅' 강연)
   3) 구체적인 예로 시작하기 (예: 이 책의 5장, 7장의 시작 부분 참고)
   4) 시각적인 재료를 사용하기 (예: 공짜로 땅을 받을 수 있는 동전)

5) 질문하기 (예: 혹시 길에서 이런 동전을 주우신 분이 계십니까?)

6) 인상적인 인용으로 시작하기 (예: 솔선수범에 대한 엘버트 허바드의 말 인용)

7) 주제가 얼마나 청중의 관심사와 관련되어 있는지 보여 주기 (예: 여러분의 예상 기대수명은 여든 살에서 현재 나이를 뺀 수의 3분의 2입니다. 여러분은 정기 건강검진을 통해 그 수치를 높일 수 있습니다.)

8) 충격적인 사실을 제시하며 시작하기 (예: 미국인은 세계적으로 최악질의 범죄자들입니다.)

5. 지나치게 격식을 차린 시작은 인위적인 느낌을 주기에 좋지 않다. 자연스럽고 평범하면서도 논리적으로 필연적인 전개인 것처럼 보이게 하라. 얼마 전에 일어난 일을 언급하는 방식이 한 예가 될 수 있다. (예: 어제, 기차가 여기에서 멀지 않은 도시를 지나갈 때, 저는 몇 년 전 그곳에서 열렸던 결혼식을 떠올렸습니다.)

DALE CARNEGIE

PUBLIC SPEAKING AND INFLUENCING MEN IN BUSINESS

"당신은 청중을 기쁘게 해야 한다. 당신은 그들의 두려움을 진정시키고, 의심을 사라지게 하며, 그들이 무기를 내려놓고 '그래요, 우리 함께 이야기해 봅시다!'라고 말하게 해야 한다. 이것은 서로 교감할 수 있는 것과 상호 관심사를 찾을 때 가능하다. 우리를 분열시키는 힘보다 더 강한 힘으로 이어 주는 것이 있다. 그것이 무엇인가? 연설의 성패는 그것을 찾을 수 있느냐 없느냐에 달려 있다. 만일 청중을 진정으로 기쁘게 할 수 없다면 놀라운 용기를 보여 그들의 감탄과 존경을 끌어내야 한다.

그 첫 번째 예로, 만일 내가 벨파스트의 오렌지당원 집회에서 연설을 한다면, 나는 양심에 충실한 그들을 찬사할 것이다. 또 우리가 존경하는 위대한 조상들, 우리가 공유하는 것에 관해 말할 것이다. 만일 회사 직원들 앞에서 연설한다면 격렬한 질책으로 시작하지 않고 좀 더 행복했던 시절, 과거의 협력 관계, 업계와 관련된 모든 사람들을 괴롭히는 걱정과 문제를 떠올리게 할 것이다. 내가 진실로 아무런 사심 없이 문제에 대한 해결책을 모색하고 있다는 것을 청중은 알 것이다. 모든 상황에서 청중의 가장 선한 본능에 호소하라. 이런 호소에 보이는 사람들의 반응은 정말로 놀랍다."

— 시드니 F. 윅스(Sidney F. Wicks), 《기업인을 위한 대중연설(Public Speaking for Business Men)》

단번에 청중을 사로잡는 방법

몇 년 전, 콜로라도 연료철강회사는 노사 문제로 어려움을 겪었다. 총 격전까지 일어나면서 유혈 사태가 벌어졌다. 회사 분위기는 격한 증오 심 때문에 숨 막힐 것 같았다. 록펠러라는 이름은 저주의 대상이었다. 그럼에도 존 D. 록펠러 2세John D. Rockefeller, Jr.는 종업원들과 대화하 길 원했고, 그들에게 자신의 생각을 설명하고 설득하여 그들이 자신의 신념을 받아들이게 만들고 싶었다. 그는 모든 좋지 않은 감정과 적대감 은 연설 서두에서 없애야 한다는 것을 알고 있었다. 처음부터 그는 진심 을 다해 아름다운 연설을 해냈다. 많은 연설가는 그의 방법을 연구함으 로써 무엇인가 배울 수 있을 것이다.

"오늘은 제 삶에서 매우 특별한 날입니다. 처음으로 저는 이 훌륭한 회사의 종업원 대표 여러분과 임원들, 그리고 감독들과 자리를 함께 하는 행운을 얻었습니다. 저는 이 자리에 선 것을 자랑스럽게 생각하고 제 삶이 다하는 날까지 이 자리를 기억할 것입니다. 만일 이 모임이 2주 전에 열렸다면 저는 여러분 대부분을 알지 못했을 것입니다. 지난주에는 남부 석탄 지대의 모든 캠프를 둘러보고, 출장 중인 분들을 제외한 실질적인 전체 대표 여러분과 직접 대화하며 여러분집으로도 방문해 부인과 자녀들을 만나는 기회를 가졌습니다. 그랬기에 우리는 지금 서로 낯설지 않은 친구로 마주하고 있는 것입니다. 이런 상호 우의의 정신으로 공통 관심사를 함께 의논하게 된 것에 저는 큰 기쁨을 느낍니다. 오늘 이 모임은 회사 임원과 대표 여러분들의 모임이고, 불행히 그 어느 쪽에도 속하지 않지만 저는 여러분의 호의와 배려 덕분에 이 자리에 설 수 있게 되었습니다. 하지만 한편으로 저는 주주들과 이사들을 대표한다는 의미에서 여러분과 긴밀하게 연관되어 있다고 느낍니다."

재치 있는 연설이다. 격한 증오심이 있었음에도 그의 연설은 성공적이었다. 임금 인상을 위해 파업하며 투쟁한 사람들은 록펠러가 그 상황과 관련된 사실을 설명한 후에 그 문제에 대해 아무 말도 할 수 없었다.

❖ 꿀 한 방울과 쌍권총을 든 남자들

"오래된 속담에 '꿀 한 방울이 쓸개즙 한 통보다 더 많은 파리를 잡는다.'라는 것이 있다. 이것은 사람에게도 적용된다. 만일 누가 내 뜻을 따르게 하고 싶다면 먼저 당신이 그의 진실한 친구임을 확신시켜라. 그곳에 그의 마음을 사로잡는 꿀 한 방울이 있다. 그 마음은 그의 이성에 이르는 지름길이므로, 일단 마음을 얻으면 그에게 당신이 추구하는 대의의 정당성을 설득하는 데 별 어려움이 없을 것이다. 물론 여기에는 그 대의가 진실로 정당해야 한다는 단서가 붙는다."

이것이 링컨의 계획이었다. 1858년, 미국 상원의원 선거 운동 중에 그는 당시 '이집트'라고 불린 남부 일리노이의 한 위험 지역에서 연설을 했다. 그 지역 사람들은 거칠었고, 공적 행사에도 흉한 칼을 들거나 벨트에 총을 찬 채 등장했다. 노예 제도 폐지론자에 대한 그들의 증오심은 결투나 옥수수 위스키를 사랑하는 감정과 맞먹을 정도였다. 켄터키와 미주리 출신의 노예 소유주들이 포함된 남부인들은 흥분과 소동의 주인공이 되기 위해 미시시피 강과 오하이오 강을 건너 왔다. 그들 중 거친 사람들은 "만약 링컨이 한마디라도 하면 그 노예제 폐지론자를 쫓아내고 총으로 온몸에 구멍을 내고 말겠어!" 하고 소리쳤다.

링컨은 이런 위협적인 상황에 대해 이미 들은 바 있었고, 긴장감과 분명한 위험 또한 알고 있었다. 그는 말했다. "그러나 만약 그들이 내게 몇마디 할 수 있는 기회만 준다면, 나는 그들을 진정시킬 수 있다." 그래서 그는 연설을 시작하기 전에 주모자들에게 자신을 소개하고 정중히 그들의 손을 잡았다. 그렇게 시작된 그의 연설 서두에는 재치가 넘쳤다.

"친애하는 남부 일리노이 주민 여러분, 켄터키 주민 여러분, 미주리 주민 여러분. 오늘 이 자리에 오신 분들 중에 저를 불쾌해하는 분들이 계시다고 들었습니다. 저는 그분들이 왜 그러시는지 잘 모르겠습니다. 저는 여러분처럼 평범한 사람입니다. 그런데 도대체 무엇 때문에 제게는 여러분처럼 제 생각을 표현할 권리가 없는 것입니까?

시민 여러분, 저는 여러분과 같은 사람입니다. 저는 이곳의 불법 침입자가 아닙니다. 여러분 대다수가 그렇듯 저는 켄터키에서 태어나고 일리노이에서 자랐으며 열심히 일해 제 길을 개척했습니다. 저는 켄터키 주민을 알고 있습니다. 저는 남부 일리노이 주민을 잘 압니다. 그리고 미주리 주민도 잘 안다고 생각합니다. 저는 그들 중의 한 사람이기 때문에 그들을 아는 것은 당연한 일이며 그들 역시 저를 알 것입니다. 그들이 저를 잘 안다면 제가 그들에게 피해를 줄 사람이 아니란 것도 잘 알 것입니다. 그런데 왜 그들이, 또는 그들 중의 어떤 분이 저에게 해를 가해야 합니까? 이런 어리석은 짓은 생각하지 말고 우리 모두 친구가 됩시다. 서로 친하게 지냅시다. 저는 미천하지만 세상에서 가장 평화적인 사람 중 하나이며, 다른 이를 부당하게 대하거나 그의 권리를 침해할 사람이 아닙니다. 제가 여러분께 바라는 것은 제 말에 귀를 기울여 주시는 것입니다. 용감하고 용맹한 일리노이, 켄터키, 미주리 주민은 틀림없이 그렇게 해 주시리라 믿습니다. 이제 친구처럼 각자의 생각을 허심탄회하게 말해 봅시다."

연설하는 동안 그의 얼굴에는 훌륭한 성품이 드러났고 그의 목소리는 진심 어린 호소로 떨고 있었다. 그 재치 있는 서두는 몰려오던 폭풍우를 멈추게 했고 적들을 조용하게 만들었다. 그리고 정말로 그 연설은 많은 이를 링컨의 친구로 변화시켰다. 그들은 링컨의 연설에 환호했고, 거칠고 무례했던 '이집트인'들은 훗날 링컨이 대통령이 되는 데 있어 가장 열정적인 지지자가 되었다.

물론 여러분은 이렇게 생각할 수도 있다.

'재밌네. 하지만 이게 나랑 무슨 상관이지? 난 록펠러가 아니야. 나는 날 목 졸라 죽이려는 굶주린 파업자들 앞에서 연설할 일은 없단 말이지. 또 나는 링컨도 아니야. 옥수수 위스키를 마시며 증오심으로 가득 찬 쌍권총의 사나이들과는 한마디도 하지 않을 거라고.'

사실이다. 하지만 당신은 거의 매일 어떤 문제에 대해 나와 생각이 다른 사람들과 말하면서 살아간다. 집이나 직장, 혹은 시장에서 당신은 계속해서 사람들에게 자신의 의견을 이해시키려고 노력할 것이다. 당신의 방법을 발전시킬 여지는 없는가? 당신은 어떻게 연설을 시작하는가? 링컨의 재치를 보여 주면서? 아니면 록펠러의 기지를 보여 주면서? 그렇다면 당신은 귀한 재주와 비상한 능력을 가진 사람이다. 대부분의 사람은 상대방의 견해와 욕망을 고려하지 않고 서로의 합일점을 찾으려는 노력도 하지 않은 채 자신의 생각만 늘어놓는 식으로 시작한다.

뜨거운 문제였던 금주법에 관해 내가 들었던 많은 연설도 그 예에 해당한다. 거의 모든 연설가는 도자기 가게에 뛰어 들어온 황소처럼 연설을 시작했다. 그들은 강하게 자신이 가진 신념과 방향을 드러냈고, 자신의 신념은 단단한 바위처럼 흔들릴 가능성이 없다고 했다. 그러면서 그는 다른 사람들이 스스로의 소중한 신념을 버리고 자신의 생각을 받아들이길 기대했다.

결과는 어땠을까? 모든 논쟁의 결과는 거의 같았다. 아무도 그들의 의견에 동의하지 않았던 것이다. 무뚝뚝하고 공격적인 서두는 그와 다른 의견을 가진 사람들의 너그러운 마음을 잃게 했고, 청중은 그가 하는 모든 말을 무시하며 경멸했다. 그의 말은 사람들이 각자의 신념의 방패 뒤에서 더욱 강하게 몸을 감싸고 웅크리게 했다. 그는 시작부터 청중을 재촉하고 그들이 몸을 뒤로 빼며 이를 악문 채 "아니야! 아니야!"라고 외치게 하는 치명적인 실수를 저지른 것이다.

나와 다른 생각을 가진 사람들로 하여금 내 뜻을 따르게 한다는 것이 어떻게 그리 간단하겠는가? 뉴욕의 새사회연구학교에서 열린 오버스트리트 교수의 강연을 인용한 다음 글은 이 문제를 적절하게 지적한다.

"아니오."라는 부정적인 반응은 가장 극복하기 어려운 장애물이다. 일단 "아니오."라고 말한 사람은 자존심 때문에 그 입장을 굽히지 않으려 한다. 나중에는 자신의 "아니오."가 잘못된 것이라고 생각할 수도 있지만, 너무나 소중한 자존심 때문에 한 번 말한 사실을 고수할 것이다. 일단 입 밖으로 나온 말에 대해서는 끝까지 책임져야 하는지라, 사람이 처음부터 긍정적인 방향을 잡을 수 있도록 이끄는 것이 중요하다. (뛰어난 연설가는) 처음부터 몇 차례나 "네."라는 반응을 이끌어 낸다. 듣는 사람들의 심리를 긍정적인 방향으로 움직이게 만드는 것이다. 그것은 마치 당구공의 움직임과 비슷해서, 처음에 공을 한쪽 방향으로 쳐 보내고 나면 그것의 방향을 바꾸는 데 힘이 필요하고, 더구나 반대 방향으로 움직이게 하려면 엄청난 힘이 든다.

이런 경우의 심리적인 패턴은 꽤 명백하다. 누군가 "아니오."라고 말하고 또 그렇게 생각한다면, 그는 단순히 그 세 글자를 말하는 것 이상의 일을 한 것이다. 그의 분비기관, 신경, 근육의 전 유기체는 한

데 모여 거부 상태를 만들어 낸다. 그러면 가끔은 보이지만 대부분의 경우는 눈에 띄지 않을 정도로 미미하게 신체적으로 위축되거나 그러한 조짐을 보인다. 즉, 수용에 대한 경계경보가 그의 신경과 근육의 전체 체계에 울리는 것이다. 그러나 그와 반대의 경우, 즉 "네."라고 답하는 경우에는 이런 긴장이 일어나지 않는다. 몸 전체의 조직은 전향적이고 수용적이며 개방적인 태도를 취한다. 따라서 처음에 긍정적인 반응을 많이 이끌어 낼수록 우리의 궁극적인 제안이 상대의 관심을 얻는 데 성공할 확률은 높아진다.

긍정적인 반응을 유도하는 전략은 아주 단순한 방법이지만 너무 사소한 것으로 여겨져 무시되는 경우가 매우 많다. 사람들은 처음부터 다른 이들과 다른 의견을 제시하면 자신이 대단한 존재로 보일 것이라고 착각하곤 한다. 급진주의자는 보수적인 동료들과 함께 있으면 이내 상대방을 화나게 한다. 그런데 그렇게 해서 그가 얻는 것은 무엇인가? 만일 상대를 화나게 하는 것 자체가 즐거운 일이기 때문에 그렇게 하는 것이라면 이해할 수도 있겠으나, 상대를 설득하는 것이 목적이었다면 그는 심리적으로 무지한 사람이라는 것을 드러낼 뿐이다.

학생이나 고객, 어린이, 남편, 아내 등 누가 되더라도 상대방으로 하여금 처음에 일단 "아니오."라는 말이 나오게 했다면, 그 부정적인 대답을 다시 "네."로 되돌리는 데는 그야말로 천사의 지혜와 인내가 필요할 것이다.

어떻게 처음부터 "네."라는 반응을 얻을 수 있을까? 아주 간단하다. 링컨은 그 비법에 대해 이렇게 말했다. "내가 논쟁을 시작해서 이기는 방법은 먼저 공통의 합의점을 찾는 것이다." 심지어 그는 노예 제도라는 굉장히 민감한 문제에 대해 논쟁할 때도 그 합의점을 찾아냈다. 링컨의 연설을 보도한 중립 신문 〈미러The Mirror〉는 그의 연설을 다음과 같이 평했다. "그의 적들은 그가 하는 모든 말에 동의했다. 그때부터 그는 가축을 몰아 가듯, 조금씩 그들을 특정한 방향으로 이끌었고 마침내 자신의 우리 속으로 끌어들였다."

❖ 롯지 상원의원의 방법

세계대전이 끝나고 롯지 상원의원과 하버드 대학의 로웰 총장은 보스턴 청중 앞에서 국제연맹에 대해 토론했다. 롯지 상원의원은 많은 청중이 자신의 생각에 호의적이지 않다는 것을 감지했지만, 그들을 자신의 주장에 동의하게 해야 했다. 그는 어떻게 해야 했을까? 그들의 믿음을 직접 정면으로 치고 들어가는 방법을 사용할까? 절대 아니다. 이 상원의원은 사람의 심리를 정확히 꿰뚫고 있어서 그런 어리석은 방법으로 일을 망칠 사람이 아니었다. 그는 처음부터 탁월한 재치와 기지를 보여 주었다. 그의 연설 서두가 아래에 나와 있다. 서두에 나온 몇 문장은 그에게 적대적인 사람들조차 거부할 수 없는 내용이었다. 또 '저의 동포 미국인 여러분'이라는 인사로 어떻게 그들의 애국심에 호소하는지도 눈여겨보라. 또한 그가 얼마나 세밀하게 양쪽의 차이를 최대한 줄이고 공통점을 드러내는지 보라. 그가 상대방을 어떻게 대하는지, 그들이 사소한 방법의 문제에서만 차이가 있을 뿐 미국의 복지와 세계 평화라는 대의에 있어서는 전혀 다를 것이 없다는 사실을 어떻게 강조하는지 주목하라. 심지어 더 나아가 그는 자신이 특정 종류의 국제연맹을 지지한다고

까지 말했다. 결국 그와 반대자가 서로 차이를 보이는 부분은, 그가 좀 더 이상적이고 효과적인 연맹이 필요하다고 느끼는 부분뿐이다.

"친애하는 각하, 신사 숙녀 여러분, 저의 동료인 미국인 여러분.

로웰 총장님의 배려로 저는 오늘 훌륭한 청중 여러분 앞에 서는 영광을 얻었습니다. 저와 오랜 친구이며 같은 공화당원인 그분은 미국에서 가장 중요하고 영향력 있는 곳의 하나인 이 뛰어난 대학교의 총장입니다. 또한 그는 정치학과 정치 조직 분야에서 훌륭한 학자이자 역사가입니다. 우리 앞에 놓인 이 큰 문제와 관련된 구체적인 방법에 대해서는 그분과 제 의견이 다르지만, 세계 평화의 유지와 미국의 복지에 대해서만큼은 서로 같은 뜻을 가지고 있다고 믿습니다.

허락해 주신다면 제 생각을 말해 보겠습니다. 저는 여러 번 그것을 말씀드렸고, 또 단순하고 쉬운 언어로 전달했다고 생각했습니다. 하지만 제 말을 오해해 그것을 논쟁의 무기로 이용하는 사람들이 있고, 매우 현명한 판단력을 지닌 분 중에도 제 말을 듣지 못했거나 아니면 잘못 이해하는 분들이 계신 것 같습니다. 그래서 제가 국제연맹에 반대하는 것처럼 전해지고 있지만 사실은 전혀 다릅니다. 저는 오히려 세계의 자유 국가들이 하나의 연맹, 또는 프랑스 사람들이 협회라고 부르는 체제 안에서 미래의 세계 평화를 보장하고 전체적으로 군축을 실현하기 위해 할 수 있는 모든 일을 하게 되기를 간절히 바라고 있습니다."

이런 연설을 들으면 제아무리 그전에 연사와 다른 의견을 가졌던 사람들도 닫혔던 마음이 열리고 누그러지지 않을까? 또한 조금 더 들어 보겠다는 마음도 자연스럽게 가질 수 있을 것이다. 이런 연설을 통해 사람들은 이 연사를 공정한 정신의 소유자라고 생각하지 않을까? 만일 롯지 상원의원이 국제연맹을 지지하는 사람들에게 직설적으로 그들이 잘못되었으며 환상에 빠져 있다고 말했다면 그 결과는 어땠을까? 말할 것도 없이 연설은 아무 소용이 없었을 것이다. 제임스 하비 로빈슨 교수의 《정신의 형성》에서 고른 다음의 인용은 이런 공격이 헛되다는 것을 심리학적 관점에서 보여 준다.

"때때로 우리는 어떤 저항감이나 감정적인 동요 없이 마음을 바꿀 때가 있다. 그러나 누군가로부터 우리가 틀렸다는 말을 들으면 그 말에 분개해 마음을 굳게 닫아 버린다. 우리가 어떤 믿음을 형성하는 과정은 놀랄 정도로 허술하지만, 막상 누군가 그 믿음의 세계를 깨려고 하면 그 믿음에 대해 불합리할 정도로 집착한다. 이때 우리에게 소중한 것은 아이디어 자체가 아니라, 외부의 위협에 노출된 우리의 자존심이다. …… 인간사에서 가장 중요한 것은 바로 '나의'라는 요소인데, 지혜는 이것을 적절하게 고려하는 것에서 시작된다. '나의' 저녁 식사, '나의' 개, '나의' 집, '나의' 신념, '나의' 조국, '나의' 신 등 그것이 무엇이든 '나의'라는 말과 관련된 것은 모두 같은 힘을 가지고 있다. 우리는 내 시계가 틀렸거나 내 차가 형편없다는 것뿐만 아니라 화성의 운하, '에픽테토스Epictetus'의 발음, 살리신salicin 해열 진통제의 의학적 가치, 사라곤 1세의 연대 등에 대한 내 생각이 수정되어야 한다는 지적에 대해서도 몹시 불쾌해 한다. …… 우리는 자신이 진리라고 익숙하게 받아들였던 것을 계속 믿고 싶어 하고, 이런 신념 체계에 누군가 의혹의 눈길을 던질 때 생기는 반발심으로 그것에 더욱 집착하게 된다. 그러므로 소위 말하는 논증이라는 것 역시 우리가 이미 믿고 있는 것을 계속 믿기 위한 논거를 찾아내는 작업과 같은 것이다."

❖ 최고의 논쟁은 설명이다

청중과 논쟁하는 연사는 청중을 더욱 완고하고 방어적으로 만들 뿐 아니라, 청중이 마음을 바꾸는 일도 거의 불가능하게 만든다는 것은 명백한 사실이다. "지금부터 저는 이것을 증명하겠습니다."라는 식으로 말하는 것이 과연 현명할까? 청중은 이런 태도를 하나의 도전으로 받아들이고 속으로 '그래, 얼마나 잘하나 보자.'라고 말하면서 당신을 지켜볼 것이다.

그보다는 청중이 공감하는 어떤 것을 강조하며 연설을 시작한 다음 모두가 해답을 듣기 원하는 적절한 질문을 하는 것이 훨씬 효과적이지 않을까? 그런 뒤 그 해답을 찾는 진지한 과정에 청중을 동참시키자. 답을 찾는 동안 그와 관련 사실을 명백하게 제시해 청중이 무의식적으로 당신의 결론을 그들 자신이 내린 결론으로 생각하도록 유도하는 것이다. 그들은 자신이 그 사실을 스스로 찾았다는 생각에 더 강하게 그것을 믿을 것이다. "최고의 논쟁은 단지 설명하는 것처럼 보이는 것이다."

아무리 의견 차이가 크고 첨예하다고 해도 모든 논쟁에는 연설가가 하고자 하는 진실 탐색 과정에 모든 사람을 참여시킬 근거가 되는, 어떤 상호 교감을 이룰 수 있는 합의점이 항상 존재하기 마련이다. 예를 들어 공산당 당수가 미국 은행가 협회의 집회에서 연설을 한다고 해도 그는 서로에 대한 믿음, 혹은 청중과의 공감대를 형성하게 하는 어떤 공동의 소원을 찾아낼 수 있다. 그것이 어떻게 가능한지 살펴보자.

"빈곤은 항상 인간 사회를 괴롭히는 잔인한 문제 중 하나로 존재해 왔습니다. 우리 미국인들은 언제나 시기와 장소를 가리지 않고 능력이 허락하는 한 가난한 사람들의 고통을 덜어 주는 것을 의무로 여겼습니다. 우리는 마음씨 좋은 국민입니다. 역사상 그 어느 민족도 불행한 사람들을 돕기 위해 자신의 부를 아낌없이, 사심 없이 내놓은 적이 없었습니다. 우리는 베풂의 역사의 특징이었던 그 정신적 관대함과 이타적 정신으로, 산업화 시대의 우리 삶을 돌아보며 빈곤의 문제를 줄이는 것은 물론 그것을 예방할 수 있는 공정하고 합리적이며 모두가 받아들일 수 있는 방법을 찾을 수 있는지 생각해 봐야겠습니다."

이 말에 반대할 사람이 누가 있을까? 이 주장이 5장에서 그렇게 강조한 힘과 에너지와 열정의 복음과 모순되는 것처럼 보이는가? 전혀 아니다. 모든 것에는 다 때가 있다. 연설의 서두는 힘을 보일 때가 아니다. 여기에서 필요한 것은 재치와 기지다.

❖ 패트릭 헨리가 연설을 시작하는 방법

이 땅의 모든 학교 학생들은 패트릭 헨리 Patrick Henry가 1775년 버지니아 집회 때 했던 그 유명한 연설을 기억할 것이다. "나에게 자유가 아니면 죽음을 달라." 하지만 격렬하고 감동적이며 역사적인 그 연설의 시작이 비교적 차분하고 재치 있었다는 사실을 알고 있는 이는 거의 없다. 당시 가장 중요한 논쟁거리는 미국 식민지들이 영국과의 관계를 끊고 전쟁을 해야 하는가의 여부였다. 사람들의 격앙된 감정은 사나운 열기를 내뿜으며 끓어올랐지만, 패트릭 헨리는 자신을 반대하는 자들의 능력과 애국심을 찬양하는 말로 연설을 시작했다. 아래 연설문 두 번째 단락에서 그가 어떻게 질문을 던져 청중의 생각을 자신의 생각으로 유도하고 그들이 스스로 결론을 이끌어내게 하는지 살펴보자.

"친애하는 의장님, 여기 그 어느 누구도 연설하신 존경하는 여러 신사분의 능력과 애국심에 대해 저보다 더 큰 경외심을 가지지는 않을 것입니다. 하지만 사람들은 저마다 다르기 때문에 같은 문제에 대해 생각하는 것도 서로 다를 때가 많습니다. 따라서 제가 그분들과 다른 의견을 가지고 자유롭게, 또 거침없이 표현한다 해서 그것이 그분들에게 무례한 것으로 보이지 않기를 바랍니다. 지금은 격식이 중요한 때가 아닙니다. 우리가 당면한 이 문제는 이 나라에 매우 중요한 의미를 가지고 있습니다. 저 개인적으로는 그것을 자유 혹은 속박의 문제로 인지하고 있습니다. 이 주제만큼이나 중요한 문제는 바로 토론의 자유에 관한 것입니다. 우리는 자유로운 토론을 통해 진리에 도달할 수 있고, 신과 조국에 대한 큰 책임을 완수할 수 있습니다. 이런 때에 제가 공격받을 것을 걱정해 제 생각을 말하지 않는다면 그것은 조국을 반역하는 것이고, 모든 것들 위에 존재하시는 높으신 하나님께 죄를 짓는 것입니다.

존경하는 의장님, 인간이 희망의 환상에 빠지는 것은 자연스러운 일입니다. 우리는 고통스러운 진실에 대해 눈을 감고 사악한 바다의 요정 사이렌의 노래에 취하길 원합니다. 그녀가 우리를 짐승으로 만들어 버린다는 것도 모르고 말입니다. 이것이 자유를 위한 중요하고 힘겨운 투쟁에 참여하는 지혜로운 자들이 할 일일까요? 우리는 자신의 현세적 구원과 밀접하게 관련된 것들을 보지 못하고 듣지 못하는 그런 무리에 속하기를 바라는 것입니까? 저는 어떤 정신적 고통이 있더라도 모든 진실을 알고 싶어 할 뿐 아니라, 최악의 진실도 회피하지 않고 그것에 대비하며 맞설 준비를 하고자 합니다."

❖ 셰익스피어가 쓴 최고의 연설

셰익스피어가 자신이 만들어 낸 인물을 통해 했던 가장 유명한 연설, 바로 마크 안토니가 줄리어스 시저의 시체 앞에서 행한 추도사는 뛰어난 기지를 보여 주는 연설의 고전적인 예다.

상황은 이렇다. 시저는 독재자가 되었다. 자연스럽고도 불가피하게 그의 정적들은 그를 질투했고, 시저를 몰아내고 파멸시켜 그의 권력을 자신들의 것으로 만들려 했다. 결국 그들 중 23명은 브루투스와 캐시어스의 지휘하에 작당하여 시저를 칼로 찔렀다. 시저의 국무장관이었던 마크 안토니는 잘생긴 데다 글솜씨가 뛰어났으며 훌륭한 연설가이기도 했다. 공적인 문제에서 정부를 멋지게 대변한 그를 시저가 자신의 오른 팔로 인정한 것도 이상한 일은 아니었다. 시저가 사라진 상황에서 음모자들은 안토니를 어떻게 해야 할까? 제거해야 하나? 하지만 피는 이미 충분히 흘렀고, 거사의 명분에 필요한 정당성도 충분했다. 그러니 안토니를 자신들의 편으로 끌어들이는 것이 좋지 않을까? 그의 영향력은 무시할 수 없었고, 뛰어난 말솜씨 역시 자신들의 방패막이로 활용해 목적을 달성하는 지렛대로 유용하게 사용할 수 있었다. 타당한 생각 같았기에 그들은 이 계획을 실행으로 옮겼다. 그들은 안토니를 만나 천하를 지배한 영웅 시저의 시체 앞에서 '몇 마디를 할 수 있도록' 허락하는 친절을 베풀었다. 안토니는 로마 광장의 연단에 오른다. 그의 앞에는 살해당한 시저가 누워 있고 군중은 요란하고 위협적인 몸짓을 보이며 안토니 주변으로 몰려든다. 이들은 브루투스와 캐시어스, 그리고 다른 암살자들에 대해 우호적인 사람들이다. 안토니의 목적은 대중의 열정을 격한 증오심으로 바꿔 군중 반란을 일으킨 뒤 시저를 쓰러뜨린 자들을 살해하게 하는 것이다. 그가 손을 치켜들자 소란은 가라앉았고 그는 말을 시작한다. 안토니가 얼마나 노련하고 교묘하게 브루투스 일파를 치켜세우며 연설을 시작하는지 주목하라.

안토니: *브루투스는 고귀하신 분입니다. 그리고 그들도 모두 고귀하신 분들입니다.*

여기서 그는 논쟁을 하지 않는다. 조금씩 조금씩, 그러나 너무 드러나지 않게 그는 시저에 대한 몇 가지 사실을 하나씩 이야기한다. 시저가 포로들의 몸값으로 어떻게 국고를 채웠는지, 그가 어떻게 가난한 자들과 함께 울었는지, 어떻게 왕관을 거절했고 어떻게 유언을 통해 자신의 재산을 사회에 환원했는지 등을 말한 것이다. 그는 사실을 나열하면서 군중에게 질문을 던져 그들 스스로 결론을 내리게 한다. 증거는 새로운 그 무엇이 아니라, 그들이 잠시 잊고 있었던 어떤 사실로 제시된다.

안토니: *저는 여러분이 이미 알고 있는 것에 대해 말할 뿐입니다.*

마법 같은 말솜씨로 안토니는 군중의 마음을 건드리고 격정을 자극했으며, 동정심을 일깨우고 분노에 불을 지폈다. 다음 단락에 기지와 달변의 전형이랄 수 있는 그의 연설 전문을 소개한다. 당신이 문학 및 연설 분야와 관련된 모든 자료를 찾아본다 해도 이만큼 뛰어난 연설을 찾긴 어려울 것이다. 이 연설문은 사람들의 마음을 움직이는 뛰어난 기술을 얻고자 하는 사람이라면 누구나 진지하게 연구해 볼 만한 가치가 있다. 하지만 기업인들이 셰익스피어를 읽고 또 읽어야 하는 이유는 이것뿐만이 아니다. 셰익스피어의 어휘력은 다른 작가보다 훨씬 더 방대했다. 그는 누구보다 더 아름다운, 그리고 매력적인 언어를 사용했다. 《맥베스》나 《햄릿》, 《줄리어스 시저》를 공부하는 사람은 누구나 의식하지 못하는 새 자신의 언어를 한층 세련되게 연마해 그 폭을 넓히게 된다.

안토니: 친구들, 로마인들, 동포 여러분, 당신들의 귀를 빌려 주시오. 나는 시저를 찬양하러 온 것이 아니라 매장하기 위해 왔습니다. 사람이 행한 악행은 그가 죽은 뒤에도 남아 있지만, 선한 행실은 그의 뼈와 함께 땅에 묻힙니다. 시저도 예외일 수는 없습니다.

고귀한 브루투스는 당신들에게 시저가 야심이 있었다고 말합니다. 그것이 사실이라면 그것은 큰 잘못이고 시저는 참담하게 그 대가를 치렀습니다. 저는 브루투스와 나머지 분들의 허락을 받아(브루투스는 고귀한 분이고 다른 분들도 모두 그렇기 때문에) 시저의 장례식에서 추도사를 하게 되었습니다. 그는 제 친구였고, 제게 신실하고 공정했습니다. 하지만 브루투스는 그에게 야심이 있었다고 말합니다. 브루투스는 고귀하신 분입니다.

시저는 많은 포로들을 로마에 끌고 왔으며 그들의 몸값으로 국고를 채웠습니다. 이것이 시저의 야심이었습니까? 가난한 자들이 올 때 그분은 같이 울었습니다. 야심은 조금 더 냉혹한 성품에서 나와야 합니다. 하지만 브루투스는 그가 야심이 있었다고 말합니다. 브루투스는 고귀하신 분입니다.

루퍼컬 축제에서 여러분도 보셨을 것입니다. 제가 시저에게 세 번이나 왕관을 바치는 것을, 그리고 그가 세 번이나 거절하는 것을 말입니다. 이것이 야심입니까? 분명히 브루투스는 영예로운 분입니다. 저는 브루투스가 한 말을 반박하려는 것이 아니라 제가 아는 사실을 말하기 위해 이 자리에 나온 것입니다. 여러분은 한때 그분을 사랑했고, 거기엔 이유가 있었습니다. 그렇다면 왜 그분을 애도하는 일에 주저하는 것입니까?

오, 판단력이여. 그대는 잔인한 짐승들에게 도망가 버리고 인간은 이성을 잃어버렸구나! 아, 저를 이해해 주십시오. 제 심장은 시저와 함께 관에 누워 있으니 그것이 다시 돌아올 때까지 쉬어야겠습니다.

시민 1: 저 사람 말은 꽤 일리가 있는 것 같군.

시민 2: 그러고 보면 시저가 억울하게 죽음을 당한 거지.

시민 3: 그렇지 않나? 난 시저 대신 더 사악한 자가 올까 걱정되네.

시민 4: 저 사람 말을 못 들었나? 그는 왕관을 거절했어. 그는 분명 야심이 없었다고.

시민 1: 만일 그것이 사실로 밝혀진다면 누군가는 호된 대가를 치르겠지.

시민 2: 불쌍한 사람. 울어서 눈이 불처럼 빨개졌구먼.

시민 3: 로마에 안토니보다 고귀한 사람은 없지.

시민 4: 자, 더 들어 보세. 안토니가 다시 말을 시작했군.

267

안토니: 어제만 해도 시저의 말은 천하를 다스렸지만, 지금 그는 저곳에 누워 있습니다. 그리고 아무리 비천한 이조차 그에게 경의를 표하지 않습니다. 오, 여러분 만약 제가 여러분의 심장과 마음을 충동질해 반란과 폭동을 일으키게 한다면, 저는 브루투스와 캐시어스를 욕되게 하는 것입니다. 여러분도 알다시피 그들은 모두 고귀하신 분들입니다. 저는 그분들을 욕되게 하지 않을 것입니다. 이렇게 고귀하신 분들을 욕되게 하느니 저는 죽은 사람과 저 자신, 그리고 여러분을 욕되게 할 것입니다. 그런데 여기 시저의 인장이 찍힌 양피지가 있습니다. 이것은 그분의 유서로, 제가 그의 벽장에서 발견한 것입니다. 시민들만이 유서의 내용을 듣게 합시다. (미안합니다, 제가 읽겠다는 뜻은 아닙니다.) 그러면 그들은 가서 죽은 시저의 상처에 입을 맞추고, 그분의 신성한 피에 자신의 손수건을 적시며, 기념으로 삼기 위해 그분의 머리카락 한 올을 달라며 애원하고, 죽을 때는 그들의 유언장에 그에 관한 기록을 남겨 그들의 후손에게 귀중한 유산으로 물려줄 것입니다.

시민 4: 유서의 내용이 궁금하오. 읽어 주시오. 마크 안토니.

시민들: 어서 유언장을 읽어 주시오. 우리는 시저의 유언을 듣고 싶소.

안토니: 참으십시오, 인정 많은 친구들이여. 전 이것을 읽을 수 없습니다. 시저가 그대들을 얼마나 사랑했는지 모르는 것이 더 낫습니다. 여러분은 목석이 아니라 인간입니다. 그런 이상 이 유서를 듣게 되면 여러분의 가슴은 분노로 불타오를 것입니다. 여러분이 그의 상속인이라는 사실은 모르는 것이 좋습니다. 만약 그것을 알게 되면 무슨 일이 벌어질지 생각만 해도 두렵습니다.

시민 4: 얼른 읽으시오. 꼭 듣고 싶소. 안토니. 읽어 주시오. 시저의 유언을!

안토니: 좀 참아 주십시오. 잠깐 기다려 주실 수 있습니까? 유언장 이야기를 하다니 제가 경솔했습니다. 내가 저 고귀하신 분들에게 못할 짓을 하는 것 같아 두렵습니다. 시저를 칼로 찌른 저분들에게 말입니다. 나는 두렵습니다.

시민 4: 고귀하신 분들은 무슨! 그들은 반역자요.

시민들: 유서를 읽으시오! 읽으시오!

시민 2: 그들은 극악무도한 살인자들이오. 어서 유서를 읽으시오.

안토니: 꼭 유서의 내용을 들어야겠습니까? 그렇다면 시저의 시체 주위에 둘러서 주십시오. 여러분에게 유언장을 쓴 분의 모습을 보여 드리겠습니다. 제가 내려가도 되겠습니까?

시민들: 그러시오.

시민 2: 내려오시오. (안토니가 아래로 내려온다.)

시민 3: 당신은 허락을 받았소.

시민 4: 원을 만들어요. 빙 둘러섭시다.

시민 1: 관에서 물러나시오. 시체에서 떨어지시오.

시민 2: 고귀한 안토니가 설 자리를 만들어 줍시다.

안토니: 자, 밀지 말고 멀리 떨어져 주시오.

시민들: 물러나시오. 공간을 만들어 줘요.

안토니: 여러분에게 눈물이 있다면, 이제 흘릴 준비를 하십시오. 여러분은 이 망토를 잘 아실 것입니다. 저는 시저가 처음 이것을 입었을 때를 기억하고 있습니다. 어느 여름날 저녁 그분의 천막 안에서였죠. 그날 그분은 너비족을 정복했습니다.

보십시오. 이곳이 캐시어스의 칼이 뚫고 지나간 자리입니다. 질투에 사로잡힌 카스카가 남긴 이 상처를 보십시오. 이곳은 그분이 그토록 총애하던 브루투스가 찌른 자리입니다.

브루투스가 그의 저주받은 칼을 꺼냈을 때, 시저의 피가 어떻게 그 칼을 뒤쫓아 나왔는지 보십시오. 마치 문밖으로 달려 나가 브루투스가 정말 그렇게 찔렀는지 확인이라도 하려는 듯이. 여러분도 아시다시피 브루투스는 시저의 총아였으니 말입니다.

오, 신들이여! 판단해 주소서. 시저가 그를 얼마나 총애했는지! 이것이야말로 모든 상처 중 가장 잔인한 상처입니다. 고귀한 시저께서는 브루투스마저 자신을 찌르는 것을 보시고 반역자의 완력보다 더 강한 그의 배신에 질려 그 위대한 가슴이 터져 버린 것입니다. 그래서 망토로 얼굴을 가리고 폼페이의 조상 밑에 붉은 피를 흘리며 그렇게 위대한 시저는 쓰러지고 말았습니다.

아, 동포 여러분! 이것이 무슨 최후란 말입니까? 저와 여러분, 우리 모두는 그때 쓰러진 것입니다. 그동안 반역은 피비린내를 풍기며 우리 위에 군림했습니다. 여러분도 이제 눈물을 흘리시는군요. 저는 알 수 있습니다. 여러분이 측은함을 느끼는 것을. 그것은 거룩한 눈물입니다. 선하신 분들이여. 시저 옷에 나 있는 상처를 본 것뿐인데도 그렇게 눈물을 흘리신단 말입니까? 여기를 보십시오. 여기 그분이 계십니다. 반역자들의 칼에 찔린 모습 그대로.

시민 1: 오, 비참한 모습이여!

시민 2: 오, 고귀하신 시저여!

시민 3: 오, 비통한 날이여!

시민 4: 오, 반역자들, 악당들!

시민 1: 오, 정말 잔인하구나!

시민 2: 우리가 복수하겠다.

시민들: 복수! 찾아라! 태워라! 불 질러라! 죽여라! 반역자는 모두 죽여라!

안토니: 동포들이여, 진정들 하시오.

시민 1: 거기 좀 조용히 해 보시오. 고귀한 안토니의 말을 들읍시다.

시민 2: 우리는 그의 말을 듣고 따르겠소. 우리는 그와 함께 죽을 것이오.

안토니: 좋은 친구들, 믿음직한 친구들이여, 내 말에 흥분해 이렇게 폭동을 일으키면 안 됩니다. 그런 짓을 한 분들은 고귀하신 분들입니다. 그들이 시저에게 무슨 원한이 있어 이렇게 했는지 저는 모르겠습니다. 그들은 현명하고 고귀하신 분들입니다. 그러니 틀림없이 여러분에게 그 이유를 설명해 주실 것입니다.

친구들이여! 저는 이곳에 여러분의 마음을 얻기 위해 온 것이 아닙니다. 저는 브루투스 같은 웅변가도 아니고, 여러분도 알다시피 그저 제 친구를 사랑하는 평범하고 어리숙한 사람입니다. 그들도 이것을 잘 알기 때문에 시저에 대해 이야기하도록 허락한 것입니다. 왜냐하면 제게는 재주도, 말솜씨도, 위풍도, 행동도, 능변술도, 사람의 피를 끓게 할 만한 설득력도 없기 때문입니다.

저는 솔직하게 말할 뿐입니다. 저는 여러분도 잘 알고 있는 사실을 말씀드리고, 존경하는 시저의 상처를 여러분에게 보여 드림으로써 그 불쌍하고 가련한 상처들이 무언의 입이 되어 제 대신 말하게 한 것뿐입니다. 그러나 만일 제가 브루투스이고, 브루투스가 안토니라면, 안토니는 여러분의 정신을 흔들고 시저의 상처에 혓바닥을 달아 주어 로마의 돌들이 분기해 일어나게 할 것입니다.

시민들: 우리가 들고 일어나겠소.

시민 1: 우리가 브루투스의 집을 불태우겠소.

시민 3: 갑시다. 반역자들을 찾읍시다.

안토니: 제 이야기를 더 들어 주십시오. 동포들이여, 제 말을 들어 주십시오.

시민들: 조용히! 우리 고결한 안토니의 말을 들어 봅시다.

안토니: 아니, 동포들이여! 여러분은 왜 하는지도 모를 일을 하려 합니까? 무엇 때문에 시저는 이렇게 여러분의 사랑을 받아야 합니까? 아! 모르고 계시는군요. 제가 말씀 드리겠습니다. 여러분은 유언장에 대해 제가 드린 말을 잊고 계십니다.

시민들: 유언장의 내용을 들어 봅시다.

안토니: 이것은 시저의 봉인이 찍힌 유언장입니다. 그분은 모든 로마 시민에게 유산을 남겼습니다. 각각의 사람들에게 75드라크마씩 말입니다.

시민 2: 오, 고귀한 시저! 우리가 그를 대신해 복수하겠소.

시민 3: 오, 위대한 시저!

안토니: 제 말을 끝까지 들어주십시오.

시민들: 모두 조용히. 쉿!

안토니: 그밖에도 시저는 여러분에게 그의 모든 농장, 타이버 강 이쪽 편에 있는 그의 개인 정원과 새로 나무를 심은 과수원들을 여러분과 후손들에게 남겨 주셨습니다. 자유롭게 거닐면서 즐길 수 있는 공동의 휴식 공간으로 말입니다. 시저는 바로 그런 분이셨습니다. 우리가

그런 분을 언제 또 만날 수 있겠습니까?

┤ 10장 | 요약정리 ├

단번에 청중을 사로잡는 방법

1. 공통된 의견으로 시작하라. 처음에는 누구든 당신에게 동의할 수 있게 하라.

2. 처음부터 사람들이 "아니오."라는 반응을 보이지 않게 신중히 발언하라. 누구든 일단 "아니오."라고 말하면 자존심 때문에라도 그 말을 바꾸기 어렵다. 처음 시작 단계에서 "네."라는 반응을 많이 이끌어 낼수록, 우리의 궁극적인 목적에 청중의 관심을 끌어들이기는 쉬워진다.

3. 이것저것을 증명해 보이겠다는 말로 시작하지 마라. 이것은 상대의 적개심을 일으키기 쉬운 방법이기 때문이다. 이때 청중들은 '그래, 얼마나 잘하나 보자.'라는 식으로 반응한다. 어떤 적절한 질문을 제기하고 그들이 당신과 함께 그에 대한 해답을 찾는 과정에 동참하게끔 하라. "최고의 논쟁은 설명하는 것처럼 보이는 것이다."

4. 셰익스피어가 쓴 가장 유명한 연설은 시저를 애도하는 마크 안토니의 추도사다. 그것은 뛰어난 기지를 보여 주는 연설의 고전적인 예다. 로마 시민은 음모자들에게 우호적이었다. 그런데 안토니가 얼마나 교묘하게 그 호의를 격한 증오심으로 뒤바꾸었는지 눈여겨보라. 그가 이 과정에서 논쟁을 하지 않았다는 사실에 주목하라. 그는 객관적인 사실을 제시하고, 군중이 스스로 결론을 내리게 했을 뿐이다.

DALE CARNEGIE

PUBLIC SPEAKING AND INFLUENCING MEN IN BUSINESS

"결론 또한 공들여 작업해야 하는 부분이다. 여기에서 전체 연설이 마무리되고, 청중은 그 짧은 순간에 온 정신을 집중한다. 생각의 실타래가 이곳에서 하나로 뭉쳐져 연설이라는 천을 완성하는 것이다. 끝을 어떻게 맺을지 철저하게 계획하고 적절한 언어를 선택하라. 절대 '이제 제가 할 말은 다한 것 같습니다.'라는 식으로 웅얼거리며 쫓기듯 어색하게 바삐 끝내지 말라. 제대로 매듭을 짓고 이제 끝났다는 것을 청중이 분명히 알게 하라."

— 조지 롤랜드 콜린스(George Rowland Collins), 《연단에서의 연설(Platform Speaking)》

"시간은 실제 설교의 길이와 아무런 관계가 없다. 전혀 상관없다! 긴 설교는 길게 느껴지는 설교이고, 짧은 설교는 사람들이 더 듣고 싶어 하는 아쉬움으로 끝나는 설교다. 겨우 20분간 진행된 것일 수도 있고, 1시간 30분짜리 설교였을 수도 있다. 길이가 얼마가 됐든, 그것이 청중이 더 듣고 싶어 하는 설교라면 시간이 얼마나 흘렀는지 그들은 알지도 못하고 신경 쓰지도 않는다. 따라서 시계를 봐서는 설교가 얼마나 긴지 알 수 없다. 사람을 봐야 한다. 그들의 손이 어디 있는가를 보라. 만약 그들의 손이 주로 조끼 주머니를 향하는 데다가 자꾸 시계를 꺼내며 시간을 살핀다면, 그것은 불길한 징조다. 그들이 어디를 보고 있는지, 마음은 어디에 두고 있는지 보라. 그러면 그 설교가 얼마나 긴지 알 수 있다. 아마 그때가 바로 설교를 끝내야 할 순간일 것이다."

— 찰스 R. 브라운(Charles Reynold Brown) 예일대 신학대학 학장, 《설교의 기술(The Are of Preaching)》

11장

연설을 제대로 마무리하는 방법

연설가의 경험 부족과 노련함, 어설픔과 재능은 연설의 어느 부분에서 드러날까? 바로 연설의 시작과 끝이다. 연극계에는 배우에 관한 오래된 격언이 있다.

"배우의 수준은 그가 등장하고 퇴장하는 모습만으로도 알 수 있다."

시작과 끝! 어떤 일에서든 가장 처리하기 어려운 부분이 바로 시작과 끝이다. 가령 사교 행사에서 가장 어려운 부분은 우아한 등장과 퇴장이고, 비즈니스 면담에서 역시 인상적인 첫 대면과 성공적인 마무리만큼 어려운 것이 없다.

연설에서 마무리는 전략적으로 가장 중요한 부분이다. 마지막으로 하는 말은 연설이 다 끝난 뒤에도 청중의 귀에 남아 가장 오래 기억되기 쉽다. 하지만 초보자들은 이 부분의 중요성을 알지 못하고 끝맺음에서 종종 많은 아쉬움을 남긴다.

가장 흔히 저지르는 실수는 무엇일까? 몇 가지 예를 보고 그 해결책을 찾아보자.

첫째, 이런 식의 끝맺음이다.

"이 문제에 대해 할 말은 다했군요. 이제 끝낼 때가 된 것 같습니다."

이것은 끝이 아니라 실수다. 아마추어라는 티를 팍팍 내는, 거의 용서받을 수 없는 수준의 실수 말이다. 할 말을 다했으면 바로 자리에 앉아야지, '이제 다 말한 것 같다'는 이야기는 왜 하는가? 정말 할 말을 다했는지에 대한 판단은 청중에게 맡기는 것이 안전하고 센스 있는 행동이다.

또 어떤 사람은 말이 다 끝나도 멈추지 않는다. 미국의 작가 조시 빌링스는 황소를 잡을 때 뿔이 아닌 꼬리를 잡으라고 조언한 바 있다. 그래야 놓기가 쉽기 때문이다. 그런데 이 연사는 황소를 정면에서 상대하고 있으니 그 녀석으로부터 떨어지려고 아무리 애를 써도 도망칠 수 없고, 안전한 울타리나 나무로 피할 수도 없다. 결국 그는 원 안에서 계속 몸부림치며 같은 곳을 뱅뱅 돌고 같은 동작을 하면서 보는 사람을 괴롭게 만들고 만다.

그렇다면 과연 어떻게 마무리를 해야 할까? 끝맺음을 잘하려면 제대로 된 계획을 세워야 하지 않을까? 청중을 마주한 후나 긴장된 순간에, 또는 말하는 내용에 온 신경을 집중하고 있을 때 결론을 생각하는 것이 과연 현명할까? 조용하고 차분하게 미리 계획하는 것이 상식에 맞는 일이 아닐까?

영어 구사력이 탁월했던 웹스터, 브라이트, 글래드스턴 같은 노련한 연사들도 마지막에 할 말은 한 글자 한 글자 정확하게 미리 적고 암기할 정도가 되어야 한다고 느꼈다. 초보자들이 이들의 방식을 따르면 실패할 일은 없을 것이다. 마무리 발언에 어떤 생각을 담을 것인지는 미리부터 아주 정확히 알고 있어야 한다. 사전 연습은 몇 차례 하되, 연습 때마다 반드시 똑같은 표현을 해야 하는 것은 아니다. 다만 청중에게 전하고자 하는 내용만큼은 분명한 언어로 표현하는 훈련을 해야 한다.

즉흥 연설은 진행 도중에 내용이 변경될 수 있고, 예상치 못한 상황 전개로 분량이 축소되거나 청중의 반응에 맞춰 조정해야 할 경우도 발생할 수 있다. 따라서 결론 부분은 두세 가지 정도로 미리 계획해 두었다가 상황에 맞는 것을 선택하는 것이 현명한 방법이다.

연설가 중에는 종착점을 찾지 못하는 사람들도 있다. 그들은 연료가 거의 떨어진 자동차의 엔진처럼 연설 도중에 이런저런 말을 하면서 궤도를 찾지 못하고, 몇 번의 필사적인 돌진만 겨우 시도하다가 결국 멈춰 버린다. 물론 이들은 더욱 치밀한 준비와 연습을 해야 한다. 탱크에 연료를 충분히 채워야 한다는 뜻이다.

많은 초보자가 갑작스럽게 연설을 끝내곤 한다. 그들의 마무리에는 매끄러움과 세련된 끝손질이 없다. 엄밀히 말하자면 그들의 말에는 끝이 없다. 그저 어느 순간 갑자기 멈출 뿐이다. 당연히 뒷맛은 불쾌하고 개운하지 않다. 그것은 대화를 나누던 친구가 퉁명스레 말을 끊고는 작별 인사도 제대로 하지 않은 채 방을 나가 버리는 것과 같다.

링컨과 같은 뛰어난 연설가도 첫 취임식 연설 초고에서 이런 실수를 저질렀다. 그 연설은 증오와 불화의 기운을 가진 검은 먹구름이 머리 위를 덮고, 몇 주 뒤엔 유혈과 파괴의 회오리바람이 나라 전체를 뒤덮는 긴장된 시기에 이루어졌다. 링컨은 남부 시민을 위한 그 연설문을 다음과 같이 끝맺으려 했다.

"불만에 가득 찬 동포 여러분, 우리는 지금 내전이란 중대한 문제에 처해 있습니다. 그리고 그것은 제 손이 아닌 여러분의 손에 달린 문제입니다. 정부는 여러분을 공격하지 않을 것입니다. 여러분 스스로가 공격에 나서지 않는 이상 투쟁에 휩싸이는 일은 없을 것이고, 여러분은 정부를 파괴하겠다고 하늘에 맹세하지 않았지만, 저는 정부를 보존하고 지키겠다는 매우 엄숙한 맹세를 했습니다. 여러분은 정부에 대한 공격을 자제할 수도 있지만, 저는 정부를 옹호하는 일을 그만둘 수 없습니다. 평화냐 전쟁이냐의 중요한 선택은 제가 아닌 여러분에게 달려 있습니다."

그는 수어드 장관에게 이 연설문을 보여 주었다. 수어드는 조심스럽게 끝 부분이 다소 무뚝뚝하고 느닷없으며 도전적이라고 명확히 지적했고, 자신이 직접 결론 부분을 다듬었다. 사실 그는 두 개의 원고를 썼고, 링컨은 그중 하나를 선택해 조금 수정한 다음, 자신이 처음 썼던 마지막 세 문장 대신 수정본을 사용했다. 그 결과 링컨의 취임 연설문은 퉁명스럽고 도전적인 느낌이 사라지고 부드럽고 완전한 아름다움, 그리고 시적인 유창함으로 무척 근사한 연설문이 되었다.

"여기서 마치려고 하니 안타깝군요. 우리는 적이 아닌 친구입니다. 우리는 적이 되면 안 됩니다. 비록 열정은 약해졌을지 모르나 그것으로 인해 우리의 애정이 끊어져서는 안 됩니다. 이 광활한 대지 위에 있는 모든 전쟁터와 애국자의 무덤에서부터 살아 있는 모든 사람과 가정에까지 이어져 있는 신비로운 기억의 현絃에, 언젠가는 우리 본성에 깃들어 있는 보다 선한 천사의 손길이 다시 와 닿을 것이며, 바로 그때 미국 연방의 대합창은 크게 울려 퍼질 것입니다."

그럼 초보자는 어떻게 연설의 마지막을 적절하게 마무리할 수 있을까? 기계적인 규칙으로? 아니다. 이 작업은 문화가 그렇듯 기계적인 틀에 강제로 끼워 맞추기에는 너무나 섬세하다. 그것은 감각 혹은 직관의 문제다. 만일 연설가가 자신의 연설이 조화롭고 훌륭하게 잘 끝났음을 느끼지 못한다면, 어떻게 그에게 그런 연설을 기대할 수 있겠는가?

하지만 이런 느낌은 계발될 수 있다. 즉, 명연설가들의 방식을 연구함으로써 이런 숙련된 감각도 어느 정도 향상시킬 수 있다. 다음은 영국 황태자가 토론토의 엠파이어 클럽에서 했던 연설의 마지막 부분이다.

"신사 여러분. 제가 자제하지 못하고 저 자신에 대한 이야기를 너무 많이 한 것 같아 걱정스럽습니다. 하지만 제가 캐나다에서 만난 가장 많은 대중 앞에서, 저는 제 신분 그리고 그에 따르는 책임에 대해 느끼는 바를 말씀드리고 싶었습니다. 저는 이런 무거운 책임에 부응하고 여러분들의 기대에 어긋나지 않는 삶을 살기 위해 항상 노력하겠다는 말씀을 드리는 것뿐입니다."

만약 앞을 보지 못하는 사람이라고 해도 이 말을 듣는 순간에는 연설이 끝났음을 느낄 수 있을 것이다. 이 연설은 풀린 줄처럼 공중에 매달려 있지도 않고, 거칠게 다듬어지지 않은 인상도 주지 않으며 완벽히 매끈하게 마무리되었다.

유명한 설교가 해리 에머슨 포스딕Harry Emerson Fosdick 박사는 제6차 국제연맹 회의가 개막된 다음 일요일에 제네바의 성 피에르 성당에서 연설한 적이 있다. 주제는 '칼을 휘두르는 사람은 칼로 망한다.'였는데, 그가 얼마나 아름답고 우아하며 강하게 연설의 대미를 이끌어 가는지 주목하라.

"우리는 절대 예수와 전쟁을 화해시킬 수 없습니다. 이것이 문제의 핵심입니다. 또한 이것은 오늘날 기독교의 양심을 흔들 도전이기도 합니다. 전쟁은 인류를 파괴하는 가장 크고 파괴적인 사회악입니다. 그것은 아무리 봐도 비기독교적인 데다, 전체적인 방법과 결과를 놓고 보면 예수의 뜻과 반대되는 모든 것을 뜻합니다. 전쟁은 신과 인간에 대한 기독교의 모든 교리를 세상의 모든 이론적 무신론자들이 생각해 낼 수 있는 것보다 더욱 뻔뻔한 방법으로 부정하는 것입니다. 교회라면 우리 시대의 가장 큰 도덕적 문제를 자신의 것으로 삼고, 우리 선조들의 시대에 그랬던 것처럼 이 세상의 우상 숭배를 반대하며, 호전적인 국가들의 손짓에 양심을 팔아 버리는 행위를 거부하고, 민족주의 위로 하나님 왕국을 받들고, 세상을 향해 평화를 외쳐야 하지 않겠습니까? 이것은 애국심의 부정이 아니라, 오히려 승화라 해야 할 것입니다.

오늘 이곳, 이 높고 사랑으로 가득 찬 지붕 아래에서 저는 감히 미국 정부를 대신해 말할 수 없습니다. 하지만 미국인으로서, 또 기독교인으로서 저는 수백만 시민을 대신해 우리가 참여하지 못함을 진심으로 안타까워하는 여러분의 위대한 사역이 그에 합당한 빛나는 성공을 거두길 바랍니다. 우리는 평화로운 세계라는 공동의 목적을 위해 다양한 방법으로 협력하고 있습니다. 이보다 더 가치 있는 목표는 없습니다. 평화 이외의 다른 목적은 인류를 끔찍한 재앙으로 이끌 것입니다. 물리적 영역에서의 중력의 법칙처럼, 도덕적 영역에서의 하나님의 법칙은 특정 사람이나 특정 국가를 예외라고 인정하지 않습니다. '칼을 쓰는 자는 칼로 망한다.'라는 법칙에서 자유로울 수 있는 사람이나 국가는 존재하지 않습니다."

하지만 이 모든 연설들의 마지막도, 아래에 있는 링컨의 두 번째 취임 연설 끝부분의 웅장한 어조와 오르간 소리에서 느껴지는 듯한 장엄함이 없다면 적지 않은 아쉬움이 남을 것이다. 옥스퍼드 대학교 총장이었던 케들스턴의 커즌Curzon of Kedleston 백작은 이 연설문을 '인류의 모든 영광과 보물 중에서 …… 가장 완벽한 황금과도 같은 인간의 웅변, 아니 거의 신의 경지에 이른 웅변'이라고 평가했다.

"우리는 이 비극적인 전쟁의 고통이 사라지길 간절히, 열렬히 바랍니다. 그러나 250년간 아무런 보답 없이 흘린 노예들의 땀방울을 밑거름으로 쌓아 올린 그 모든 부가 사라질 때까지, 또 3,000년 전의 말씀대로 채찍질로 흘린 모든 핏방울 하나하나를 다른 피로 갚을 때까지 전쟁이 계속되는 것이 신의 뜻이라고 해도, 우리는 여전히 '하나님의 뜻은 전적으로 참되고 옳다'고 말해야 합니다. 아무에게도 원한을 가지지 않고, 모든 사람에게 자비롭고, 신이 우리에게 준 정의를 볼 수 있는 능력에 힘입어 그 정의에 대한 확고한 신념을 갖고 우리의 문제를 해결해야 합니다. 나라의 상처를 싸매고, 전쟁의 무거운 짐을 지고 있는 사람과 그의 미망인과 고아가 된 그의 자녀들을 돌보고, 우리 자신 그리고 모든 민족 사이에 정의롭고 영원한 평화를 심기 위해 우리가 할 수 있는 모든 일을 해 나가야 합니다."

여러분은 방금 인간의 입에서 나올 수 있는 마무리가 가장 아름다운 연설을 읽었다. 동의하는가? 연설 문학 전 영역을 통틀어서 이만한 인류애, 순수한 사랑, 연민의 정은 찾을 수 없을 것이다.

윌리엄 E. 바턴William E. Barton은 《에이브러햄 링컨의 생애Life of Abraham Lincoln》에서 이렇게 말했다. "게티즈버그의 연설도 숭고하지만, 이 연설은 한층 더 높은 품격을 가지고 있다. 이는 에이브러햄 링컨의 연설 중 가장 위대하고, 가장 수준 높은 그의 지적 능력과 영적인 힘을 보여 준다."

미국의 정치인 칼 슈르츠Karl Schurz는 이렇게 기록했다. "이것은 고결한 시와 같다. 미국의 그 어떤 대통령도 국민에게 이렇게 말한 적이 없다. 미국인들은 이렇게 마음 깊은 곳에서 이런 말을 찾아낸 대통령을 만난 적이 없다."

하지만 여러분은 싱턴의 대통령 또는 오타와나 멜버른의 총리로서 만인에게 기억될 연설을 할 일은 없을 것이다. 여러분은 그저 기업인 모임에서 할 간단한 연설을 어떻게 끝맺음할지에 대해 고민할 것이 분명하다. 그렇다면 지금부터 그것에 유용한 해결책을 찾아보자.

❖ 핵심을 요약하라

3~5분 정도의 짧은 연설에서 연설가가 너무 많은 것을 다루려고 하면 청중은 그가 무슨 말을 하고 있는지 헷갈리기 시작한다. 하지만 이 사실을 아는 연설가는 많지 않다. 연설가는 자신이 이야기하는 여러 사항들이 자기에게 명확한 것이기 때문에 청중에게도 정확하게 전달될 것이라 착각한다. 그러나 전혀 그렇지 않다. 연설가는 자신의 논점을 여러 번 생각해 보았겠지만, 청중에게 있어 그것은 생전 처음 듣는 이야기다. 그것은 청중에게 뿌려지는 한 줌의 모래와도 같아서, 어떤 것은 이해되겠지만 대부분은 그렇지 않다. 청중은 셰익스피어의 이아고처럼 '잡다하게 많은 것을 기억하지만, 뚜렷하게 기억나는 것은 없는' 상황에 놓이게 된다.

익명의 한 아일랜드 정치인은 연설에 대해 이렇게 조언했다.

"우선 청중에게 당신이 이야기를 시작할 것이라고 말하라. 그리고 말을 하고, 그다음엔 당신이 이런저런 말을 했다는 사실을 말하라."

나쁘지 않은 방법이다. 청중에게 자신이 이런저런 말을 했다고 알리는 것이 매우 바람직한 경우는 많다. 단, 간단히 요점만 간추려 전달해야 한다.

여기 좋은 예가 있다. 연설가는 시카고 센트럴 YMCA에서 미스터 빌스의 대중연설 강좌를 듣던 학생이었는데, 그는 시카고의 한 철도회사 운수과장이기도 했다.

"신사 여러분, 저는 이 차단 장치를 뒷마당에서 실험해 본 경험과 동부, 서부, 북부에서 사용해 본 경험, 무난한 작동 원리, 검증을 통해 드러난 1년간의 파손 방지로 인해 어마어마하게 절약되는 돈의 액수 등을 근거로 이 장치를 즉시 우리 남부 지점에도 설치할 것을 건의하게 되었습니다."

그가 무엇을 했는지 알겠는가? 당신은 나머지 연설을 듣지 않고도 알 수 있다. 그는 전체 연설에서 밝힌 모든 핵심 논점들을 몇 개의 문장으로 요약한 것이다. 이런 요약이 효과적이라고 생각되는가? 그렇다면 이 기법을 당신의 것으로 만들어라.

❖ 행동을 촉구하라

위 인용문의 마지막 부분은 청중에게 행동을 요구하는 끝맺음의 아주 좋은 예라고 하겠다. 연설가는 어떤 행동을 촉구하길 원했다. 그는 한 차단 장치가 자기 회사 남부지점에 설치되길 바랐고, 그 근거로 절감될 비용과 그것이 예방할 수 있는 파손 사고를 들었다.

그는 행동을 원했고, 마침내 뜻을 이뤘다. 그것은 단순한 연습 연설이 아니었다. 철도 회사의 이사진 앞에서 이뤄진 그 연설로, 그는 차단 장치 설치를 설득하는 데 성공한 것이다.

연설가가 행동을 호소할 때 직면하는 문제들과 그 해결책은 14장에서 자세히 논의할 것이다.

❖ 간결하고 진정한 칭찬

찰스 슈워브는 뉴욕 펜실베이니아 소사이어티에서의 연설을 이렇게 마무리했다.

"위대한 펜실베이니아 주는 새로운 시대를 이끌어야 합니다. 철과 강철의 주 생산지이며 세계 최대 철도회사의 모태이자 이 나라에서 세 번째로 큰 농업 생산의 규모를 자랑하는 펜실베이니아는 우리 사업의 핵심입니다. 그 어느 때보다 전망 있고 리더십을 발휘할 좋은 기회입니다."

청중은 기뻐하고 행복해했다. 이것은 훌륭한 마무리다. 하지만 효과를 높이려면 진정성이 담겨 있어야 한다. 세련되지 못한 아첨이나 과장은 좋지 않다. 진정성이 담겨 있지 않다면 이러한 마무리는 가식적으로 들릴 것이고 사람들은 그 연설을 위조지폐처럼 취급할 것이다.

❖ 유머러스한 마무리

미국의 배우 겸 극작가인 조지 코핸George Cohan은 이렇게 말했다. "작별 인사를 할 때는 항상 웃음을 남겨라." 만약 이렇게 할 능력과 소재가 있다면 분명 훌륭한 마무리를 지을 수 있다. 그러나 어떻게 상대방을 웃길 수 있는가? 햄릿의 말처럼 '그것이 문제'인 셈인데, 각자 자기의 방식대로 할 수밖에 없다.

로이드 조지가 감리교 신자들의 모임에서 영국의 성직자 존 웨슬리John Wesley의 무덤과 관련된 무거운 주제에 관해 이야기할 때, 아무도 그가 그러한 분위기에서 신도들을 웃기리라고는 상상하지 못했다. 하지만 그가 얼마나 그 작업을 재치 있게 해냈고, 그로써 연설이 얼마나 부드럽고 아름답게 마무리되는지 다음 예문에서 살펴보라.

저는 여러분이 그분의 무덤을 보수하기 시작했다는 말을 듣고 기뻤습니다. 그것은 마땅히 명예롭게 보존되어야 합니다. 그분은 생전에 불결하고 지저분한 것을 혐오하셨습니다. 또한 "감리교 신자는 다른 사람에게 초라하게 보이면 안 된다."라고 말씀하신 것도 그분이라고 생각합니다. 우리 신도들 중에 그런 사람이 없는 것도 다 그분 덕입니다. (웃음) 그런 분의 무덤을 초라하게 두는 것은 이중으로 불경한 일입니다. 그분이 지나갈 때 문으로 달려와서 "웨슬리 선생님께 하나님의 축복이 함께 하시길."이라고 인사한 더비셔의 한 소녀에게 그분이 어떻게 대답하셨는지를 아마 여러분은 기억하실 겁니다. "아가씨의 얼굴과 앞치마가 좀 더 깨끗했다면 그 축복이 더 소중했을 텐데." (웃음) 그 정도로 그분은 깔끔하셨습니다. 그러니 그분의 무덤을 깨끗하게 유지해 주십시오. 만일 그분이 지나가시다가 그곳의 깔끔하지 못한 모습을 보면 슬퍼하실 것입니다. 잘 관리해 주십시오. 그곳은 기념할 만한 성소입니다. 이는 또한 여러분의 믿음이기도 합니다. (환호)

❖ 시적 인용을 활용하라

연설을 마무리하는 모든 방법 중에서 유머나 시를 사용하는 것만큼이나 효과적인 것은 없다. 물론 잘되었을 때의 이야기다. 사실 연설의 마지막을 적절한 시 구절로 장식하는 것은 정말 이상적이다. 그로 인해 연설은 더욱 매력적이고, 품위 있으며 개성 넘치는 아름다움으로 돋보일 것이다.

로터리 클럽 회원인 해리 로더 경은 에딘버러 집회에 참가한 미국 로터리 클럽 대표단 앞에서 했던 연설을 이렇게 마무리했다.

"집으로 돌아가시면 어떤 분들은 제게 엽서를 보낼 것입니다. 여러분이 보내지 않는다면, 제가 보내 드리겠습니다. 제가 보낸 엽서는 쉽게 알아보실 것입니다. 거기엔 우표가 없을 테니까요. (웃음) 다만 그 엽서에는 이런 글이 적혀 있을 겁니다."

계절은 오고 또 가네.
모든 것은 때가 되면 시든다네.
하지만 아침 이슬처럼 새롭게 피어나는 것이 있으니,
그것은 당신을 향한 나의 사랑과 애정이라네.

이 짧은 시는 해리 로더의 성격과 잘 조화를 이루었고, 확실히 연설의 취지와도 잘 어울렸다. 따라서 이 시구는 탁월한 선택이었다. 하지만 만일 딱딱하고 무거운 어떤 로터리 클럽 회원이 엄숙한 연설의 마지막에 이 시를 사용했다면, 그 부조화에 사람들은 웃음을 터뜨렸을 것이다. 대중연설을 오래 가르칠수록 모든 경우에 맞는 규칙을 만드는 것은 불가능하다는 것을 절감하게 된다. 주제, 시간, 장소, 사람에 따라 많은 것이 달라지므로, 사도 바울이 말했듯이 '자신의 구원은 각자 자신이 책임지는' 수밖에 없다.

나는 최근 뉴욕에서 전출된 한 사람을 위한 환송연에 초대되었다. 열 명 정도의 연사가 차례로 일어나 그들의 친구에게 인사하고 새로운 곳에서의 성공을 기원했다. 하지만 열 개의 찬사 중에서 인상적인 마무리를 보여 준 것은 단 하나뿐이었다. 그 연사는 마지막에 시구를 인용했는데 목소리에 감정을 담아 떠나는 친구에게 말하듯 이야기했다.

이제 작별을 해야 하는군요.
원하는 모든 일이 잘되길 빌게요.
'동양인들이 하듯 나는 가슴에 손을 얹고 빕니다.
당신이 어디로 오든, 어디로 가든,
알라의 평화가 항상 당신과 함께하기를.
알라신의 아름다운 종려나무가 자라나기를.
낮의 수고와 밤의 휴식으로
알라의 사랑이 당신을 보듬어 주기를.
나는 동양인들이 하듯 가슴에 손을 얹고 빕니다.
알라의 평화가 항상 당신과 함께하기를.'

브루클린 L. A. D 모터스 코퍼레이션의 부사장 J. A. 애보트 씨는 회사 직원들에게 애사심과 협력을 주제로 연설을 했다. 그는 연설의 마지막에서 키플링의《정글북 2》에서 가져온 인상적인 시구를 사용했다.

이것이 하늘만큼 오래되고 진실된 정글의 법칙.
이를 따르는 늑대는 번성하고, 어기는 늑대는 죽으리.

나무줄기를 휘감는 덩굴처럼 이 법칙은 정글의 삶을 휘감고 지배하리.
무리의 힘은 곧 늑대이며, 늑대의 힘은 곧 무리이니.

만약 도서관에 가서 사서에게 당신이 어떤 주제의 연설을 준비하고
있으며, 이런 생각을 표현해 줄 시구를 찾는다고 하면, 그는 존 바틀릿
John Bartlett의 인용문 모음집 같은 문헌에서 알맞은 것을 골라 줄지도
모른다.

❖ 성서 인용구의 힘

만약 성서 구절을 인용해 연설을 보충할 수 있다면, 당신은 운이 좋은
것이다. 적절한 성서 인용구는 종종 큰 효과를 거두기 때문이다. 유명한
재정가 프랭크 밴더립Frank Vanderlip은 미국에 대한 연합국의 채무를
주제로 한 연설에서 이 방법을 사용했다.

"만일 우리가 청구 내용을 글자 그대로 적용시키려고 하면, 십중팔
구는 아무것도 받아낼 수 없을 것입니다. 이기심을 앞세워 받을 것은
꼭 받아야겠다고 고집을 부리면 우리는 현금이 아닌 증오심을 받게
될 것입니다. 우리가 너그럽고 현명하고 관대해진다면 청구 금액을
다 받을 수 있을 것이고, 우리가 그들에게 베푸는 선은 우리가 내주는
그 어떤 것보다 물질적으로 우리에게 이득이 될 것입니다. '누구든지
자신의 목숨을 구하려고 하는 자는 목숨을 잃을 것이요, 나와 복음을
위해 목숨을 잃은 자는 목숨을 얻으리라.'"

❖ 클라이맥스 기법

클라이맥스 기법은 마무리에 많이 사용되지만 소화하기 어렵고, 연사나 주제와 상관없이 모든 연설에 다 들어맞는 것도 아니다. 그러나 잘만 하면 그 효과는 상당히 좋다. 뒤로 갈수록 각 문장들이 더 힘을 받아 정점을 향해 상승하기 때문이다. 3장에서 나온, 필라델피아에 관한 최고상 수상 연설의 마지막 부분이 이러한 클라이맥스 기법을 잘 활용한 좋은 예다.

링컨은 이 기법을 활용해 나이아가라 폭포에 대한 강연 메모를 준비했다. 각각의 비교가 이전의 것들에 비해 어떻게 더 강해지는지, 그리고 그가 폭포의 연대를 콜럼버스, 예수, 모세, 아담 등의 시기와 비교하면서 어떻게 클라이맥스 효과를 얻는지 주목하라.

"그것은 먼 과거를 떠올리게 합니다. 콜럼버스가 처음으로 이 대륙을 발견했을 때, 그리스도가 십자가에서 고통받았을 때, 모세가 백성을 이끌고 홍해를 건넜을 때, 아니, 그보다 훨씬 이전에 창조주의 손끝에서 아담이 떨어졌던 태초의 그 순간에도 나이아가라 폭포는 지금처럼 엄청난 소리를 내며 떨어졌습니다. 미국에 있는 산을 자신들의 뼈로 채운, 지금은 거의 사라진 거인족의 눈도 지금 우리의 눈이 바라보듯 나이아가라를 보았습니다. 태초에 인류와 함께하고, 최초의 인간보다도 이 세상에 먼저 태어난 나이아가라는 1만 년 전과 같이 오늘도 힘차고 신선합니다. 오래전 멸종해 이제는 거대한 뼛조각들을 통해서만 자신의 존재 역사를 입증할 뿐인 매머드와 마스토돈도 나이아가라를 보았습니다. 그 오랜 시간 동안 나이아가라는 한 번도 멈춘 적이 없으며 마른 적도, 얼어 버린 적도, 잠을 잔 적도, 휴식을 취한 적도 없습니다."

미국의 사회개혁가 웬델 필립스Wendell Phillips도 아이티의 정치 지도
자인 투생 루베르튀르Toussaint l'Ouverture에 관한 연설에서 이 방법을
사용했다. 아래에 그 결론 부분을 실어 두었다. 생동감 있고 힘찬 이 연
설은 대중연설 관련서에서 자주 인용되곤 한다. 요즘처럼 실용적인 시
대의 눈으로 보면 문체가 조금 화려하긴 하지만, 그럼에도 재미있다. 이
연설문은 반세기도 더 전에 작성된 것이다. 웬델 필립스가 존 브라운과
투생 루베르튀르의 역사적 중요성과 관련해 '50년 후에 진실이 드러나
게 되면'이라고 운을 띄우던 예측이 얼마나 틀린 것인지 확인하는 것이
재미있다. 역사를 상대로 추측 놀음을 하는 것은 내년의 주식 시황이나
돼지기름 가격을 맞추는 것만큼이나 어렵다.

"저는 그를 나폴레옹이라고 부를 것입니다. 하지만 나폴레옹은 맹
세를 버리고 피의 바다를 만들며 제국을 건설했던 것에 반해, 이 사람
은 자신의 했던 말을 바꾸지 않습니다. '보복하지 않는다'는 것은 그
의 위대한 모토이자 삶의 규범이었습니다. 프랑스에서 그는 자신의
아들에게 이렇게 말했습니다.
'아들아, 언젠가 너는 산타 도밍고로 돌아갈 것이다. 그때 프랑스가
네 아버지를 죽였다는 사실은 잊어버려라.'
저는 그를 크롬웰이라고 부를 수 있지만, 크롬웰은 그저 군인이었을
뿐이고 그가 세운 나라는 그와 함께 무덤으로 사라졌습니다. 저는 그
를 워싱턴이라고 부를 수도 있지만, 그 훌륭한 버지니아인은 노예 소

유주였습니다. 하지만 이 사람은 자신이 지배하는 곳에서 노예 무역을 허락하느니 자신의 제국을 위태롭게 하는 쪽을 선택한 것입니다.

오늘 밤 여러분은 저를 광신도로 여길지도 모르겠으나, 그것은 여러분이 역사를 눈이 아닌 편견을 가지고 읽기 때문입니다. 하지만 지금부터 50년 후 진실이 제 목소리를 내게 되면, 역사의 여신은 포시온을 위대한 그리스인으로, 브루투스를 위대한 로마인으로, 햄든과 라파예트를 영국과 프랑스의 상징으로, 워싱턴을 우리 초기 문명에 찬란히 만개한 꽃으로, 존 브라운을 한낮의 성숙한 과일로 평가할 것이며, 마지막으로 여신은 태양에 자신의 펜을 담그고, 이 모든 위대한 인물들의 이름 위로 군인이며 정치가이자 순교자인 투생 루베르튀르의 이름을 푸른 하늘에 적을 것입니다."

❖ 아쉬움의 미학

좋은 시작과 마무리 말을 찾을 때까지 사냥과 탐색, 실험을 그만두지 마라. 그리고 찾아낸 후에는 이들을 긴밀히 연결시켜라. 급하고 빠르게 흘러가는 시대의 분위기에 맞춰 자신의 말을 하지 못하는 연설가는 어디서든 환영받지 못할 뿐 아니라 때로는 혐오의 대상이 될 수도 있다.

타르수스의 사울 같은 성인도 이와 같은 점에서는 죄를 범했다. 그는 청중의 한 사람인 '유티쿠스라는 이름의 젊은이'가 잠이 든 후 창문에서 떨어져 목이 거의 부러지는 상황에 이를 때까지 설교를 계속했다. 어쩌면 그 순간에도 그는 설교를 멈추지 않았을지 모른다.

어느 날 밤, 브루클린의 유니버시티 클럽에서 연설했던 한 의사가 기억난다. 무척 긴 연회였던 데다가 많은 연사들이 이미 발언한 뒤였기에 그의 차례가 되었을 때의 시간은 무려 새벽 2시였다. 상식과 분별력이 있었다면 그는 대여섯 개의 문장으로 연설을 짧게 끝내고 청중을 침실로 보냈을 것이다. 하지만 그는 그렇게 하지 않았다. 연설이 절반도 지나지 않았지만, 청중은 그가 유티쿠스처럼 창문에서 떨어져서 어디라도 부러져 입을 다물게 되길 바랐다.

〈새터데이 이브닝 포스트〉의 편집자 로리머는 잡지에 싣는 일련의 기사들이 인기 절정의 순간에 오를 때 항상 게재를 중단시킨다고 했다. 그러면 독자들은 더 많은 정보를 요구한다는 것이다. 그 이유를 묻자 로리머는 이렇게 답했다. "인기 절정의 순간이 지나면 바로 포만감이 들기 때문이죠."

연설에도 이런 원리가 적용되어야 한다. 청중이 당신의 말을 더 듣고 싶어 할 때 멈춰야 한다. 예수의 가장 위대한 설교인 산상수훈도 고작 5분 정도다. 링컨의 게티즈버그 연설은 10개의 문장으로 되어 있다. 창세기의 전체 창조 설화를 읽는 데 걸리는 시간은 아침 신문의 살인사건 기사를 읽는 시간보다 짧다.

니아사Nyasa의 부감독 존슨 박사는 아프리카의 원시민족에 대한 책을 썼다. 그는 49년 동안 그들과 지내면서 그들을 관찰했다. 그의 책에 따르면, 마을 회합인 광와라Gwangwara에서 연사가 말을 길게 하면 사람들은 "이메토샤! 이메토샤!(그만! 그만!)"라고 외치며 중단시킨다고 한다. 또 다른 부족은 연사에게 그가 한 발로 서 있을 수 있는 시간 만큼만의 연설 시간을 허락한다고 한다. 그래서 들고 있던 발이 땅에 닿는 순간 그는 말을 멈춰야 한다.

이들보다 조금 더 정중하고 참을성 있는 보통의 백인 청중도 긴 연설을 싫어하기는 아프리카 사람들과 똑같다는 것을 기억하자.

당신은 분명히 한 귀로 흘려버리겠지만
부디 그들의 운명을 거울로 삼아
그들이 말하는 법을 배워라.

연설을 제대로 마무리하는 방법

1. 연설의 마지막은 전략상 가장 중요한 부분이다. 사람들은 마지막 말을 가장 오래 기억한다.

2. "이 문제에 대해서 할 말은 다한 것 같습니다. 이제 끝내야 할 것 같네요." 이런 말로 연설을 끝내지 마라. 할 말을 다했으면 그냥 끝내고, 끝낸다는 것에 대한 토를 달지 말라.

3. 웹스터, 브라이트, 글래드스턴이 그랬듯 마무리 부분을 미리 꼼꼼히 계획하라. 그리고 사전 연습을 하라. 마지막에 할 말은 단어 하나하나까지 정확하게 알고 있어야 한다. 매끄러운 마무리가 되게 하라. 다듬어지지 않은 돌처럼 거칠고 깨진 티가 나지 않게 하라.

4. 마무리 방법에 대한 일곱 가지 제안
   1) 전체 내용의 핵심을 간추리고 요약하여 요점만 다시 이야기한다.
   2) 행동을 촉구한다.
   3) 청중에게 진심어린 찬사를 보낸다.
   4) 웃음을 유발한다.
   5) 적절히 어울리는 시를 인용한다.
   6) 성경 구절을 인용한다.
   7) 클라이맥스 기법을 사용한다.

5. 좋은 시작과 끝을 위한 말을 찾고, 서로 긴밀히 연결시켜라. 항상 청중이 끝내길 바라기 전에 끝내라. "인기 절정의 순간이 지나면 바로 포만감이 생기기 마련이다."

DALE CARNEGIE

PUBLIC SPEAKING AND INFLUENCING MEN IN BUSINESS

"열 명 중 아홉 명의 독자는 명확한 진술을 진실한 것으로 받아들인다."
— 브리태니커 백과사전(Encyclopædia Britannica)

"당신이 하고자 하는 말을 깊이 연구하라. 글을 쓰거나 상상의 인물에게 큰소리로 이야기함으로써 말로 표현해 보라. 핵심 요점을 순서대로 정렬하고, 그 순서를 지키고, 중요도에 따라 시간을 각 요점 사이에 적절히 안배하라. 전달이 끝나면 바로 멈춰라."
— 에드워드 에버렛 헤일(Edward Everett Hale) 박사

"만일 기업인을 상대로 솔로몬에 대해 강연한다면, 그를 당시의 J. P. 모건이라고 칭하라. 만일 야구팬들 앞에서 삼손에 관한 이야기를 한다면, 그를 그 시대의 베이브 루스라고 불러라. 힌덴부르그 방어선을 무너뜨린 포슈의 전략을 묘사할 때 프랭크 시몬즈는 대문의 경첩 두 개를 때려 부수는 비유를 사용했다. 이와 비슷하게 위고는 A라는 글자를 이용해 워털루 전장을 묘사했고, 엘슨은 게티즈버그 전투를 설명하는 데 말발굽을 이용했다. 전투를 직접 경험한 사람은 많지 않겠지만 대문과 말발굽, 알파벳을 모르는 사람은 없을 것이다."
— 글렌 클락(Glenn Clark), 《즉흥 연설에서의 자기계발(Self-Cultivation in Extemporaneous Speaking)》

12장

의미를 명확하게 전달하라

전쟁 중에 영국의 유명한 주교 한 분이 롱아일랜드의 업톤 캠프에서 문맹인 흑인 병사들을 앞에 두고 연설을 한 적이 있다. 그들은 전선으로 가는 길이었는데, 왜 자신이 그곳에 가야 하는지를 제대로 아는 병사의 수는 매우 적었다. 그들에게 물어 보니 그들은 '국제 친선'이라든가, '세르비아의 권리' 등의 단어를 말했다. 하지만 그들 중 절반은 세르비아가 동네 이름인지 질병 이름인지조차 모르는 이들이었다. 그런 병사들에게 했던 그 연설의 결과만 놓고 보자면, 그는 태양계의 기원에 관한 성운설을 당당히 옹호하는 연설을 한 것이나 다름없었다. 그럼에도 연설 중에 강당을 떠난 병사는 단 한 사람도 없었다. 혹 그런 불상사를 막기 위해 출구마다 권총을 찬 헌병들이 배치되어 있었던 것이다.

그 주교가 잘못했다는 것은 아니다. 그는 누가 봐도 학자였으므로 만약 유식한 사람들 앞이었다면 그의 연설은 강한 울림을 주었을지도 모른다. 하지만 그 흑인들 앞에서는 무참히 실패했다. 그는 자신의 청중을 알지 못했고, 연설의 정확한 목적도, 그것을 달성하는 방법도 몰랐다.

연설의 목적은 무엇일까? 연설가가 알든 모르든, 모든 연설은 다음의 네 가지 중 하나를 목표로 한다.

1. 어떤 사항을 명확하게 이해시킨다.
2. 감동을 주고 확신을 갖게 한다.
3. 행동을 유도한다.
4. 즐거움을 준다.

❖ 구체적인 예를 들어라

기계에 관심이 많았던 링컨은 좌초된 배를 모래톱이나 다른 장애물에서 끌어내는 장치를 발명해 특허를 받은 적이 있다. 그는 자신의 법률사무소 근처에 있는 정비소에서 일하면서 그것을 만들었다. 비록 결과적으로는 쓸모없는 장치가 되었지만, 그것의 가능성에 대한 그의 열정은 뜨거웠다. 그는 친구들이 그것을 보러 오면 조금도 귀찮아하지 않고 친절하게 그 원리를 설명했다. 이때 그 설명의 주요 목적은 그것을 명확히 이해시키는 것이었다.

게티즈버그에서 한 그 위대한 연설, 첫 번째와 두 번째 취임 연설, 그리고 미국의 정치가 헨리 클레이Henry Clay가 사망한 후에 그의 삶을 기리며 한 연설 등에서 링컨의 주요 목적은 청중에게 감동을 주고 확신을 갖게끔 하는 것이었다. 물론 확신을 주기 이전에는 명확한 이해가 선행되어야 하지만, 위의 예들에 있어 명확한 이해는 그의 고려사항이 아니었다.

배심원에게 말할 때 그는 유리한 판결을 이끌어 내려고 했고, 정치적인 연설에서는 표를 얻어 내려 했다. 이러한 경우 그의 목적은 행동을 유도하는 것이었다.

대통령에 당선되기 2년 전, 링컨은 발명에 대한 강의를 준비했는데 이때 그의 목적은 청중에게 즐거움을 주는 것이었다. 적어도 이것이 그의 목적이었겠지만, 결과는 성공적이지 않았다. 대중연설가로서의 그의 경력은 확실히 실망스러워서, 어떤 마을에서는 그의 말을 들으러 온 사람이 하나도 없었던 적도 있다.

하지만 앞서 예로 들었던 연설들에서 그는 성공했다. 그것도 아주 크게 말이다. 무슨 차이였을까? 성공한 연설의 경우, 그는 자신의 목적뿐 아니라 그것을 달성하는 법을 알고 있었다. 자신이 가고 싶은 곳이 어디인지, 어떻게 가야 하는지를 잘 알고 있었던 것이다. 많은 연사들은 이것을 몰라서 허둥거리고 낭패를 본다.

일례로, 나는 전에 미국의 한 국회의원이 청중의 야유와 조소 끝에 뉴욕의 옛 히포드롬의 무대에서 쫓겨나는 것을 본 적이 있다. 그것은 분명히 무의식적으로, 하지만 참 어리석게도 그가 '명확한 이해'를 연설의 목적으로 택했기 때문이다. 그때는 전쟁 상황이었다. 그는 청중에게 미국이 어떻게 전쟁 준비를 하고 있는지 설명했다. 하지만 청중이 원했던 것은 가르침이나 설교가 아닌 즐거움이었다. 그들은 10분, 15분 동안 인내심을 가지고 정중히 연설을 들어 주었지만, 마음속으로는 빨리 그 지

303

루한 공연이 끝나길 기다렸다. 하지만 공연은 끝날 줄 몰랐고, 청중은 더 이상 참을 수 없었다. 누군가 야유를 보내기 시작했고, 다른 사람들도 그것에 가세했다. 순식간에 1,000명의 군중이 휘파람을 불고 소리를 질렀지만, 둔감한 연설가는 그런 상황조차 파악하지 못한 채 계속 떠들어댔다. 결국 들고일어난 청중들은 전투를 시작했다. 그들의 조급함은 분노로 변했고, 그들은 그의 입을 막아 버리기로 결정했다. 그들의 야유, 항의, 분노의 소리는 연설가의 말을 질식시켰고, 바로 옆에 있는 사람도 그의 말을 들을 수 없을 정도가 되었다. 결국 그는 두 손을 들고 패배를 인정했으며 굴욕 속에서 퇴장할 수밖에 없었다.

이 예화가 우리에게 주는 교훈은 바로 연설의 목적을 알아야 한다는 것이다. 연설을 하기 전에 현명하게 목적을 선택하라. 그리고 그것을 이룰 수 있는 방법을 파악하여 기술적으로, 또 과학적으로 준비하라.

이 모든 일에는 지식과 전문적인 교육이 필요하다. 연설 구성에서 이것은 매우 중요하기 때문에 이 책에서는 네 개의 장을 이 문제를 살펴보는 데 할애하고, 이 장의 나머지 부분에서는 연설가가 전하려는 내용을 청중에게 정확히 이해시키는 방법을 다룰 것이다. 13장에서는 인상적이고 설득력 있게 연설하는 방법, 14장에서는 재미있게 연설하는 방법, 15장에서는 행동을 촉구하는 과학적인 방법에 대해 알아보기로 한다.

❖ 이해를 돕는 비교를 사용하라

명확함의 중요함과 어려움을 절대로 과소평가하지 마라. 최근 나는 한 아일랜드 시인이 자신의 시를 낭송하는 저녁 행사에 참석했는데 절반의 시간이 지나도록 그가 하는 말을 이해하는 사람은 참석자의 10퍼센트도 되지 않는다는 것을 알았다. 공석에서든 사석에서든 그처럼 말하는 사람들은 많다.

나는 40년 동안 대학생 또는 일반인을 대상으로 강연했던 올리버 롯지 경과 대중연설의 핵심에 관해 이야기한 적이 있다. 그는 지식과 준비의 중요성에 대해 언급했고, 그다음으로는 '명확한 의미 전달을 위해 상당히 노력할 것'을 강조했다.

보불전쟁 발발 시 위대한 폰 몰트케 장군은 장교들에게 이렇게 말했다. "제군들, 오해될 여지가 있는 명령은 꼭 오해된다는 것을 명심하시오."

나폴레옹도 이런 점을 알고 있었다. 그가 비서들에게 강조하고 계속해서 지적한 것은 '명확성'이었다. 제자들이 예수에게 왜 비유를 들어 설명하는지 묻자, 예수는 "그들은 보아도 보지 못하고, 들어도 듣지 못하며, 이해하지도 못하기 때문이다."라고 답했다.

그러니 과연 청중에게 익숙하지 않은 주제에 대해 말할 때, 그 옛날 군중이 예수의 말을 이해했던 것보다 더 쉽게 현대의 청중이 당신의 말을 알아들을 수 있겠는가? 절대 그렇지 않다. 그럼 어떻게 해야 할까? 이와 비슷한 상황에서 예수는 어떻게 했을까? 그는 우리가 상상할 수 있는 방법들 중 가장 단순하고 자연스런 것으로 이 문제를 해결했다. 사람들이 모르는 것을 그들이 이미 알고 있는 것에 비유해 설명한 것이다. 천국은 어떻게 생겼을까? 팔레스타인의 무지한 농부들이 그것을 어떻게 알겠는가? 때문에 예수는 그들에게 익숙한 물체와 활동을 끌어왔다.

　"천국은 마치 여자가 가루 서 말 속에 갖다 넣어 전부 부풀게 한 누룩과 같다."

"천국은 마치 좋은 진주를 구하는 상인과 같으니……."
"천국은 마치 바다에 던져 놓은 그물과 같으니……."

이것은 명쾌하고 이해하기 쉽다. 군중 속의 아내들은 누룩을 사용했고, 어부들은 매일 바다에서 그물질을 했으며, 상인들은 진주를 사고팔았으니 말이다.

그렇다면 다윗은 여호와의 인자하심과 자비를 어떻게 묘사했을까?

"여호와는 나의 목자시니 내게 부족함이 없으리로다. 그는 나를 푸른 풀밭에 누이시며 잔잔한 물가로 인도하시는도다……."

메마른 땅에 펼쳐진 푸른 목초지, 양들이 목을 축이는 물가…… 유목민들이 쉽게 떠올릴 수 있는 장면이다.

이 원칙을 이용한 놀랍고 흥미로운 예가 있다. 일군의 선교사들이 성경을 아프리카 부족의 방언으로 번역하고 있었다. 그런데 '너희 죄가 진홍색처럼 붉더라도 눈처럼 하얗게 되리라.'라는 구절에 이르렀다. 그들은 과연 이 말을 어떻게 옮겼을까? 부족민들은 2월 아침에 길에서 눈을 치워 본 적이 없고, 그들 언어에는 눈이라는 단어조차 없었다. 그들은 눈과 콜타르의 차이도 몰랐을 것이다. 하지만 그들은 코코넛 야자나무에 올라 점심식사를 위해 야자열매를 흔들어 떨어뜨렸다. 그래서 선교사들은 '너희 죄가 진홍색처럼 붉더라도 야자열매 속처럼 하얗게 되리라.'라고 번역했다. 이런 상황에서 이보다 더 적절한 표현은 찾기 힘들 것이다.

미주리 주 워렌버그에 있는 주립 교육대학에서 한 강사가 알래스카에 대해 강연하는 것을 들었던 적이 있다. 여러 면에서 그의 연설은 명확하지 않았고, 재미 또한 없었다. 아프리카 선교사들과 달리 그는 청중이 알고 있는 사실에 비유해 설명을 이끌어 가지 못했다. 그 예로, 그는 알래스카의 총 면적은 59만 840제곱마일이고, 인구는 6만 4,356명이라고 했다.

하지만 보통 사람들에게 있어 이런 수치들은 막연하게 느껴질 것이다. 또한 제곱마일로 생각하는 데도 익숙하지 않아 명확한 그림을 머릿속에 떠올리기도 어렵다. 그러나 만일 연사가 이렇게 이야기했다고 가정해 보자. "알래스카와 그곳 섬들의 해안선을 모두 합친 총 길이는 지구를 한 바퀴 돈 거리보다 더 길고, 면적은 버몬트, 뉴햄프셔, 메인, 매사추세츠, 로드아일랜드, 코네티컷, 뉴욕, 뉴저지, 펜실베이니아, 델라웨어, 메릴랜드, 웨스트버지니아, 노스캐롤라이나, 사우스캐롤라이나, 조지아, 플로리다, 미시시피, 그리고 테네시를 모두 합친 지역보다 더 넓습니다." 이렇게 설명하면 사람들은 알래스카 크기가 어느 정도인지 쉽게 감을 잡을 수 있을 것이다.

그는 알래스카 인구가 6만 4,356명이라고 말했다. 이 수치를 5분, 아니 단 1분이라도 머리에 기억할 수 있는 사람은 몇 명 없을 것이다. 그 이유는 '육만 사천삼백오십육'이라고 서둘러 말하면 듣는 사람에게 뚜렷한 인상을 남기지 못하고 해변가 모래 위에 있는 글씨처럼 불안정한 인상만 남기기 때문이다. 이어지는 내용에 집중되는 관심의 파도는 그것에 대한 정보를 지워 버린다. 따라서 청중에게 익숙한 것에 비유해 그 수치를 제시했다면 더 좋지 않았을까? 예를 들어 보겠다. 세인트조지프란 도시는 그 청중들이 살고 있던 미주리 주의 작은 마을에서 멀지 않은 곳에 있다. 청중들 중 많은 사람은 그 도시에 가 봤고, 그 당시 알래스카 인구는 세인트조지프의 인구보다 1만 명 정도 적었다. 이보다 더 좋은 방법은 연사가 지금 강연하고 있는 바로 그 고장에 견주어 알래스카를 소개하는 것이다. 만약 연사가 이렇게 말했다면 어땠을까? "알래스카는 미주리 주보다 여덟 배나 크지만, 인구는 이곳 워렌버그에 사는 인구 수의 열세 배밖에 되지 않습니다."

다음에 제시된 A, B 두 개의 진술에서 어느 것이 더 명확한가?

> A. 지구에서 가장 가까운 별은 35조 마일 떨어져 있다.
> B. 기차가 1분에 1마일의 속도로 지구에서 가장 가까운 별까지 달리면, 그곳에 도착하는 데 4,800만 년이 걸린다. 만약 누군가 그 별에서 노래하고 그 노랫소리가 지구로 이동할 경우, 그것이 우리 귀에 닿기까지는 380만 년의 시간이 걸린다. 또한 지구와 그곳을 거미줄로 잇는다면 무려 500톤 무게의 거미줄이 필요하다.

> A. 세계에서 가장 큰 교회인 성 베드로 성당은 길이가 212미터이고 너비는 110미터에 이른다.
> B. 성 베드로 성당은 워싱턴의 국회의사당 건물 두 개를 합쳐 놓은 것과 크기가 같다.

올리버 롯지 경은 일반 대중을 대상으로 원자의 크기와 성질을 설명할 때 이 방법을 사용했다. 나는 그가 유럽 청중에게 "물 한 방울에 들어 있는 원자의 수는 지중해가 담고 있는 물방울의 수만큼 많다"고 설명한 것을 들은 적이 있다. 청중 중에는 1주일 동안 지브롤터에서 수에즈 운하까지 항해해 본 사람들이 많았는데, 청중이 실감나게 느끼도록 그는 물 한 방울에는 지구상의 풀잎 개수만큼 많은 원자가 있다고 이야기했다.

미국의 저널리스트이자 소설가인 리처드 하딩 데이비스Richard Harding Davis는 뉴욕 시민을 상대로 성 소피아 사원은 "대략 5번가 극장의 관객석만 하다."라고 말했다. 그는 이탈리아 폴리아 지방의 도시인 브린디시는 "뒤에서 보면 마치 롱아일랜드 시와 비슷하다."라고 설명했다.

앞으로 이 방법을 활용하라. 만약 거대한 피라미드를 묘사한다면, 그것이 136미터라고 말하고, 그다음엔 청중이 자주 보는 건물과 비교해 그 높이를 설명하라. 기단의 넓이는 '시내 몇 블록 정도의 넓이다.'라는 식으로 말이다. 어떤 액체의 양을 말할 때도 몇 천 갤런이니 수백 배럴이니 하는 식으로 말하는 대신, '지금 이 방 몇 개를 채울 만큼의 분량이다.'라는 식으로 말하라. '6미터 높다.'라고 말하는 대신에, '이 방 천정의 한 배 반 높이'라고 말하면 어떨까? 거리를 말할 때도 마일이나 킬로미터 단위를 말하는 대신 '여기에서 무슨 역까지, 또는 몇 번가까지 정도의 거리다.'라고 표현하는 것이 더 명확하지 않을까?

❖ 전문적인 용어는 피하라

만일 당신이 상당한 기술적인 성격의 일을 하고 있다면, 즉 변호사, 의사, 공학자, 또는 고도로 전문화된 업무 분야에 종사하고 있다면, 그 분야의 문외한들을 상대로 말할 때 두 배로 더 주의해 평이한 언어로 표현하고 필요한 세부 정보를 제공하게 해야 한다.

　나는 두 배로 신경 쓰라고 조언했다. 그 이유는 바로 이 점에서 처절하게 실패한 수백 건의 연설을 들었기 때문이다. 연사들은 자신의 전문 분야에 대해 일반 대중은 완전히 까막눈일 수 있다는 사실을 전혀 모르는 듯했다. 그 결과가 어떻겠는가? 그들은 자신의 생각, 자신의 경험과 관련된 표현을 사용하면서 자신에게 의미 있는 말들만을 할 뿐이다. 그렇지만 그와 관련된 지식이 없는 일반인에게 있어 그들의 말은 6월의 장대비가 새로 쟁기질한 아이오와와 캔자스의 옥수수 밭에 내린 뒤의 미주리 강물만큼이나 희뿌옇게 다가올 뿐이다. 그러면 이런 연사는 어떻게 해야 할까?

　그는 인디애나 주의 전 상원의원인 베버리지의 다음과 같은 충고를 잘 읽고 기억해야 한다.

　"청중 중에서 가장 아둔해 보이는 한 명을 골라 그로 하여금 당신의 말에 흥미를 갖게 해 보는 것은 좋은 연습이 될 수 있다. 이것은 사실에 대한 명확한 진술과 명쾌한 논증에 의해서만 가능하다. 그보다 훨씬 더 좋은 방법은 부모와 함께 있는 아이들을 연설의 중심 대상으로 정하는 것이다. 스스로에게 (그리고 원한다면 큰 소리로) 이렇게 말하라. '나는 아이들도 이해하고 기억할 수 있을 정도로, 그래서 모임이 끝난 후 이 아이들이 들은 말을 다시 반복할 수 있을 정도로 알아듣기 쉽게 설명하겠다.'라고."

　나는 이 강좌의 수강생이던 한 의사가 연설 중에 "횡경막 호흡은 장의 연동 운동에 유익하며 건강에 도움이 된다."라고 말하는 것을 들은 적이 있다. 그는 이 부분을 이 한 문장으로만 이야기한 뒤 다음 주제로 넘어가려고 했다. 그래서 나는 연설을 멈추게 하고, 청중들 중에 횡경막 호흡이 다른 호흡과는 어떤 차이가 있는지, 왜 그것이 건강에 좋은지 그리고 연동 운동이 무엇인지 등을 알고 있는 사람이 있는지 손을 들어 보게 할 것을 요청했다. 사람들이 많이 모르고 있다는 사실을 알게 된 의사는 깜짝 놀라며 다시 원점으로 돌아가 다음과 같이 부연 설명을 했다.

"횡경막은 가슴 아래쪽에 있는 얇은 근육으로 폐의 바닥과 복강의 천정 부위에 위치해 있습니다. 활동하지 않고 가슴 호흡 중일 때의 횡경막은 뒤집어 놓은 세면기처럼 구부러진 모습입니다. 배로 호흡할 경우 이 활 모양의 근육은 호흡할 때마다 아래로 밀려 내려가 거의 평평해지고, 이때 배 근육은 벨트를 압박하게 됩니다. 이렇게 아래로 가해지는 횡경막의 압력은 복강 위에 자리한 기관들, 즉 위, 간, 췌장, 비장, 명치 등을 마사지하고 자극합니다. 다시 숨을 내쉬면 위와 내장은 횡경막 쪽으로 올라가면서 다시 마사지를 받습니다. 이런 마사지는 배설 작용을 촉진시킵니다.

건강 악화는 대부분 내장에서 비롯됩니다. 위와 내장이 깊은 횡경막 호흡을 통해 적절한 자극을 받는다면 대부분의 소화불량, 변비, 자가중독 등의 문제는 사라질 것입니다."

❖ 링컨이 명확한 연설을 할 수 있었던 비결

링컨은 다른 사람들이 명쾌하게 즉시 이해할 수 있는 표현을 좋아했다. 그는 의회에 처음으로 보낸 메시지에서 '사탕발림sugar-coated'이란 표현을 사용했다. 링컨의 친구였던 인쇄업자 드프리는, 그 표현이 일리노이에서 가두연설을 할 때 써먹긴 좋겠지만 역사에 남을 정부 문서에 기록되기에는 격이 떨어진다고 지적했다. 그때 링컨은 이렇게 말했다. "혹시 사람들이 '사탕발림'이란 말을 이해하지 못하는 때가 오면 바꿔보겠지만, 그게 아니면 그냥 두겠네."

그는 녹스 대학Knox College 학장이던 걸리버 박사에게 자신이 어떻게 평이한 언어에 대한 '열정'을 갖게 되었는지에 대해 이렇게 설명했다.

"아주 어렸을 때부터 저는 누군가 알아듣기 힘들게 말을 하면 짜증을 내곤 했습니다. 살아오면서 이것 외에 다른 이유로 화를 냈던 적은 없었던 것 같습니다. 하지만 예전이나 지금이나 이런 경우를 당하면 항상 화가 납니다. 어렸을 적, 이웃들이 저희 아버지와 이야기를 하시는 것을 들은 뒤 침실로 돌아가 방을 서성거리며 어른들이 한 말이 무슨 뜻이었는지 알아내려고 했던 일이 생각납니다. 일단 그런 궁금증이 생기고 나면 그것이 풀릴 때까지 잠을 이룰 수가 없었어요. 그리고 고민하던 문제가 해결됐다 해도 그것을 몇 번이고 되풀이해 내가 아는 사람이라도 이해할 수 있을 정도로 표현하지 않으면 만족하지 않았습니다. 그것은 제게 있어 일종의 열정이었고, 그 이후로도 그 열정은 식은 적이 없습니다."

뉴 세일럼의 교장이었던 멘토 그레이엄Mentor Graham이 증언한 것을 보면 그것은 열정이라 표현할 만하다. 그는 이렇게 말했다. "링컨은 생각을 표현하는 세 가지 방법 중 어느 것이 가장 좋을지에 대해 몇 시간을 고민했습니다."

사람들이 명쾌하게 표현하지 못하는 아주 흔한 이유는, 그들이 말하고자 하는 내용이 그들 자신에게조차 분명하지 않기 때문이다. 말하자면 그들의 머릿속도 흐릿한 인상과 불명료하고 애매한 생각들로 뒤범벅되어 있는 것이다. 이러니 카메라가 물리적인 안개 속에서 제구실을 못하는 것처럼 그들의 마음 역시 당연히 정신적인 안개 속을 헤맬 수밖에 없는 것이다. 그들은 링컨이 그랬듯이 모든 애매함과 모호함을 무찌를 각오를 해야 한다.

❖ 시각에 호소하라

4장에서 언급했듯이 눈에서 뇌로 연결된 신경망은 귀로 연결된 것보다 몇 배나 더 크다. 과학에 따르면, 우리는 귀로 들리는 것보다 눈에 보이는 것에 25배나 더 주의를 기울인다고 한다. '한 번 보는 것이 백 번 듣는 것보다 낫다.'라는 말도 있지 않은가.

따라서 명료한 의미 전달을 위해 요점 사항들을 머리에 그리며 당신의 생각을 시각화하라. 이것은 유명한 내셔널 캐시 레지스터 사의 사장인 존 H. 패터슨John H. Patterson의 계획이기도 했다. 그는 〈시스템〉 매거진에 자신이 직원과 영업사원들에게 말할 때 사용한 방법들을 설명하는 기사를 실었다.

자신의 말을 이해시키며 청중의 관심을 끌고 지속하려면 연설에만 의지해서는 안 되고, 어떤 극적인 보완 자료가 필요하다는 것이 내 생각이다. 가능하면 옳은 방법과 그른 방법을 보여 주는 그림으로 연설을 보완하는 것이 좋다. 그냥 말만 하는 것보다는 도표를 보여 주는 것이, 도표를 보여 주는 것보다는 그림을 보여 주는 것이 더 설득력 있다. 어떤 주제를 제시하는 이상적인 방법은 그림으로 각 부분을 표현하고, 말은 단지 그들을 연결시키기 위해서만 사용하는 것이다. 나는 예전부터 사람을 상대할 때는 어떠한 말보다도 그림이 효과적이라는 사실을 깨달았다.

약간 괴기스런 모양의 그림이 매우 효과적이다. …… 나는 하나의 완전한 만화, 또는 '도표 언어'라는 체계를 가지고 있다. 달러 표시가 있는 원은 작은 돈을, 달러가 표시된 가방은 많은 돈을 의미한다. 둥근 얼굴을 이용해서도 좋은 효과를 볼 수 있다. 원을 그린 다음 몇 개의 선으로 눈, 코, 입, 귀를 그린다. 이 선들을 조금 비틀면 여러 표정들을 만들 수 있다. 시대에 뒤떨어진 사람은 입이 아래로 처져 있고, 활기차고 시대를 앞서가는 사람은 위쪽으로 향한다. 그림은 수수하지만, 가장 예쁜 그림을 그리는 사람이 꼭 최고의 만화가는 아니다. 중요한 것은 어떤 생각과 그에 대립되는 개념을 눈에 보이는 형태로 표현해 낼 수 있느냐는 것이다.

큰 돈 가방과 작은 돈 가방 그림은 각각 옳고 그른 방법을 표시하는데, 하나는 돈을 많이 벌게 해 주지만 다른 하나는 적은 돈을 벌게 해 준다. 말을 하면서 이런 그림을 빨리 그린다면 사람들의 마음이 허공을 헤매게 할 위험이 없다. 그들은 당신의 움직임을 지켜보고, 연속적으로 이어지는 몇 단계를 거쳐 전하려는 핵심 요점까지 끌려올 수밖에 없다. 다시 말해, 재미있는 그림은 사람들의 기분을 좋게 한다.

나는 전에 한 화가를 고용해서 나와 함께 가게를 돌아다니며 문제가 있는 부분을 조용히 그리게 했다. 그리고 그 그림으로 직원들을 불러 문제가 무엇인지 찾게 했다. 입체 환등기에 대한 얘기를 듣고 나는 환등기 하나를 사서 스크린 위에 그림들을 투사했다. 종이 위에 그린 그림보다 화면 위의 그림이 더 효과적이었다. 그 뒤에 영화가 나왔다. 나는 아마 내가 최초로 나온 영사기 중 하나를 구입한 사람일 거라고 믿는다. 현재 우리 회사에는 수많은 영화 필름과 6만 개가 넘는 컬러 환등기 슬라이드를 관리하는 큰 부서가 있다.

물론 그림이나 볼거리가 모든 주제나 상황에 적합하다는 것은 아니다. 그러나 할 수 있을 때는 그것들을 이용하라. 청중의 주의를 끌고 관심을 자극하며 말의 의미를 두 배나 더 명쾌하게 해 주니 말이다.

❖ 록펠러, 동전을 쓸다

록펠러도 〈시스템〉 매거진의 칼럼을 통해 자신이 어떻게 시각에 호소함으로써 콜로라도 연료철강회사의 재정 상태를 명확하게 설명했는지 밝혔다.

콜로라도 연료철강회사 직원들은 록펠러 가문의 사람들이 그간 회사 지분으로 큰 이익을 챙겼다고 생각했다. 많은 사람이 그렇게 이야기해 왔기 때문이다. 그 사실을 알게 된 나는 그들에게 정확히 상황을 설명했다. 우리가 회사와 관계한 14년 동안, 회사는 보통주에 대해 한 푼의 배당금도 지급하지 않았다는 사실을 설명한 것이다.

나는 어느 모임에서 시각 효과를 동원해 회사의 재정 상황을 실감 나게 보여 줬다. 우선 몇 개의 동전을 테이블에 두었다. 그리고 그중 종업원의 임금에 해당하는 동전 하나를 쓸어 냈다. 회사가 가장 우선적으로 챙겨야 할 것이 바로 임금이기 때문이다. 이어 임원들의 봉급을 나타내는 동전을 없애고 나면 중역들의 임금을 의미하는 동전이 남게 된다. 그것마저 다 치우자 주주들 몫은 하나도 남지 않았다. 나는 물었다. "여러분, 우리는 이 회사의 동업자인데, 그들 중 셋이 크든 작든 회사의 수익 모두를 가져가고 나머지 하나는 한 푼도 못 건진다는 것이 말이 됩니까?"

설명이 끝나자 누군가가 그래도 임금은 인상돼야 한다고 말했다. 그래서 나는 그에게 물었다. "동업자 한 사람은 한 푼도 못 받는데 당신만 더 높은 임금을 받는 것이 공정합니까?" 그는 그것이 공정한 게임으로 보이지 않는다는 사실을 인정했다. 그 뒤에 나는 더 이상 임금 인상에 대한 이야기는 듣지 못했다.

시각적인 호소는 명쾌하고 구체적으로 하라. 지는 해를 뒤로 하고 검은 윤곽을 드리운 수사슴의 뿔처럼 뚜렷하게 돋보이는 정신의 그림을 그려라. 가령 '개'라는 말은 비교적 명확한 그림이 떠오르게 만든다. 그것은 코커스패니얼 종일 수도 있고 스코치테리어, 세인트버나드, 또는 포메라니안 종일 수 있다. 내가 '불도그'라고 말하면 당신의 머릿속에 얼마나 또렷한 상이 잡히는지 확인해 보라. 이 말이 '개'보다는 구체적이다. 하지만 만약 '얼룩무늬 불도그'라고 말하면 더 선명한 그림이 떠오르지 않을까? 그냥 '말'이라고 하는 것보다 '셔틀랜드 종의 검정 조랑

말'이라고 특화하는 것이 더 생생하지 않을까? 마찬가지로 그냥 '닭'이라는 말보다 '다리가 부러진 흰색 수탉'이란 표현이 더 분명하고 또렷한 이미지를 떠올리게 하지 않을까?

❖ 핵심 내용은 말을 바꿔 재진술하라

나폴레옹은 '반복이란 유일하게 진실한 수사학의 원칙'이라고 말했다. 내가 어떤 생각을 명확히 이해한다고 해서 그것이 항상 남에게도 이해되는 것은 아니라는 사실을 그는 알고 있었던 것이다. 그는 새로운 생각을 이해하는 데 시간을 필요로 했고, 지속적으로 그 생각에 정신을 집중해야 했다. 즉, 그는 그 생각이 되풀이되어야 한다는 것을 알고 있었다. 이때 정확히 똑같은 말을 사용하면 안 된다. 사람들은 그에 반발할 것이고, 이는 당연한 일이다. 그러나 반복되는 생각이 새로운 언어로 표현되고 다양하게 변주된다면 청중은 그것을 전혀 같은 말의 되풀이라고 생각하지 않을 것이다.

브라이언은 이렇게 말했다.

"자신이 이해하지 못하는 주제라면 남들도 이해시킬 수 없습니다. 어떤 주제가 머릿속에 또렷하게 자리 잡을수록, 남들의 머릿속에도 그것을 더욱 명확하게 제시할 수 있습니다."

위의 두 번째 문장은 첫 문장의 생각을 반복한 것이다. 하지만 이 문장들을 듣는 사람의 마음은 그것이 반복되는 것임을 알아채지 못한다. 그저 연사가 말하는 내용의 의미가 더 명확해졌음을 느낄 뿐이다.

317

나는 매번 강좌를 할 때마다 이 바꿔 말하기의 법칙을 따르지 않아 의미가 애매한 데다 강한 인상도 주지 못하는 연설들을 접한다. 그러나 안타깝게도 초보자는 이 법칙에 대해 거의 모르는 듯한 태도를 취한다.

❖ 일반적인 예와 구체적인 예

자신의 논점을 명확하게 표현하는 확실하고 쉬운 방법 중 하나는 일반적인 예와 구체적인 예들로 보완하는 것이다. 이 둘의 차이점은 무엇일까? 글자 그대로 하나는 일반적이고, 다른 하나는 구체적이라는 것이다. 둘의 차이에 대해 설명하고 구체적인 예로 각각의 용도를 살펴보도록 하겠다. 가령 다음과 같은 말이 있다고 하자.

"전문직 종사자들 중에는 엄청난 소득을 올리는 사람들이 있습니다."

이 발언의 내용은 명확한가? 화자가 무엇을 말하려는지 알겠는가? 아니다. 그리고 화자 자신도 이런 발언이 청중의 마음속에 어떤 생각이 떠오르게 할지 확신할 수 없다. 오자크 산속의 시골 의사가 이 말을 들었다면 그는 5,000달러의 수입을 올리는 한 작은 도시의 주치의를 생각할 것이고, 성공한 광산 기술자라면 동종업계에서 연봉 10만 달러쯤 버는 사람을 떠올릴 수도 있다. 이처럼 이런 말은 너무 모호하고 느슨하므로 더 단단하게 조일 필요가 있다. 화자가 말하는 전문직이 어떤 것인지, 또 엄청난 소득이 어느 정도인지 알려주기 위해서는 몇 가지 세부적인 사항들이 추가로 필요하다.

변호사, 프로 권투선수, 작곡가, 소설가, 극작가, 화가, 배우, 그리고 가수들 중에는 미국 대통령보다 많은 돈을 버는 사람들이 있습니다.

이 정도면 화자가 무엇을 뜻하는지 좀 더 분명해졌다고 할 수 있지만, 아직도 구체적이라고는 할 수 없다. 그는 일반적인 예를 제시했을 뿐이지 구체적인 사례를 들지 않았다. 즉, '가수'라고만 말했을 뿐 로자 폰셀Rosa Ponselle, 키르스텐 플라그스타드Kirsten Flagstad, 또는 릴리 폰스Lily Pons 등으로 특정하지 못했기에 위의 진술은 아직 애매하다는 것이다. 특정한 인물을 우리는 떠올릴 수 없다. 그것은 화자가 청중을 위해 해야 하는 것이기 때문이다. 다음과 같이 특정 사례를 제시하면 진술은 훨씬 명확해지지 않을까?

유명한 법정 변호사 새뮤얼 언터미아어와 맥스 스튜어 같은 이들은 1년에 100만 달러의 수입을 올립니다. 잭 뎀프시의 연소득은 50만 달러에 이른다고 하더군요. 교육을 받지 못한 젊은 흑인 권투선수인 조 루이스는 20대임에도 50만 달러 이상을 벌었고, 어빙 베를린의 래그타임 음악은 그에게 매년 50만 달러를 가져다주는 것으로 알려져 있습니다. 시드니 킹슬리는 자신의 희곡에 대한 인세로 1주일에 10만 달러를 벌었고, H. C. 웰스는 자서전에서 자신의 펜이 300만 달러를 벌게 해 주었다고 말했습니다. 또한 디에고 리베라는 그림을 그려 1년에 50만 달러 이상을 벌어들였습니다. 캐서린 코넬은 1주일에 5,000달러나 되는 영화출연 제의를 계속 거절했고요. 로렌스 티벳과 그레이스 무어의 연수득은 25만 달러에 달하는 것으로 밝혀졌습니다.

이 정도가 되면 청자는 화자가 정확히 무슨 말을 하려고 했는지를 매우 분명히 이해할 수 있다. 명료하게 말하고, 구체적인 예를 들어라. 명확한 말은 이해하는 데 도움을 주는 것 외에도 감동, 확신, 관심을 불러일으키는 데 기여한다.

❖ 산양을 흉내 내지 마라

윌리엄 제임스 교수는 그의 교사들에게 강연할 때, 한 강의에서 한 가지 논점만을 다루라고 조언했다. 여기에서의 한 강의란 한 시간을 말한다. 하지만 나는 최근에 3분의 연설 시간을 가진 연사가 열한 가지 사항을 전하겠다고 말하며 연설을 시작하는 것을 봤다. 그렇다면 한 가지 주제는 16.1초 동안만 다뤄지는 셈인데, 어느 정도 지각이 있는 사람이라면 그런 시도는 시작조차 하지 않았을 것이다. 물론 이것은 극단적인 예에 해당하지만, 이 정도까지는 아니더라도 거의 모든 초보자들은 이 함정에 빠지기 쉽다. 마치 관광객에게 하루 동안 파리를 다 보여 주겠다는 가이드 같다. 하기야 미국 자연사 박물관을 30분 만에 걸어서 다 볼 수 있는 사람이라면 못할 것도 없겠으나, 이런 경우에는 어느 하나라도 정확하게 파악하기 어려울 뿐 아니라 흥미도 잃어버릴 것이다. 수많은 연설이 명확하게 의미를 전달하는 데 실패하는 이유는, 연사가 정해진 시간 안에 얼마나 많은 분량을 다룰 수 있느냐를 두고 세계 신기록을 세우려는 듯 달려들기 때문이다. 그런 사람들은 산양처럼 재빠르게 이 주제에서 저 주제로 건너간다.

이 강좌에서 하는 연설은 시간관계상 짧아야 한다. 따라서 전달할 내용을 상황에 맞게 잘 조절해야 할 필요가 있다. 가령 노동조합에 대해 연설한다면 3분에서 6분의 시간 내에, 그것이 생겨난 이유, 그들이 이용하는 방법, 그들의 업적과 문제점, 산업 분쟁의 해결 방안에 대해 논의

320

하려 하지 마라. 절대로 그래서는 안 된다. 그런 시도를 하면 당신의 말을 제대로 알아듣는 사람이 하나도 없을 것이다. 마치 연설의 소제목만 나열하는 것처럼 너무 혼란스럽고 애매하며 피상적이기 때문이다. 따라서 이런 경우에는 노동조합의 한 가지 문제만 선택해 그것을 충분히 다루고 설명하는 것이 현명하다. 이런 연설은 한 가지 인상을 남기지만 그것은 명확하며 알아듣기 쉬울 뿐 아니라 기억하기도 어렵지 않다.

만일 한 주제의 몇 가지 측면을 다루어야 할 경우에는 끝에서 간단히 요약하는 것이 좋다. 이 방법이 효과가 있는지 보자. 다음은 본 장의 요약이다. 이것을 읽는 것이 우리가 지금까지 배운 내용을 더 정확하고 쉽게 이해하는 데 도움이 되는가?

의미를 명확하게 전달하라

1. 명확한 의미를 전달하는 것은 매우 중요하고 때로는 아주 어렵다. 예수는 자신이 비유를 들어 가르쳐야 한다고 말했다. 그 이유는 "저들이 보아도 보지 못하며 들어도 듣지 못하고 이해하지도 못하기 때문이다."

2. 예수는 청중이 모르는 것을 설명할 때 그것을 잘 알려진 것에 비유함으로써 그 의미를 전달했다. 그는 천국을 누룩, 바다에 던져 놓은 그물, 진주를 구하는 상인에 비유하며 "너희들도 가서 그리 하라."라고 말했다. 알래스카의 크기가 어느 정도인지 청중들이 확실히 감을 잡게 하고 싶으면 제곱마일 단위로 이야기하지 말고, 그 지역이 몇 개 주를 합한 정도의 크기인지 밝히고 그 주의 이름들을 이야기하라. 그리고 그곳의 인구수는 지금 연설하고 있는 지역의 인구수와 비교하여 표현하라.

3. 일반 청중을 상대할 때는 전문용어를 피하라. 당신의 생각을 어린아이도 이해할 수 있도록 최대한 평이한 언어로 표현하라.

4. 당신이 전하고자 하는 내용은 먼저 당신 마음속에서 정오의 태양처럼 뚜렷하고 확실히 빛나고 있어야 한다.

5. 시각에 호소하라. 가능하면 볼거리, 그림, 일러스트 등을 이용하라. 그리고 명확함에 만전을 기하라. '오른쪽 눈 위에 검은 얼룩이 있는 폭스테리어'라고 구체적으로 묘사할 수 있는 것을 그냥 에둘러서 '개'라고 말하지 마라.

6. 주요 생각은 거듭하여 진술하라. 하지만 똑같은 표현을 반복해서는 안 된다. 문장에 변화를 주고, 청중이 눈치 채지 못하도록 주제를 되풀이하라.

7. 일반적인 사례를 통해, 그러나 그보다 더욱 좋은 것은 특수한 경우와 구체적인 사례를 통해 추상적인 진술을 눈에 보이게 만들어라.

8. 너무 많은 사항들을 다루려 하지 마라. 짧은 연설에서는 큰 주제의 한두 가지 논점으로 범위를 제한하고 그 이상은 욕심내지 마라.

9. 이야기를 끝낼 때는 요점 사항들을 간략히 요약하라.

DALE CARNEGIE

PUBLIC SPEAKING AND INFLUENCING MEN IN BUSINESS

"인생에서 성공하는 열쇠는 사람의 마음을 움직이는 법을 아는 데 있다. 성공한 변호사, 가게 주인, 정치인 또는 설교자가 되는가의 여부는 바로 이 능력으로 결정된다."

— 프랭크 크레인(Frank Crane) 박사

"말로 사람을 움직일 수 있는 능력이 지금보다 더 중요하거나 하나의 성취로서 더 유용하고 더 높이 평가되었던 적은 없었다."

— 케들스턴의 커즌(Curzon of Kedleston) 백작, 옥스퍼드 대학교 총장

"영원히 무지하려면 자신의 의견과 지식에 만족하면 된다."

— 엘버트 허바드(Elbert Hubbard)

"대중연설가라면 같은 주제와 내용이라도 다른 이들이 단조롭고 맥 빠진 말투로 전달하는 것을 힘차고 매력적으로 표현할 수 있어야 한다."

— 키케로(Cicero)

13장

인상적으로 설득하라

다음은 노스웨스턴 대학교 총장 월터 딜 스코트Walter Dill Scott의 말로, 매우 중요한 심리학적 발견의 의미가 있다.

"사람의 마음에 들어오는 모든 생각과 개념, 또는 결론은 그와 반대되는 어떤 생각과 충돌하지 않는 한 진실한 것으로 여겨진다. …… 만일 누군가에게 어떤 생각을 주입시키고자 할 때, 그것과 배치되는 생각들이 그의 마음속에 떠오르지 않게 할 수 있다면, 주입하고자 하는 생각의 진실성을 그에게 납득시키는 수고는 하지 않아도 된다. 만일 내가 당신에게 '미국제 타이어는 좋다.'라는 문장을 읽게 했을 때 당신 마음에 이와 반대되는 생각이 떠오르지 않는다면, 당신은 별 증거 없이도 미국제 타이어는 좋다고 그냥 믿어 버릴 것이다."

327

스코트 박사가 말하는 것은 바로 '암시'로서, 공석에서든 사석에서든 남에게 말하는 사람이 사용할 수 있는 가장 강한 힘 중의 하나다.

첫 크리스마스 때 동방박사들이 베들레헴의 별을 따라나선 300년 전, 아리스토텔레스는 인간을 일컬어 '논리가 명령하는 대로 행동하는 이성적인 동물'이라고 가르쳤다. 그러나 이러한 그의 말은 인간에게 있어 입에 발린 소리와도 같다. 순수 이성에 기초해서 행동한다는 것은 아침식사 앞에서 낭만적인 생각을 하는 것만큼이나 어려운 일이다. 우리 행동의 대부분은 암시의 결과이기 때문이다.

암시는 증거를 들지 않고서도 마음으로 하여금 어떤 생각을 받아들이게 만든다. 내가 당신에게 "로열 베이킹파우더는 정말 순수합니다."라고 말해 놓고 그것을 증명하려 하지 않는다면 그것이 곧 암시의 방법을 이용하는 것이다. 그와 달리 내가 그 제품을 분석하고 그와 관련된 유명 요리사들의 증언을 제시했다면 나는 내 주장을 증명하려는 것이다.

다른 사람의 마음을 움직이는 데 성공하는 사람들은 논쟁보다 암시에 더 많이 의존한다. 판매 기법이나 현대의 광고는 주로 암시에 기반을 둔다.

무엇을 믿긴 쉬워도 의심하기는 어렵다. 어떤 것을 의심하고 그에 대해 지적인 의문을 제기하려면 경험, 지식, 사고 행위가 필요하다. 어린아이에게 산타클로스는 굴뚝을 타고 들어온다고 말하거나 미개인에게 천둥은 신이 진노한 것이라고 말한다면, 이런 주장에 의문을 품을 정도의 지식이 쌓이기 전까지 그들은 그 주장을 진실이라고 받아들일 것이다. 수백만 인도 국민들은 갠지스 강물은 신성하고 뱀은 신이 변신한 것이며, 소를 죽이는 것은 사람을 죽이는 것만큼 나쁜 짓이라고 믿고 있다.

그들에게 있어 소고기 구이를 먹는 것은 식인 행위와 마찬가지다. 그들이 이런 터무니없는 믿음을 갖는 것은 그것이 증명되어서가 아니라 암시에 의해 그들 뇌리에 깊이 새겨졌기 때문이고, 그것에 의문을 제기하는 데 필요한 지성, 지식, 경험이 그들에게는 없기 때문이다.

'이런 어리석은 사람들 같으니!'라며 우리는 그들을 비웃는다. 하지만 실상을 깊이 들여다보면 우리의 대다수 의견이나 소중한 믿음들, 신조, 삶의 기반이 되는 행동 원칙들이 사실은 이성적 사고보다 암시의 결과라는 사실을 발견할 것이다.

비즈니스 분야에서 구체적인 예를 찾아보자. 우리는 애로우 칼라, 로열 베이킹파우더, 하인즈 피클, 골드 메달 밀가루, 아이보리 비누 등은 각각 동종 제품에서 최고까지는 아니더라도 대표적인 상품에 해당한다고 간주한다. 왜 그럴까? 이렇게 판단하는 합당한 이유가 있을까? 사실 우리 대부분에게는 그런 이유가 없다. 이들 브랜드의 제품과 경쟁사의 제품을 비교해 본 적이 있는가? 그렇지 않다. 우리는 아무런 증거도 제시되지 않은 것들을 그냥 믿게 된 것이다. 논리가 아니라 편견이나 선입관에 물든 반복된 주장들이 우리의 믿음을 형성했기 때문이다.

인간은 암시의 노리개이고, 이것을 부정할 수는 없다. 만일 당신과 내가 생후 6개월째 미국의 요람에서 옮겨져 위대한 브라마푸트라 강둑에 사는 한 힌두인 가정에서 키워졌다면, 유아 시절부터 우리는 소가 신성한 동물이라는 가르침을 받으며 성장했을 것이다. 또한 비프 스테이크를 먹는 '기독교의 개들'을 공포의 눈길로 바라볼 것이고, 원숭이 신과 코끼리 신, 나무 신과 돌의 신들에게 경배할 것이다. 결국 믿음은 이성과 상관없는 것이고, 그것은 거의 전적으로 암시와 지리적 환경에 의해 형성된 것이라 할 수 있다. 다음의 예에서 우리 대부분이 매일같이 얼마나 암시의 영향을 받는지 살펴보자.

여태까지 당신은 커피가 몸에 해롭다는 말을 꽤나 여러 차례 들어 왔다. 때문에 이제부터는 커피를 그만 마실 생각이라고 가정해 보자. 그런데 어느 날 당신이 자주 가는 식당에 저녁을 먹으러 갔다가 그곳 종업원이 판매수완이 부족해 당신의 심리를 제대로 파악하지 못하면, 아마 "커피 드시겠어요?"라고 물을 것이다. 이렇게 물으면 당신의 마음은 마시느냐 마시지 않느냐를 놓고 잠시 갈등하게 된다. 물론 당신의 자제력이 승리하여, 당장 미각을 만족시키는 쪽보다는 소화가 잘되게 하는 쪽을 선택할지도 모른다. 하지만 종업원이 부정적인 표현으로 "커피 안 드실 거죠?"라고 물으면 당신은 "네, 안 마셔요."라고 답하기가 훨씬 쉬울 것이다. 종업원이 당신 마음에 심어 준 부정적인 생각을 바로 행동으로 연결시키면 되기 때문이다(센스가 없고 교육도 받지 못한 판매사원은 잠재 고객에게 이런 부정적인 제안을 한다는 얘기를 들어본 적이 없는가?).

하지만 종업원이 "커피는 지금 드실 건가요, 아니면 나중에 드실 건가요?"라고 질문한다면 어떻게 되겠는가? 종업원은 당신이 커피를 원할 것임을 기정사실화했고, '언제' 커피를 마실 것인지에 당신의 모든 관심이 집중되게 한다. 따라서 그는 그것 이외의 다른 생각들이 당신의 마음에 떠오르는 것을 어렵게 만들고, 커피를 주문하겠다는 생각을 행동으로 옮길 수 있게 한다. 그 결과는 어떤가? 당신은 전혀 의도하지도 않았는데 "지금 갖다 주세요."라고 말해 버린다. 이런 일은 나도, 또 이 글을 읽는 대부분의 독자도 경험한 일이다.

이와 비슷한 수많은 일들은 날이면 날마다 발생한다. 백화점에서는 매장 직원들로 하여금 손님에게 "이거 가져가실 건가요?"라고 묻도록 교육시킨다. "이거 배달시켜 드릴까요?"라고 물으면 즉시 백화점 배달 비용이 늘어난다는 사실을 알게 되었기 때문이다.

마음에 들어오는 모든 생각은 진실로 여겨지는 경향이 있는 데다가 행동으로 옮겨지기도 한다는 것은 잘 알려져 있는 심리학적 사실이다. 일례로 우리가 알파벳 한 글자를 생각하면 그것을 발음하는 데 사용되는 근육들도 무의식적으로 미세하게나마 움직인다. 또한 뭔가를 삼킨다고 상상할 때에도 그렇게 할 때 사용되는 근육을 아주 조금이라도 움직이게 된다. 비록 우리가 의식할 수는 없다 해도, 근육의 미세 반응을 잡아낼 정도로 섬세한 기계는 그런 움직임을 포착한다. 당신 마음에 생각하는 모든 일을 행동으로 옮기지 않는 유일한 이유는 또 다른 생각, 즉 그 일의 무익함, 비용, 수고, 불합리함, 위험 등의 반작용으로 그 충동이 억제되기 때문이다.

❖ 우리의 주된 문제

다른 사람들로 하여금 우리의 생각을 받아들이게 하거나 우리의 암시에 따라 행동하게 하는 방법은, 그들 마음에 어떤 생각을 심은 뒤 그와 모순되거나 배치되는 생각이 움트지 못하게 막는 것이다. 이 작업을 능숙하게 하는 사람이 말도 잘하고 사업에서도 성공한다.

❖ 심리학이 주는 도움

이 문제와 연관되어 심리학이 우리에게 도움이 될까? 그렇다. 어떤 생각에 전염성이 강한 열정과 진심 어린 감정이 담겨 있다면, 당신 마음에 그와 반대되는 다른 생각이 떠오를 가능성은 크게 줄어든다는 것을 경험한 적이 없는가? 나는 '전염성이 강한'이란 표현을 사용했는데, 이것은 바로 열정의 속성이다. 열정은 사람들의 비판적인 능력을 잠재우며, 모든 부정적이고 적대적인 생각을 없애 버린다.

사람들에게 강한 인상을 남기는 것이 당신의 목표라면, 그들의 생각을 일깨우기보다는 감정을 자극하는 편이 더 효과적이란 사실을 기억하라. 차가운 관념보다는 뜨거운 감정의 힘이 더 강력하다. 진지하고 진심이 느껴져야 청중의 감정을 흔들 수 있다. 온갖 미사여구를 동원해도, 많은 예를 들어도, 아무리 목소리가 좋고 제스처가 세련되어도, 하고자 하는 말에 진심이 담겨 있지 않다면 그것은 공허하고 겉만 번지르르한 소리에 불과하다.

청중을 감동시키고 싶다면 먼저 당신이 감동을 받아야 한다. 청중에게 말하는 것은 당신의 입이 아니다. 그것은 당신의 눈을 통해 빛나고, 목소리를 통해 전해지며, 태도를 통해 실체를 드러내는 당신의 영혼이다.

❖ 사람들이 이미 믿고 있는 것과 당신이 생각하는 것을 연결시켜라

한 무신론자가 영국의 목사인 윌리엄 페일리William Paley에게 신이 없다고 말하고, 자신의 주장을 반증해 보라며 그에게 도전해 왔다. 페일리는 차분하게 시계를 꺼내더니 덮개를 열고 그 무신론자에게 시계 내부를 보여 주며 말했다.

"만일 내가 당신에게 이 지레, 바퀴, 스프링이 저절로 생겨나 저절로 조립되고 움직였다고 말하면 내 지적 능력을 의심하겠지요? 물론 제정신이 아니라고 생각할 것입니다. 하지만 하늘의 별을 보십시오. 수많은 별들은 완벽하게 정해진 궤도대로 움직입니다. 지구와 태양 둘레의 행성들, 그리고 전체 성군의 무리는 하루에 100만 마일 이상의 속도로 달리고 있습니다. 각각의 별은 자체의 세계를 거느린 또 다른 태양으로, 우리의 태양계처럼 우주 공간을 질주하고 있습니다. 그럼에도 그 모든 별들은 서로 충돌하거나 방해 혹은 혼란을 일으키지 않으며 조용히, 효율적으로, 통제된 상태로 움직입니다. 이 모든 형상이 그저 우연에 불과하다고 믿는 것이 쉽겠습니까, 아니면 누군가 그렇게 만들었다고 믿는 것이 쉽겠습니까?"

꽤 인상적이지 않은가? 이 목사는 어떤 방법을 사용했는가? 10장에서 언급했듯이 그는 서로 공감할 수 있는 객관적인 사실부터 말함으로써 상대방이 '네'라고 답하게 했고, 그의 의견에 동의하게 만들었다. 그리고 신에 대한 믿음은 시계 제조공의 존재를 믿는 것만큼이나 단순하고 필연적이라는 논리를 전개했다.

처음부터 그가 상대방의 말에 반박하며 "신이 없다고? 정말 어리석군. 당신은 지금 당신 자신이 무슨 말을 하는지 모른다고."라고 말했다면 무슨 일이 일어났을까? 틀림없이 소란스럽고 무익한, 침 튀기는 설전이 오갔을 것이다. 그 무신론자는 자신의 신념을 고수하겠다는 강한 투지에 휩싸여 그의 불손한 마음을 더욱 다잡았을 것이다. 왜 그럴까? 로빈슨 교수가 말했듯 그것은 '내 의견'이었기 때문이다. 그 소중하고 무엇과도 바꿀 수 없는 나의 자존심, 자부심이 위협받는데 어떻게 가만히 있을 수 있겠는가?

자부심에는 매우 강력한 폭발력이 있다. 때문에 우리는 이것이 우리

333

를 거스르게 하지 않고, 우리에게 유리한 쪽으로 작용하도록 하는 편이 현명한 처사다. 그럼 어떻게 해야 할까? 우리가 제안하는 것은 상대방이 이미 믿고 있는 것과 유사하다는 것을 페일리 목사처럼 보여 주면 된다. 그러면 상대방은 우리의 제안을 받아들이기 쉬울 것이고, 우리가 말하는 것과 반대되는 생각이 그의 마음속에서 일어나 우리의 말을 공허한 메아리로 흩어지게 하는 것을 막을 수 있다.

페일리는 인간의 심리가 작용하는 방법을 잘 이해하고 있었다. 하지만 대다수의 사람들은 다른 사람이 갖고 있는 믿음의 성채에 무혈입성할 수 있게 하는 이런 능력이 부족하다. 그들은 성채를 빼앗으려면 상대와 정면으로 승부하며 공격해야 한다고 생각한다. 그럼 어떻게 될까? 공격이 시작되면 도개교가 올라가고 무거운 성문은 굳게 닫히며 빗장이 채워지고, 갑옷 차림의 궁수들은 긴 화살을 뽑을 것이다. 그리고 치열한 전투가 시작된다. 하지만 이런 싸움은 무승부로 끝나기 마련이다. 어떤 문제에서든 그 어느 쪽도 상대를 설득할 수 없기 때문이다.

❖ 성 바울의 기지

앞서 언급했던 방법은 전혀 새로운 것이 아니라 이미 오래 전에 성 바울이 활용했던 방법이다. 마스 언덕에서 아테네인들에게 연설했을 당시 그는 이 방법을 매우 노련하고 솜씨 있게 활용했기에, 1,900년이 지난 지금의 우리에게도 깊은 감동을 준다. 그는 완전한 교육을 받은 사람이었고, 기독교로 개종한 뒤에는 뛰어난 웅변술 덕분에 대표적인 기독교 옹호자가 되었다.

어느 날 그는 아테네에 도착했다. 페리클레스 이후의 아테네는 전성

334

기를 지나 쇠퇴의 길에 접어들고 있었다. 성경에서는 이 시기의 아테네를 다음과 같이 표현했다.

　　모든 아테네인과 그곳에 살던 이방인들은 단지 새로운 이야기를 하거나 듣는 일로 시간을 보냈다.

라디오나 전보, AP통신의 긴급 타전도 없는 상황에서 당시 아테네 사람들이 매일 오후 새로운 무엇인가를 얻기란 쉽지 않았을 것이다. 그때 바울이 등장했고, 그에게는 뭔가 새로운 것이 있었다. 바울 주위에 몰려든 사람들은 즐거워하고 그에게 호기심을 느끼며 관심을 가졌다. 그들은 바울을 아레오파고스 언덕에 데려가 이렇게 말했다.

　　"당신이 말하는 그 새로운 가르침에 대해 알려줄 수 있습니까? 당신의 말은 우리 귀에 생소한 것이라 우리는 그것이 무엇을 뜻하는지 알고 싶습니다."

그들은 이렇게 바울에게 연설을 부탁했고, 그는 그에 응했다. 사실 바울이 그곳에 간 목적이 그것이기도 했다. 연설을 시작하기 전에 그는 나무 받침대나 돌 위에 서서 모든 훌륭한 연사들도 처음엔 그렇듯 약간 불안해하며 손바닥을 비비고 헛기침을 했을지 모른다.

하지만 바울은 그들이 자신에게 연설을 청했을 때 했던 말이 그다지 마음에 들지 않았다. '새로운 가르침', '생소한 것'이니 하는 말은 독약과도 같은 것이었기에 그는 이런 생각을 없애야만 했다. 그런 말들은 적대적이고 반대되는 의견들이 자랄 수 있는 비옥한 토양이었기 때문이다. 바울은 자신의 믿음을 생소하거나 이질적인 것으로 제시하지 않고, 사람들이 이미 믿고 있는 것과 연결시키며 둘 사이의 유사성을 부각시키고 싶었다. 그렇게 해야 사람들 마음속에서 부정적인 생각이 싹트는 것을 막을 수 있기 때문이었다. 그러려면 어떻게 해야 할까? 그는 잠시 생각에 잠겼고, 이내 아이디어가 떠올랐다. 그는 이렇게 명연설을 시작했다.

> "아테네 시민 여러분, 여러분은 여러 면에서 미신에 빠져 있는 것 같습니다."

어떤 번역본에는 '여러분은 매우 종교적인 분들입니다.'라고 되어 있기도 한데, 나는 이것이 더 낫고 정확한 표현이라고 생각한다. 그들은 많은 신을 숭배했고, 매우 종교적이었으며, 그것을 자랑스러워했다. 바울은 그들에게 찬사를 보내며 그들을 기쁘게 했고, 그들 역시 그를 향해 문을 열었다. 대중연설의 주요 기법 중 하나는 어떤 예를 통해 진술을 보강하는 것이다. 바울은 바로 그 방법을 활용했다.

> "저는 지나오면서 여러분이 예배드리는 곳들을 살펴봤는데, 그곳에서 '미지의 신에게'라는 글자가 새겨진 제단을 발견했습니다."

이것은 아테네인들이 종교적이라는 사실을 입증한다. 그들은 그 많은 신들 중 어떤 신에게 불경을 저지를지 몰라 두려워했기 때문에 알 수 없는 신을 위한 제단을 별도로 마련했다. 이것은 무의식적이고 의도하지 않은 불경과 무례에 대한 보험증서 같은 것이었다. 바울은 이 특별한 제단을 언급하면서 자신이 괜한 말을 하는 것이 아님을 밝혔다. 즉, 자신의 발언이 실제 관찰에 근거한 진정한 이해에서 나온 것임을 보여 준 것이다. 이제 적절하고 흠 잡을 데 없는 서두가 이어진다.

"저는 여러분이 알지도 못한 채 섬겨 온 그 신을 이제 여러분에게 알려 드리고자 합니다."

이 문장에는 새로운 가르침이나 생소한 것이 없다. 바울은 그들이 의식 못하면서 숭배하고 있었던 어떤 신에 대해 몇 가지 진실을 알려주고자 했던 것이다. 그들이 믿지 않는 것을 그들이 이미 받아들이고 있는 것과 연계시키는 이 방법은 아주 탁월했다.

바울은 구원과 부활의 가르침을 전했고, 한 그리스 시인의 시구를 사용했다. 그것으로 끝이었다. 연설 시간은 2분도 채 걸리지 않았다. 그를 조롱한 사람도 있었지만, 그 이야기를 더 듣고 싶다는 이들도 있었다.

한 가지 더 이야기하자면, 2분 연설의 장점 중 하나는 바울이 그랬듯 한 번 더 말해 달라는 요청을 받을 수 있다는 것이다. 예전에 필라델피아의 한 정치인은 연설할 때 유념해야 될 주요 원칙은 '짧게 말하고 빨리 끝내는 것'이라고 내게 이야기했던 적이 있는데, 바울은 두 가지 모두를 성공적으로 해냈다.

바울이 아테네에서 사용한 이 방법은 오늘날 현명한 기업인들이 판매 상담과 광고에서 이용하는 것이기도 하다. 일례로, 아래 나온 글은 최근에 내 책상에 배달된 한 구매 권유 편지의 일부다.

올드 햄프셔 본드의 종이와 가장 저렴한 종이의 가격 차이는 장당 0.5센트도 채 되지 않습니다. 만일 귀하가 고객이나 잠재 고객에게 1년에 열 통의 편지를 쓴다고 해도 올드 햄프셔 종이를 사용할 때 발생되는 추가 비용은 한 차례의 교통 요금에도 못 미치고, 5년에 한 번 꼴로 고객에게 괜찮은 시가 한 대를 선물하는 비용도 안 됩니다.

1년에 한 번 고객의 차비를 부담하거나 10년에 두 번 하바나 시가를 제공하는 일을 누가 거절하겠는가? 그럴 사람은 없다. 올드 햄프셔 본드 종이를 사용했을 때 추가 비용이 그 정도에 불과한데, 그렇다면 가격이 터무니없이 비싸다는 생각이 고객의 마음속에 조성될 여지를 없애기에 충분하지 않을까?

❖ 작은 것은 크게, 큰 것은 작아 보이게 만들어라

이와 비슷하게, 큰 금액도 오랜 시간에 걸쳐 그것을 나누고, 하찮아 보이는 일상의 비용과 대조하는 방법으로 작아 보이게 할 수도 있다. 가령 한 생명보험사의 사장은 회사 영업사원들에게 연설하면서 다음과 같은 방식으로 보험료가 비싸지 않다는 인상을 준다.

"30세 미만의 남자는 직접 구두를 닦아 매일 5센트를 줄이고, 그렇게 절약한 돈을 보험에 투자해 사망 시 그의 가족에게 1,000달러를 남길 수 있습니다. 매일 25센트의 시가를 피우는 34세의 남자는 그 돈을 보험에 투자함으로써 가족 곁에 더 오래 머물 수 있을 뿐 아니라, 그들에게 3,000달러의 유산까지 남길 수 있습니다."

반면 적은 금액은 그 액수를 한데 모으는 방법으로 상당히 크게 보이게 할 수 있다. 한 전화회사의 임원은 자투리 시간들을 합하는 방법으로 뉴욕 시민들이 전화를 받지 않음으로써 낭비되는 시간이 얼마나 많은지 강하게 전달했다.

"연결된 전화 통화 100건당 일곱 건은 수신자가 전화를 받기까지 1분의 시간이 걸립니다. 이렇게 매일 28만분이 낭비됩니다. 뉴욕에서 6개월 동안 이렇게 허비되는 시간을 합하면 콜럼버스가 아메리카를 발견한 이후 현재까지의 모든 근무 일수를 합한 것과 비슷합니다."

❖ 수치를 인상적으로 만드는 방법

숫자나 양은 그 자체로만 보면 전혀 인상적이지 않다. 때문에 그것들은 실제 사례와 함께 제시되어야 하는데 가능하면 우리의 경험, 특히 최근의 경험이나 감정적 체험과 연계되어 표현되어야 한다.

예를 들어 올더맨 람베스Alderman Lambeth는 런던 자치구 의회에서 근로 조건을 주제로 연설할 때 이 방법을 사용했다. 그는 연설 도중에 갑자기 멈춰서 시계를 꺼내고 아무 말도 하지 않은 채 1분 12초 동안 멍하니 청중을 쳐다보기만 했다. 청중은 불안해져 몸을 움직이고 의아한 표정을 지으며 그를 바라보았다. 어떻게 된 걸까? 연사가 갑자기 정신이 나갔나? 올더맨은 다시 말을 시작하며 이렇게 말했다. "여러분이 방금 자리에 앉은 채 불안해하며 보낸, 영원처럼 느껴졌던 72초의 시간은 보통의 노동자가 벽돌 한 장을 쌓는 데 걸리는 시간입니다."

이 방법의 효과는 대단했고 전 세계로 타전되어 해외의 신문에 실리기도 했다. 또한 건설업 통합 노조가 곧 '우리의 존엄성을 모독한 것에 대한 항의의 표시'로 파업을 지시했을 정도로 그 위력은 엄청났다.

다음 두 개의 진술 중 어느 것이 더 강하게 전달되는가?

A. 바티칸에는 1만 5,000개의 방이 있다.
B. 바티칸에는 방이 너무 많아 40년 동안 돌아가며 바꿔 써도 못 자는 방이 있을 정도다.

다음 중 어느 표현이 영국이 세계대전 중 사용한 엄청난 비용을 더 인상적으로 나타내는가?

A. 영국은 세계대전에 약 70억 파운드, 미화로 340억 달러의 돈을 사용했다.
B. 세계대전 동안 영국이 사용한 비용이 필그림 파더스가 플리머스의 바위에 상륙한 이후 지금까지 분당 34달러를 쓴 돈을 합한 분량이라면 놀라겠는가? 하지만 이것은 거짓이고, 실제로는 그보다 더 엄청나다. 세계대전 중 영국이 사용한 비용은 콜럼버스가 미국을 발견한 이후 지금까지 밤낮을 가리지 않고 1분에 34달러를 썼을 때의 총 금액과 같다. 놀랍지 않은가? 그러나 실제로는 그보다 엄청나다. 세계대전 중 영국이 사용한 비용이 1066년 노르망디 공 윌리엄이 잉글랜드를 쳐들어와 정복한 이후부터 매 분마다 34달러를 쓴 규모와 비슷하다면 놀라겠는가? 하지만 놀라기에는 아직 이르다. 실제로는 그보다 엄청나다. 세계대전 동안 영국이 사용한 비

용은 예수가 탄생한 이후부터 지금까지 매 분마다 34달러를 쓴 비용을 합한 정도와 같다. 다시 말해 예수 탄생 이후 지금까지 흐른 시간은 약 10억 분이고, 이는 곧 세계대전 중에 영국이 사용한 금액은 340억 달러에 달한다는 것을 뜻한다.

❖ 바꿔 말하기의 효과

바꿔 말하기는 우리의 주장에 대해 반대되는 생각이 상대방의 마음속에 떠오를 때, 그것을 없애기 위해 사용할 수 있는 또 다른 방법이다. 유명한 아일랜드 웅변가 대니얼 오코넬Daniel O'Connell은 "정치적 진실은 한두 번, 심지어 열 번을 말한다고 해도 대중이 받아들이지 않는다."라고 말했다. 청중과 대중을 많이 상대했던 사람이니만큼, 그의 말은 진지하게 받아들일 필요가 있다. 그는 다음과 같이 계속 말했다. "상대방으로 하여금 정치적 진실을 받아들이게 하려면 끊임없는 반복이 필요하다. 같은 것을 반복해서 들으면 사람은 자신도 모르게 그것을 진리와 연관시킨다. 결국 사람들은 그렇게 반복된 내용을 마음 한구석에 간직하게 되고, 마치 신앙으로 자리 잡은 종교적 믿음처럼 의심하지 않는다."

히램 존슨은 오코넬이 한 말의 의미를 정확히 이해했다. 그가 7개월 동안 캘리포니아를 오가면서 자신의 모든 연설을 아래와 같이 똑같은 예측으로 마무리한 것도 바로 그런 이유에서다.

"친구 여러분, 잊지 마십시오. 제가 캘리포니아 주지사가 될 것이라는 사실을. 그리고 그때 저는 이 정부에서 윌리엄 F. 헤린과 남태평양 철도를 몰아내고 말 것입니다. 안녕히 가십시오."

존 웨슬리의 어머니도 오코넬의 말이 옳다는 것을 알았다. 그래서 왜 아이들에게 같은 말을 여러 번 반복하는지 남편이 물었을 때 그녀는 이렇게 대답했다. "아이들은 내가 열아홉 번을 들려줄 때까지도 그 가르침을 깨닫지 못하기 때문이죠."

오코넬이 한 말의 의미를 알고 있었던 우드로 윌슨도 자신의 연설에서 이 방법을 이용했다. 다음 마지막 두 문장은 첫 문장의 의미를 변주한 것에 불과하다는 것에 주목하라.

"지난 몇 십 년 동안 대학생들은 제대로 교육을 받지 못했습니다. 그 모든 가르침에도 받았음에도 우리는 아무도 교육시키지 못하고 있는 것입니다. 열심히 뭔가를 가르치기는 하는데 정작 제대로 배운 사람은 하나도 없습니다."

바꿔 말하기라는 방법이 이토록 효과가 좋긴 하지만, 미숙한 연사에게 잘못 사용되면 자칫 위험한 도구가 될 수 있다는 점에 유의해야 한다.

표현력이 풍부하지 않다면 바꿔 말하기는 단조롭고 너무 빤한 반복에 불과할 것이다. 이것은 당신에게 매우 치명적이다. 당신의 그 어설픈 화법을 알아채는 순간, 청중은 곧 자리에서 몸을 비틀고 시계로 눈을 돌리기 시작할 것이다.

❖ 일반적인 사례와 구체적인 사례

하지만 일반적인 사례와 구체적인 사례를 제시하면 청중을 지루하게 만들 위험이 거의 없다. 게다가 청중에게 감동과 확신을 주기 위해 연설을 하는 것이라면 이 방법은 더욱 효과적이다.

예를 들어 뉴웰 드와이트 힐리스Newell Dwight Hillis 박사는 한 강연에서 "불복종은 노예적인 삶이고, 복종은 자유입니다."라고 선언했다. 이 진술은 구체적인 예로 뒷받침되지 않으면 명확하거나 인상적이지 않다는 것을 알았기에 그는 계속 말했다.

"불, 물 그리고 산酸의 법칙에 불복하면 죽습니다. 색채의 법칙에 순종하는 화가는 그로써 자신의 기술을 빛나게 할 수 있습니다. 수사학의 법칙을 따르는 웅변가는 더욱 멋진 연설을 하게 되고, 발명가는 철의 법칙을 따를 때 다양한 도구들을 만들어 낼 수 있습니다."

이런 예들은 확실히 연설에 힘을 준다. 여기에 구체적인 사례까지 덧붙인다면 생생함과 힘이 배가될 것이다. 가령 이렇게 말해 보는 건 어떨까?

"색채의 법칙에 순종함으로써 레오나르도 다빈치는 〈최후의 만찬〉을 그려 냈습니다. 헨리 워드 비처가 그토록 감동적인 리버풀 연설을 할 수 있었던 까닭은 그가 웅변술의 법칙을 따랐기 때문입니다. 철의 법칙에 복종해 맥코믹은 수확기를 발명했습니다."

훨씬 낫지 않은가? 청중은 연사가 구체적인 이름과 날짜를 제시하는 것을 좋아한다. 그러면 원할 경우 그들이 직접 확인해 볼 수도 있다. 이렇게 하면 청중으로 하여금 연사가 진실하고 정직하다는 느낌과 더불어 신뢰감을 갖게 하며 깊은 인상을 남긴다.

가령 내가 "많은 부자들은 매우 소박하게 살고 있습니다."라는 말을 했다고 가정하자. 인상적인 말인가? 그렇지 않다. 너무 모호하기 때문이다. 그것은 여러분에게 어떤 확실한 느낌으로 다가오지 않고 머릿속에서 사라져 버린다. 정확하지도 않거니와 재미와 설득력이 있는 것도 아니다. 그리고 아마 신문에서 읽었던, 부자들의 삶과 관련하여 상반되는 성격의 기사들에 대한 기억이 이런 주장에 대해 시비를 걸 것이다.

만일 내가 많은 부자들이 소박하게 산다고 믿는다면, 그 믿음은 어떻게 생긴 것일까? 그것은 구체적인 사례들을 몇 가지 목격한 덕분일 것이다. 그러니 청중도 나처럼 믿게 만들 수 있는 가장 좋은 방법은 그러한 구체적 사례를 제시하는 것이다. 내가 본 것을 청중에게 보여 줄 수 있다면 그들은 나와 같은 결론을 내릴 것이다. 내가 제시하는 구체적 사례와 증거를 통해 청중이 스스로 발견하게 되는 결론은 빤하고 진부한 결론보다 두 배, 세 배, 혹은 다섯 배나 더 강한 힘을 가지게 될 것이다. 예를 들어 보자.

— 존 D. 록펠러는 브로드웨이 26번가에 있는 사무실 가죽 소파에서 매일 낮잠을 잤다.

— J. 오그덴 아무어는 9시에 자고 6시에 일어났다.

— 누구보다 많은 기업을 운영했던 조지 F. 베이커는 칵테일을 좋아하지 않았다. 담배는 죽기 불과 몇 분 전에 시작했다.

— 내셔널 캐시 레지스터 사의 사장인 존 H. 패터슨은 술과 담배를 전혀 하지 않았다.

— 미국 최대 은행의 은행장을 지낸 프랭크 밴더립은 하루에 두 끼만 먹는다.

— 해리만은 우유와 옛날식 생강 웨이퍼만으로 점심을 때웠다.

— 앤드류 카네기가 즐겨 먹은 음식은 오트밀과 크림이었다.

— 〈새터데이 이브닝 포스트〉와 〈레이디스 홈 저널*Ladys' Home Jour-*

^{nal})의 소유주인 사이러스 H. 커티스는 삶은 콩을 베이컨 등과 함께 구운 요리를 좋아한다.

이 구체적인 사례들은 당신에게 어떻게 다가오는가? 부자들이 소박하게 산다는 진술을 극적으로 표현해 주는가? 그 진술의 진실성이 느껴지는가? 이런 사례들을 접하면 마음속에서 이에 반대되는 생각이 고개를 쳐들 가능성이 낮아지지 않겠는가?

❖ 축적의 원리

이런 효과가 몇 가지 구체적인 예를 대강 언급함으로써 얻을 수 있는 것이라고는 생각하지 마라. 아서 에드워드 필립스^{Authur Edward Phillips} 교수는《효과적인 연설^{Effective Speaking}》에서 이렇게 말한다.

"처음 받은 감동을 강화해 주는 일련의 인상들이 계속 이어져야 하고, 마음은 끊임없이 처음 그 생각에 집중되어야 한다. 쌓이고 쌓인 여러 경험들의 무게가 그 생각을 뇌의 조직 깊숙한 곳으로 밀어 넣을 때까지 이 과정을 멈추면 안 된다. 이 과정이 완성될 때 그 생각은 그의 일부가 되고, 세월도, 사건도 그것을 지울 수 없다. 이 작업을 가능케 하는 효과적인 원리는 바로 축적이다."

이러한 축적의 원리가 앞서 언급했던 '많은 부자들은 소박하게 산다'는 진술의 증명을 위한 구체적인 사례를 나열하는 데 어떻게 이용되었는지 주목하라. 또한 이 원칙이 @@~@@쪽에서 필라델피아가 '세계 최고의 일터'라는 것을 증명하기 위해 어떤 식으로 이용되었는지 보라. 그리고 서스톤 상원의원이 다음 글에서 인간은 오직 힘에 의해서만 부정과 압제의 해악을 바로잡을 수 있었다는 사실을 입증하기 위해 어떻게 이 원리를 활용했는지를 살펴보라. 만약 이런 구체적인 사례들 중 3분의 2가 생략되었다면 글의 효과가 어땠겠는가?

우리는 인간의 존엄성이나 자유를 지키기 위한 싸움에서 힘 외의 다른 수단을 통해 이겨 본 적이 있는가? 힘이 아닌 다른 어떤 것에 의해 부정과 불의와 압제의 장벽이 무너진 적이 있었던가? 완고한 왕실로 하여금 대헌장(마그나 카르타)에 서명하게 했던 것은 힘이었다. 독립선언서와 노예해방령이 효력을 발휘할 수 있게 한 것도 힘이었고, 맨손으로 바스티유의 철문을 부수고 수백 년 동안 자행한 왕실의 악행에 복수하게 한 것도 힘이었다. 힘은 벙커 힐에 혁명의 깃발을 세웠고, 포지 계곡의 눈 위에 피 묻은 발자국을 남겼다. 또한 실로의 무너진 전선을 지켜 냈고, 차타누가의 불길에 휩싸인 언덕을 기어올랐으며, 룩아웃 하이츠 고원의 구름을 상대로 기습 공격을 하게 했다. 셔먼 장군이 바다로 진군한 것도, 셰넌도어 계곡에서 셰리든 장군과 함께 말을 달린 것도, 애퍼매톡스에서 그랜트 장군에게 승리를 준 것도 힘이었다. 그리고 힘은 연방을 지켜 주었고, 성조기의 별들이 제자리를 지키게 했으며, '검둥이들'을 사람으로 만들어 주었다.

❖ 시각적인 비교

몇 해 전, 브루클린 센트럴 YMCA에서 강의를 듣던 학생이 연설 중에 그 이전 해에 일어났던 화재 사건에서 불타 버린 집들의 수를 말했다. 그리고 더 나아가, 그 집들을 나란히 세우면 그 길이가 뉴욕에서 시카고까지의 거리와 같고, 그 사건으로 희생된 사람들이 0.5마일의 간격을 두고 선다면 그것의 총 길이는 시카고에서 브룩클린의 거리와 맞먹을 것이라고 덧붙였다.

비록 그 학생이 말했던 수치는 금방 잊어버렸지만, 그로부터 10년이 지난 지금에도 나는 맨해튼 섬에서 일리노이 주의 쿡 카운티까지 줄지어 있는, 불에 탄 집들을 어렵지 않게 그릴 수 있다. 이유는 무엇일까? 청각적인 인상은 오래 지속되지 않아서, 마치 너도밤나무의 미끄러운 껍질에 내려앉은 진눈깨비처럼 흔적도 없이 사라진다. 하지만 시각적 인상은 어떨까? 예전에 나는 다뉴브 강 둑에 있던 오래된 집에 대포알이 박혀 있는 것을 보았다. 그것은 나폴레옹의 포병대가 울름 전투에서 발사한 것이었다. 시각적인 인상들은 이와 같이 강한 충격을 주기 때문에 머릿속에 깊이 박혀 사라지지 않는다. 그리고 나폴레옹이 오스트리아군을 몰아냈던 것처럼, 그와 대립되는 내용의 모든 암시들을 없애 버린다.

무신론자의 질문에 대한 윌리엄 페일리 목사의 답에서 힘이 느껴지는 것 역시 그것이 시각적이기 때문이다. 버크는 미국 식민지에 대한 영국의 과세를 비난하는 연설을 했을 때 이 방법을 사용했다. 그는 비전을 가지고 이렇게 말했다.

"우리는 지금 양이 아닌, 늑대의 털을 깎고 있습니다."

❖ '권위자'의 도움을 받아라

중서부에 살던 어린 시절, 나는 양들이 지나가는 문에 막대기를 가로로 걸쳐 놓는 것을 좋아했다. 처음 몇 마리의 양이 막대기를 뛰어 넘으면 나는 그것을 치웠다. 하지만 그 뒤에 있던 양들은 상상의 장애물 위를 뛰어넘으며 문을 통과했다. 그렇게 했던 유일한 이유는 앞에 지나간 양들이 그와 같이 행동했기 때문이었다. 사실 동물 중에서 양만 그런 것이 아니다. 우리는 대부분 남들이 하는 것을 하려 하고, 남들이 믿는 것을 믿으려 하며, 유명 인사의 말이라면 의심하지 않고 받아들인다.

미국 은행협회의 뉴욕 지부에서 한 학생도 유명인의 말을 빌려 절약에 대한 연설을 시작했는데, 그것은 탁월한 선택이었다.

"제임스 J. 힐은 이렇게 말했습니다. '당신이 성공할 수 있는지의 여부를 알아볼 수 있는 쉬운 방법이 있다. 당신은 돈을 저축할 수 있는가? 할 수 없다면 성공하는 것도 포기해라. 당신은 분명히 실패할 것이다. 당신은 그렇지 않다고 생각할 수 있지만, 당신의 실패는 당신이 지금 살아 있는 것만큼이나 확실할 것이다.'"

미국의 철도왕이었던 제임스 J. 힐James J. Hill이 직접 와서 연설하는 것 다음으로 효과적인 방법은 바로 이렇게 그가 했던 말을 인용하는 것이다. 그 학생의 말은 인상적이었고, 그것에 반대되는 생각들이 떠오르는 것도 막아 버렸다.

하지만 권위자의 말을 인용할 때는 아래의 네 가지 요점에 유의해야 한다.

요점 1 | 정확해야 한다.

다음 중 어느 것이 더 인상적이고 설득력 있는가?

데일 카네기 성공대화론

A. 통계 자료는 시애틀이 세계에서 가장 건강한 도시임을 보여 준다.

B. 연방정부의 공식 사망률 통계에 따르면 지난 15년간 시애틀의 연
   사망률은 1,000명당 9.78명이었다. 이에 반해 시카고는 14.65명,
   뉴욕은 15.83명, 뉴올리언스는 21.02명으로 나타났다.

애매하게 '통계 자료는……'으로 시작하는 것을 주의하라. 무슨 통계
인가? 누가, 왜 그런 자료를 수집했다는 것인가? '숫자는 거짓말을 하지
않지만, 거짓말쟁이는 제멋대로 숫자를 주물럭댄다'는 것에 조심하라.

흔히 사용되는 '다수의 권위자들이 말하듯'이라는 표현도 이와 마찬
가지로 애매모호하다. 어떤 권위자를 말하는 것인가? 몇몇 사람의 이름
을 직접 거론하라. 만일 그들이 누구인지 청중이 모른다면, 어떻게 그들
의 말에 대해 믿음을 가질 수 있겠는가?

정확성에 만전을 기하라. 그래야 청중의 신뢰를 얻고, 내가 그것에 대
해 정확히 알고 있음을 증명할 수 있다.

루스벨트 역시 애매한 것은 용납하지 않았다. 그래서 그는 우드로 윌
슨 정부 시절, 켄터키 주 루이빌에서 연설했을 때 다음과 같이 자신이
인용한 글의 출처를 밝혔다.

월슨은 선거 전에 자신의 연설이나 정강 발표에서 했던 약속을 거
의 지키지 않았기 때문에 친구들조차 그의 버릇을 웃음거리로 삼았
습니다. 윌슨의 유력한 의회 내 민주당 지지자들 중의 한 명은 윌슨의
선거 전 공약과 그를 대신해 남발된 공약에 대한 정확한 진실을 솔직
하게 말했습니다. 그는 일관성이 없다는 비난에 "우리의 공약은 대선

승리용이었고, 결국 우리는 이겼다."라는 말로 답했습니다. 이것은 제 62대 국회 3차 회기의 의회의사록 4618쪽에 기록되어 있습니다.

요점 2 | 인기 있는 사람의 말을 인용하라.

무언가를 좋아하고 싫어하는 것은 보통 생각하는 것 이상으로 각자가 가진 신념과 관련이 있다. 나는 새뮤얼 언터마이어^{Samuel Untermyer}가 뉴욕의 카네기홀에서 사회주의 논쟁을 벌일 때 청중으로부터 야유를 받는 모습을 보았다. 그는 매우 정중했고 논조 또한 부드러웠다. 하지만 대다수의 청중은 사회주의자들이었고, 따라서 그들은 그를 증오했다. 아마 그가 구구단을 인용했더라도 그들은 그 진실성을 의심했을 것이다.

그에 반해 앞서 이야기했던 제임스 J. 힐의 인용문은 특히 미국 은행협회의 지부에서 사용하기에 적합했다. 왜냐하면 구레나룻을 기른 그 철도 건설업자는 금융단체 사이에서 평판이 좋았기 때문이다.

요점 3 | 해당 지역 유력 인사의 말을 인용하라.

만약 디트로이트에서 연설하게 된다면 디트로이트 사람의 말을 인용하라. 청중은 그에 관해 찾아보고 조사해 볼 수도 있다. 그들은 저 먼 곳에 있는 잘 알지도 못하는 사람의 말보다는 같은 고장 사람의 말에 더 강한 인상을 받을 것이다.

요점 4 | 자격 있는 사람의 말을 인용하라.

다음과 같은 질문을 스스로에게 던져 보라. 이 사람이 대체로 이 분야의 권위자라 인정받고 있는가? 왜 그런가? 그가 편견에 사로잡힌 증인은 아닌가? 충족되어야 할 이기적인 목표가 그에게 있는 것은 아닌가?

어떤 학생은 브루클린 상공회의소에서 전문화에 대한 연설을 시작할 때 아래와 같은 앤드류 카네기의 말을 인용했다. 그것은 매우 현명한 선택이었다. 왜냐하면 청중으로 참석한 기업인들은 위대한 강철왕에 대해 변치 않은 존경심을 가지고 있었기 때문이다.

게다가 그때 인용되었던 말은 사업에서의 성공과 관련된 것이었는데, 카네기 평생의 경험과 관찰을 바탕으로 생각해 보면 그가 충분히 말할 수 있는 자격을 갖춘 주제였던 것이다.

"나는 어떤 분야에서든 성공하기 위해서는 그 분야의 전문가가 되어야 한다고 생각한다. 자신의 능력을 여러 곳에 분산시키는 방식은 그다지 믿음이 가지 않는다. 나는 경험을 통해 여러 분야에 발을 내딛는 사람 치고 돈을 버는 데 성공한 사람을 보지 못했다. 특히 제조업 분야에서는 단 한 명도 그런 사람을 본 적이 없다. 성공한 사람들은 한 분야를 선택해 그것에 모든 것을 쏟아 붓는 사람들이었다."

인상적으로 설득하라

"마음속에 들어오는 모든 생각, 개념, 또는 결론은 그와 대립되는 생각의 제지를 받지 않는 한 진실한 것으로 여겨진다."

그러므로 연설의 목적이 사람들에게 감동과 확신을 심어 주는 것일 때, 우리에게는 두 가지 전략이 있다. 하나는 우리 자신의 생각을 표현하는 것이고, 다른 하나는 청중의 마음에서 적대적인 생각이 꿈틀거리는 것을 막음으로써 우리의 생각이 무익하고 공허해지지 않게 하는 것이다. 다음은 그와 같은 목적을 달성하는 데 도움이 되는 여덟 가지 제안들이다.

1. 다른 이를 설득하려 하기 전에 먼저 당신 자신을 설득시켜라. 당신의 말에서 청중을 전염시킬 정도로 강한 열정이 느껴지게 하라.

2. 당신이 사람들에게 전하려는 것이 그들이 이미 믿고 있는 것과 얼마나 유사한지를 이야기하라. (예: 페일리 목사와 무신론자 논쟁, 아테네인을 대상으로 했던 바울의 이야기, 올드 햄프셔 본드 종이)

3. 요점 사항은 표현을 바꿔 다시 말하라. (예: "나는 차기 캘리포니아 주지사가 될 것입니다."라는 히램 존슨의 말이나, "우리는 아무도 교육하지 못하고 있습니다."라는 우드로 윌슨의 말)
   숫자를 전달할 때는 예를 함께 들어 보완하라. 가령 영국은 세계대전 동안 340억 달러를 지출했는데, 이는 예수 탄생 이후 지금까지 매분마다 34달러씩을 지출한 총액과 맞먹는 금액이다.

4. 일반적인 사례를 이용하라. (예: "화가는 색채의 법칙에 복종할 때

자신의 기술을 제대로 발휘할 수 있다."라고 했던 힐리스 박사의 말)

5. 특정하고 구체적인 사례를 제시하라. (예: "많은 부자들은 매우 소박한 삶을 산다. …… 프랭크 밴더립은 하루에 두 끼의 식사만을 한다.)

6. 축적의 원리를 이용하라. "특정 생각을 뒷받침하는 구체적인 경험들을 연달아 제시함으로써 그 축적된 경험의 무게로 하여금 그 생각이 청중의 뇌리 깊숙한 곳에 박히게 하라." (예: "완고한 왕실이 마지못해 대헌장에 서명하게 만든 것은 바로 힘이었다.")

7. 시각적인 비교를 활용하라. 귀로 그려지는 청각적인 인상은 쉽게 지워지지만, 시각적인 인상은 담벼락에 깊이 박힌 대포알처럼 생명이 길다. (예: 브루클린에서 시카고까지 한 줄로 늘어선 불타 버린 집들)

8. 사심 없는 권위자의 힘을 빌려 당신의 말을 보강하라. 루스벨트가 그랬던 것처럼 그런 이들의 말을 인용할 때는 정확성에 만전을 기하라. 인기 있는 사람이나 해당 지역 출신인 인사의 말을 빌리고, 특정 주제에 대해 말할 만한 자격이 있는 사람의 말을 인용하라.

DALE CARNEGIE

PUBLIC SPEAKING AND INFLUENCING MEN IN BUSINESS

"글을 이용한 것이든 말을 이용한 것이든, 모든 의사소통에는 관심의 한계선이 있다. 이 선을 넘어갈 수 있다면 세상은 최소한 일시적으로나마 우리에게 눈길을 보내지만, 그 선을 넘을 수 없다면 그냥 물러서는 편이 좋다, 세상은 우리에게 관심을 보이지 않을 것이다."
— 해리 A. 오버스트리트(Harry A. Overstreet), 《인간 행동에 영향을 미치는 방법(Influencing Human Behavior)》

"항상 뭔가 할 말을 갖고 있어라. 사람들은 할 말이 있는 이와 할 말이 없으면 결코 입을 열지 않는 이의 말에는 반드시 귀를 열어 준다. 입을 열기 전에는 언제나 자신이 무슨 말을 하려고 하는지 알고 있어야 한다. 만약 당신의 마음이 부옇게 흐린 상태라면 청중의 마음은 한층 더 뒤죽박죽일 것이다. 항상 생각을 일정한 순서대로 정렬하라. 그 생각들이 아무리 단순하다 해도, 시작과 중간과 끝이 있다면 더욱 좋을 것이다. 어떤 경우에도 명확하게 만들고, 그것이 무엇이든 당신이 의미하는 바가 청중에게 그 생각을 분명하게 전달되도록 하라. 논쟁적인 대화에 참여할 때는 상대가 어떻게 나올지 예측하라. 농담에는 진지하게 대꾸하고, 진지함에는 농담으로 대응하라. 그리고 항상, 당신이 상대하게 될 청중의 성격을 미리 파악하라. 절대로 청중의 입에서 하품이 나오지 않게 하라."
— 브라이스(Bryce) 경

| 14장 |

청중의 흥미를 돋우는 방법

만일 당신이 중국 어느 지역의 부잣집에 식사 초대를 받았다면, 식사를 마친 뒤 어깨 너머로 그 집 마룻바닥에 닭고기 뼈와 올리브 씨앗을 던지는 것이 예의다. 그것은 주인을 칭찬하는 행동이기 때문이다. 즉, 그렇게 함으로써 당신은 그가 부자라는 것과, 그렇게 어질러도 식사 후에 깔끔하게 치울 하인들이 많다는 사실을 인정하는 것이다. 그러면 주인은 아주 만족해 할 것이다.

부잣집에서는 식사 후에도 남아 있는 음식 같은 것에 전혀 신경 쓰지 않겠지만, 중국의 일부 가난한 지역에서는 목욕물도 아껴 써야 한다. 심지어 물을 데우는 비용이 너무 많이 들기 때문에 더운 물은 가게에서 사야 할 정도다. 목욕을 마치면 사 왔던 물을 다시 가져다가 처음에 구입

357

했던 가게에 중고품으로 되판다. 그런데 그 물은 두 번째 고객이 몸을 씻는 데 사용한 후에도 계속 거래가 된다. 가격이 조금 할인되긴 하지만 말이다.

중국인들의 삶에 관한 이런 사실들이 재미있는가? 만일 그렇다면 왜 그럴까? 그것이 우리의 일상과 다른 모습을 보여 주기 때문이다. 그들은 식사나 목욕 같은 지극히 일상적인 일들이 매우 특이하게 전개되는 모습을 보여 준다. 익숙하고 일상적인 것의 새로운 면, 이것 때문에 우리는 흥미가 생기는 것이다.

다른 예를 보자. 당신이 지금 읽고 있는 이 책의 종이는 일상에서 흔히 볼 수 있는 것이다. 이미 이런 종이들을 수도 없이 보아 온 당신에게 이것은 진부하고 빤해 보인다. 하지만 내가 그것에 대해 특별한 사실을 이야기하면 당신은 분명히 관심을 가질 것이다. 과연 그럴까? 당신이 보고 있는 이 페이지의 종이는 고체처럼 보인다. 하지만 그것은 고체라기보다 거미집에 가깝다. 물리학자는 그것이 원자로 구성되어 있다는 것을 안다. 원자는 얼마나 작을까? 12장에서 우리는 물 한 방울에 들어가는 원자 수가 지중해의 물방울 수만큼, 또 지구상의 풀잎 수만큼 많다는 이야기를 들었다. 그렇다면 이 종이를 이루는 원자는 무엇으로 이루어져 있을까? 그것은 원자보다 더 작은 전자와 양자다. 이 전자들은 모두 원자의 중앙에 있는 양자를 중심으로 회전한다. 그리고 상대적인 비례로 볼 때, 그 둘 사이의 거리는 지구와 달 사이의 거리만큼 멀다. 이 소우주 속의 전자들은 초당 약 1만 6,000킬로미터라는 상상하기 힘든 속도로 자신의 궤도를 돈다. 따라서 당신이 보고 있는 이 종이를 구성하는 전자들은 당신이 바로 이 문장을 읽기 시작한 후 뉴욕에서 도쿄 사이의 거리만큼 움직였다는 말이 된다.

2분 전만 해도 당신은 이 종이가 움직일 수 없는 죽은 물체라 여겼을 것이다. 하지만 이것은 신의 신비고 대폭풍의 힘을 지닌 진정한 에너지 덩어리다.

당신이 지금 이 종이에 관심을 가진다면, 그 이유는 종이에 대한 새롭고 특별한 사실을 알게 되었기 때문이다. 바로 여기에 사람들의 흥미를 돋우는 비결이 있다. 이것은 매우 중요한 진실이므로 우리는 일상의 모든 관계에서 이것을 유용하게 활용할 수 있어야 한다. 완전히 새로운 것은 재미가 없다. 지극히 평범한 것도 마찬가지다. 우리가 원하는 것은 일상적인 것에 대한 뭔가 새로운 이야기다.

가령 일리노이 주 농부에게 부르쥬의 대성당이나 모나리자에 대한 설명이 흥미롭게 여겨질까? 그것은 그에게 너무 낯설고, 그의 관심사와 동떨어져 있다. 하지만 '네덜란드 농부들은 해수면보다 낮은 땅을 경작하고, 도랑을 파서 울타리를 삼으며, 다리를 세워 대문을 삼는다'는 말이라면 그는 아마 관심을 가질 것이다. 또한 네덜란드 농부들은 겨울에 소들을 사람 가족과 한 지붕 밑에서 키우고, 가끔 소들은 레이스 커튼 사이로 하늘에서 떨어지는 눈을 구경한다는 이야기는 어떨까? 그 농부는 분명히 귀가 솔깃할 것이다. 농부에게 있어 소와 울타리는 일상적이지만 그것이 새롭게 다가올 것이기 때문이다. '소한테 레이스 커튼? 말도 안 돼!' 그리고 친구들에게도 이 사실을 전할 것이다.

다음은 뉴욕에서 이 강좌에 참여했던 학생의 이야기다. 이 글이 흥미로운지 살펴보라. 만약 흥미롭게 느껴진다면 그 이유가 무엇인지 알겠는가?

황산이 끼치는 영향

대부분의 액체는 파인트pint, 쿼트quart, 갤런gallon, 또는 배럴barrel 단위로 측정됩니다. 우리는 보통 포도주 몇 쿼트, 우유 몇 갤런, 당밀 몇 배럴 하는 식으로 말합니다. 새 유정이 발견되면 '하루 생산량이 몇 배럴이다.'라는 식으로 말이죠. 하지만 대량으로 제조되고 소비되기 때문에 계량 단위를 톤으로 사용하는 액체가 있는데, 그것이 바로 황산입니다.

우리는 일상에서 여러 방식으로 황산을 접합니다. 황산이 없으면 자동차는 달리지 못하이 우리는 말이나 마차를 타고 다녀야 할 것입니다. 황산은 등유와 가솔린을 정제하는 데 사용되기 때문입니다. 사무실을 밝히고 식탁을 비추고 밤에 침대에 가는 길을 밝혀 주는 전깃불도 황산이 없다면 빛을 낼 수 없습니다.

아침에 일어나 씻기 위해 물을 틀 때도 우리는 니켈로 도금한 수도꼭지를 사용하는데, 그 수도꼭지를 만드는 데도 황산이 필요합니다. 또한 황산은 에나멜을 입힌 욕조의 마무리 공정 때도 필요합니다. 우리가 매일 사용하는 비누도 그렇습니다. 비누는 황산으로 처리된 그리스나 기름으로 만들어지는 것이니까요. 수건도, 빗의 솔에도, 셀룰로이드 빗도 황산이 없었다면 세상에 등장하지 않았을 것입니다. 면도칼도 틀림없이 가열 냉각된 후에는 황산에 의해 씻겨졌을 겁니다.

표백업자, 염료 제조업자 그리고 염색업자도 황산을 사용합니다. 단추 제조업자는 단추를 만들 때 황산이 필요하다는 것을 알았을 것입니다. 제혁업자는 구두 제작용 가죽을 만들 때 황산을 사용했고, 구두를 닦을 때도 그것을 필요로 합니다.

식탁 위의 컵과 받침 접시도 흰색이 아닌 이상, 황산의 도움 없이는 그곳에 올라올 수 없습니다. 황산은 금박과 다른 장식용 착색제를 만들 때도 사용됩니다. 숟가락, 칼, 그리고 포크도 은도금이 아니라면 모두 황산을 사용한 것들입니다.

빵을 만들 때 쓰이는 밀은 아마 인산비료를 써서 재배되었을 텐데, 이 인산비료 역시 황산을 필요로 합니다. 혹시 팬케이크에 시럽을 곁들인다면, 그 시럽에도 들어가야 하고요.

결국 황산은 하루종일 우리를 졸졸 따라다닙니다. 어디를 가든 벗어날 수가 없지요. 황산이 없이는 전쟁도 할 수 없고 평화롭게 살 수도 없습니다. 이렇듯 인간과 떼려야 뗄 수 없는 관계인 이 물질이 보통 사람들에게 낯설다는 사실은 있을 수 없는 일처럼 보이지만 사실입니다.

❖ 세상에서 가장 재미있는 세 가지

세상에서 가장 재미있는 세 가지는 무엇일까? 섹스, 재산, 그리고 종교다. 우리는 섹스를 통해 생명을 창조하고, 그것을 유지하는 데 재산을 사용하며, 종교를 통해 다음 생에서도 계속 그것을 이어 나가기를 기대한다. 하지만 우리의 관심 대상은 우리의 섹스와 우리의 재산 그리고 우리의 종교다. 우리의 모든 관심은 자아를 중심으로 돌아간다.

우리는 '페루에서 유언장을 작성하는 법'에 대해 관심이 없지만, '우리의 유언장을 작성하는 법'에는 흥미를 가진다. 우리는 아마 힌두인의 종교에 관심이 없겠지만, 우리의 영원한 행복을 보장해 주는 종교에 대해서는 강한 흥미를 느낀다.

노스클리프 경은 '사람들은 무엇에 흥미를 갖는가?'란 질문에 바로 '자기 자신'이라고 답했다. 영국에서 가장 부유한 신문사의 소유주였던 그에게 그것은 어려운 질문이 아니었을 것이다.

당신은 자신이 어떤 사람인지 알고 싶은가? 이것은 정말 재미있는 주제다. 우리는 지금 당신에 대해 말하고 있다. 당신의 진정한 자아를 비춰서 당신의 실체를 있는 그대로 볼 수 있는 방법이 있다. 당신의 환상을 보라. 환상은 무엇을 말하는가? 제임스 하비 로빈슨 교수가 《마음의 형성》에서 했던 말을 들어보자.

우리 모두는 자신이 깨어 있는 시간 내내 생각을 하고 있다고 믿는다. 하지만 깨어 있을 때뿐만 아니라, 엉뚱하긴 하지만 잠을 자는 동안에도 우리는 계속 생각한다. 어떤 실제적인 문제에 방해를 받지 않는 한 우리는 환상에 빠져든다. 이것은 자연스럽고 우리가 좋아하는 종류의 사고다. 우리는 생각의 흐름에 몸을 맡기고, 이 흐름의 방향은 우리의 희망과 두려움, 무의식적 소망, 그런 소망의 충족과 좌절 그리고 우리가 좋아하고 싫어하는 것, 우리의 사랑과 분노와 증오에 의해 결정된다. 우리에게 있어 우리 자신보다 더 흥미로운 주제는 없다. 강한 힘으로 통제되거나 조절되지 않는 모든 생각은 우리 자아를 중심으로 돌아간다. 우리 자신과 다른 사람들에게서 나타나는 이런 경향을 살펴보는 것은 즐거우면서도 안타까운 일이다. 우리는 이런 진실을 못 본 척 너그러이 넘기는 법을 배우지만, 일단 마음먹고 이 문제를 생각하기 시작하면 그것은 한낮의 태양처럼 강한 빛을 쏟아 낸다.

우리의 환상은 우리의 근본적인 성격의 주요 지표를 만든다. 그것은 숨어 버리거나 기억에서 사라진 경험에 의해 변형된 우리의 성격을 반영한다. 이 환상은 의심의 여지없이 자기확대와 자기정당화의 경향 속에서 우리의 모든 사고에 영향을 끼친다.

그러므로 청중은 심각한 문제로 신경을 쓸 일이 없을 때는 대부분 자기 자신에 대해 생각하고 자신을 정당화하는 데 시간을 보낸다는 사실을 기억하라.

일반 사람들은 이탈리아가 미국에 진 빚을 갚는 문제보다 요리사가 일을 그만두는 문제에 관심을 가진다는 사실을 잊지마라. 남아프리카에서 일어난 혁명보다 무딘 면도날에 더 신경이 거슬릴 것이고, 50만 명의 생명을 앗아간 아시아의 지진보다 자신의 치통이 더 괴로운 일일 것이다. 그는 역사적 위인들 열 명의 이야기보다 자신과 관련된 말을 듣는 것을 좋아할 것이다.

❖ 좋은 대화자가 되는 방법

많은 사람이 대화에서 실패하는 이유는 자신이 흥미를 가지는 것에 대해서만 이야기하기 때문이다. 정작 그 주제는 상대방을 미치도록 지루하게 만드는 것일지도 모르는데 말이다. 그러니 이 과정을 뒤집어라. 상대방이 자신의 관심사나 사업, 골프 스코어 그리고 성공에 대해, 또는 상대가 아이 엄마라면 그녀의 자녀들에 대해 말하도록 유도하라. 상대방의 말에 귀를 기울이면 그에게 당신은 기분 좋은 사람이 될 수 있다. 결과적으로 당신은 별로 말을 하지 않았지만, 즐거운 대화 상대로 여겨질 수 있는 것이다.

필라델피아의 해롤드 드와이트 씨는 최근 대중연설 강좌의 마지막 수업에서 굉장히 인상적인 연설을 했다. 그는 테이블에 둘러앉아 있는 사람들에게 차례로 돌아가면서 이야기를 했다. 자신이 처음 이 강의를 들었을 때는 어떻게 말했고 얼마나 실력이 향상되었는지, 여러 수강생들이 했던 연설과 토론한 주제를 회고했으며, 그들 중 몇몇의 말투를 흉내 내고 그들의 특이한 버릇을 보여 주며 사람들을 즐겁게 했다. 이렇게 훌륭한 재료를 가지고 실패할 수 있을까? 그것은 지극히 이상적인 주제였다. 이것만큼 그들의 관심을 자극할 만한 다른 주제가 과연 무엇이겠는가? 드와이트는 인간성을 어떻게 다뤄야 하는지 아는 사람이었다.

❖ 200만 독자를 끌어모은 아이디어

몇 해 전 〈아메리칸 매거진〉은 비약적으로 성장했다. 폭발적으로 증가한 발행부수는 출판계의 놀라운 화젯거리가 되었는데, 그 비밀의 중심에는 존 M. 시달과 그의 아이디어가 있었다. 내가 처음 만났던 당시의 그는 그 잡지의 '화제의 인물 부서'를 이끌고 있었다. 나는 그를 위해 기사를 몇 번 써 준 적이 있는데, 어느 날 그는 오랜 시간 동안 내게 이런 이야기를 들려주었다.

"사람들은 이기적입니다. 자기 자신에게만 관심이 있으니까요. 그들은 정부의 철도 국유화 필요에 대해 별 관심이 없습니다. 그들의 관심사는 성공하는 법, 많은 돈을 버는 법, 건강을 유지하는 법 등입니다. 제가 이 잡지의 편집자라면 저는 그들에게 치아 관리법, 여름을 시원하게 보내는 법, 일자리를 얻는 법, 종업원을 다루는 법, 잘사는 법,

잘 기억하는 법, 문법적인 오류를 피하는 법을 알려 줄 것입니다. 사람들은 사람 사는 이야기를 좋아합니다. 그래서 저는 부자에게 그가 어떻게 부동산에서 백만 달러를 벌었는지 얘기해 달라고 할 생각입니다. 유명한 금융인이나 기업 사장님들에게는 그들이 평범한 시작을 딛고 힘과 부를 소유하게 된 과정에 대한 이야기를 끌어낼 것이고요."

그리고 얼마 안 돼서 시달은 편집장이 되었다. 당시 이 잡지는 발행부수도 보잘 것 없는 등 거의 실패한 것이나 다름없었다. 하지만 사람들의 반응은 폭발적이었고 발행부수는 20만, 30만, 40만, 50만 이상으로 올라갔다. 여기엔 대중이 원하는 뭔가가 있었다. 곧 한 달에 그 잡지를 구매하는 사람은 100만을 넘어섰고, 이어 150만, 200만으로 늘어났다. 이 기세는 여러 해 동안 지속되었다. 독자들의 이기적인 관심에 호소한 시달의 전략이 효과를 거둔 것이다.

❖ 콘웰 박사가 100만 명의 청중을 사로잡은 방법

세상에서 가장 인기 있는 강연인 '다이아몬드의 땅'의 비밀은 무엇일까? 그것은 우리가 지금까지 이야기 한 것에 있다. 존 M. 시달은 앞서 언급했던 나와의 대화 중에 이 강연에 대해서도 이야기했다. 그리고 나는 그 강연의 엄청난 성공이 그의 잡지가 나아갈 방향을 정하는 데 영향을 미쳤다고 생각한다.

그 강연은 결코 정적이지 않았다. 콘웰 박사는 자신이 연설하게 될 지역의 상황과 사정에 맞춰 강연의 내용을 다듬고 보완했는데, 이것은 매우 중요한 과정이었다. 해당 지역과 관련된 사실을 언급하는 것은 강연을 새롭고 신선해 보이게 하고, 그 지역과 청중을 돋보이게 하는 방법이었기 때문이다. 다음에서 그는 이 작업을 어떻게 했는지 들려준다.

"나는 마을이나 도시를 방문하면 그곳에 미리 가서 우체국장, 이발사, 호텔 관리인, 학교 교장 선생님, 교회 목사님 등을 만납니다. 그리고 공장이나 가게들에도 들러서 사람들과 이야기하며 그 지역의 현지 사정을 이해하고, 그들의 역사, 그들이 경험한 행운과 실패의 내용을 (어느 곳에나 실패하는 일은 있기 마련이므로) 살핍니다. 그런 뒤 실제로 강연을 할 때는 그 지역 상황에 적용되는 주제들을 이야기합니다. 그럼에도 '다이아몬드의 땅'의 기본 정신은 전혀 달라진 적이 없습니다. 그 기본 정신이란, 이 나라의 모든 사람은 자신이 처한 환경에서 자신의 기술과 에너지, 친구들만을 가지고도 지금보다 더 발전할 가능성이 있다는 것입니다."

❖ 항상 관심을 끄는 연설 자료

사물이나 개념에 대한 이론적인 이야기는 사람들을 지루하게 만들 가능성이 높다. 하지만 사람에 대해 이야기하면 그들의 관심을 끄는 데 실패할 가능성이 낮다. 내일도 미국 전역의 뒷마당 울타리 너머로, 찻잔을 사이에 두고, 또는 식탁 위에서 많은 이야기가 오고갈 텐데, 그 무수한 이야기의 내용은 대부분은 어떤 것들일까? 바로 사람과 세상에 대한 것이다. 그 사람은 이런 말을 했고, 저 사람은 이런 일을 했으며, 나는 그녀가 이런 일을 하는 것을 봤고, 누구는 엄청난 돈을 벌었다 등과 같이 말이다.

나는 미국과 캐나다의 학생들 앞에서 연설할 기회가 많았는데, 그들의 관심을 얻으려면 사람에 관한 이야기를 들려줘야 한다는 사실을 깨달았다. 내가 화제를 조금 일반적인 방향으로 틀어 추상적인 개념으로 옮겨 가면 아이들은 곧 답답해하고 의자에서 몸을 뒤틀었으며, 누군가에게 얼굴을 찌푸리거나 통로 쪽으로 뭔가를 던졌다.

사실 이 청중은 아이들이었기 때문에 당연한 일이기도 했다. 하지만 전쟁 중에 군대에서 실시한 지능검사는 미국인의 49퍼센트가 13세 어린이의 정신연령 수준이라는 놀라운 사실을 보여 줬다. 그렇기에 사람에 관한 이야기를 한다고 해서 그 연설이 잘못될 가능성은 거의 없다고 하겠다. 그런 이야기들은 수백만의 독자가 있는 〈아메리칸American〉, 〈코스모폴리탄Cosmopolitan〉, 〈새터데이 이브닝 포스트〉 같은 잡지들을 가득 채우고 있다.

나는 전에 파리에 있는 미국 기업인들에게 성공하는 법에 대한 강연을 해 달라고 요청한 적이 있다. 그들 대부분은 뻔한 덕목들을 강조하면서 설교와 훈계조의 강의로 청중을 지루하게 했다(최근에 우연히 나는 미국의 가장 유명한 기업인 한 사람이 라디오 담화에서 같은 주제를 놓고 위와 같은 실수를 하는 것을 보았다).

나는 수업을 멈추고 이렇게 말했다.

"우리는 설교를 원하지 않습니다. 이런 것을 좋아하는 사람은 아무도 없으니까요. 당신의 말이 재미없으면 우리는 아무런 주의도 기울이지 않는다는 것을 기억하십시오. 또 세상에서 가장 재미있는 이야기 중의 하나가 승화되고 미화된 남의 뒷말이라는 것도 잊지 마십시오. 그러니 우리에게 당신이 알고 있는 두 사람의 이야기를 들려주십시오. 한 사람은 왜 성공하고 다른 사람은 왜 실패했는지 말입니다. 우리는 그런 이야기를 즐겁게 듣고 기억하며, 그것으로부터 교훈을 얻을 수 있을 것입니다. 더구나 이런 이야기들은 장황하고 추상적인 설교보다 사람들에게 전달하기도 쉽습니다."

그 강좌를 들었던 어떤 학생은 자기 자신이나 청중의 흥미를 자극하는 일에 자신이 없다고 했다. 하지만 그날 밤, 그는 사람 냄새가 나는 이야기를 활용하라는 제안에 무엇인가 느끼는 것이 있었는지, 우리에게 그의 두 대학 친구에 대한 이야기를 들려주었다. 한 명은 굉장히 보수적이어서 시내의 각기 다른 가게에서 셔츠를 구입한 후 도표를 만들어 어느 것이 가장 잘 세탁되고 오래 입을 수 있는지, 가격에 비추어 효용 가치가 가장 높은 것은 어느 것인지 등을 기록했다. 그는 항상 돈을 신경 썼다. 하지만 공과 대학을 졸업하고 직장을 구할 때, 그는 자신을 대단한 존재로 생각해 다른 졸업생들이 하는 것처럼 바닥에서부터 시작해 차츰차츰 사다리를 올라가려 하지 않았다. 세 번째 연례 동창회를 할 때까지 그는 여전히 셔츠의 세탁 차트를 만들었고, 그동안 호박이 굴러들어올 듯 좋은 일이 일어나길 기다렸다. 그 이후 25년이 지난 지금, 이 친구는 여전히 불만투성이인 데다가 삶에 환멸을 느끼고 별 볼일 없는 자리에 머물러 있다.

그리고 연사는 이 실패 사례를 모두의 기대를 뛰어넘은 다른 한 친구의 이야기와 대비시켰다. 그 친구는 그를 좋아하지 않는 사람이 없을 정도로 뛰어난 사교가였다. 그는 나중에 큰일을 해 보겠다며 큰 꿈을 가졌지만, 일단 제도공으로 작게 시작했다. 하지만 그는 항상 기회를 엿보았다. 당시 버펄로에서는 미국 박람회 개최를 위한 계획을 세우고 있었다.

그는 그곳에 공학적 재능을 가진 이가 필요하다는 것을 알고 필라델피아의 일을 정리한 뒤 버펄로로 옮겼다. 호감을 주는 성격인 그는 정치적 영향력을 갖고 있던 버펄로의 한 인사와 친구가 되었다. 두 사람은 동업 관계를 맺고 당장 계약한 사업에 뛰어들었다. 그들은 전화회사를 위해 많은 일을 했고, 결국 이 친구는 고액 임금을 받고 그 회사에 스카우트되었다. 지금 그는 수백만 달러의 재산가이자 웨스턴 유니언의 대주주 중 한 사람이다.

여기에는 그 연사가 한 말의 개요만 옮겨 놓았다. 그는 놀랍고 사람 냄새가 나는 세부 내용으로 자신의 이야기에 재미를 더했다. 평소에는 3분짜리 연설을 위한 자료도 마련하기 벅차했던 그 학생은 계속해서 이야기를 했고, 끝낸 후에는 30분이나 자기 혼자 강단을 주름잡았다는 사실에 이루 말할 수 없을 정도로 놀라며 신기해했다. 그 이야기는 무척 흥미로웠기 때문에 모든 청중은 그것이 너무나도 짧다고 느꼈다. 그 연설은 이 학생이 최초로 거둔 진정한 승리였다.

이 사례를 통해 누구든 교훈을 얻을 수 있다. 평범한 연설도 인간미 넘치는 사연이 그 안에 가득하다면 한층 더 설득력 있게 다가올 수 있다. 연사는 몇 가지 요점을 말하고 거기에 구체적인 사례를 덧붙이는 방식을 취해야 한다. 이런 방식은 청중의 관심을 효과적으로 지속시킬 수 있다.

이런 이야기들은 투쟁, 즉 내가 무엇을 위해 싸웠고 어떤 승리를 했는지에 대한 것이어야 한다. 우리 모두 싸움과 투쟁에 큰 관심을 가지고 있다. 옛날 속담에 '세상은 사랑하는 사람을 사랑한다.'는 말이 있는데 이것은 사실이 아니다. 세상이 사랑하는 것은 싸움과 다툼이다. 세상은 한 여자를 두고 싸우는 두 연인을 보길 원한다. 이런 내용은 대부분의 소설이나 잡지, 또는 영화나 드라마의 기본이다. 모든 장애물이 사라지고 그 남자주인공이 여자주인공을 자신의 품에 안을 때 청중은 자신의 모자와 외투를 집어 들기 시작한다. 그리고 5분 뒤에는 청소부들이 자신의 빗자루에 대해 이러쿵저러쿵 수다를 떠는 것이다.

모든 잡지와 소설은 이것을 토대로 한다. 독자를 주인공으로 만들어라. 그로 하여금 뭔가를 강하게 열망하게끔 하고, 그 뭔가를 얻기란 불가능한 것처럼 보이게 하라. 그리고 주인공이 어떻게 그것을 얻기 위해 싸우고 쟁취에 성공하는지를 보여 주어라.

누군가가 사업이나 어떤 전문적 일을 수행하는 과정에서 불리한 여건과 어떻게 싸워 승리했는지에 대한 이야기는 언제나 감동적이고 재미있다. 한 잡지 편집자는 내게 어떤 사람의 진정한 내면의 이야기가 사람의 흥미를 돋운다는 사실을 지적했다. 만일 누군가 싸우고 투쟁했다면(그렇지 않은 사람이 누가 있을까마는) 그의 이야기가 잘 전달될 경우 엄청난 매력을 보여 줄 것이다. 이것은 틀림없는 사실이다.

❖ 구체적이어야 한다

나는 대중연설 강좌에서 철학박사 한 사람과 30년 전 영국 해군에서 청춘을 불태운 열정적인 학생을 만난 적이 있다. 그 멋진 학자는 대학교수였고, 일곱 개 바다를 거느리던 그의 친구는 뒷골목의 조그만 이삿짐센터 주인이 되었다. 이상하게 들리겠지만, 강좌 내내 그 이삿짐센터 주인의 연설이 철학교수의 연설보다 인기가 있었다. 왜 그럴까?

그 대학교수는 아름다운 영어를 구사했고, 태도는 교양 있고 세련되었으며 언어 또한 명확했고 논리 정연했다. 하지만 그의 이야기에는 한 가지 중요한 요소, 즉 구체성이 결여되어 있었다. 그것은 너무 애매하고 일반적이었다. 그에 반해 그 이삿짐센터 주인은 일반화시켜 말할 수 있는 능력은 많이 부족했지만 말을 시작하면 곧장 실무적인 이야기로 들어갔다. 이런 특징은 그의 활달함과 신선한 표현이 더해져 이야기를 유쾌하게 만들었다.

이 사례를 이야기하는 이유는 그것이 대학교수나 이삿짐센터 주인의 전형적인 예이기 때문이 아니라, 교육 수준과 상관없이 자신의 말에 구체성과 명확성을 더한 사람이 흥미를 잘 유발한다는 사실을 보여 주기 때문이다.

이 원칙은 중요하기 때문에 몇 가지 예를 통해 당신에게 각인시킬 생각이다. 반드시 깊이 유념하고 소홀히 하지 않길 바란다.

예를 들어 마르틴 루터는 소년 시절 '고집이 세고 완고했다.'라고 말하는 것이 더 재미있겠는가, 아니면 그가 선생님들에게 '오전에만 열다섯 번 회초리를 맞은 적도 있었다.'라고 고백했다는 표현이 더 좋겠는가? 전자의 말은 사람들의 이목을 끌기 어렵다. 하지만 말을 안 들어 선생님께 매를 맞은 횟수를 말하면 듣는 사람은 관심을 가질 것이다.

예전에는 전기문을 쓸 때 일반적인 사례들을 주로 다뤘고, 아리스토텔레스는 이것을 적절하게 '나약한 인간의 피난처'라고 불렀다. 새로운 전기문들은 구체적인 사실들을 제시하고 그들 스스로 말하게 하는 방식이 사용된다. 가령 구식 전기 작가는 '존 도우는 가난하지만 정직한 부모 밑에서 태어났다.'라고 말했다면, 새로운 방법을 사용하는 작가는 '존 도우의 아버지는 덧신 한 짝을 사서 신을 형편도 안 되어 눈이 올 때

발을 보호하기 위해 굵은 삼베 자루로 신발을 싸매야 했다. 하지만 가난했음에도 그는 절대 우유에 물을 타지 않았고 천식이 있는 말을 건강한 말이라고 속여 팔지도 않았다.'라고 할 것이다. 이 정도면 그의 부모가 '가난하지만 정직했다'는 사실을 실감나게 전달하지 않는가? 또한 흥미를 끌지 않는가?

현대 전기 작가들의 이 방법에 공감한다면, 현대의 연사들 역시 이것을 사용해 봄직하다. 예를 들어 '매일 나이아가라에서 낭비되는 잠재적인 동력은 가공할 만한 수준'이라는 말을 하고 싶어서 이 말을 한 뒤 '만일 이 동력을 이용하고 여기서 나오는 이익을 생필품 구입에 사용한다면, 많은 사람에게 옷을 입히고 음식을 먹일 수 있습니다.'라고 덧붙인다고 가정하자. 이것이 더 재밌고 즐겁게 들리지 않는가? 조금이 아니라 훨씬 낫다. 다음은 〈데일리 사이언스 뉴스 불러틴Daily Science News Bulletin〉에 실린 에드윈 E. 슬로슨Edwin E. Slosson의 글이다.

우리는 이 나라의 수백만 명이 가난 속에서 제대로 먹지도 못하고 있다는 말을 듣는다. 하지만 여기 나이아가라에서는 시간당 25만 개의 빵 덩어리가 낭비되고 있다. 우리는 마음의 눈을 통해 매 시간마다 60만 개의 신선한 계란이 절벽 위로 떨어져 소용돌이 속에서 거대한 오믈렛을 만드는 광경을 볼 수 있다. 이것은 베틀에서 만들어진 무명천들이 나이아가라 강만 한 1,200미터 넓이의 하천으로 흘러 들어가 사라지는 것과 같다. 만일 그 물이 방수관에서 쏟아져 나오는 책이라면 한두 시간 만에 카네기 도서관 전체를 채울 것이다. 아니면, 매일 커다란 백화점이 이리 호Lake Erie에 떠 내려와 그 안의 물건들이 50

미터 아래 바위 위로 내던져져 박살나는 모습을 상상해볼 수 있다. 그것은 정말 재미있고 짜릿한 장면일 것이고, 지금만큼이나 사람들에게 흥미로운 구경거리가 될 것이며 유지비 또한 들지 않을 것이다. 하지만 떨어지는 물의 힘을 이용하는 데 반대하는 일부 사람들은 백화점 물건을 폭포 아래로 버리자는 생각이 낭비인 것 같아 반대할 수도 있다.

❖ 시각적인 언어

관심을 끄는 데 있어서 굉장히 중요하지만 무시되는 한 가지 기술이 있다. 보통 연사들은 이것의 존재를 모르는 것 같고, 그것에 대해 의식적으로 생각하지도 않는 것 같다. 그것은 바로 마음속에 어떤 그림을 그려 낼 수 있게 하는 언어다. 듣기 쉽게 말하는 사람은 눈앞에 이미지가 떠다니게 하는 사람이다. 애매하고 상투적이며 개성 없는 상징을 이용하는 사람은 청중을 지루하게 만든다.

청중의 머릿속에 그림이 그려지게 하라. 그것은 우리가 숨 쉬는 공기만큼 자유롭다. 시각적인 언어로 연설이나 대화를 시작하면 청중은 더 즐거워ㄴ 할 것이고 당신은 더 강한 힘으로 그들을 매료시킬 것이다.

앞에서 말한 나이아가라 관련 기사를 다시 보자. 시각적인 어휘들이 보이는가? 그들은 오스트레일리아의 토끼 떼처럼 문장에서 깡충깡충 뛰어다니고, 안 보인다 싶으면 이내 다시 나타난다. 25만 개의 빵 덩어리, 절벽 아래로 떨어지는 60만 개의 달걀, 소용돌이 속의 거대한 오믈렛, 베틀에서 쏟아져 나와 1,200미터 넓이의 하천으로 들어가는 무명천들, 방수관 밑의 카네기 도서관, 책들, 물 위에 떠다니는 부서진 백화점, 떨어지는 물…….

373

이런 기사나 연설에 관심을 주지 않는 것은 극장에서 스크린에 관심을 주지 않는 것과 같다. 허번트 스펜서는 오래 전에 문체의 철학에 대해 쓴 짧은 수필에서 명확한 그림이 그려지게 하는 언어의 우수함을 이렇게 지적했다.

우리는 일반화시켜 생각하지 않고 구체적으로 생각한다. 예를 들어 이런 문장은 피해야 한다. '한 민족의 풍속과 관습, 오락이 잔인하고 야만적인 정도에 비례해 그들의 형법 규정의 엄격함이 결정될 것이다.' 이런 문장은 다음과 같은 문장으로 대체되어야 한다. '싸움, 투우, 그리고 검투사의 혈투를 즐기는 것만큼 사람들은 교수형, 화형, 그리고 고문에 의한 처벌을 받을 것이다.'

성경과 셰익스피어 작품에는 사과 주스 압착기 주위에 몰려든 벌떼처럼 시각적 표현이 넘쳐난다. 가령 보통의 작가는 불필요하게 어떤 일을 하려는 상황을 '이미 완벽한 것을 개선하려 한다.'라고 표현하겠지만 셰익스피어는 '정련된 금에 도금을 하며 백합에 채색을 하고 제비꽃에 향수를 뿌리는 격'이라는 불멸의 회화적 표현으로 전했다.

혹시 당신은 수 세대를 거쳐 전해진 속담들은 전부 시각적이라는 사실에 주목해 본 적이 있는가?

'숲 속의 새 두 마리보다 손에 있는 한 마리의 새가 낫다.'
'비가 오면 억수로 퍼붓는다.'
'말을 물가로 끌고 갈 수는 있어도 억지로 물을 마시게 할 수는 없다.'

수백 년 동안 너무 많이 사용되어 상투적인 느낌을 주는 직유들도 회화적 요소를 가지고 있다. 예를 들어 '여우처럼 교활한', '문에 박힌 못처럼 꼼짝 못하는', '팬케이크처럼 납작한', '바위처럼 단단한' 등과 같은 것들 말이다.

링컨은 항상 시각적인 표현을 사용했다. 그는 백악관의 자기 책상 위에 올라오는 길고 복잡한 보고서에 대해 화를 낼 때조차 평범한 표현이 아닌, 잊을 수 없는 시각적인 표현으로 부하들을 나무랐다. "내가 다른 이에게 말을 사 오라고 할 때는 그 말의 꼬리에 털이 몇 개나 붙어 있는지가 궁금하기 때문이 아니오. 내가 알고 싶은 것의 말의 중요한 특징들이오."

❖ 대조와 흥미 유발 효과

다음은 매콜리Macaulay가 찰스 1세를 비난한 글이다. 매콜레이는 회화적 표현뿐만 아니라 균형 있는 문장을 사용했다. 격한 대비는 언제나 사람들의 관심을 끌고 글의 뼈대를 형성한다.

우리는 그가 대관식 맹세를 어겼다고 비난하지만, 그는 자신의 결혼 서약을 지켰다고 말한다. 우리는 그가 다혈질적인 성직자들의 횡포에 백성들을 내주었다고 비난하지만, 그는 어린 아들을 무릎에 앉히고 입맞춤을 했다고 주장한다. 우리는 그가 심사숙고한 끝에 권리 청원 조항을 위반했다고 비난했지만, 우리가 듣는 얘기는 그에게 아침 6시에 기도하는 습관이 있다는 것이다. 이런 것들이 그의 반다이크풍의 의복과 잘생긴 얼굴, 그리고 뾰족한 수염과 함께 인기가 있다는 이유라고 본다.

❖ 흥미는 전염된다

우리는 지금까지 청중의 관심을 일으키는 요소들을 살펴봤다. 하지만 여기 제시된 모든 방법을 기계처럼 정확하게 따른다고 해도 연설은 지루해질 수 있다. 사람들의 관심을 끌고 유지시키는 힘은 아주 미묘한 것이기 때문에, 실제로는 느낌과 기분이 많은 것을 결정한다. 그것은 증기 엔진을 작동시키는 것과는 달라서, 이를 위한 어떤 정확한 규칙도 존재할 수 없다.

흥미는 전염된다는 사실을 기억하라. 만일 당신이 흥미라는 병에 걸린 환자라면 청중도 그 병에 전염될 것이다. 얼마 전에 볼티모어에서 열린 강좌 중에 한 신사가 일어나서 체서피크 만에서 일어난 볼락 포획이 현재 방식대로 진행된다면 이 어종은 멸종할 것이라고 말했다. 그것도 몇 년 안에 말이다. 그는 자신의 주장을 마음으로 느꼈다. 중요한 것은 바로 그것이다. 그는 이 문제를 심각하게 생각했고, 그의 모든 말과 태도는 그것을 분명하게 보여 주었다. 그가 말을 하기 위해 일어났을 때 나는 체서피크 만에 볼락 같은 어종이 있는지조차 몰랐다. 대다수의 청중도 그랬을 것이다. 하지만 그 신사가 이야기를 끝내기도 전에 우리 모두는 그의 우려에 전염되었다. 우리 모두 볼락을 법으로 보호하자는 청원서에 서명이라도 할 기세였다.

언젠가 나는 당시 이탈리아 주재 미국 대사였던 리처드 워시번 차일드Richard Washburn Child에게 그가 작가로 성공한 비결에 대해 물었다. 그는 이렇게 말했다. "저는 삶이 너무 흥미로워서 가만히 보고만 있을 수가 없습니다. 그것에 대해 말하지 않고는 견딜 수가 없었지요." 이런 연사나 작가에게 누가 매력을 느끼지 않겠는가?

나는 최근 한 연사의 강연을 들으러 런던에 갔다. 강연이 끝나고 우리 일행이었던 영국의 유명 소설가 E. F. 벤슨E. F. Benson은 연설의 처음보다 마지막이 훨씬 좋았다고 말했다. 그 이유를 묻자 그는 이렇게 말했다. "연사가 마지막 부분에 흥미를 느끼는 것 같았어요. 제 열정과 관심은 항상 연사에게서 전염되지요."

모든 사람이 그렇다. 그러니 이 점을 기억하라.

청중의 흥미를 돋우는 방법

1. 우리는 일상적인 것들 속에 깃들어 있는 특이한 사실들에 관심을 가진다.

2. 우리가 관심을 갖는 주된 대상은 우리 자신이다.

3. 비록 자신은 별로 말하지 않아도 다른 이들로 하여금 그들 자신과 관심사에 대해 말하게끔 하는 사람, 그리고 그것에 진지하게 귀 기울여 주는 사람이야말로 훌륭한 대화자다.

4. 그럴 듯하게 미화된 남의 뒷말이나 사람들의 구체적인 인생 이야기는 거의 예외 없이 우리의 흥미를 불러일으킨다. 연사는 그저 몇 가지의 핵심 사항들을 인간미 풍기는 이야기로 장식해서 전달해야 한다.

5. 구체적으로 이야기하고, 명확성에 만전을 기하라. 마르틴 루터는 소년 시절 '완고하고 고집이 셌다.'라는 식으로 막연하게 일반화시켜 말하지 마라. 그 사실은 이야기하되, 그 후에는 선생님들이 그를 '오전에만 열다섯 번이나 회초리로 때렸던 적이 있다.'라는 구체적인 내용으로 보강하라. 이렇게 하면 일반적인 진술이 한층 명확해지고 힘을 얻으며 재미있어진다.

6. 그림을 그릴 수 있게 하는 언어, 눈앞에 이미지가 떠다니게 하는 표현을 많이 사용하라.

7. 가능하면 균형 잡힌 문장과 서로 대비되는 개념을 이용하여 논지를 전개하라.

8. 관심은 전염된다. 연사 자신이 진심으로 자신이 말하는 내용에 관심
   을 느낀다면 청중 역시 반드시 그 분위기에 전염된다. 그러나 그것
   은 단순히 규칙에 기계적으로 따른다 해서 가능해지는 일이 아니다.

DALE CARNEGIE

PUBLIC SPEAKING AND INFLUENCING MEN IN BUSINESS

"정말 유능한 연사들은 결코 맹목적인 충동을 자신의 신으로 섬기지 않는다. 그들은 행동과 신념을 지배하는 법칙을 꼼꼼히 연구한 후, 그렇게 형성된 판단력으로 그것들을 조종하고 지배한다."

— 아서 에드워드 필립스(Authur Edward Phillips), 《효과적인 연설(Effective Speaking)》

"비즈니스와 관련된 모든 대화들은 그것이 난로 판매에 관한 것이든 공장의 정책을 표결에 붙이는 것에 관한 것이든 그 목적이 분명하다. 그것은 상품을 파는 것일 수도 있고, 어떤 아이디어를 파는 것일 수도 있다. 따라서 그것은 상용 편지나 길거리 광고판의 광고 문구처럼 사람들의 관심사에 호소할 수 있어야 한다. 치밀하게 준비되고 계획된 대화는 철저히 준비되고 검증된 광고가 그렇듯 전혀 계획 없이 임한 대화보다 훨씬 효과적이다."

— 《성공적인 비즈니스 대화법(How To Talk Business to Win)》

"현대의 세련된 청중들은 연사에게 무엇을 요구하는가? 첫째, 연사 자신이 진국이어야 한다. 둘째, 그는 뭔가 가치 있는 것을 알고, 또 그것을 확실히 알아야 한다. 셋째, 연사 자신의 감정과 확신이 그가 제시하는 주제 속에 완전히 녹아 있어야 한다. 넷째, 단순하고 자연스러우며 힘찬 언어로 곧장 핵심을 찔러야 한다."

— 록우드 소프(Lockwood–Thorpe), 《오늘날의 대중연설(Public Speaking Today)》

"인생의 위대한 목표는 지식이 아니라 행동이다."

— 헉슬리(Huxley)

"행동이야말로 다른 것과 뚜렷하게 구별되는 위대함의 특징이다."

— E. 세인트 엘모 루이스(E. St.Elmo Lewis)

행동을 이끌어 내는 방법

단지 요청만 함으로써 당신이 지니고 있는 어떤 능력을 두세 배로 올릴 수 있다면, 당신은 어떤 능력을 선택할 것인가? 다른 사람의 마음을 움직여 그들의 행동을 이끌어 내는 것을 원하지 않을까? 그것은 우리의 힘, 이익, 기쁨이 더 커지는 것을 의미한다.

성공적인 삶에 필수적인 재능을 언제까지 운에만 맡겨 둘 것인가? 본능이나 주먹구구식 임기응변에만 의존해 일을 그르치면 안 된다. 이런 재능을 얻기 위한 합리적인 방법은 없을까?

당연히 길은 있다. 이제 그것에 대한 이야기를 할 텐데, 상식과 인간 본성의 법칙에 근거를 둔 그 방법은 필자가 자주 사용한 것일 뿐더러 다른 사람들을 훈련시킬 때도 그 효과를 입증한 바 있다.

383

이 방법의 첫 단계는 사람들의 관심을 받는 것이다. 이 부분에서 실패하면 사람들은 당신의 말을 듣지 않으려 한다. 이것과 관련해서는 9장과 14장에서 이미 언급했으니, 이쯤에서 다시 짚어 보는 것이 유용할 것이다.

두 번째는 청중의 신뢰를 얻는 것이다. 신뢰를 얻지 못하면 그들은 당신의 말을 믿지 않을 것이다. 많은 연사들이 한계를 느낄 뿐 아니라 수많은 광고, 상용 편지, 그리고 많은 직원과 기업이 실패하는 것이 바로 이 단계다. 또한 많은 사람이 자신의 환경에서 자신의 능력을 발휘하지 못하는 것 역시 이 지점이다.

❖ 신뢰받을 자격을 갖춰라

신뢰를 얻는 최고의 방법은 그럴 만한 자격을 갖추는 것이다. J. P. 모건은 신뢰를 얻는 데 있어 가장 중요한 것은 인격이라고 한 바 있는데, 인격은 청중의 신임을 얻는 데도 반드시 필요하다. 나는 유창하고 재치 있는 연사들이 그보다 덜 똑똑하지만 더 진실한 연사만큼 설득력을 발휘하지 못하는 경우를 많이 봤다.

필자가 최근 주최한 강좌에 참여했던 한 학생은 외모가 뛰어났고, 말할 때 나타나는 사고와 언어에 거침이 없어 사람들의 감탄을 자아냈다. 그가 말을 마쳤을 때, 사람들은 '거 참 똑똑한 친구네.' 하는 정도의 반응을 보였다. 그가 사람들에게 준 인상은 표면적 수준에 그쳤고, 그들의 마음을 움직이지 못한 것이다. 반면 그와 같은 그룹에 있었던 보험사 직원은 작은 체구에 말도 더듬고 언어 또한 세련되지 않았다. 하지만 그의 마음에서 우러난 성실성과 목소리에서 나오는 울림은 사람들에게 신뢰를 주었다.

영국의 사상가 토머스 칼라일Thomas Carlyle은 《영웅과 영웅 숭배He-roes and Hero Worship》에서 다음과 같이 말했다. "미라보, 나폴레옹, 번즈, 크롬웰 등 성공하는 인물은 자신의 일에 진지하다. 나는 이런 이들을 성실한 인간이라고 부른다. 나는 깊고 진실한 성실성이야말로 성공에 필요한 첫 번째 요소라고 생각한다. 스스로 성실한 척하는 가식적인 모습은 여기에 포함되지 않는다. 이것은 정말 불쌍한 것이고 천박한 허영이며, 의식적인 성실함이고 자만에 속한다. 위대한 사람의 성실성은 자신도 말할 수 없고 자신도 의식할 수 없는 종류의 것이다."

몇 년 전 당대 가장 재치 있고 뛰어난 연설가 중 한 명이었던 이가 세상을 떠났다. 젊은 시절 그는 큰 꿈에 부풀었고 장래가 촉망되는 젊은이였지만 무엇 하나 제대로 이룬 것 없이 세월을 보냈다. 가슴보다 머리가 발달했던 그는 자신에게 이익이나 돈을 가져다주는 것이면 그것을 위해 입을 놀리면서 자신의 아까운 재능을 낭비했다. 그는 불성실하다는 오명을 얻었고 공적인 삶은 붕괴되었다.

웹스터가 말하듯 마음으로 느끼지 못하면서 동정심이나 성실한 이미지를 억지로 꾸며 내는 것은 아무 소용없다. 그것은 아무에게도 통하지 않는다. 진실이 없는 말은 울림을 주지 못하는 메아리에 불과하기 때문이다.

인디애나 주의 유명 연설가 앨버트 J. 베버리지는 이렇게 말했다.

"사람들의 가장 심오한 감정, 그들의 성격에서 가장 큰 영향력을 갖는 것은 종교적 요소다. 그것은 자기 보존의 법칙만큼이나 본능적이고 본질적인 힘으로 사람의 지성과 성격을 형성한다. 아직 틀이 잡히지 않은 자신의 생각을 통해 남에게 감동을 주는 사람은 분석할 수 없는 공감과 유대의 감정을 가지고 있어야 한다."

링컨은 사람들과 공감했다. 그는 화려하지 않았다. 그를 '웅변가'라고 부르는 사람은 없었다. 더글러스 판사와의 논쟁에서도 그에게는 상대방이 지닌 노련함, 유연함, 그리고 웅변술이 없었다. 사람들은 더글러스를 '작은 거인'이라고 부르고, 링컨은 '정직한 에이브'라고 불렀다.

더글러스는 매력적이었고, 놀라운 힘과 열정을 가지고 있었다. 하지만 그는 함께 공존할 수 없는 가치들 사이에서 위험한 줄타기를 했고 원칙보다는 책략을, 정의보다는 편의를 우선시했다. 이것은 그의 몰락을 재촉했다.

링컨은 어땠을까? 그가 말하면 사람들은 링컨의 소박하고 진실한 마음을 느꼈고, 이것은 그가 하는 말의 힘을 더욱 굳건하게 만들었다. 사람들은 그의 정직성, 성실함, 그리고 예수와도 같은 풍요로운 마음을 느꼈다. 법률 지식에서 그를 능가하는 사람은 많았지만, 배심원들을 상대로 그만 한 영향력을 발휘하는 사람은 찾기 힘들었다. 그는 자신에게 유리한 방향으로 일을 끌어들이는 데는 관심이 없었던 대신 정의와 영원한 진리를 수호하는 일에 더 관심을 가졌다. 그리고 사람들은 그의 말에서 그것을 충분히 느낄 수 있었다.

❖ 경험을 전하라

청중의 신뢰를 얻는 두 번째 방법은 자신의 경험을 전하는 것이다. 이것은 효과적이다. 만일 당신이 의견을 말하면 사람들은 의심스러워할지 모른다. 어디서 들은 이야기거나 책에서 본 내용이라면 낡은 물건 같다는 느낌을 줄 것임에 반해 자신의 체험, 깊은 울림과 진실성이 담긴 이야기는 사람들의 흥미를 끌고 그들에게 신뢰를 준다. 그들은 그 특정 주제에서만큼은 세계적인 권위자로 당신을 인정할 것이다.

❖ 제대로 소개받아라

많은 연사들이 제대로 소개받지 못해 청중의 즉각적 관심을 받지 못하는 경우가 많다. '소개'를 의미하는 '인트로덕션introduction'이라는 단어는 '인트로intro, 안으로'와 '듀서ducere, 이끌다'라는 두 개의 라틴어가 합쳐진 것이다. 그러므로 연사는 '소개'를 통해 청중을 주제의 핵심 내부로 끌고 들어가 그들에게 이야기를 듣고 싶다는 충동을 일으켜야 한다. 소개는 연사와 관련된 중요 사실들, 그가 이 특별한 주제에 대한 말을 하기에 적합한 인물이라는 것을 증명하는 사실들 속으로 청중을 인도해야 한다. 다시 말해, 소개는 청중에게 주제와 연설가를 '팔아야' 한다. 그것도 짧은 시간 안에 말이다.

하지만 사실 이렇게 진행되기란 어려워서 열에 아홉은 실패하고 만다. 대부분의 소개는 빈약하고 내용이 허술해서 그런 효과를 이끌어 내기에 부적절한 경우가 많기 때문이다.

일례로 나는 예전에 어떤 유명 연사가 아일랜드의 시인 W. B. 예이츠 W. B. Yeats를 소개하는 것을 보았다. 예이츠는 자신의 시를 낭송하게 되어 있었다. 그 당시보다 3년 전에 그는 문학인에게 있어 최고의 영예인 노벨문학상을 받았다. 하지만 그 자리에 있던 청중 중 그 상과 상에 대한 의미를 알고 있는 사람은 극히 적었고, 그랬기에 그 시인을 소개하는 자리라면 어떤 경우에라도 이 두 가지는 언급되어야 했다. 그러나 그 연사는 이런 사실은 무시한 채 신화와 그리스 시에 관한 이야기만 했다. 그는 자신이 청중에게 그 자신의 지식과 중요성을 나타내려고 한다는 사실을 의식하지 못했다.

그 연사는 국제적으로 유명했고 남에 의해 소개받은 경험도 많았지만, 자신이 남을 소개하는 데 있어서는 실패했다. 그 정도의 경력을 가진 사람인데도 그런 실수를 하니 하물며 다른 사회자는 어떻겠는가?

이 문제는 어떻게 해결해야 할까? 겸손한 자세로 사회자에게 자신을 소개하는 데 참고가 될 몇 가지 사실을 알려드려도 되겠는지 물어보라. 그는 감사하게 당신의 제안을 받아들일 것이다. 그러면 내가 내 소개에서 언급되었으면 하는 것들, 내가 특정 주제에 대해 말할 만한 위치에 있음을 보여 주는 내용들, 그리고 청중이 알아야 할 간단한 사실과 나의 발언을 의미 있게 해 줄 정보들을 그에게 알려 줘라. 한 번 들으면 그 사회자는 그중의 절반은 잊어버리고 절반은 어렴풋이 기억할 것이다. 따라서 그가 당신을 소개하기에 앞서 참고할 수 있게 한두 문장으로 정리한 내용을 전해 주는 것이 좋다. 그러나 과연 그가 내 바람대로 그것을 참고할까? 아마 그러지 않을지도 모른다. 그러면 어쩔 수 없는 것이다.

❖ 왕포아풀과 히코리나무의 재

어느 가을에 나는 뉴욕의 여러 YMCA에서 대중연설 강좌를 하고 있었다. 한번은 그 도시에서 유명한 어느 판매 조직의 스타급 영업사원이 강좌에 참석했는데, 어느 날 저녁 그는 자신이 씨앗과 뿌리 없이 왕포아풀을 자라게 했다는 이상한 이야기를 했다. 그는 새로 쟁기질한 땅 위에 히코리나무의 재를 뿌렸는데 놀랍게 왕포아풀이 자랐다는 것이다. 그풀이 돋아나게 한 것은 바로 히코리나무라고 그는 믿고 있었다.

나는 웃으며 그 말이 사실이라면 그는 백만장자가 될 것이라고 말했다. 그런 씨앗이라면 가격 또한 엄청날 테니 말이다. 또 나는 그 사건으로 그가 불멸의 존재뿐 아니라 역사상 가장 뛰어난 학자가 될 것이라고 말했다. 지금까지 어떤 사람도 그런 기적을 행한 적이 없었고, 그 누구도 생명이 없는 것에서 생명을 만들어 낼 수는 없다는 것도 지적했다.

그의 오류는 너무나 명백했고 터무니없다고 느꼈기 때문에 나는 조용히 이 이야기를 전했다. 내가 말을 마쳤을 때 그 강좌를 듣던 학생들도 그의 주장이 터무니없다고 생각했지만, 그 자신은 단 한 순간도 자신의 생각을 굽히지 않았다. 그는 자신이 살아 있는 것만큼이나 자신의 주장을 믿었고, 벌떡 일어나 자신이 틀리지 않다고도 말했다. 그는 자신이 어떤 이론을 강의하는 것이 아닌, 자신의 개인적인 경험을 전하는 것이라고 했다. 그는 자신이 무슨 말을 하는지 알고 있었다. 그는 최초의 발언에 살을 붙여 가면서 추가적인 정보와 증거를 제시했고, 그의 목소리에서는 진실과 정직의 메아리가 울렸다.

다시 나는 그에게 그의 주장이 옳고 진실일 수 있는 가능성은 굉장히 낮다고 말했다. 그러자 그는 화를 내며 5달러 내기를 제안했고 미국 농무성 판결에 맡겨 보자고 했다.

그리고 그가 수강생 몇 명을 자신의 편으로 끌어들인 것을 알게 된 나는 놀라며 그들에게 어떻게 그의 주장을 믿게 되었는지 물었다. 그들은 그가 자신의 생각에 대해 가지고 있는 진지함과 믿음 때문이라고 답했다. 이것이 그들이 그의 말을 믿은 이유였다.

진지함, 특히 일반 대중에게 이 힘은 믿을 수 없을 정도로 큰 힘을 갖는다. 독립적인 사고 능력을 가진 사람은 에티오피아의 황옥처럼 지극히 귀하고 드물다. 하지만 우리 모두는 감정과 정서가 있고, 연설가의 감정에 영향을 받는다. 만일 연설가가 진심을 담아 말한다면 허허벌판과 재에서 왕포아풀이 돋아났다고 말해도 그 말을 믿어 줄 사람들이 생길 것이다. 심지어 뉴욕의 세련되고 성공한 기업인들 중에서도 추종자를 찾을 수 있을 것이다.

어찌 됐든 청중의 관심과 신뢰를 얻는 데 성공한 후에는 본격적인 작업이 시작된다. 이제 세 번째 단계는 사실을 진술하고 당신의 주장이 지닌 장점을 청중에게 교육시키는 것이다.

❖ 나의 주장이 지닌 장점을 알려줘라

이것은 연설의 핵심이자 의미에 해당하므로, 여기에 대부분의 시간을 할애해야 한다. 이제 당신은 명확성에 대해 12장에서 배운 모든 내용, 감동과 확신을 주는 법에 대해 13장에서 배운 내용을 적용해야 한다.

철저한 준비가 빛을 보는 것도 바로 이 지점이다. 빈약한 준비는 여기서 〈맥베스〉에 나오는 유령인 뱅쿼Banquo처럼 나와 당신을 비웃을 것이다.

전쟁터에 비유하면 이곳은 최전선과도 같다. 포슈 장군은 이렇게 말했다.

"전쟁터에서는 따로 연구할 기회가 없다. 이곳에서는 이미 알고 있는 것을 적용할 수 있을 뿐이다. 그러므로 핵심은 철저하게 알고, 그 아는 바를 빠르게 활용하는 것이다."

여기서는 당신이 주제에 대해 실제 사용할 수 있는 정보보다 더 많은 것을 알고 있어야 한다. 《거울 나라의 앨리스Alice Through the Looking Glass》에 등장하는 백기사는 여행을 떠나기 전, 발생할 수 있는 모든 일에 대비한다. 그는 쥐들이 괴롭힐 것을 걱정해 쥐덫을 가져갔고, 길 잃은 벌떼를 만날 것을 대비해 벌통도 가져갔다. 만일 백기사가 대중연설도 그렇게 준비했다면 엄청난 성공을 거뒀을 것이고, 많은 정보로 그를 방해하는 모든 반대들도 제압할 수 있었을지 모른다. 그는 자신의 주제를 알고 철저히 계획해 실패할 가능성을 없앴을 것이다.

❖ 반대 의견에 대한 패터슨식 대처법

만일 당신이 특정 기업인을 상대로 그들에게 영향력 있는 어떤 제안을 해야 한다면, 당신만이 그들을 교육할 것이 아니라 그들에게도 당신을 교육하게 해야 한다. 그들이 어떤 생각을 하고 있는지 알아야 엉뚱한 과녁을 겨냥하는 꼴을 피할 수 있기 때문이다.

그들로 하여금 자신의 생각을 말하게 하고, 당신은 그들의 반대 의견에 열심히 답하라. 그러면 그들은 마음이 너그러워져 당신의 말을 받아들일 것이다. 다음은 〈시스템〉 매거진에 실린, 내셔널 캐시 레지스터 사의 초대 사장 존 H. 패터슨이 이런 상황에 대처한 방식을 소개한 기사에서 인용한 글이다.

우리는 금전등록기의 가격을 올려야 할 상황에 처했다. 하지만 대리점과 영업 담당자들은 이에 반대하며 가격을 그대로 두지 않으면 영업에 큰 지장이 생길 것이라고 주장했다. 나는 그들 모두를 데이턴Dayton으로 불러들여 회합을 했고 그 모임을 주도했다. 내 뒤쪽 단상 위에는 커다란 종이 한 장과 기록할 사람이 있었다.

나는 그곳에 모인 사람들에게 가격 인상을 반대하는 이유를 물었다. 그러자 가격 고정이 필요성에 대한 거친 의견들이 따발총처럼 쏟아져 나왔다. 나는 그 의견들을 모두 기록자에게 큰 종이에 적도록 지시했다. 첫날 회의에서는 반대 의견을 모으는 데만 모든 시간을 사용했다. 나는 그들에게 의견 제시를 권유하는 것 외에는 아무것도 하지 않았다. 모임이 끝나고 의견을 종합해 보니 반대 이유로 100여 개가 거론되었다. 나올 수 있는 모든 이유가 그들 앞에 있었고, 그들의 마음은 이미 어떤 변화도 허용하지 않는다는 결론을 내리고 있는 것처럼 보였다. 1차 회의는 그렇게 마무리되었다.

다음 날 아침 나는 그 반대 의견들 하나하나를 지적하면서 왜 그것들이 부적절한지 도표와 말로 설명했다. 사람들은 모두 수긍했다. 왜 그랬을까? 반대 의견이 모두 분명히 제시되었고 토론은 그것에 집중되어 미해결된 부분은 하나도 없었다. 우리는 현장에서 모든 것을 해결한 것이다.

하지만 이런 경우 단지 논쟁을 통해 문제를 해결하는 것만으로는 불충분하다는 생각이 들었다. 대리점 사원들의 모임은 참석자 모두가 새로운 의욕으로 충전된 채 끝나야 하는데, 논쟁을 하다 보면 등록기 자체와 관련된 문제들이 토론 과정에서 희석될 수 있다. 이런 일은 절대 일어나지 말아야 하는 것이었다. 극적인 마무리가 필요했던 것이다. 나는 회의가 끝나기 전에 100명의 사람들이 한 사람씩 무대를 행진하게 했다. 각 사람은 한 개의 깃발을 들었고, 그 깃발에는 최신 기종 등록기의 부품 그림이 하나씩 그려져 있었다. 마지막 사람이 무대를 가로지를 때는 전체 인원이 다시 모여 완벽한 기계를 형성하며 대미를 장식했고, 모임은 대리점 사람들이 함께 열렬히 환호하는 것으로 끝났다.

❖ 욕망과 욕망이 싸우게 하라

이 방법의 네 번째 단계는 사람을 행동하게 만드는 동기에 호소하는 것이다. 이 지구와 그것에 속한 모든 것들은 우연이 아닌, 불변의 인과법칙에 의해 움직인다.

세상은 질서 있게 만들어졌고, 원자는 서로 조화롭게 행진한다.

지금까지 일어났고 앞으로 일어날 일들은 그 전에 일어난 어떤 일의 논리적이며 불가피한 결과였으며 앞으로도 그럴 것이다. 이 원칙은 메디아인들이나 페르시아인들의 법처럼 변하지 않는다. 지진과 요셉의 색동옷, 기러기 울음소리, 질투심, 찐 콩과 베이컨 요리의 가격, 코이누르 다이아몬드, 그리고 시드니의 아름다운 항구가 진실이듯 이 법칙도 어김없는 진리다. 이것을 인식한다면 왜 미신이 어리석은 것인지도 이해할 수 있다. 불변의 자연법칙이 테이블에 둘러앉은 열세 명의 사람에 의해, 또는 누군가 거울을 깨뜨린다고 해서 조금이라도 멈춰지거나 변경되거나 영향을 받겠는가?

우리가 취하는 의식적이고 의도적인 모든 행동은 욕망에 의해 일어난다. 이 원칙이 적용되지 않는 유일한 부류의 사람들은 정신병원에 갇힌 이들이다. 우리를 움직이게 하는 것은 많지 않다. 매 시간과 매일 밤낮,

393

우리는 놀라울 정도로 적은 수의 욕망에 지배된다.

이것은 곧 우리가 이 동기들이 무엇인지 알고 그것에 호소할 수 있는 능력이 있다면 엄청난 힘을 갖게 된다는 것을 의미한다. 현명한 연사는 바로 이것을 행하려고 하는 반면, 미숙한 연사는 맹인처럼 자신이 어디로 가는지도 모르는 채 목적 없이 길을 더듬기만 한다.

가령 한 아버지가 아들이 몰래 담배를 피웠다는 사실을 알게 된 경우를 생각해 보자. 아버지는 불같이 화를 내고 당장 담배를 끊으라고 말하면서 담배가 건강에 해롭다는 것을 경고한다. 하지만 아들은 건강에는 관심이 없고 담배의 맛과 그것을 피우는 데서 오는 스릴을 즐긴다고 가정해 보자. 그러면 어떻게 될까? 아버지의 위협은 쇠귀에 경 읽기가 될 것이다. 왜 그런가? 그것은 아들의 주요 행동 동기를 이해하고 그것을 이용하는 지혜가 아버지에게 없었기 때문이다. 그는 자신의 동기에 따라서만 움직였을 뿐, 아들의 심리는 전혀 이해하지 못했다.

만일 그 아들이 학교 육상부에서 100미터 달리기 대회에 출전하고 운동에서 뛰어난 능력을 보이기를 원하는 학생이라면, 아버지는 자신의 생각만 늘어놓는 것이 아니라 흡연이 아들의 꿈을 망치는 원인이 될지 모른다고 이야기하는 편이 낫다. 그러면 언성을 높이지 않고도 더 약한 욕망을 더 강한 욕망과 충돌시키는 현명한 방법을 통해 아들로부터 원하는 행동을 이끌어 낼 수 있을 것이기 때문이다. 이런 상황은 세계 최대 스포츠 행사의 하나인 옥스퍼드-캠브리지 대학교 보트 경주에서 실제로 일어난다. 경기에 참가한 선수들은 훈련 기간 중에 금연해야 한다. 승리 외의 다른 욕망은 부차적인 것이기 때문이다.

오늘날 인류가 직면한 가장 심각한 문제 중의 하나는 곤충이다. 몇 년 전, 수도에 있는 호숫가의 조경을 위해 일본 정부의 제안으로 들여와 심은 벚나무를 위해 오리엔탈 과일 나방이 수입되었다. 하지만 이 나방들은 세력을 퍼뜨려 동부 몇 개 주의 과일 작황을 위협했다. 살충제 살포도 별 효과가 없어 보이자 정부는 일본에서 또 다른 곤충들을 들여와 그 나방을 잡아먹게 하는 방법을 택했다.

다른 사람의 행동을 자극하는 데 능숙한 사람도 이와 비슷한 방법을 사용해 하나의 동기가 다른 동기와 대립하게 한다. 이것은 상식적이고 분명한 방법처럼 보여 일반적으로 사용될 것이라 생각하기 쉽지만 실제로 활용되는 경우는 많지 않다.

예를 들어 보자. 나는 한 도시에서 있었던 정오 만찬에 참석한 적이 있다. 인근 도시의 컨트리클럽 골프장에서는 경기에 참여할 사람을 모집했는데, 이름을 적은 사람은 많지 않았다. 그 클럽의 회장은 자신이 후원하는 행사가 물거품이 되어 버리고 그의 체면은 구겨질 상황이었으므로 기분이 좋지 않았다. 그는 많은 사람이 참석해 주길 호소했지만, 그의 태도와 어투는 그에 적절하지 않았다. 그는 회원들이 참석하길 바란다는 자신의 소망을 이야기하긴 했지만 그것은 전혀 호소하는 모습이 아니었다. 그는 사람의 마음을 능숙하게 다루지 못하고, 그저 자신의 감정만 이야기하는 데 그쳤다. 담배 피우는 아들 때문에 화가 난 아버지처럼 그는 상대방의 욕망을 전혀 고려하지 않았던 것이다.

그는 어떻게 해야 했을까? 그는 상식을 발휘해 남에게 얘기하기 전에 자신에게 이렇게 자문해야 했다. '왜 사람들이 골프 모임에 참석하지 않는 걸까? 시간이 없는 사람도 있겠고, 어떤 이들은 기차 요금이나 비용적인 부분이 부담스러워 참석하지 않는 것일지도 모르겠군. 이 문제를 어떻게 해결해야할까? 이런 식으로 설득하는 것이 좋겠다. 즉, 레크리에이션은 시간을 낭비하는 것이 아니고, 피곤한 상태에서 엿새 동안 일하는 것보다는 좋은 컨디션으로 닷새간 일하는 것이 훨씬 능률적이라고 말이야. 이것은 다들 아는 사실이지만, 다시 한 번 일깨워 주는 것이 좋겠군. 이 행사에 들어가는 적은 비용을 아끼는 것보다 더 중요한 것이 있음을 지적하고, 이것은 건강과 즐거움에 투자하는 것이란 사실을 알게 해 줘야겠어. 그리고 그들의 상상력을 자극해 골프장을 걸어 다니는 모습, 얼굴에 불어오는 서늘한 바람, 발밑의 푸른 잔디를 떠올리게 하고, 무더운 도시에서 돈 몇 푼을 벌기 위해 허덕이는 사람들을 측은하게 느끼게끔 해야겠다.'

이렇게 말하는 것이 "여러분이 참석해 주시면 감사하겠습니다."라고 말하는 것보다 훨씬 효과적이지 않을까?

❖ 우리의 행동을 결정하는 욕망

행동을 지배하고 사람답게 행동하게 만드는 이 기본적인 욕망들은 무엇일까? 그것들을 이해하고 이용하는 것이 우리 성공에 있어서 중요한 요소라면 그것을 꺼내 그 위에 불을 비추고 분석해 보자. 나는 이 장의 나머지를 그것에 관해 이야기하는 데 할애할 생각이다. 여러분의 머릿속 깊숙한 곳에서 그것의 의미가 분명해지고 정확하게 이해될 것이다.

사람을 움직이는 가장 강한 동기들 중 하나는 이익에 대한 욕망이다. 오늘 아침에도 수백만의 사람들을 잠에서 깨워 일어나게 하는 동기가 바로 이것이다. 이 욕망은 새벽의 단잠과 침대의 푹신함보다 더 강하다. 누구나 다 알고 있는 이 욕구의 강한 힘에 대해 무슨 말이 더 필요할까?

하지만 돈에 대한 욕구보다 더 강한 것은 자기보호에 대한 욕구다. 건강과 관련된 주장들은 이것에 기초하고 있다. 예를 들어 한 도시가 건강에 좋은 기후를 광고하거나, 식품회사가 자사 제품의 순도와 기력충전 효과를 강조하거나, 약장수가 자신의 만능약이 치료해 줄 그 많은 질병을 나열할 때, 혹은 낙농업자 조합이 우유는 비타민이 풍부하고 꼭 필요한 식품이라 주장하거나, 금연협회의 한 연사가 담배의 3퍼센트는 니코틴이고 니코틴 한 방울이면 개 한 마리를 죽일 수 있으며 여덟 방울이면 말 한 마리를 죽일 수 있다고 위협할 때, 이들은 우리의 근원적인 욕망에 호소하는 것이다.

이 욕망에 대한 호소를 조금 더 강화하려면 그것을 개인적인 차원으로 끌어내려라. 가령 암이 증가 추세에 있음을 보여 주는 이야기를 하는 중이라면, 듣고 있는 사람들과 그 이야기를 이런 식으로 직접 연계시켜라. "이 방에는 30명의 사람들이 있습니다. 의학적 통계에 따르면 여러분이 45세까지 산다고 했을 때, 여러분 중 세 분은 암으로 사망할 것입니다. 누가 그분이 될지 궁금하네요. 앞에 앉은 이분일지, 그 뒤에 계신 분일지, 아니면 저쪽에 앉아 계실 분일지 말입니다."

돈에 대한 욕망만큼 강한 것은 남에게 인정받고자 하는 욕망이다. 많은 사람에게 있어서 이 욕망은 돈에 대한 욕망보다 강하다. 다시 말해 자존심은 나를 지탱해주는 힘이자, 나 자신이다.

자존심이여, 그대는 그 이름으로 얼마나 많은 범죄를 일으켰는가? 오랜 세월 중국에서는 많은 어린 소녀들이 참을 수 없는 고통에 비명을 지르면서도 자발적으로 전족의 관행을 따랐다. 그들에게 발을 묶어 자라나지 못하게 한 것은 바로 그들의 자존심이었다. 이 순간에도 중앙아프리카의 일부 지역에 사는 수천 명의 원주민 여성들은 입술에 나무 원반을 끼고 있다. 믿기 힘들겠지만, 이 원반의 크기는 음식을 담는 접시만하다. 이 부족 출신의 소녀들은 여덟 살이 되면 입술의 바깥쪽을 찢고 그 안에 원반을 끼워 넣는다. 시간이 지나면서 먼저 착용한 원반은 더 큰 것으로 교체된다. 마지막에는 이 무지막지한 장식품이 들어갈 공간을 만들기 위해 치아까지 제거해야만 한다. 이것은 그녀들이 정확한 발음을 하는 것을 불가능하게 만들어 사람들은 그들의 말을 알아들을 수 없다. 이 여성들이 이 모든 것을 견뎌내는 것은 더 아름답게 보이기 위함이고, 남에게 칭찬받고 스스로를 높이 평가하며 자신의 자존심을 만족시키기 위함이다.

우리 문명 세계에 사는 사람들은 그 정도는 아니지만, 자존심을 자기 내면의 최고신으로 떠받든다는 점에서는 본질적으로 그들과 다르지 않다. 따라서 사람들의 자존심에 호소하는 것은 잘만 하면 TNT 폭탄에 맞먹는 위력을 발휘한다.

당신이 왜 이 강좌를 듣는지 자문해 보라. 남에게 더 잘 보이고 싶어서인가? 감동적인 연설에서 오는 내적 만족을 위해서인가? 대중연설가의 자연스런 덕목인 힘과 리더십과 명성에 대한 자부심을 느끼고 싶어서인가?

한 통신판매 잡지의 편집인은 최근 한 강연에서 영업 서신에 담을 수 있는 온갖 호소 중에서도 자존심과 이익에 대한 것만큼 효과적인 것은 없다고 말했다.

링컨 역시 이 자존심 동기에 호소하는 방법으로 1847년 테이즈웰 카운티 법정에서의 소송에서 이긴 적이 있다. 스노우라는 이름의 두 형제가 케이스라는 사람으로부터 멍에 맨 두 쌍의 소와 쟁기를 구입했다. 그들은 미성년자였음에도 케이스는 그들이 제시한 200달러짜리 공동어음을 받았다. 하지만 어음 만기일이 다가와 돈을 지급받으려고 했을 때, 그에게 돌아온 것은 현금이 아닌 조롱이었다. 그래서 그는 링컨을 고용했고 사건을 법정으로 끌고 갔다. 스노우 형제들은 자신들은 미성년자이고 케이스도 그 사실을 알면서 어음을 받은 것이라고 말했다. 링컨은 그들의 주장과 미성년자 법의 유효성을 모두 인정했다. "맞습니다, 저도 그렇게 생각합니다." 상대의 문제 제기를 순수하게 인정해 나가는 것으로 보아 그는 마치 소송을 완전히 포기한 듯 보였다. 하지만 자기 차례가 오자 링컨은 열두 명의 배심원에게 이렇게 말했다.

"배심원 여러분, 이 소년들이 그들의 인격에 이런 수치와 불명예의 오물을 뒤집어 쓴 채 인생을 시작하게 하실 건가요? 인격에 대한 최고 심판자는 이런 글을 남겼습니다.

'오, 하나님. 인간의 선한 이름은 그 영혼의 귀한 보석입니다. 내 지갑을 훔치는 자는 쓰레기를 훔친 것일 뿐, 그것은 물건이긴 하지만, 아무 것도 아닙니다. 그것은 내 것이었지만 그의 것이기도 했고, 또 다른 수천 명의 노예였을 뿐입니다. 하지만 내게서 선한 이름을 훔치는 자는 자신을 풍요롭게 하지 못하면 나를 진정으로 가난하게 만드는 것을 훔쳐 가는 것입니다.'"

그리고 나서 링컨은 만약 상대 변호사가 개념 없이 행동하지만 않았다면 이 소년들은 이런 죄를 짓지 않았을 것이라고 말했다. 그는 법이라는 고상한 직업이 정의를 장려하기보다 그것을 파괴하는 데 사용될 수 있음을 보여 주고 상대 변호사를 비난했다. 그는 계속해서 말을 이어 나갔다. "이 소년들을 세상 앞에 내보내는 것은 여러분들에게 달려 있습니다." 배심원들이 명백한 부정을 보호하는 데 자신의 이름과 영향력을 빌려 줄까? 만약 그들 자신이 가진 이상에 진실하다면 그렇게 할 수 없다는 것을 링컨은 알고 있었다. 링컨은 그들의 자존심에 호소했고, 배심원단은 논의할 필요도 없이 그 자리에서 빚을 갚아야 한다고 결정했다.

링컨은 배심원들의 정의에 호소했다. 모든 사람은 정의감을 가지고 태어났다. 우리는 거리에서 작은 아이가 더 큰 아이에게 괴롭힘을 당하는 것을 보면 그 아이 편에 서게 된다.

사람은 감정의 존재이며, 편안함과 기쁨을 갈망한다. 우리는 커피를 마시고 비단 양말을 신고 극장에 가며 바닥이 아닌 침대에서 잠이 든다. 그런 것들이 좋다고 논리적으로 생각했기 때문이 아니라 편하기 때문이다. 따라서 당신의 목적이 사람들의 편안함과 기쁨을 높일 것이라는 것을 보여야 한다. 그렇게 하는 것은 곧 그느들의 행동을 강화시키는 동기를 자극하는 것과 같다.

'시애틀은 미국의 어느 다른 도시들보다 사망률이 가장 낮고 그곳에서 태어난 아이는 오래 살 가능성이 높다.'라고 광고한다면 이것은 어느 동기에 호소하는 것일까? 그것은 아주 강력한 힘을 가지고 인간 행동의 많은 부분에 있어 추진력을 부여하는 '애정'이란 동기다. 애국심도 애정과 정감이라는 동기에 그 기반을 두고 있는 것이다.

다른 모든 것은 실패해도 감정에 호소하는 것이 행동을 이끌어 내는 데 주요한 역할을 하기도 한다. 이는 뉴욕의 유명한 부동산 경매인인 조지프 P. 데이의 경험으로, 그는 그런 호소를 통해 가장 큰 거래를 성사시켰다. 다음은 그의 이야기다.

전문 지식이 판매에 있어 전부는 아닙니다. 저는 최대 규모의 거래를 성사시켰을 때 전문적인 지식을 전혀 사용하지 않았습니다. 저는 브로드웨이 71번지에 있는 미국 철강회사의 매각 문제에 대해 게리 판사와 협상을 진행하고 있었습니다. 나는 거래가 끝났다고 생각해서 게리 판사를 찾아갔는데, 그는 차분하고 단호하게 이렇게 말했습니다.

"데이 씨, 우리는 이 근처에 조금 더 현대적인 건물 하나가 있는데, 그것이 우리 목적에 더 잘 맞는 것 같아요. 마무리가 참 잘된 건물이죠. 이 건물은 너무 낡았어요. 동료들도 여러 면에서 그 건물이 저희에게 더 적합하다고 하더군요."

500만 달러짜리 계약이 날아갈지도 모르는 순간이었습니다. 저는 잠시 말을 멈췄고 게리 판사도 더 이상 말을 잇지 않았습니다. 그는 이미 결정을 내린 것 같았죠. 너무나 조용해서 만일 핀이 바닥에 떨어졌다면 폭탄 터지는 소리처럼 들렸을 것입니다. 저는 그에게 대답 대신 질문을 했습니다.

"판사님이 뉴욕에 처음 오셨을 때 첫 번째 사무실은 어디에 있었나요?"

"여기였소. 아니면 건너편에 있는 방이었거나."

"이 철강회사가 설립된 곳은 어디였나요?"

"그거야 여기 사무실들입니다."

그는 대답한다기보다는 생각에 잠긴 듯했습니다. 그러더니 곧 말을 이었죠.

"젊은 간부들 일부가 여기보다 조금 더 세련된 사무실에서 일했던 적이 있습니다. 아마 그들은 여기의 낡은 가구들이 마음에 들지 않았던 모양입니다. 하지만······"

그는 덧붙였습니다.

"지금 그들 중 어느 누구도 이곳에 없습니다."

이렇게 해서 매매가 이뤄졌고, 그다음 주에 우리는 공식적으로 거래를 마쳤습니다. 물론 저는 그들에게 제안된 건물이 어떤 것인지 알고 있었고 두 건물의 구조적인 장점도 비교할 수 있었습니다. 하지만 그렇게 했다면 게리 판사는 건축의 본질적인 문제를 놓고 아마 제가 아닌 자기 자신과 논쟁을 했을 겁니다. 대신 저는 감정에 호소한 것입니다.

❖ 종교적인 동기

우리에게 강한 영향을 끼치는 또 다른 형태의 동기들이 있다. 나는 일단 이것들을 종교적인 동기라고 지칭하겠다. 종교적이라는 의미는 정통 교파의 예배나 어느 특정 종파의 교의와 관련된 것이 아닌, 예수가 가르쳤던 아름답고 영원한 진리들, 곧 정의와 용서, 자비 그리고 남에게 봉사하고 이웃을 자신의 몸같이 사랑하는 마음을 가리킨다. 사람은 누구나 자신이 친절하지 않다거나 아량이 넓지 않다는 사실을 인정하길 꺼린다. 따라서 누군가 이런 심리를 건드리면 우리는 쉽게 마음을 움직인다. 그것은 고귀한 영혼을 상징하고, 사람들은 그런 품성을 가진 것에 자부심을 느끼기 때문이다.

C. S. 워드는 오랜 기간 국제 YMCA 위원회의 사무관을 역임하면서 자신의 시간을 협회 건물을 위한 기금 모금활동에 바쳤다. 내가 지역 YMCA를 위해 1,000달러짜리 수표를 발행한다고 해도 그것이 나의 보호 수단이 되거나, 그로써 나의 재산이나 권력이 커지는 것은 아니다.

하지만 많은 이들이 그런 일을 하는 것은 정의롭고자 하는 욕망, 다른 이에게 도움이 되고자하는 욕망이 발현되기 때문이다.

북서부 지역의 한 도시에서 모금 운동을 할 때, 워드는 교회와 사회 운동과는 거리가 먼 한 유명 기업인에게 다가갔다. 그 기업인이 과연 1주일 동안 자신의 사업을 모른 체하고 YMCA 건물 기금 모금활동에 동참할 수 있을까? 정말 말도 안 되는 소리다. 그런데도 그는 모금운동 개회식에 참석하기로 했다. 또한 워드 씨가 그의 숭고한 정신과 이타주의에 호소한 결과, 그는 1주일을 열정적인 모금 활동에 쏟아부었다. 1주일이 지나기도 전에 그동안 불경스런 언행으로 악명 높았던 이 사업가는 모금 운동의 성공을 기원하는 단계에까지 이른 것이다.

사람들이 예전에 제임스 J. 힐을 찾아가 북서부 지역의 철도 노선을 따라 YMCA를 설립하자고 설득한 적이 있었다. 그것은 돈이 상당히 많이 드는 사업이었는데, 힐을 빈틈없는 사업가라고 생각한 그들은 어리석게도 돈에 대한 그의 욕망을 자극하는 쪽으로 그를 설득하려 했다. 그들은 YMCA 협회가 근로자들의 행복하고 만족스러운 삶에 도움이 될 것이며, 그의 재산 가치를 높이는 데도 기여할 것이라 말했다. 그러자 힐은 다음과 같이 이야기했다.

"여러분은 아직 제가 YMCA를 설립하는 데 협조하게 할 진정한 동기를 말하지 않았습니다. 올바른 일을 하는 데 힘이 되고 싶다는 욕망, 그리고 기독교인다운 인격을 함양하고 싶은 욕망 말입니다."

국경 지역의 영토를 둘러싼 오래된 분쟁은 1900년에 아르헨티나와 칠레를 전쟁 직전까지 몰고 갔다. 전함이 만들어지고 무기가 비축되었으며 세금이 증가한 것 외에도 많은 분야에서 이 문제를 피로 해결하기 위한 준비를 하는 데 어마어마한 비용이 소모되었다. 이런 시기였던 1900년 부활절에 아르헨티나의 한 주교는 예수의 이름으로 간절히 평화를 호소했고 이어서 안데스 산맥 너머 칠레 주교가 이 메시지에 답했다. 그들은 마을을 돌아다니며 평화와 형제애를 호소했다. 처음에 그들을 따르던 무리는 여성뿐이었지만, 나중에 전 국민이 이 호소에 흔들렸다. 국민들의 탄원과 여론에 힘입어 결국 양국은 중재에 이르렀고 각자의 군대를 감축시켰다. 또한 국경의 요새를 철거했고, 총기들을 녹여 청동 그리스도상을 만들었다. 오늘도 고고한 안데스 산정 드높이 십자가를 든 이 평화의 왕자상은 분쟁의 근원지였던 국경 지역을 지키며 우뚝서 있다. 이 조각상의 받침대엔 이런 글이 있다. "이 산들이 무너져 먼지가 된다 해도 칠레와 아르헨티나 공화국 국민들은 그리스도의 발 아래에서 맺은 장엄한 서약을 잊지 않으리라."

종교적인 감정과 신념에 호소할 때 발휘되는 힘은 이처럼 강력하다.

| 15장 | 요약정리 |

행동을 이끌어 내는 방법

---

1. 관심을 유도하라.

2. 신뢰를 이끌어 내라. 그러려면 성실하고, 제대로 소개받고, 특정 주제에 관해 말할 만한 자격을 갖추고, 직접적인 체험을 통해 배운 내

용들을 전해야 한다.

3. 전하고자 하는 사실들을 이야기하고, 당신이 내놓은 제안의 장점에 대해 청중들을 납득시키며, 그들의 이의 제기에 답변하라.

4. 인간을 움직이게 만드는 동기들, 즉 이득에 대한 욕망, 자기보호, 자존심, 즐거움, 감정, 애정 그리고 정의와 자비와 용서와 사랑 같은 종교적인 이상의 동기에 호소하라.

현명하게 사용되기만 한다면 이 방법은 공적으로든 사적으로든 연사에게 귀중한 도움이 되며, 영업 서신과 광고 문안을 작성하고 비즈니스 관련 면담을 이끄는 데도 큰 보탬이 될 것이다.

나는 내가 설명했던 방법들을 성공적으로 적용했는가?

1. 나는 인간성을 효과적으로 다루는 일의 중요성을 강조하고, 그것을 가능하게 하는 과학적인 방법이 있다는 사실, 그리고 그 방법에 대해 즉시 논의할 것이라고 말함으로써 여러분의 관심을 끌어냈는가?

2. 나는 이 시스템이 상식의 법칙에 기초하고 있고, 이 방식을 이용했음은 물론 수천 명의 다른 사람들에게도 가르쳤다고 말함으로써 당신의 신뢰를 얻었는가?

3. 나는 사실들을 명백하게 진술하고, 이 방법의 작동 원리와 장점에 대해 당신을 납득시켰는가?

4. 나는 이 방법을 사용함으로써 당신이 더 큰 힘과 이익을 얻게 되리라는 사실을 납득시켰는가? 이 글을 읽은 후에 당신은 이 방법을 따르기 위해 노력할 것인가? 즉, 나는 당신이 이 방법을 실천에 옮길 수 있게끔 하는 동기를 유발했는가?

DALE CARNEGIE

PUBLIC SPEAKING AND INFLUENCING MEN IN BUSINESS

언어의 마술사가 되는 방법

"주목을 받으려면 사람들의 귀를 자극해야 한다. 자신의 생각대로 타인을 이끌려는 사람, 수많은 이들로 하여금 자신의 말에 주의를 기울이게 하려는 사람이라면 누구든 반드시 명확성, 힘, 그리고 아름다운 언어라는 세 가지 요소를 갖춰야 한다."
― 우드로 윌슨(Woodrow Wilson)

"설교의 내용이 무엇이든, 그것은 먼저 설교자 자신 속에 들어 있어야 한다. 명확성, 논리성, 활기, 진지함 등은 설교 내용 속의 사상과 언어의 특질이기 이전에 설교자 자신의 개인적인 덕목이 되어야 한다."
― 필립스 브룩스(Phillips Brooks)

"말을 잘하는 사람은 대부분 보통 사람들보다 독서량이 많다. 그들은 의식적인 노력 없이도 다양한 생각과 그것을 표현하는 말들을 흡수한다. 일류 작가들의 문체와 취향이 그들의 사고와 언어에 스며드는 것이다. 흔히 독서는 어휘력을 늘리는 데 있어 가장 효과적인 방법으로 여겨진다."
― 윌리엄 호프만(William G. Hoffman), 《기업인을 위한 대중연설(Public Speaking for Business Men)》

| 16장 |

언어의 마술사가 되는 방법

예전에 직업도 돈도 없는 한 영국인이 일을 찾아 필라델피아 거리를 돌아다녔다. 그는 그 도시의 유명 기업가 폴 기번스를 찾아가 면담을 요청했다. 기번스는 불만족스러운 눈으로 그를 바라보았다. 그 영국인의 외양이 별로 마음에 들지 않았던 탓이다. 그는 옷도 초라하고, 어려움에 처해 있다는 흔적이 몸 여기저기에 나타나 있었다. 하지만 호기심 반, 동정심 반으로 기번스는 면담을 허락했다. 처음엔 그저 말을 잠깐 들어주려는 계획이었지만, 몇 분간 이어진 대화는 한 시간이 되도록 끊이지 않았다. 결국 기번스는 딜론, 리드 앤드 컴퍼니Dillon, Read and Company 사의 필라델피아 지사장인 롤랜드 테일러에게 전화하는 것으로 대화를 끝맺었다. 그 도시의 저명한 금융가였던 테일러는 그 영국인을 점심식

409

사에 초대해 좋은 일자리를 내주었다. 옷차림도 형편없었던 데다 실패자의 기색이 역력했던 그 영국인은 어떻게 짧은 시간에 그런 인맥을 만들 수 있었을까?

그것은 바로 그의 영어 구사력이었다. 옥스퍼드 대학교 출신이었던 그는 사업상의 임무를 띠고 미국에 왔다가 일이 잘못돼 친구와 돈을 다 잃고 방황하게 된 것이었다. 하지만 그는 아름답고 정확한 영어를 구사했기 때문에 그의 대화 상대자들은 그의 낡은 신발, 초라한 외투, 수염이 있는 얼굴은 잊어버리고 말았다. 그의 언어는 최고의 자리로 들어갈 수 있는 즉석 여권과도 같은 역할을 했다.

조금 특별한 이야기지만 여기서 우리는 일반적이고 기본적인 사실을 알 수 있다. 우리는 매일 우리가 하는 말에 의해 평가를 받는다는 것이다. 우리의 말은 우리의 품격과 우리가 어울리는 사람들의 수준을 보여 준다. 즉, 우리가 사용하는 언어는 우리의 교육과 교양을 말해 주는 기준이 되는 것이다.

우리가 세상과 접촉하는 방식에는 오직 네 가지만 있다. 우리는 무슨 일을 하는지, 남의 눈에 어떻게 보이는지, 그리고 어떤 말을 하며 어떻게 말하는지에 따라 평가받는다. 하지만 많은 사람은 학교를 졸업하고 언어를 향상시키고 의미의 미묘한 차이에 익숙해지며 품위 있게 말하려는 노력을 기울이지 않기 때문에 오랜 시간 동안 적지 않은 실수를 저지르며 살아가게 된다. 그저 사무실이나 길거리에서 흔히 사용하는 빤하디 빤한 말들을 습관적으로 사용하는 것이다. 그러니 그들의 말에서 기품과 개성은 찾기 힘들고 발음에 있어서도 정통적인 원칙이 무시되며 때로는 문법 자체까지 파괴되는 것이 어찌 보면 그럴 수 있는 일 같기도

하다. 심지어 대학교를 졸업한 사람들도 "am not"이나 "is not"이 아닌 "ain't"를, "he doesn't"가 아닌 "he don't"를, 그리고 "between you and me"가 아닌 "between you and I"라는 표현을 사용하곤 한다. 학사 학위를 받은 사람들도 이럴진대, 제대로 교육을 받지 못한 사람들은 오죽할까?

예전에 나는 로마의 원형경기장에서 생각에 잠긴 채 서 있었다. 그때 누군가가 내게 다가와 자신을 영국의 식민지 주민이라 소개하면서 로마에서 경험한 일을 이야기했다. 3분 정도의 시간이 지나자 그는 "You were"가 아닌 "You was", "I did"가 아닌 "I done" 등 틀린 표현을 하기 시작했다. 그날 그는 아침에 일어나 다른 사람들에게 품위 있게 보이기 위해 깔끔하고 단정하게 옷을 입고 멋을 냈을 것이다. 그러나 그는 품위 있어 보이는 말을 사용하지 않았다. 예를 들어 그는 여자에게 말할 때 모자를 들어 올리지 않는 것은 부끄러워했겠지만 올바른 언어 사용을 하지 않아 듣는 이를 거북하게 하는 자신의 행동은 의식조차 하지 못했다. 그는 말을 통해 자신의 수준을 드러낸 것이다. 그의 엉터리 언어 사용은 그가 교양인이 아님을 모든 사람에게 보여 주는 셈이었다.

30년 넘게 하버드 대학교의 총장을 맡았던 찰스 W. 엘리엇 Charles W. Eliot 박사는 이렇게 말했다. "내가 인간 교육의 필수 요소로 간주하는 유일한 지적 능력은 모국어를 정확하고 세련되게 구사할 수 있는 능력이다." 이것은 매우 중요하다. 다시 한 번 깊이 생각해 보길 바란다.

그렇다면 어떻게 말과 친숙해지고 그것을 정확하고 아름답게 구사할 것인가? 다행히 이걸 위해 신비로운 비결이나 마술 같은 것이 필요한 것은 아니다. 그것은 공공연한 비밀이다.

링컨은 성공적으로 이 방법을 사용했다. 어떤 미국인도 링컨처럼 언어를 이용해 아름다운 무늬와 조화로운 산문 음악을 만들어 내지는 못했다. 교육받지 못한 그저 그런 아버지와 평범한 어머니 사이에서 링컨은 어떻게 그런 언어적 재능을 타고날 수 있었을까? 이것을 뒷받침할 증거는 없다. 국회의원으로 선출되었을 때, 그는 워싱턴의 공식 기록부에 자신의 교육을 '결함 있음'이라는 하나의 형용사로 묘사했다. 그가 정규교육을 받은 기간은 12개월도 채 안 된다. 그의 스승은 누구였을까? 켄터키 숲에서 살던 시절에는 자카리아 버니와 칼렙 헤이즐이었고, 인디애나 주의 피전 크릭에서는 아젤 도시와 앤드루 크로포드였다. 이곳저곳의 개척 부락을 전전하며 기본적인 읽기, 쓰기, 셈을 가르쳐주는 순회 교사였던 이들은 햄과 옥수수를 줄 수 있는 학생이 있는 곳이면 어디든 찾아다니며 생계를 해결했다. 그런 교사들과 일상적 환경으로부터 링컨이 받은 도움은 거의 없었다.

농부, 상인, 그리고 그가 일리노이 주의 제8사법지구에서 관계한 법률가와 소송인들도 언어를 다루는 재능이 신통치 않긴 마찬가지였다. 그는 자신의 시간을 그와 비슷한 혹은 열등한 수준의 사람들과 어울리며 보내지 않았다. 그는 지적 능력이 뛰어난 사람들, 가수들, 당대 시인들과 친밀한 사이를 유지했다. 그는 번스Robert Burns와 바이런Baron Byron, 그리고 브라우닝Robert Browning의 시 전체를 암송할 수 있었고 번스에 대해서라면 강연도 할 수 있었다. 그는 바이런의 시집을 사무실과 집에 두고 읽었는데, 사무실에 있던 시집은 낡아서 꺼내 들 때마다 장편시 〈돈 주앙Don Juan〉이 저절로 펼쳐질 정도였다. 심지어 남북전쟁으로 마음고생을 했던 백악관 시절에도 그는 잠자리에서 후드의 시집을 펼쳐

보곤 했다. 한밤중에 잠에서 깨어 시집을 읽다 감동적이고 기쁨을 주는 구절을 발견하면, 그는 잠옷만 걸치고 슬리퍼를 신은 채 비서에게 가서 여러 편의 시를 읽어 주곤 했다. 바쁜 백악관 시절에도 그는 시간을 내서 셰익스피어의 긴 시를 암송했고, 특정 배우의 읽는 방식을 비판하며 자신의 생각을 표현하기도 했다. 그는 배우 해킷에게 이런 편지를 보냈다. "저도 셰익스피어 희곡 몇 개는 아마추어 독자만큼은 섭렵했다고 생각합니다. 《리어왕》, 《리처드 3세》, 《헨리 8세》, 《햄릿》, 특히 《맥베스》를 정말 많이 읽었습니다. 그중에서도 《맥베스》는 단연 최고라고 생각됩니다. 정말 대단한 작품이죠."

링컨은 시를 정말 좋아했다. 공식적인 자리에서나 사적인 자리에서 그는 시를 암기하거나 암송할 뿐 아니라 직접 쓰기도 했고, 여동생이 결혼할 때는 자작시를 암송했다. 중년에는 한 권의 공책을 채울 정도로 많은 시를 썼지만, 친한 친구에게도 보여 주지 않을 만큼 부끄러워했다.

로빈슨은 《문학가로서의 링컨Lincoln as a Man of Letters》에서 이렇게 이야기했다.

독학으로 공부한 링컨은 진정한 교양의 재료들로 자신의 마음을 채웠다. 그것을 천재성이라고 부르든 재능이라 부르든, 그가 지성의 벽돌을 하나씩 쌓아 올린 과정은 에머튼 교수가 에라스무스의 교육에 대해 표현한 것과 같다.

"그는 더 이상 학교에 오지 않습니다. 하지만 그는 어디서든 어떤 형태로든 효과가 있는 유일한 학습법, 즉 쉬지 않고 끊임없이 공부와 연습에 매진하는 방법으로 자신을 교육시켰습니다."

인디애나 주의 피전 크릭 농장에서 일당 31센트를 받으며 도토리를 까고 돼지를 잡던 이 어리숙한 개척자는 게티즈버그에서 사람의 입에서 나올 수 있는 가장 아름다운 연설을 했다. 17만 명이 그곳에서 싸웠고, 7,000명이 전사했다. 그가 세상을 뜨자 정치가이자 노예제 반대론자였던 찰스 섬너Charles Sumner는 "전투의 기억은 사라져도 링컨의 연설은 살아남을 것이며, 먼 미래에 이 전투가 기억된다면 이 연설 덕택일 것"이라고 말했다. 과연 누가 이 예언에 이의를 제기할까? 심지어 이 세대에 그 예언은 실현되기 시작했다. 당신은 '게티즈버그'란 말을 들을 때 링컨의 연설이 떠오르지 않는가?

에드워드 에버렛은 게티즈버그에서 두 시간 동안 연설했지만, 그가 말한 모든 내용은 후에 완전히 잊혀졌다. 링컨의 연설 시간은 채 2분도 되지 않았다. 연설 도중 사진사가 사진을 찍으려고 했지만, 연설은 당시 구식 카메라가 설치된 뒤 초점을 맞추기도 전에 끝나 버렸다.

링컨의 연설은 영어로 적힐 수 있는 가장 아름다운 문장의 상징으로 동판에 새겨져 옥스퍼드 대학교 도서관에 비치되어 있다. 대중연설을 공부하는 사람이라면 누구나 그의 연설은 암기할 수 있어야 한다.

"87년 전, 우리 조상들은 이 대륙에서 자유 속에 잉태되고 모든 인간은 평등하게 창조되었다는 명제 아래 새로운 나라를 창조했습니다. 우리는 지금 거대한 내전의 소용돌이에 휩싸여 있으며, 그렇게 탄생되고 봉헌된 어떤 나라가 과연 오래도록 생명력을 유지할 수 있을지 시험받고 있습니다. 우리가 모인 이 자리는 그 전쟁이 벌어진 곳입니다. 우리는 이 나라를 살리기 위해 목숨을 바치신 분들에게 그 싸움터의 일부를 마지막 안식처로 봉헌하고자 여기에 모였습니다. 우리의 이 행위는 너무도 마땅한 일입니다. 하지만 더 큰 의미에서 이 땅을 봉헌하고 신성하게 하는 자는 우리가 아니라 여기서 싸웠던, 지금도 살아 계시거나 전사한 그 용감한 분들입니다. 우리의 나약한 힘으로는 여기에 더 보탤 것도 뺄 것도 없습니다. 세상 사람들은 오늘 우리가 여기서 한 말을 오래 기억하지 않겠지만, 그분들이 행한 용감한 일만은 결코 잊지 않을 것입니다. 우리는 여기서 피 흘려 싸운 분들이 지금까지 진행시킨 그 고귀한 미완의 임무와 우리 앞에 남겨진 위대한 과업에 더욱 헌신해야 합니다. 살아남은 우리는 그분들이 최후까지 자신의 모든 것을 다 바쳐 가며 지키려 했던 그 숭고한 대의에 대한 충성의 마음을 다잡고, 유명을 달리한 분들의 죽음이 헛되지 않도록 이 나라가 하나님의 가호 아래 새로운 자유의 탄생을 보게 하고, 국민의, 국민에 의한, 국민을 위한 정부가 이 지상에서 사라지지 않게 할 것임을 굳게 다짐하는 바입니다.”

이 연설에서 영원히 기억에 남는 마지막 문장은 링컨이 처음으로 생각해 낸 것이라 추측된다. 하지만 정말 그럴까? 그의 동료 변호사인 헌돈은 그보다 몇 년 전 링컨에게 목사이자 노예 제도 폐지론자였던 시어도어 파커Theodore Parker의 연설문집을 주었다. 링컨은 그 책에서 ‘민주주의는 국민에 대한, 국민에 의한, 국민을 위한 직접적인 자치제도’란 표현을 읽고 밑줄을 그었다. 하지만 시어도어 파커는 그 말을 웹스터에게서 빌려왔을지도 모른다. 또한 웹스터는 그 전에 로버트 헤인Robert Hayne 의원에게 했던 유명한 답변에서 “국민을 위해 만들어지고 국민에 의해 만들어지며 국민에게 책임을 지는 국민의 정부"라고 말했다. 하지만 웹스터도 그 말을 그보다 30년 정도 전에 제임스 먼로James Monroe 대통령에게서 빌려왔을지도 모른다. 제임스 먼로는 그 생각을 어디서 가져왔을까? 먼로가 태어나기 500년 전, 영국의 선구적 종교개혁자 존 위클리프John Wycliffe는 성경 번역본 서문에서 "이 성경은 국민의, 국민에 의한, 국민을 위한 정부를 위한 것"이라고 말했다. 그리고 예수가 탄생하기 400년도 더 전에 클레온Kleon은 아테네 시민들에게 "국민의, 국민에 의한, 국민을 위한" 통치자에 대해 말했다. 클레온은 그 생각을 어디서 빌려왔을까? 이것을 알아내기에는 고대의 안개와 밤의 장막이 너무 어둡다.

하늘 아래 새로운 것은 적다. 뛰어난 연설가들이라 해도 얼마나 독서에 큰 빚을 지고 있는지 이제 알겠는가?

비밀은 바로 책이다. 어휘력을 향상시키고 풍부하게 만들고 싶은 사람은 계속해서 문학이라는 큰 통 속에 자신의 마음을 담고 그 안에서 헤엄쳐야 한다. 존 브라이트는 "내가 도서관 앞에서 느끼는 유일한 슬픔은, 인생이 너무 짧다는 것과 내 앞에 놓인 풍요한 양식을 마음껏 만끽할 가능성이 없다는 사실이다."라고 말한 바 있다. 15세에 학교를 그만두고 방적 공장에서 일해야 했지만 그는 당대의 가장 유명한 연설가가 되었고, 뛰어난 영어 구사력으로 이름을 날렸다. 그는 읽고 연구하고 노트에 베껴 적었고, 바이런, 밀턴, 워즈워스, 휘티어, 셰익스피어, 그리고 셸리의 긴 시구들을 암기하는 데 노력을 기울였다. 또한 매년 《실락원》을 독파하며 어휘력을 향상시켰다.

찰스 J. 폭스는 셰익스피어를 읽으며 자신의 문체를 바꿔 나갔다. 글래드스턴은 자신의 서재를 '평화의 신전'이라고 불렀고 그곳에 1만 5,000권의 장서를 보관했다. 그는 성 어거스틴, 버틀러 주교, 단테, 아리스토텔레스, 그리고 호머의 작품에서 가장 많은 도움을 받았다고 고백했으며《일리아드》와《오디세이》에도 심취했다. 그는 호머의 시와 그의 시대에 대해 여섯 권의 저서를 집필했다.

어린 피트는 그리스어와 라틴어 작품 한두 페이지를 숙독하고 그것을 모국어로 번역하는 연습을 했다. 그는 10년 동안 하루도 빠짐없이 이것을 연습했고, "미리 계획하지 않고 자신의 생각을 정선되고 잘 배열된 말로 표현하는 데 있어서는 따라올 자가 없을 정도의 능력을 보였다."

데모스테네스는 투키디데스Thukydides의 역사서를 여덟 번이나 직접 손으로 필사했는데, 그것은 유명한 역사가의 위엄 있고 인상적인 화법을 자기 것으로 만들기 위해서였다. 2,000년이 흐른 뒤, 우드로 윌슨은 자신의 문체를 개선하기 위해 데모스테네스의 작품을 연구했다. 영국의 정치가 허버트 H. 애스퀴스Herbert H. Asquith는 버클리 주교의 작품을 읽는 것이 최고의 훈련이라고 여겼다.

시인 알프레드 테니슨은 매일 성서 공부를 했다. 톨스토이L. V. Tolstoy는 복음서의 긴 구절들을 암기할 때까지 읽고 또 읽었다. 영국의 비평가이자 사상가였던 존 러스킨John Ruskin의 어머니는 아들로 하여금 매일 성서의 긴 문장들을 외우게 하고, 성경의 '음절 하나하나, 까다로운 이름들, 그 밖의 모든 것들을 창세기에서부터 계시록까지' 큰 소리로 외우게 했다. 러스킨은 자신의 문학적 취향과 문체는 바로 이때 만들어졌다고 고백했다.

영어에서 가장 사랑 받는 이니셜 R. L. S의 주인공인 로버트 루이스

스티븐슨Robert Louis Stevenson은 본질적으로 작가의 작가였다. 그는 자신을 유명하게 만든 그 매혹적인 문체를 대체 어떻게 발전시켰을까? 다행히 그는 그 비결에 대해 직접 밝혔다.

"책을 읽다가 절묘한 표현 혹은 효과가 적절하고 힘과 개성이 눈에 띄게 돋보이는 구절을 발견하면 나는 당장 그것을 흉내 내려 했다. 물론 내 기대에는 미치지 못했고, 다시 시도해도 마찬가지의 결과여서 나는 항상 불만족스러웠다. 그러나 최소한 나는 이 허망한 몸부림처럼 보이는 시도 덕분에 리듬과 조화, 그리고 부분의 구성과 통합 등의 측면에서 꽤 많은 연습을 할 수 있었다. 그래서 나는 윌리엄 해즐릿William Hazlitt, 찰스 램Charles Lamb, 윌리엄 워즈워스William Wordsworth, 토머스 브라운 경, 대니얼 디포Daniel Defoe, 너대니얼 호손Nathaniel Hawthorne, 미셸 몽테뉴Michel Montaigne를 열심히 흉내 냈다. 좋든 싫든 그것이 글쓰기를 배우는 방법이고, 그로 인해 이득을 보든 못 보든 그것이 내 방식이다. 키츠도 바로 그런 식으로 배웠고, 문학에서의 세련된 감수성에서 그를 따를 자는 없었다.

이런 모방의 과정을 통해 학생은 자신이 도저히 흉내 낼 수 없는 어떤 모델이 존재함을 깨닫게 된다. 이것이 바로 모방이 가지는 중요한 의미다. 그는 자신이 아무리 노력해도 실패할 것임을 안다. 하지만 성공으로 가는 유일한 지름길 역시 실패라는 사실은 변함없는 진리다."

이제 좋은 예가 될 만한 이름이나 이야기는 충분히 이야기한 것 같다. 비밀은 밝혀졌다. 링컨은 훌륭한 변호사가 되고 싶다는 어느 청년에게 이런 편지를 써서 보냈다. "책을 정독하고 공부하는 것이 가장 좋은 방법입니다. 첫째도 공부, 둘째도 공부라는 사실을 잊지 마세요."

어떤 책을 읽어야 할까? 아널드 베넷Arnold Bennett의 《하루 24시간 어떻게 살 것인가How to Live on Twenty-four Hours a Day》로 시작해 보는 것도 좋다. 이 책은 찬물에 빠지는 것만큼 정신을 번쩍 들게 할 것이고, 가장 흥미로운 주제, 즉 당신 자신에 대해 많은 것을 알려줄 것이다. 또한 당신이 하루에 얼마나 많은 시간을 낭비하고 어떻게 그 낭비를 막을 수 있는지, 그리고 그렇게 절약한 시간을 어떻게 활용해야 하는지 알려준다.

토머스 제퍼슨은 이렇게 말했다.

"나는 타키투스와 투키디데스, 뉴턴과 유클리드를 위해 신문을 포기했다. 그리고 그로써 더욱 행복해졌다."

최소한 제퍼슨처럼 신문 읽는 시간을 절반 정도로만 줄여도 당신은 얼마 지나지 않아 더 행복해지고 현명해질 수 있을 것이다. 시험 삼아 한 달 정도만 좀 더 영속적인 가치를 가진 양서를 읽는 데 시간을 보내 보는 것은 어떻겠는가? 엘리베이터나 차를, 또는 음식이나 약속 시간을 기다리는 동안 뒷주머니에 넣어 둔 것을 꺼내서 읽어 보는 것은 어떨까?

《하루 24시간 어떻게 살 것인가》를 다 읽었다면 같은 작가가 지은 《인간 기계The Human Machine》를 읽어 보는 것도 흥미로울 것이다. 슬기롭게 사람을 상대하는 방법을 알려 주는 이 책은 균형 감각과 침착한 성품을 기르는 데 도움을 줄 것이다. 여기서 이 책들을 추천하는 이유는 내용 때문만이 아니라, 그것이 전달되는 방식과 함께 어휘력 향상에 미칠 효과가 확실하고도 긍정적이기 때문이다.

지금 소개하는 책들도 유익할 것이다. 프랭크 노리스Frank Norris의 《문어The Octopus》와 《함정The Pit》은 가히 미국 최고의 소설이라 할 수 있다. 《문어》는 캘리포니아 주의 밀밭에서 일어나는 소동과 비극을, 《함정》은 시카고의 상품 거래소에서 파는 쪽과 사는 쪽 사이에 일어나는 갈등을 다룬 작품이다. 토머스 하디Thomas Hardy의 《테스Tess of the D'Urbervilles》는 인간이 쓴 가장 아름다운 이야기 중 하나다. 뉴웰 드와이트 힐리스의 《사회 안에서의 인간의 가치A Man's Value to Society》와 윌리엄 제임스 교수의 《교사에게 드리는 말씀Talks to Teachers》도 읽어볼 만한 작품들이다. 앙드레 모로아Andre Maurois의 《아리엘, 셸리의 삶 Ariel, A Life of Shelley》, 바이런의 《차일드 헤럴드의 순례Child Harold's Pilgrimage》, 로버트 루이스 스티븐슨의 《당나귀와의 여행Travles with a Donkey》도 필독서 목록에 포함시켜야 한다.

또한 랠프 월도 에머슨과 매일 벗이 되어라. 그의 유명한 첫 에세이인 《자기신뢰Self-Reliance》로 그와 만나고, 다음과 같은 강렬한 문장들의 속삭임에 귀를 기울여라.

당신의 숨어 있는 확신을 이야기하면 그것은 일반적인 관념이 될 것이다. 그 이유는 항상 가장 안쪽이 가장 바깥쪽이 되고, 우리의 처음 생각은 최후 심판일에 나팔 소리와 함께 우리에게 돌아올 것이기 때문이다. 마음의 목소리는 서로에게 친숙하나니, 우리가 모세와 플라톤, 밀턴에게서 발견하는 가장 위대한 점은 그들이 책과 전통을 무시했고, 다른 사람들이 한 말을 그대로 옮기지 않고 자기 자신의 생각을 말했다는 점이다. 우리는 시인이나 현자들의 눈부신 반짝임보다 자신의 깊은 내면에서 반짝이는 빛을 보는 법을 배워야 한다. 하지만 우리는 단지 자신의 생각이라는 이유로 그 생각을 경솔하게 삭제해 버린다. 모든 천재의 작품에서 우리는 우리가 거부한 그 생각을 발견한다. 위대한 예술 작품들이 우리에게 가르쳐 주는 가장 감동적인 교훈은 바로 이것이다. 그것들은 아무리 수많은 목소리가 반대쪽에서 크게 떠들어 댄다고 해도 우리 자신의 자연스러운 느낌을 즐겁고도 우직하게 따르라고 가르친다. 그렇게 하지 않으면 당장 내일 어떤 낯선 이가 우리가 항상 생각하고 느껴 왔던 것과 정확히 똑같은 내용을 양식과 위엄이 넘치는 목소리로 외칠 것이다. 그러면 우리는 부끄러워하며 우리 자신의 의견이었던 것을 다른 이의 입을 통해 듣게 될 것이다.

교육을 받는 과정에서 모든 사람은 다음과 같은 확신에 도달할 때가 있다. 즉, 질투는 무지이고, 모방은 자살 행위이며, 좋든 나쁘든 나 자신은 스스로 책임져야 하고, 광활한 우주는 좋은 것들로 가득하지만 내가 땅을 갈고 땀을 흘리는 수고를 하지 않으면 곡식 한 알조차도 내게 돌아오지 않는다는 확신이다. 자기 안에 있는 힘은 사실상 새로운 것이고, 나 이외에는 어느 누구도 내가 무엇을 할 수 있을지 알지 못하며, 실제로 시도해 보기 전까지는 나 자신도 절대 모른다.

하지만 우리는 아직 최고의 작가들을 언급하지 않았다. 그들은 누구일까? 헨리 어빙 경은 그가 생각하는 최고의 책 100권의 목록을 뽑아 달라는 부탁을 받았을 때 이렇게 답했다.

"그 어떤 양서 100권보다 내게 있어서는 성경과 셰익스피어, 이 둘을 공부하는 것이 제일 유익합니다."

그의 말이 옳다. 그가 말한 위대한 영문학의 두 샘물을 깊게, 오래 그리고 자주 들이켜라. 이제 석간신문은 옆으로 치우고 이렇게 말하라. "셰익스피어 씨, 오늘 밤 제게로 와서 로미오와 줄리엣, 맥베스와 그의 열정에 대해 말해 주세요."

이렇게 하면 당신에겐 어떤 이득이 생길까? 당신의 언어는 자신도 의식하지 못하는 사이에 점차 아름다움과 품위의 옷으로 갈아입게 될 것이고, 당신은 책 속에 있는 당신 친구들의 영광과 아름다움, 그리고 위엄을 얼마간 반향하기 시작할 것이다. 괴테 J. W. von Goethe는 이런 말을 했다. "당신이 어떤 책을 읽고 있는지 말해 주시오. 그러면 나는 당신이 어떤 사람인지 이야기해 주겠소."

의지력과 좀 더 세심한 시간 관리만 있으면 이 독서 프로그램을 따르는 데 필요한 것은 거의 없을 것이다.

❖ 마크 트웨인의 비밀

마크 트웨인은 어떻게 언어의 마술사가 되었을까? 젊었을 때 그는 미주리 주에서 네바다 주까지 매우 느린 데다 고통스럽기까지 한 역마차 여행을 한 적이 있다. 그는 승객과 말들을 위한 음식과 함께 때로는 물을 실어 나르기도 했다. 필요 이상의 무게는 안전에 심각한 위험을 초래할 수도 있었고 모든 짐은 온스 단위로 요금을 부과해야 했음에도, 그는 산길을 지나거나 사막을 건널 때는 물론 산적과 인디언이 많은 지역을 지날 때도 항상 웹스터 사전을 가지고 다녔다. 그는 언어의 달인이 되기를 원했고, 그 특유의 용기와 상식으로 그 목표를 이루는 데 필요한 일들을 해 나갔다.

피트와 채텀 경은 사전의 모든 페이지와 단어를 하나도 빼놓지 않고 두 번씩 연구하기도 했다. 브라우닝 역시 매일 사전을 탐독하며 그 안에서 가르침과 즐거움을 발견했다. 링컨의 전기 작가 니콜레이와 헤이에 따르면 그는 '해가 질 무렵 자리에 앉으면 글자가 보이지 않을 때까지 사전을 읽었다'고 한다. 이들이 예외적으로 특이한 사람들이 아니라, 유명한 작가와 연사는 모두들 이와 똑같은 과정을 거쳤다.

우드로 윌슨의 영어 솜씨는 매우 뛰어났다. 예를 들어 독일에 선전포고를 해야 했을 때 그가 썼던 글은 확실히 문학의 반열에 들 만하다. 말을 배열하는 법을 그가 어떻게 익혔는지 그의 입을 통해 직접 들어보자.

"아버지는 식구들이 부정확한 표현을 사용하는 것을 용납하지 않으셨습니다. 누구라도 실수를 하면 바로잡아 주셨고, 낯선 말은 즉시 설명해 주셨으며, 다른 이들과 대화를 할 때 그 말을 사용하게 함으로써 그것이 우리 기억 속에 깊이 각인되도록 해 주셨습니다."

탄탄한 문장 구성력과 단순하면서도 아름다운 언어 사용으로 유명했던 뉴욕의 한 연사는 최근 대화 도중에 자신이 정확하고 예리한 단어를 선택할 수 있는 능력의 비결이 무엇인지 말해 주었다. 그것은 사람들과 대화할 때나 글을 읽을 때 생소한 말을 접하게 되면 그것을 수첩에 따로 적어 두었다가 잠들기 직전에 사전에서 찾아보고 그것을 완전히 자신의 말로 만드는 것이었다. 만일 이런 식의 자료 수집을 낮에 하지 못하면 제임스 퍼널드James Fernald의《동의어, 반의어, 전치사Synonyms, Antonyms and Prepositions》의 한두 페이지를 공부하고, 완벽한 동의어로 바꿔 사용할 수 있는 말들의 의미를 정확하게 파악한다. 하루에 새로운 단어 하나를 익히는 것이 그의 모토인데, 이는 곧 1년 동안 365개의 새로운 표현 수단을 추가적으로 얻게 됨을 뜻한다. 이 새로운 단어들은 작은 수첩에 기록되고, 그 의미는 낮 시간에 틈틈이 검토된다. 그는 하나의 단어를 세 번 사용하면 온전히 자신의 것이 된다는 사실을 알았다.

❖ 언어에 담긴 낭만적인 이야기

사전을 이용할 때는 단어의 의미뿐만 아니라 그 어원도 찾아보라. 그것의 역사, 기원은 흔히 정의 뒤에 괄호로 묶여 표시되어 있다. 당신이 매일 사용하는 말이 지루하고 활기 없는 표현이라는 생각은 잠시 접어라. 그것들을 깊이 살펴보면 각각 특유의 느낌과 개성이 들어 있고, 그 안에는 낭만적인 사연이 있음을 알 수 있다.

가령 "식료품 가게에 전화해서 설탕을 주문해Telephone the grocer for sugar."라는 일상적인 말을 할 때도 우리는 많은 외래어를 사용해야 한다. 텔레폰telephone, 전화하다이란 말은 '멀리'를 의미하는 텔레tele와 '소리'를 뜻하는 폰phone이란 두 그리스어로 만들어졌다. 그로서grocer, 식료품 가게라는 말은 고대 프랑스어인 그로시어grossier에서 나온 말인데, 라틴어 그로세리어스grossarius에서 유래한 이 단어의 뜻은 '도매로 물건을 파는 이'에 해당한다. 슈거sugar, 설탕란 말도 프랑스어에서 온 것인데, 그 단어는 스페인어에, 스페인어는 아랍어에, 아랍어는 페르시아어에 그 기원을 두고 있다. 페르시아어의 세리커shaker는 '사탕'을 말하는 산스크리트어 카카라^{carkara}에서 나온 단어다.

당신은 어떤 회사에서 일하거나, 그것을 소유하고 있을지 모른다. 여기에서의 회사, 즉 컴퍼니^{company}라는 단어는 고대 프랑스어인 컴퍼니언^{companion}에서 유래된 것인데, 이는 '함께'라는 컴^{com}과 '빵'이라는 파니스^{panis}가 합쳐진 말이다. 따라서 컴퍼니언은 '빵을 함께 나누는 사람'을 말하고 컴퍼니는 빵을 만들기 위해 모은 사람들을 뜻한다. 봉급^{salary}은 '소금^{salt}을 살 돈'을 의미한다. 로마 군인들은 소금을 사는 데 필요한 일정 금액의 돈을 따로 지급받았는데, 장난이 심한 한 사람이 자신의 전체 급료를 '소금을 사기 위한 돈'이라는 뜻으로 샐러리엄^{salarium}이라고 지칭함으로써 속어를 만들어 냈고, 이것이 훗날 품위 있는 영어로 자리 잡게 되었다. 당신이 지금 보고 있는 책^{book}은 사실 글자 그대로 보자면 너도밤나무^{beech}를 가리킨다. 예전에 앵글로 색슨 사람들은 너도밤나무나 그 목재의 판을 긁어 글을 적었다. 지갑에 있는 달러^{dollar} 역시 글자 그대로 보면 골짜기^{valley}라는 뜻이다. 달러는 16세기 성 요아킴 계곡^{Thaler ordaleorvalley}에서 처음 만들어졌다.

'문지기'라는 뜻의 제니터^{janitor}와 '1월'을 의미하는 '재뉴어리^{January}'라는 단어는 로마에 살던 에트루리아인 대장장이 이름에서 나온 것인데, 그는 자물쇠와 빗장의 전문 제조자였다. 그는 죽어서 이교의 신으로 신격화되었고, 두 방향을 볼 수 있게 두 개의 얼굴을 지닌 것으로 묘사되었고, 문을 여닫는 것과 관련을 갖게 되었다. 따라서 한 해의 끝과 시작에 위치한 달은 January, 혹은 야누스^{Janus}의 달이라고 불린다. 즉, January나 janitor 란 말은, 예수가 탄생하기 1,000년 전에 제인이란 부인과 함께 살았던 한 대장장이의 이름을 기리는 것과 같다.

'7월'인 줄라이July는 줄리어스 시저Julius Caesar의 이름에서 가져온 것이고, 아우구스투스Augustus 황제는 그에 뒤처지지 않기 위해 7월의 다음 달을 어거스트August, 8월이라고 명했다. 하지만 당시 8월은 30일밖에 없어서 아우구스투스는 줄리어스의 이름을 딴 달보다 더 짧은 일수의 달에 자신의 이름이 사용되는 것을 원치 않았고, 결국 2월에서 하루를 8월로 가져왔다. 이 허영심이 빚어 낸 도둑질의 증거는 집에 걸린 달력에 분명히 나타나 있다. 이 정도면 단어의 역사를 살펴보는 일도 꽤나 흥미롭지 않은가?

atlas, boycott, cereal, colossal, concord, curfew, education, finance, lunatic, panic, palace, pecuniary, sandwich, tantalize와 같은 단어들의 어원을 큰 사전에서 찾아보라. 그 단어들은 훨씬 더 재미있고 다채로워질 것이며 그것들을 사용할 때의 흥미나 즐거움도 한층 커질 것이다.

❖ 한 문장을 104번 고쳐 쓰다

당신이 의미하는 것을 정확하게 전달하고 생각의 가장 미묘한 차이를 제대로 표현하기 위해 노력하라. 이것은 결코 쉬운 일은 아니어서 경험이 많은 작가들조차도 힘들어하는 것이 사실이다.

패니 허스트Fanny Hurst는 한 문장을 50번에서 100번까지 고쳐 쓴 적도 있다고 했다. 나와 대화를 했던 며칠 전에도 그녀는 한 문장을 104번 고쳐 썼다고 고백했다. 그녀는 〈코스모폴리탄〉 지에 이야기 한 편당 2,000 달러를 받을 정도로 유명한 작가였다. 마벨 허버트 우르너Mabel Herbert Urner는 신문사들에 배급될 예정이던 한 단편 소설에서 겨우 한두 문장을 없애느라 오후를 다 보낸 적이 있다고 털어놓았다.

구버너 모리스Gouverneur Morris는 리처드 하딩 데이비스가 정확한 표현을 찾기 위해 끊임없이 노력한 과정을 말해 주었다.

"그가 소설에서 사용한 모든 표현들은 자신이 생각해 낼 수 있었던 무수한 표현들 중에서도 가차 없고 냉정한 평가를 통해 고르고 또 고른 뒤 가장 적합한 것들만을 추려 낸 것이다. 각각의 어구와 단락, 페이지, 심지어 전체 이야기까지도 셀 수 없이 여러 번 고쳐 쓰는 과정 끝에 만들어졌다. 그의 작업에서 근간이 된 것은 '삭제의 원칙'이었다. 가령 자동차가 대문으로 들어오는 것을 표현하고자 할 때, 일단 그는 가장 예리한 관찰자의 눈으로 그 장면과 관련된 모든 사항들을 하나도 빠뜨림 없이 세세히 묘사한 뒤, 그렇게 열심히 공들여 쓴 세부 사항들을 하나씩 지워 나가기 시작했다. 각각의 삭제가 끝난 뒤에는 '그림이 남아 있는가?'라고 스스로에게 물어본다. 만약 남아 있지 않으면 자신이 삭제한 내용을 다시 살리는 대신 다른 어떤 것을 없애는 시도를 해 본다. 이런 과정을 계속하다 보면 어느 순간 완벽하고, 얼음처럼 투명하게 빛나는 멋진 그림 하나가 남게 된다. 그의 이야기와 로맨스들은 이런 즐거운 그림들로 꾸며져 있다."

이 강의를 듣는 대부분의 학생들은 위에 말한 작가들처럼 그토록 절실하게 단어를 찾을 만한 시간이나 의향이 없을 것이다. 지금까지의 예들은 성공한 작가들이 얼마나 단어와 표현을 중요하게 생각하는지를 당신에게 보여 주기 위해서, 또 당신이 올바른 언어 사용에 많은 관심을 가지길 바라는 마음에서 인용한 것이다. 연설 도중에 연설가가 자신이 전하려는 의미의 미묘한 차이를 표현해 줄 단어를 찾느라 말을 더듬는 모습은 보기 좋지 않다. 다만 그는 일상에서 정확한 표현을 찾는 것을 습관화해서 그것이 무의식적으로 나올 수 있게 해야 한다. 그러나 실제로는 전혀 그렇지 못하다.

밀턴은 8,000개의 단어를, 셰익스피어는 1만 5,000개의 단어를 사용했다고 한다. 표준 사전에 등록된 어휘 수는 45만 개 정도임에 반해, 보통 사람들이 사용하는 단어의 수는 약 2,000개에 불과하다. 몇 개의 동사와 그것을 연결할 수 있는 연결사, 약간의 명사, 그리고 무자비로 남발되는 형용사가 전부인 것이다. 사람들은 너무 게으르거나 먹고살기 바빠 정확한 표현을 위한 훈련은 시도조차 할 수 없다. 그 결과는 어떨까? 구체적인 예를 들어 보겠다. 예전에 나는 콜로라도의 그랜드 캐니언에서 잊을 수 없는 날을 보냈다. 어느 날 오후 나는 한 부인이 중국산 차우차우 종 개 한 마리, 관현악 발췌곡 그리고 사람의 성격과 그랜드 캐니언을 묘사하는 데 있어 오직 하나의 형용사, '아름다운beautiful'만을 사용하는 것을 보았다.

그렇다면 그녀는 '아름다운' 대신 어떤 말을 할 수 있었을까? 다음은 로제Roget의 《동의어 사전Treasury of Words》에 나온 '아름다운beautiful'의 동의어들이다. 이 중에서 그녀는 어떤 형용사를 사용했어야 했을까?

아름다운beautiful, 황홀한beauteous, 잘생긴handsome, 귀여운pretty, 사랑스런lovely, 우아한graceful, 품위 있는elegant, 최고의exquisite, 고상한dainty, 섬세한delicate.
미모의comely, 고운fair, 매력적인goodly, 예쁘장한bonny, 멋있는

good-looking, 미모의well-favored, 모양 좋은well-formed, 팔등신의
well-proportioned, 볼품 있는shapely, 균형이 잘 잡힌symmetrical, 조화
로운harmonious.

밝은bright, 눈이 맑은bright-eyed, 장밋빛 뺨의rosy-cheeked, 밝은rosy,
혈색 좋은ruddy, 꽃다운blooming, 활짝 꽃핀in full bloom.

산뜻한trim, 말끔한trig, 단정한tidy, 깔끔한neat, 맵시 있는spruce, 세
련된smart, 멋진jaunty, 날씬한dapper.

찬란한brilliant, 빛나는shining, 반짝거리는sparkling, 눈부신radiant, 화
려한splendid, 휘황찬란한dazzling, 타는 듯한glowing, 윤기 있는glossy,
매끄러운sleek, 윤택한rich, 호화로운gorgeous, 최고의superb, 웅장한
magnificent, 장엄한grand, 훌륭한fine.

예술적인artistic, 심미적인aesthetic, 회화적인picturesque, 그림 같은
pictorial, 매혹적인enchanting, 매력적인attractive, 어울리는becoming,
장식적인ornamental.

완벽한perfect, 흠 잡을 데 없는unspotted, 티 없는spotless, 순결한im-
maculate, 온전한undeformed, 깔끔한undefaced

쓸 만한passable, 풍채 좋은presentable, 꽤 좋은tolerable, 나쁘지 않은
not amiss

로제의 이 책은 그의 다른 책《유의어 사전Thesaurus》의 축약판으로
매우 유용하다. 나는 글을 쓸 때 이 사전을 옆에 두고, 필요에 따라 보통
사전보다 열 배나 더 많이 보기도 한다.

로제는 이 사전을 만들기 위해 오랜 세월 동안 열심히 노력했지만, 당

신은 값싼 넥타이 한 개 값으로 그것을 책상에 두고 평생 볼 수 있다. 이 책은 도서관 책꽂이 위에서 먼지로 뒤덮일 책이 아니라 끊임없이 사용해야 하는 도구다. 글을 쓰거나 말을 다듬고 광택을 낼 때, 혹은 편지를 쓰거나 업무보고서를 쓸 때도 이 책을 활용하라. 그러면 당신의 어휘력은 두세 배 늘어날 것이다.

❖ 진부한 표현은 피하라

정확한 것 외에도 신선하고 독창적으로 표현할 수 있도록 노력하라. 다른 사람을 신경 쓰지 말고 사물을 내가 본 그대로 표현할 수 있는 용기가 있어야 한다. 가령 대홍수가 끝나고 얼마 지나지 않아 독창적인 누군가가 아주 냉정하고 침착하다는 뜻을 표현하기 위해 처음으로 '오이처럼 차가운cool as a cucumber'이란 비유를 사용했다. 당시로서는 이 표현이 새로운 것이었기에 매우 신선하게 여겨졌다. 아마도 고대 바빌론의 벨사살 왕이 열었던 그 유명한 축제 때까지만 해도 식후 만찬 연설에서 유용하게 사용할 수 있을 정도로 매력적인 표현이었을 것이다. 하지만 요즘 시대에 자신의 표현에 자부심을 가지고 있는 사람이라면 과연 누가 틀에 박혀 진부하기 짝이 없는 그 표현을 사용할 수 있을까?

아래는 차가움이나 냉정함을 나타내는 표현들이다. 닳고 닳아 너덜너덜해진 '오이'라는 비유만큼 효과적이면서도 훨씬 더 신선하고 새롭게 다가오지 않는가?

개구리처럼 차가운
아침의 열탕 주머니처럼 차가운

탄약을 꽂는 대처럼 차가운

무덤처럼 차가운

그린란드 얼음산처럼 차가운

진흙처럼 차가운 - 콜리지

거북이처럼 차가운 - 리처드 컴벌랜드

바람에 날리는 눈발처럼 차가운 - 앨런 커닝햄

소금처럼 차가운 - 제임스 휴니커

지렁이처럼 차가운 - 모리스 매터링크

새벽처럼 차가운

가을비처럼 차가운

당신의 기분에 따라 달라지겠지만, 차가움이나 냉정함을 표현할 수 있는 당신만의 독특한 직유적 표현을 한껏 창의적으로 만들어 여기에 적어 보라.

~처럼 차가운(침착한)

~처럼 차가운(침착한)

~처럼 차가운(침착한)

~처럼 차가운(침착한)

~처럼 차가운(침착한)

예전에 나는 미국에서 돈을 가장 많이 받는 잡지 연재소설 작가 캐슬린 노리스Kathleen Norris에게 문체 개선 방법에 대해 물어보았던 적이 있는데, 그녀는 이렇게 답했다.

"고전이 된 산문과 시를 읽고, 자신의 글에서 상투적이고 진부한 표현을 삭제하는 것이 중요합니다."

한 잡지 편집자는 출간 의뢰가 들어온 원고에서 진부한 표현이 한두 개 정도만 눈에 띄어도 더 이상 읽지 않고 작가에게 돌려보냈다고 말했다. 독창적인 표현을 하지 못하는 사람은 독창적인 생각도 할 수 없다는 것이 그 이유였다.

언어의 마술사가 되는 방법

1. 우리는 오직 네 가지 방식으로만 사람들과 접촉한다. 즉, 우리의 행동, 우리의 외모, 우리가 하는 말, 그리고 그 말을 하는 방식에 의해 우리는 평가 및 분류된다. 우리는 얼마나 자주 우리 자신이 사용하는 언어로 평가받았던가? 한 세기의 3분의 1에 해당하는 기간을 하버드 대학교 총장으로 재직했던 찰스 W. 엘리엇은 다음과 같이 말한 바 있다. "내가 인간 교육의 필수 요소로 간주하는 유일한 지적 능력은 모국어를 정확하고 세련되게 구사할 수 있는 능력이다."

2. 당신의 언어는 상당 부분 당신이 교제하고 있는 사람들의 수준을 반영한다. 그러므로 링컨이 그랬던 것처럼 문학의 대가들과 교류하는 것이 좋다. 그가 자주 그랬던 것처럼 당신의 저녁 시간을 셰익스피어와 다른 위대한 시인들, 그리고 산문의 대가들과 함께하라. 그러면 당신도 모르는 사이에 그리고 불가피하게 당신의 마음은 풍요로워지고 말투에도 그 교류자들의 품격이 배어 나오게 될 것이다.

3. 토머스 제퍼슨은 "나는 타키투스와 투키디데스, 뉴턴과 유클리드를 위해 신문을 포기했다. 그리고 그로써 더욱 행복해졌다."라고 말했다. 당신도 이것을 따라 보는 것은 어떨까? 신문 읽는 것을 아예 포기하라는 뜻이 아니라, 그저 예전에 그것에 투자했던 시간을 절반으로 줄여 대충 읽어 넘기라는 뜻이다. 그렇게 절약한 시간은 영원한 가치를 지닌 책들을 읽는 데 투자하라. 그런 책들을 20~30페이지 정도 찢어서 주머니 속에 넣고 다니며 틈틈이 읽어 보라.

4. 책을 읽을 때에는 언제나 사전을 옆에 두고 생소한 말이 나올 때마

다 찾아보고, 그 사용의 예를 완전히 익혀 머릿속에 각인시켜라.

5. 당신이 사용하는 말들의 어원을 연구해 보라. 그런 말들의 역사는 재미있고 지루하지도 않으며, 낭만적인 사연으로 가득 차 있을 때가 많다. 예를 들어 '봉급(salary)'은 어원으로만 보면 '소금 사는 돈(salt money)'이라는 뜻이다. 로마 군인들은 소금 구입에 필요한 돈을 따로 지급받았는데, 어느 날 장난기 많은 누군가가 자기 임금을 '소금 살 돈'이라고 지칭함으로써 일종의 속어를 만들어 냈다.

6. 진부하고 틀에 박힌 표현을 사용하지 말고, 의미 또한 정확히 표현하라. 로제의 《동의어 사전》을 책상 위에 두고 수시로 참조하라. 눈에 보기 좋은 모든 것들을 '아름다운(beautiful)'이라는 단 하나의 형용사로만 표현하지 마라. 다른 유의어를 사용하면 더욱 정확한 의미를 훨씬 신선하고 아름답게 전달할 수 있다. '아름다운'을 대체할 수 있는 단어들로는 아래와 같은 것들이 있다.
   잘생긴(handsome), 품위 있는(elegant), 섬세한(delicate), 고상한(dainty), 멋진(jaunty), 날씬한(dapper), 맵시 있는(shapely), 최고의(superb), 휘황찬란한(dazzling), 눈부신(radiant), 웅장한(magnificent), 회화적인(picturesque).

7. '오이처럼 차가운'과 같이 닳고 닳은 비유의 사용은 피하라. 새로움을 추구하고, 독창성을 발휘하여 당신 자신만의 비유를 창조하라.

PUBLIC SPEAKING
AND INFLUENCING MEN
IN BUSINESS

데일 카네기 성공대화론

초판 1쇄 펴낸 날 2024년 9월 20일

지 은 이   데일 카네기
옮 긴 이   정내현
펴 낸 이   장영재
펴 낸 곳   (주)미르북컴퍼니
자 회 사   더스토리
전   화   02)3141-4421
팩   스   0505-333-4428
등   록   2012년 3월 16일(제313-2012-81호)
주   소   서울시 마포구 성미산로32길 12, 2층 (우 03983)
E-mail   sanhonjinju@naver.com
카   페   cafe.naver.com/mirbookcompany
S N S   instagram.com/mirbooks